KB260039

"물 떠온 하인들은 알더라"

"물 떠온 하인들은 알더라"

"물 떠온 하인들은 알더라"

초판발행일 | 2018년 8월 15일
2쇄 발행일 | 2018년 10월 5일

지 은 이 | 이희우
펴 낸 이 | 배수현
디 자 인 | 박수정
홍　　보 | 배보배
제　　작 | 차진철

펴 낸 곳 | 가나북스 www.gnbooks.co.kr
출 판 등 록 | 제393-2009-12호
전　　화 | 031) 408-8811(代)
팩　　스 | 031) 501-8811

ISBN 979-11-86562-87-1(03230)

※ 가격은 뒤 표지에 있습니다.

※ 잘못된 책은 구입하신 곳에서 교환해 드립니다.

※ 원고 투고 : sh119man@naver.com

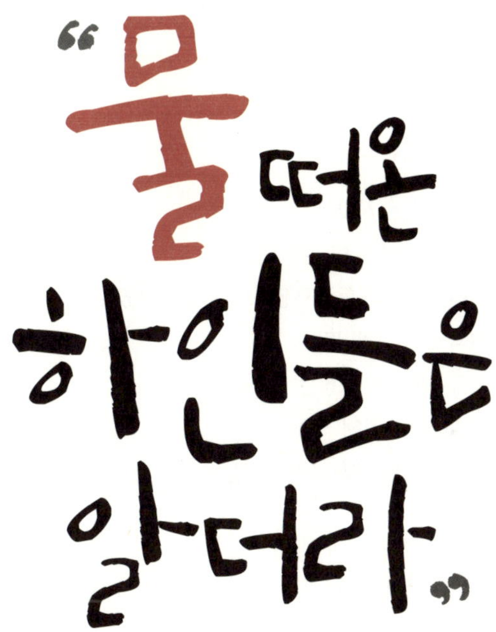

"물 떠온 하인들은 알더라."

이희우 지음

목차

목차

들어가기 전에

필자는 지난 세월 동안 목사님이신 남편 옆의 보조동사(돕는 배필)이었고 지금도 진행 중입니다. 식물로 말하자면 뿌리도 나무의 몸체도 아닌 끄트머리 가지에서 올망졸망 재미있게 꽃 피고 열매 맺는 모습들로 기쁨을 누렸습니다. 그리고 실천신학의 작은 부분을 삶으로 말씀에 적용해 보려고 노력했던 많은 사람 중의 한 사람입니다.

'천국 창고에는 임자가 찾아가지 않은 보석 상자들이 많이 쌓여 있다'라고 합니다. 이 책이 임자가 자기의 보석 상자들을 찾을 수 있도록 골목길의 작은 안내 표지판이기를 소망합니다.

'진주는 진주조개의 암'이라고 합니다. 진주조개는 쓰라린 모래알을 품어야 영롱한 진주를 만들 수 있답니다. 조개는 이 모래알을 품고 평생 고통 속에서 아픔을 견디면서 질을 분비해서 모래알에 바르고 또 바른 것이 아름답고 영롱한 보석인 진주가 만들어지는 것처럼 귀할수록 보배로울수록 비싼 대가를 지급하게 마련입니다.

물 떠온 하인들은 알더라

우리의 구원의 방식이 또한 그러했습니다. 우리의 죄를 짊어지신 그 귀하신 주님의 처절한 고통과 애절하게 흘리신 보혈이 효험이 되어 우리는 죄와 사망과 영원한 지옥 형벌에서 건짐을 받았습니다.

하나님 앞에서의 흘린 나의 눈물이 진주조개의 진주 질 같은 효과를 발휘한다면 나는 얼마든지 울었고 가던 길을 멈추어 옳은 데로 돌아오게 하는 데 효과가 있다면, 나에게 뛰어든 모래알같이 많은 기도 제목들을 품고 눈물을 바르고 또 발랐습니다.

사람들은 누구나 일평생 살면서 어떤 어려운 문제들을 안고 살아간다는 것을 전도와 심방을 통해 깨닫게 되었습니다. 또한 문제가 있는 곳에는 반드시 해답의 길도 열어 두셨습니다. 그 해답은 "하나님의 방법과 지혜로" 인도하시는 것입니다. 부르짖는 기도라는 통로를 통해서 만나주셨고 각 사람에게 예비하신 맞춤형 응답으로 약속된 길을 마련해 놓으셨습니다.

이것은 "하나님만의 공식"이었습니다. 이 공식에 대입시켰더니 성령의 열매를 주렁주렁 달아 주셨습니다.

그 첫 번째 열매는 회개의 열매였고 순차적으로 자기 포기의 열매로, 하나님 자녀의 권세를 얻는 새 신분의 열매로, 사랑받고 있다는 높은 자존감의 열매로, 하나님의 사랑을 확증하는 행복의 열매로, 길이 생기는 문제 해결의 열매로 맺게 하셨습니다.

또한 하나님께 삶의 보고서를 올려드리는 기쁨을 누리게 하셨습니다. 그뿐만 아니라 천국을 소망하는 삶으로, 섬기는 삶으로, 다른 사람을 의의 길로 인도하는 삶으로 변화되게 하셨습니다. 그들은 하나같이 "신앙생활이 이렇게 재미있는 줄 몰랐습니다."라고 고백하기까지 이르렀습니다.

이렇게 하나님의 뜻을 행하는 성도들을 통해 오늘도 '기도 행전'의 역사가 성령님의 세밀한 인도 하심으로 이어지게 하셨습니다.

저는 항아리에 물을 채우듯(요2:7) 눈물의 양을 채웠습니다. 그리고 눈물이 주님의 병에 차면(시56:8) 주님께서는 영광을 받으셨습니다.

"물 떠온 하인들"만 아는 비밀들을 마음에 간직했습니다. 이 크고 아름다운 비밀들을 꺼내어 주님께 바쳐드립니다.

한 알의 밀이 많은 열매를 맺기 위해서는 반드시 땅에 묻혀야 하고 죽어야 하고 썩어야 하듯 껍질이 터지고 깨지고 분해되어서 밀 씨의 본래의 모습은 다 없어지고 밀 씨가 가지고 있던 본래의 영양분은 새싹에 다 제공됩니다. 이렇게 썩어 없어지는 과정을 통해서 땅속에서 마침내는 전혀 다른 모습으로 거듭나게 됩니다. 이 생명력은 온갖 풍파를 견디며 밀 씨의 사명을 이루어 나아갔습니다. 수백 배, 수천 배를 향해서.

복음이 이런 환경과 조건을 만나면 회개와 역동하는 생명력이 동시다발적으로 일어나는 것을 보게 하셨고 눈물의 회개 없는 열매는 없었습니다.

누군가의 작정한 눈물의 기도는 한 심령 속에 있는 가시덤불을 걷어내고 움 돋지 못하게 가로막는 영적 돌들을 추려내고 하나님과 화해를 막는 영적 풀뿌리들을 뽑아내는 과정을 만들어 내는 데 충분했습니다.

눈물의 거름을 먹은 심령들은 성령의 빛이 강하게 비추어질 때 신비하고 역동적인 생명력을 활화산처럼 분출해 내는 모습도 보았고 농 밑에 감추어 둔 보석함을 몰래 보는 심정으로 그 열매들을 몰래몰래 훔쳐보면서 기쁨을 즐겼습니다.

또한 사모의 길을 걷는 동안 참으로 행복했습니다.

주님의 음성을 듣고 행동으로 옮기는 자들에게 그 보석은 삶을 경이로움으로 이끌어 주셨습니다.

어느 날, 저를 위해 30년 이상 기도 제목을 나누며 서로를 위해 기도하는 Y 집사님에게서 전화가 걸려왔습니다. 그는 거두절미하고,

"사모님 땅속에 보석함 감추어 두었던데요!"
'아니! 내게 그런 보석이 어디 있다고 흙 속에 감추기까지 해!'

물 떠온 하인들은 알더라

"아니요 있습니다, 하나님께서 빨리 꺼내서 흙을 털라고 하시던데요."
'보석하고는 상관없는 내게 무슨 보석함씩이나!'
"분명 사모님 꺼 맞습니다."

언젠가는 서울에서 막내 여동생이 부산에 놀러 왔었던 때가 생각납니다. 그날 밤 옆에서 잠을 자던 여동생이 벌떡 일어나 앉더니,

"언니 뭐 책 쓰는 것 있어? 그것 하나님께서 빨리 쓰래"
'내가 아니겠지, 형부(남편 목사)겠지, 지금 책 쓰고 있잖아!'
"아니, 형부 말고 언니 말이야."

그때는 새벽 3시경이었습니다. 다음 날 아침 무슨 꿈을 꾸었느냐고 물어봤더니 빨리 책 쓰라고만 하고 다른 말은 하지 않았습니다.

하나님께서 나 같은 작은 자에게도 이러한 응답을 주시는 것이 너무 감사해서 혼자 가지고 있기에는 너무 벅찬 감동들을 컴퓨터에 메모해 놓은 100여 편에 가까운 제목들만 기록된 원고를 고심 끝에 겨우 찾아 떨림으로 그리고 순종하는 마음으로 또한 여러 기도하는 종들의 충고에 밀려 결국은 써 보기로 결심했던 것입니다.

5년여 걸렸습니다. 막힐 때마다 엎드려 기도했고 하나님의 적극적인 도우심으로 열심히 썼습니다만 또 6여 년의 휴면 상태를 거쳤습니다. 사실 출판비도 걱정이고 누가 읽을 것인가도 걱정되고 책을 어떻게 읽게 할 것인가도 두려웠습니다.

한번은 저를 위해 30년 이상 기도해주신 기도원 하시는 목사님 사모님을 만났었는데 책 얘기는 꺼내지도 않았는데 "이 책을 누가 읽을 것인가 염려하지 말라"는 내용의 기도를 해 주셨습니다. 그리고 어떤 분들이 이 책의 독자가 될 것이라는 말씀도 해 주셨습니다. **"잉태하게 하신 이가 해산하게 하지 아니하겠느냐?"**[사 66:9] 하시는 말씀을 힘입어 어렵게 또 용기를 내어 봅니다.

몇 분들에게는 공개해도 된다는 확답을 받았지만, 지금은 연락이 끊어져서 양해를 구하지 못한 분들도 있습니다. 모든 분의 삶을 공개하는 부분이 좀 마음이 쓰이

기도 했습니다만 지면을 통해서 양해를 구합니다.

그러나 한편 이 글을 읽고 도전을 받아 신앙적으로 영적으로 도움이 될 많은 분을 위해서 용서해 주시기를 바랍니다. 그 때문에 이름은 가명으로 사용할 것입니다.

이 책을 읽는 모든 분이 하나님께서 주시는 숙제가 신실하게 풀어져서, 신앙생활이 재미있어지고 살맛 났으면 좋겠고 모든 역경을 축복의 기회로 만들어 주시는 하나님을 만나시길 기도합니다.

이 책은 미사여구를 넣어 아름답게 세공하지 못했고 그냥 '물 떠온 하인만 아는 비밀들'을 그대로 숨김없이 옮겨 놓았을 뿐입니다. 오랜 세월 파묻어 두었다가 그저 흙만 털고 밖에 나오게 했음을 양해해 주시기 바랍니다.

영광 받으시기에 합당하신 여호와 하나님의 섭리 가운데 인도하신 주님께 이 책을 보고서로 바쳐 올려드립니다.

모든 것 주님이 하셨음을 고백합니다!

이 희 우

미로의 여정

새내기 촌닭 사모님

결혼 말이 나오자 친구들은,

"너 잘 생각해, 그 사람 무지하게 널 고생 시키겠더라. 지금이라도 포기하면 내가 도와줄게. 지독하게 연애한 사이도 아니고, 오래 만난 것도 아니고. 불을 보듯 뻔한데, 왜 섶을 지고 불구덩이로 뛰어드느냐? 지금도 늦지 않았다."

이처럼, 나를 아끼는 친구들이 만류했다. 또한 나를 이상형으로 생각하고 자신의 분신처럼 키우신 나의 존경하는 어머니는 "내가 어떻게 키운 딸인데……. 감히 넘봐!" 하시면서 엄하게 반대하셨다. 게다가 언니는 "너 남자 고르는 것은 젬병이네. 네 수준을 알겠다."하고 혀를 차면서 못마땅하게 여겼다. 이렇게, 모두 한결같이 자기들의 충고를 받아들이라고 결혼을 만류했다.

내 인생에 발목을 잡은 사람은 새까맣게 그슨 얼굴에, 키가 아주 작고 야윈 체구의 깔끔하지도 않은 순수 자연석과 같은 사람이었다.

친구들의 결혼 조건은 재산이 많아야 하고, 키가 커야 하고, 잘 생겨야 하고, 매녀가 좋아야 하고, 뼈대 있는 가문이어야 하고, 학벌이 좋아야 하고…. 하지만, 나에게 선택된 사람은 친구들의 그런저런 세상의 기준에 맞는 조건이란 하나도 없는 사람이었다.

한 사무실에서 근무한 적도 없고 남의 눈에 드러나는 사람도 아니었다. 단지 교회에서 먼발치로 몇 번 얼굴을 본 것이 전부였다. 그리 호감이 가는 사람도 아니었고 인정이 있어 보이지도 않았다.

당시 나는 결혼에 관심을 가진 것도 아니었지만 지금은 선교사인 어떤 친구 전도사님이 "나에게 딱 맞는" 사람을 소개한다면서 나를 이끌었다.

나의 결혼에 대한 꿈은 어슴푸레한 먼 나라의 일 같았다. 결혼을 꿈꾸기엔 아직 나이도 어렸고, 아니 생각을 해보지 않았다는 말이 옳을 것이다. 전쟁과 폐허, 그리고 극심한 가난의 한가운데서 온몸으로 아파했던 혼란기에 어린 시절을 보냈기 때문일지도 모른다.

옷에 묻은 먼지를 털듯이 털어 버리고 싶을 정도로 당혹스러웠다. 전혀 준비되어 있지 않은 상태였다. '결혼은 무슨 결혼!'하면서 소개한 전도사님을 힐책했다.

결혼에 대한 소원을 가진 적도 없었고 하나님께 기도를 드려 본 적도 없었기 때문이다. 하나님께서 진정 나를 이 낯선 미로의 땅으로 끌어들이실 작정이신가? 생각할수록 두렵고 떨렸다.

이런저런 심리적 갈등을 극복하지 못하고 있을 때, 직장 동료들로부터 모함을 받는 사건이 터졌다. 금품을 잃어버렸다는 사건이다. 하지만 구체적으로 누가 무엇을 잃어버렸는지는 모른다. 사무실이 발칵 뒤집혔다. 그런데 나를 범인이라고 지적해서 말하는 사람은 아무도 없었는데 돌아가는 분위기를 보니 나를 향해 의심을 품고 있는 것 같았다. 수단과 방법을 가리지 않고 범인을 찾아내겠다는 것이다.

그냥 그런 공기가 억압하듯 나를 무겁게 눌렀다. 그 전날은 동료들의 회식이 있었던 날이고 다들 흥청망청 노래하며 먹고 마시는 흐트러진 분위기였었다. 그런 분위기가 처음인 나는 그곳에 앉아 있는 것이 가시방석이었다. 더더구나 세상 노래는 할 줄도 모르고 술도 마시지 못하기에 도망갈 기회만 찾고 있는 사회 초년생 촌닭이었으니 말이다.

그때 맨정신인 사람은 나 하나밖에 없었다는 것이 의심의 이유였다. 버선목도 아니고 나의 양심을 꺼내 펼쳐 보여줄 수도 없는 일이 아닌가! 나의 억울한 이 마음을 꺼내 보일 수가 없어서 안타까웠다.

하나님만 아시겠지! 나는 그 숨 막히는 분위기를 견딜 수 없어 그 자리를 기어이 빠져나오고 말았다. 울적하고 상한 마음을 주체할 수 없어 그냥 걸었다. 하염없이 걸었다. 어두움이 짙게 깔린 땅바닥에 시선을 고정하고 느린 걸음으로 걷고 있노라니 마음은 춥고 걷는 내내 눈물은 줄줄 흘러내렸다. 왜 그리도 눈물은 쏟아지던지…….

　머리를 드는 순간 눈물 어린 시야에 희미하게 교회가 보였다. 나는 그냥 그곳으로 들어갔다. 교회 내부는 인적이 없는 텅 빈 어두움뿐이다. 어두움을 헤치고 더듬어 힘없이 바닥에 털썩 주저앉았다.

　'하나님, 맨 정신이 죄입니까? 분위기에 휩쓸릴 수도 없고, 흥청거릴 수 없는 것이 죄입니까! 저는 그런 분위기에 익숙하지 못합니다. 낯설고 불안합니다. 제가 정직하다는 것을 하나님께서 아시지 않습니까! 사람들이 나를 의심한다는 그 자체가 더 억울합니다. 평소에 나의 언행을 아는 사람들이 아닙니까! 나의 도덕성과 정직성을 저들이 알아주지 않고 마치 범인이라도 되는 것처럼 범인으로 몰아갑니다. 자기들의 수준으로 판단하는 그들이 원망스럽습니다. 그래도 한솥밥을 먹는 직장 동료들 아닙니까! 저는 깨끗합니다, 저는 깨끗합니다.'

　이렇게 나의 억울함을 풀어 달라고 호소하면서 울고 또 울었다. 그때 나는 내가 생각하지 못한 어떤 말들을 내 입으로 말하고 있었다.

> "내가 주의 영을 떠나 어디로 가며 주의 앞에서 어디로 피하리이까 내가 하늘에 올라갈지라도 거기 계시며 스올에 내 자리를 펼 지라도 거기 계시니이다 내가 새벽 날개를 치며 바다 끝에 가서 거주할지라도 거기서도 주의 손이 나를 인도하시며 주의 오른손이 나를 붙드시리이다." [시139:7-10]

　입속에서 이 말씀을 자꾸 되뇌어 씹고 있었다. 이 말씀이 시편 139편이라는 것은 나중에 알았다. 아! 나는 지구상 어디에도 숨을 곳이 없는, 완전히 들통 난 인간이구나! 하나님의 눈은 사방에 계시구나! 하나님의 눈을 피하여 숨고 싶은 나를 숨을 곳이 그 아무 데도 없다는 사실을 깨닫게 하시는구나! 두려움으로 벌벌 떨면서 회개하기에 이르렀다. 많이 울었다. 밤새도록 울었다.

　어딘가 엉성하고 균형이 잡히지 않아 나사 한 개 빠진 것 같은 좀 모자라는 사람, 주변 사람들은 똑똑한 것 같으면서 바보스럽고 잘하는 것 같으면서 뭔가 부족한 나를 숙맥이라고들 했다. 억울해도 한마디 변명도 못 하는 벙어리, 그래서 인생을 사는 것이 자신이 없고 어깻죽지가 축 늘어진 촌닭이 바로 나였다.

　나는 절대적인 순간에는 늘 도망쳐서 숨는, 세상과 맞서서 헤쳐 나갈 수 없는 그늘에 눌린 화초같이 바람을 싫어하는 나약한 성격이었다. 상 받는 것이 어색했고,

칭찬 듣는 것이 부끄러웠다. 주변의 가까운 사람들이나 친구들은 그런 나를 마음 씨 착한 좋은 사람으로 대해주기도 했다. 그러나 막상 자신은 혼자서 "바보, 바보!" 하면서 자책과 후회하기가 일쑤였다. 결정적인 순간이 한참 지난 후에야 할 말이 생각났기 때문이다.

그 후 그 사건은 어떻게 마무리되었는지 모른다. 어쨌든 조용해졌다. 무겁게 누르던 어떤 힘도 나를 향하여 죄인이라고 쏘아대던 눈총들도 사라졌다. 요나와 같이 나 때문에 생긴 풍랑이었다.

그 무리 가운데서 나를 구별하여 빼내시려는 하나님의 의도였다는 것을 먼 훗날 깨닫게 되었다. 하나님이 인도하시는 길로 가라고, 하나님의 손으로 나를 잡아서 자신의 포로로 삼으셨다. 보이지 않는 어떤 힘으로 나를 묶어 버렸다는 말이 옳은 것 같다. 오직 한 길밖에 허락하심이 없는 것 같았다. 이런 일들을 통해서 결혼해야 한다는 결심을 굳히도록 몰아가셨다. 그러나 그 길은 결코 순탄하지 않았다.

시댁은 부모 형제, 일가친척 아무도 믿는 사람이 없다고 한다. 믿지 않는 시어머니께서는 점쟁이한테 받아온 결혼 날짜를 일방적으로 통보해 왔다. 1964년 5월 5일이라는 것이다.

나는 반대했다. 앞으로 목사로서 사역할 사람들이 어찌 점쟁이한테 물어서 받은 날짜에 결혼식을 할 수 있겠는가! 시작의 첫발을 그렇게 내디딜 수는 없었다. 장소와 날짜는 교회 형편에 맞추어야 한다고 생각했다. 주례해 주실 담임목사님의 스케줄과 교회 형편과 시간에 맞춰야 한다는 생각으로 목사님과 의논한 끝에 가장 조용한 시간대 화요일로 정했다.

결혼 날짜를 열흘을 늦추겠다고 시댁에 연락을 드렸더니 시어머니 될 분의 맹공격이 가해졌다.

"집안이 잘되려면 새사람이 잘 들어와야 하는데, 남세다 남세!!"

하시면서 호통을 치시며 일가친척들에게 다 연락을 했으니 돌이킬 수 없다고 통보해 왔다.

나는 속으로 원래 결혼 날짜는 신부 집에서 정하는 것으로 알고 있는데 본인인 나에게 알리지도 않고 일가친척들에게 다 연락을 하다니 이것은 우리 집안을 무시하는 처사가 아니고 무엇이겠는가! 어찌했든 그날은 하나님의 종으로서 결혼할 수가 없는 날이라고 생각하고 미움을 받으면서 열흘 늦춘 날짜로 진행하겠다고 부탁을 했다.

이때부터 시댁에서의 나의 입지는 설 자리가 없을 뿐 아니라 모든 식구의 핍박 대상이 되었다.

1964년 5월 15일 화요일 연산동에 있는 '브니엘 교회'에서 박성기 목사님의 주례로 조촐한 결혼식을 올렸다. 이처럼 문화적인 충격과 낯설음에 대한 두려움을 안고 촌닭 새내기 인생의 첫 발자국을 옮기게 되었다. 살얼음판을 걷듯이 두렵고 떨림으로…….

그날 주례 목사님은 실로 감동적인 설교하셨다. 얼마 전에 주례 목사님에게 내가 보냈던 편지 내용을 인용해서 설교하셨다. 결국 신부인 나의 눈에서 눈물을 흘리게 했다. 그냥 펑펑 울고 싶었다. 이 결혼을 해야 하는지, 이 길을 가야 하는지, 어리석은 선택은 아닌지 큰 소리로 묻고 싶었다. 신부 화장에 신경을 써서인지 뒤에서 손수건을 내 손에 쥐여 준다.

그날 이후의 나의 인생길은 고된 삶의 연속이었다. 팍팍하고 매운 여정으로 접어든 셈이다.

나의 감정과는 아무 상관없이 교인들은 나를 보고 "사모님, 사모님." 한다. 이 어색하고 부끄럽기만 한 "사모님"이란 이름에 반발했다.

"왜 이러세요, 그냥 '이 선생'이라고 하세요." 하고 만류하기도 했다. 어느새 남들에 의해 불린 낯선 이름이 평생 나를 묶어놓은, 직함도 없는 평신도의 타이틀이 될 줄은 꿈에도 생각하지 못했던 것이다.

첫 번째 파송지 빈민촌

'뭘 모르면 용감하다'라는 말이 있다. 한 치 앞도 가늠할 길이 없고 어떤 보장의 약속도 없는 채, 빈민촌으로 개척 파송을 받았다.

결혼한 그해 가을, 한 짐밖에 안 되는 가재도구를 꾸려 등에 지고 머리에 이고 연산 3동이라는 낯선 땅으로 이사를 했다. 동네에는 집이 한 채밖에 없는 그야말로 '동네가 없는 동네'였다. 그 한 채의 집에 세를 얻어 들어갔다. 우리가 도착한 곳은 빈민촌이었고 당시 초량 45번지에서 철거된 철거민들의 임시 주거지였다. 작은 산을 밀어, 시에서 집을 지어 주는 조건으로 철거해온 사람들이다. 작은 천막 한 개와 가마니 몇 장씩 배정받아 깔고 사는 피난민 같은 빈민촌이었다.

'사모님'이란 이름이 낯설고 빌려 신은 신발같이 헐거웠던 초보자 인생. 25살의 뽀송뽀송 볼이 붉은 새내기 새댁이 빈민촌이 무엇을 의미하는지도 모르고 갔던 곳이다. 아직도 때 묻지 않아 풋풋했고 무엇인가는 할 수 있으리라고 생각했었던 것 같다. 고난과 역경과 가난이 태풍처럼 나를 향해 밀어닥치는 줄도 모르고.

그 펼쳐지는 나의 삶은 만만치 않았다. 본부에서 주는 생활비는 외국에서 보내오는 선교비였다. 스칸디나비아 선교회에서 우리가 빈민촌에 들어가 전도한다는 보고서를 받고 뜻이 있는 몇 분의 은퇴 노인들이 용돈을 모아 보내오는 선교비 라고 들었다. 매달 6,000원으로 기억이 된다. 십일조와 월세, 그리고 교회운영비를 제외하면 시댁 식구들을 포함한 우리 가족들의 입에 풀칠하기 힘든 액수였다.

하루 두 끼 먹기도 힘든 형편에 동네 사람들은 온종일 우리 집에 무엇을 얻으려고 몰려왔다. 편지지, 신문지, 고구마, 쌀, 비누, 가위, 실, 컵, 심지어는 입고 있는 치마도 벗어주어야 했다. 전도하면 교회에 입고 갈 옷이 없다는 것이 벗어주어야 할 이유였다.

파송교회와 Voca 선교회에서 가끔 옷과 밀가루 같은 구호품을 주었다. 6.25 동란 이후 미국의 교인들이 모아 보내주는 구호품이었다. 가뭄에 단비같이 요긴한 물품들이었다. 밀가루 한 포대는 양이 많았고 질이 좋은 강력분이었다. 국숫집에서 국수를 만들어 큰 다발로 만들어 상자에 담아 오면 부자 부럽지 않았다. 하지만 우리 식구들이 한두 번 삶아 먹기도 전에 국수는 거의 동이나고 말았다. 전도하러 나갈 때마다 몇 다발씩 들고 나갔기 때문이다.

또 크로렐라 라는 구호품을 한 상자 받아 왔었다. 12개의 캔으로 된 것이며 물에 타 먹는 영양식이다. 전쟁 후에 영양실조를 보충하기 위해서 만들어진 아주 맛있는 가루 식품이다. 그것도 하루 이틀 지나면 한 개도 남지 않았다. 전도하러 나가면서 늘 들고 나갔기 때문이다.

우리를 파송한 교회 목사님은 우리를 불러 "전도하러 갔지 구제 사업하러 갔느냐?"고 나무라셨다.

빈민촌의 부모들은 부전 시장이나 시내로 장사를 하러 가거나, 혹은 배춧잎이라도 주우러 가면, 아이들은 들판이나 거리에 아니면 빈 천막에 혼자 방치되어 있었다. 그래서 그 아이들을 데려다가 머리를 깎아 주고 손톱을 깎아 주고, 세계봉사회에서 배급으로 주는 옥수수가루를 타다가 죽을 쑤어 먹이면서 성경 이야기를 들려주었다. 이렇게 아이들로 온종일 우리 집이 북적거렸다. 저녁이 되어서야 하나씩 둘씩 집으로 돌아갔다.

방에서 시작한 무릎 주일학교는 얼마 되지 않아 100여 명이 넘어섰다. 동네 부모들도 일하러 가면서 안심하고 갈 수 있다고 기뻐하면서 아이들을 데리고 와서 아예 맡기고 가기도 했다.

살림집 앞에 "새마을 기도소"라는 교회 간판을 걸고 시작한 개척교회였다. 한 주간 동안 전도해서 본 교회로 데리고 다니면서 신자들의 신앙을 키워갔다. 그때는 노선버스도 없고 차도 없는 시절이었다. 그냥 비바람을 맞으며 걸어 다녔다.

그해 겨울에는 아이들과 열심히 성탄준비를 했다. 첫 번째 성탄절은 평생 잊을 수 없는 추억의 성탄절이기도 했다. 교회의 존재를 널리 알리는 마을 축제가 되기를 기대하면서 본 교회에서 임시 파송 받은 한두 명의 주일학교 교사들의 도움을 받으면서 준비했다.

그러나 정상적인 무대 의상은 준비할 수가 없었다. 고민 끝에 생각해 낸 것이 문창호지 발레복이었다. 문창호지로 발레복을 만들어 입혔다. 또 가까이 있는 공장 '쌍미회사'에서 버리는 자투리 천 조각으로 무대 옷을 만들어 입혔다.

아이들은 즐거워했고 주변 사람들은 좋은 아이디어라고 응원해 주었다. 어렵사리 준비했던 터라 여러 군데 발표 공연을 해 달라는 요청을 받기도 했다. 양정에 있는 윤락여성 재활센터에서도 우리를 초청했다.

성탄 공연을 부탁받고 아이들과 그곳을 방문해서 공연을 준비하다가 나는 쓰러지고 말았다. 많은 아이를 챙겨 먹이느라 정작 나는 먹지도 못했고, 피곤은 극에 달했기 때문이었다. 빈혈과 영양실조로 기운이 소진해서 정신을 잃고 말았던 것이다. 병원에 실려 간 내게 의사는 황송하게도 "이러다가 순교하겠습니다"라고 하면서 병원비도 받지 않았다.

양정에 있는 그 병원의 원장 부부는 신앙이 독실하신 분들이었고 그 후에도 우리의 사역에 많은 도움을 주신 분들이셨다. 선도해서 믿기로 작정한 사람이라면, 사인 하나만 들려 보내면 무료로 치료를 해주겠다는 약속도 하셨고, 실제로 그렇게 치료해 주셨다. 이 지면의 책을 통해서 사역에 도움을 주신 분들에게 너무 오랜 세월이 흘렀지만 늦게나마 감사의 마음을 전하고 싶다.

나는 일 년 후 임신했지만 영양실조로 유산을 했고 이 년 만에 임신했지만, 임신 중에 빈혈로 여러 번 쓰러졌다. 굶는 날이 더 많았기 때문이었다.

그 무렵 초등학교 교사인 Y 집사님이 교회 옆에 땅을 사서 집을 짓고 이사를 오게 되었다. 가난한 개척교회로서는 참으로 천군만마를 얻은 듯했다. 좋은 일꾼을 보내주신 하나님께 감사했다. 교회의 기둥이 되게 해달라는 기도를 드렸다.

그리고 대연동에 있는 '동명목재'를 다니는 믿음이 좋은 신혼부부가 또 이사를 왔다. 나이도 비슷했고, 첫 아이 약속이나 한 듯 예정일도 같은 4월이었다. Y 집사님 부인인 P 집사님과 대연동에서 이사 온 J 집사님 부인인 K 집사님과는 각별한 사이가 되었다. 집에도 늘 오고 가고 특히 양정까지 걸어가는 시장길에 늘 동행했다. P 집사님은 이미 딸이 두 명 있었고, 우리 세 명은 다 임신 중이었다.

어느 날 해거름 무렵 K 집사님의 이웃 사람들로부터 급한 전갈을 받았다. 사정이 생긴 것 같다고 빨리 가보라는 것이다. 거기도 임신 9개월 해산달이고, 나도 임신 9개월 해산달이었다. 달려가 보았더니 밤이 이미 되었지만, 집에는 불이 켜지지 않고 캄캄했다. 덩그러니 큰 집에 유리로 된 거실문들이 여러 개로 겹쳐져 있어 그날따라 휑하니 스산하기까지 했다. 희미한 달빛으로 보이는 미닫이 유리문을 열고 마루를 통과해서 안방으로 들어갔다. 거기에는 아무도 없이 해산달이 다 된 임신부가 혼자 의식불명 상태로 쓰러져 있는 것이다.

이 상황에, 같은 나이 또래의 젊은 임신부였던 내가 무엇을 할 수 있단 말인가? 응급조치도 할 줄 모르고 그냥 임산부를 흔들고 깨우다가, 붙들고 기도를 했던 것 같다. 그 후로는 나도 어찌 되었는지 모른다.

잠시 후 이웃 사람들의 소동이 벌어진 모양이었다. 동네 사람들 여러 명이 몰려오는 발소리가 아주 멀리서 들렸다. 교회에서 집사님들이 뛰어오고 상황이 급박하게 돌아가는 소리를 들을 수 있었다. 얼마 후 사람들이 나에게 물바가지를 뒤집어 씌우고 뺨을 때리는 등 소동이 벌어졌다.

"임신부 두 사람이 나란히 누워서 죽었다" 하면서 떠드는 소리가 아주 작게 들렸다. 사람의 말소리는 들리는데 몸은 움직일 수가 없었다. 눈을 뜨려고 해도 도무지 떠지지 않았다. 물바가지를 뒤집어쓰고 뺨을 여러 번 맞고서야 겨우 정신이 들고 눈이 희미하게 보이기 시작했다.

우리 둘은 신혼부부가 베고 자는 긴 베개를 같이 베고 나란히 누워서 정신을 잃었다고 한다. 나중에 알았지만 K 집사님은 몸에 지병인 협심증이 발작한 것이라고 한다. 그런데 나는 무엇이 원인인지는 모른다. 아마도 그 방 안에 연탄가스가 차 있었는지 아니면 빈혈이 심해서 쓰러졌는지를 모든 상상을 동원해 보지만 아직도 정확한 이유는 모르겠다.

여러 사람이 겨우 나를 껴 잡고 집까지 데려다주기는 했지만, 머리가 터질 것같이 아팠다. 계속해서 방망이로 때리는 것 같았다. K 집사님은 병원에 가서 치료를 받았지만 나는 형편이 형편인지라 병원으로 못가고 집으로 돌아왔다. 며칠 동안을 끙끙 앓으면서 견디고 있었다.

뒷말로 들은 이야기지만 온 교회가 한바탕 태풍이 지나갔다고 한다. 그 후 며칠 후에 K 집사는 해산했는데 하필 만우절 날 아기를 낳는 바람에 남편 직장으로 전화했지만, 만우절이라서 거짓말인 줄 알고 오지도 않더라는 것이다.

그리고 나는 17일 후에 난산했다. 생명의 위협을 느끼는 아픔과 고통을 겪었다. 심한 임신중독증으로 온몸이 퉁퉁 부어 있었지만, 병원에 갈 엄두도 내지 못한 채 아무런 준비도 없이 집에서 해산했기 때문이었다. 위험한 상태였지만 경험도 없고 형편도 안 되었기 때문이다. 봇물 터진 것같이 펑펑 쏟아지는 하혈을 감당할 수가 없어 이웃 사람들이 이불 홑청으로 막아 주었다고 한다. 그리고 그 이후의 일들은 잘 모른다. 시체 같은 나와 아기를 동네 사람들이 시립병원에 입원을 시켰다고 한다.

나는 병원에서 20일 동안 거의 자기만 했다. 잠시 정신이 들곤 했지만 그때마다 의사가 눈앞에 희미하게 그림자같이 보였다. 그리고는 또 정신이 혼미해지곤 했다. 그런 일이 몇 번 있고서야 아주 멀리서 아주 가끔 모깃소리처럼 작은 아기의 울음소리가 들리는 것 같았다. 그러나 머리를 들 기력이 없어서 옆에 누워 있는 아기의 얼굴을 볼 수가 없었다. 20일 만에 정신을 차리고 처음으로 아기의 얼굴을 마주 볼 수가 있었다. 아기와의 첫 만남이었지만 기쁨보다 서글픔이 앞섰다.

이 아이를 어떻게 키울 것인가! 앞으로의 삶을 지탱해 나갈 수가 있을 것인가! 침대에서 내려서려는데 다리가 후들후들 떨려서 발바닥을 바닥에 댈 수가 없었다. 설 수가 없어서 다시 침대에 눕고 보니 눈물이 왈칵 쏟아진다.

1966년 4월 18일 나는 이렇게 힘들게 큰아들을 낳았고 5월이 되어서야 겨우 퇴원을 했다. 나중에 집에 와서 알았지만 아기는 태중 영양실조라서 온전하지 못했다. 머리는 홍시 같이 물렁거렸고 옳게 씻기지도 못한 상태였다. 그러는 중에 젖은 말라 버렸고 아기는 먹겠다고 정신없이 울고 보챘다. 처음에는 밥물을 먹였고 암죽을 먹일 수밖에 없었지만 어쩌나 잘 먹던지…….

K 집사님의 친정어머니께서 나의 힘든 사정을 아시고 딸 집으로 나를 데리고 갔다. 미역국을 끓여 자기 딸과 같이 먹이면서 몸조리를 시켜주셨다. 그리고 덜덜 떠는 나에게 따뜻한 속바지를 손수 지어서 입혀주셨다. 분홍색 융 바지는 정말 부드럽고 따뜻했다.

이 어미의 타는 속은 아랑곳하지 않고 어쨌든 잘 커 주었다. 아이가 발자국을 뗄 때쯤, 시유지 땅을 조금 확보하고 학교 건물을 철거한 후 남은 폐나무와 폐함석을 얻어 어렵사리 16평 남짓한 자그마한 판자 교회를 지었다. 그 옆에 찌그러져 가는 작은 움막 같은 집을 얻어 교회 옆으로 우리 식구도 이사했다.

비가 줄줄 새는 집이었다. 비 오는 날이면 세숫대야, 대접, 깡통들을 줄줄 방바닥에 늘어놔야 했다. 밤에 비가 오는 날이면 빗방울 떨어지는 소리와 축축한 분위기에서 수없이 잠을 설치곤 했다.

보이지 않느냐 들리지 않느냐 무엇을 하였느냐

그런 어려운 가운데에서도 교회는 조금씩 부흥되었다. 개척한 지 얼마 되지는 않았지만 무척산 기도원 원장님이신 명향식 전도사님을 모시고 일주일간 사경회를 개최하였다. 열심히 전도해서 그래도 20~30여 명의 교인이 사경회에 참석할 수 있었다. 월요일 저녁부터 토요일 새벽 시간까지 사경회는 계속되었다. 강사 전도사님은 이사야 1장을 가지고 시작해서 1장으로 마쳤다.

"하늘이여, 들으라. 땅이여 귀를 기울이라 여호와께서 말씀하시기를 내가 자식을 양육하였거늘 그들이 나를 거역하였도다. 소는 그 임자를 알고 나귀는 그 주인의 구유를 알건마는 이스라엘은 알지 못하고 나의 백성은 깨닫지 못 하는도다 하셨도다. 슬프다 범죄한 나라요 허물진 백성이요 행악의 종자요 행위가 부패한 자식이로다. 그들이 여호와를 버리며 이스라엘의 거룩하신 이를 만홀히 여겨 멀리하고 물러갔도다. 너희가 어찌하여 매를 더 맞으려고 패역을 거듭하느냐 온 머리는 병들었고 온 마음은 피곤하였으며 발바닥에서 머리까지 성한 곳이 없이 상한 것과 터진 것과 새로 맞은 흔적뿐이거늘 그것을 짜며 싸매며 기름으로 부드럽게 함을 받지 못하였도다." [사1:2-6]

여호와 하나님의 탄식하시는 소리가 마치 나를 향한 탄식인 듯하였다. 나를 두고 하시는 책망 같아 얼굴에 화덕을 피운 것 같이 화끈거렸고 마음이 뜨거워 견딜 수 없었다. 여호와 하나님을 알지 못하고 그 뜻을 행하지 않는 자는 소보다 못하고 나귀보다 못하다는 것이다. 하나님을 알지 못하고 하나님을 알려고 하지 않는 것은 바로 거룩하신 하나님을 만홀히 여기는 행위요 죽도록 매 맞아 마땅한 범죄자인 것이다.

이렇게 한 주일 내내 들려오는 이사야 1장의 말씀은 나의 가슴을 지속해서 두들겼다. 얼굴을 들고 햇빛 보기가 부끄러웠다. 밝은 세상에 사람들을 만나는 것조차 두려웠다. 그 한 주간의 사경회는 나를 심히 죄인 되게 만들었다.

금요일 밤 예배는 밤 집회로 마지막 부흥성회였다. 설교를 마친 후 통성기도를 시켰다. 한 주간 동안 집회를 했지만 통성기도는 금요일 밤뿐이었다.

무릎을 꿇고 기도를 시작하려고 막 입을 열었는데, 내 입술이 갑자기 쫙 늘어나면서 나팔만큼 커지는 것이 보였다. 순식간에 일어난 일이었다. 내 입술이 못 쓰게 된 줄 알고 얼른 손으로 만져보았다. 손으로 만져지는 입술은 원래의 입술 그대로인데 입술을 통해서 나오는 기도의 말은 세찬 물줄기를 쏟아내듯 밀어냈다. 마치 폭포수 같은 힘 때문에 기도의 말을 입술이 감당을 못해서 숨이 막힐 지경으로 헉헉거렸다. 마구 쏟아져 나오는 기도의 말들은 입을 통로로 통과만 하는 그런 기도였다. 내 생각과 의지와는 상관없는 그런 내용의 말들이었다.

이처럼, 기도에 푹 빠져 있는데 땡땡땡! 하고 기도를 그치라는 종이 울렸다. 그때 나에게는 기도를 중지한다는 것은 매우 아쉽고 섭섭한 일이었다.

아마도 그 후 15년 동안은 그런 기도의 능력을 다시 체험하지 못했던 것 같다. 이 사경회는 나를 위해 베푸신 천국 잔치인 것 같았다. 하나님께서 살아 계심을 깨닫게 하시는 특별하신 계획이셨으리라 짐작된다.

우리가 새로 지은 작은 교회는 목조 건물에다 함석지붕이었다. 마루를 놓을 형편이 못되어 흙을 발라 바닥을 고르게 한 뒤, 가마니 몇 장 펴서 깔고 예배를 드렸다. 비가 오면 헌 함석 못 구멍을 통해서 비가 줄줄 샜다. 세찬 바람은 외딴 산등성이를 타고 미친 듯이 휘몰아칠 땐, 교회는 그 바람을 감당하느라 전봇대 우는 소리를 낸다. 때로는 귀신 소리와 같아 소름이 치기도 했다. 거기에 함석지붕이 덜커덩거리면서 날리는 소리가 합하여 더욱 스산했다. 이 가마니 교회가 동산교회의 개척할 때의 모습이다.

이런 환경의 장소가 기도 처소가 된 것이다. 인적이 드문 외딴곳, 산등성이에서 혼자 기도하고 있노라면 머리카락이 쭈뼛거리고 오싹해 오는 무서움은 어쩔 수 없이 감수해야 하는 내 몫이기도 했다. 그래도 그곳을 밤마다 가서 기도하게 하신 것은 하나님의 특별한 부르심이었다.

교회에 기도의 불을 끄지 않아야 하는 이유는 그 지역의 영적 파수꾼으로 세우셨기 때문이다. 목회자의 사명은 재단에 기도의 불을 끄지 않아야 했기 때문이었다. 집에는 몸이 편찮으신 시아버지가 계셨기 때문에 비울 수가 없어서 남편과 번갈아 가면서 교회를 지켰던 것 같다. 누가 강요한 것은 아니었지만 그 시절에는 그렇게 해야 하는 것을 천직으로 여겼다.

밤새도록 울어 가마니가 썩을 정도였다. 처음에는 장소도 적응이 되지 않았고, 두렵고, 낯설고, 젊은 나이에 방에서 잠도 못 자고 이게 무슨 꼴인가 하는 스스로 불쌍한 생각도 들고 한탄도 했었다. 사실은 내가 나를 불쌍히 여기는 마음보다 하나님께서 나를 불쌍히 여기심이 더 크게 부각 되어 왔다.

주님께서 끔찍이도 사랑하셔서 주님 무릎 앞으로 가까이 불러내신 것이다. 자비롭고 부드러운 음성으로 깨우쳐 주셨다. 내가 살아갈 세상은 영적 전쟁터라는 것을 귀띔해 주셨다. 밤마다 영의 눈을 열어 보게 하신 영의 세계는 나를 나의 의지와 상관없는 신비의 세계로 인도하시곤 하셨고 나의 평생에 갈 길과 행할 일들을 보게 하셨다.

지금 내가 기도하고 있는 이 자리, 가마니를 깐 판자 교회의 땅은 원래 '고려장' 터였다. 기초를 놓을 때 땅속에서 '고려장' 할 때 넣어둔 밥그릇들이 여러 점 발굴되었고 한 평씩 돌을 쌓아 칸막이를 한 방들도 발굴되었었다. 그런 '고려장' 터 위의 누추한 가마니 교회, 그 기도의 자리에 만군의 여호와 하나님께서 찾아오신 것이다. 보여주시는 영의 세계는 두려움 그 자체였다.

어마어마하게 큰 땅덩어리, 크고 둥근 지구 위에 나는 홀로 있었다. 무릎을 꿇고 바닥에 엎드려 떨고 있었다. 내 앞에 서 계시는 분은 얼굴과 온몸에서 광채가 났고 그 광채는 태양 빛보다 더 강렬해서 눈을 뜰 수가 없었다. 한없이 인자하신 분이 나를 바라보고 계셨기 때문에 그 권위 앞에서 나는 숨이 탁 막혀 버릴 것만 같았다. 수정같이 투명하고 빛나며 끌리는 흰옷을 입으셨고 얼굴은 세상 말로 표현할 수 없는 아름답고 빛나는 모습이셨다. 나는 감히 얼굴을 들 수도 없었고, 눈으로 바라볼 수도 없는 분이셨다. 끌리는 흰옷은 명주보다 더욱 더 부드럽고 얇아 미풍에도 하늘거렸다.

그 자리에서 꿇어 엎드린 채, 나는 그 거룩한 모습을 두려움으로 바라보았다. 조금 후 그분의 인자하고 자비롭고 광채 나는 얼굴빛은 삽시간에 험악하게 일그러지셨다. 흰옷 위에 머리까지 드리운 연하늘색 천이 어깨 위로 하늘하늘 흘러 내려왔다. 몹시 화난 얼굴이셨다. 손가락으로는 지구의 왼쪽부터 시작해서 오른쪽까지를 쭉 가리키셨다.

"네 눈에는 저 사람들이 보이지 않느냐!"

나는 엎드린 채로 손가락 끝이 가리키는 방향을 내 눈이 따라가고 있었다. "보이지 않느냐!" 하는 음성과 함께 지구 밖으로 쳐진 철조망이 환하게 보이기 시작했다. 피골이 상접한 헐벗은 많은 사람이 철조망을 마구 기어오르고 있었다.

다시 울리는 소리 같은 큰 음성으로,

"너는 저 아우성이 들리지 않느냐!" 하시는 말씀과 함께

"살려 주세요. 살려 주세요!"하는 아우성이 들렸다.

아우성치면서 철조망을 기어오르고 있는 너무나 처참한 모습들이었다. 나는 엎드린 채, 부들부들 떨고 있었다. 그분의 손가락이 다시 땅덩어리를 향하여 가리키신다. 손가락 끝의 방향을 따라 보이는 것은 지구 위에 지저분하게 마구 흩어져 있는 쓰레기 더미였다. 온통 쓰레기 천지였다. 군데군데 쌓인 쓰레기들은 더러운 오물들이었다. 냄새나는 것들, 깨진 것들, 온갖 것들이 타면서 꾸역꾸역 연기를 내면서 나뒹굴고 있었다. 그 쓸모없는 더미들 옆에 정신도 못 차리고 덜덜덜 떨고 있는데, 그분은 몸을 굽혀 그 쓰레기 뭉치들을 집어서 마구 내게 던지면서,

"너는 지금까지 무엇을 하고 있었느냐?"고 심하게 책망하셨다.

나는 그때 무지하고 어리석어 그것이 무슨 의미인지를 헤아릴 수 없었다. 내가 왜 야단을 맞아야 하는지, 왜 그렇게 격렬하게 화를 내시는지, 그 화내고 책망하시는 분은 도대체 누구신지 아무것도 몰랐었다. 나의 신앙이 미숙한 상태였지만 내가 많이 잘못한 것만은 사실이었다. 지도해 주는 사람이 없으니 답답할 뿐이다. 이럴 때 성령님께서 빌립이라도 보내주셨으면 하는 간절한 소망이 있었지만[행8:29] 빌립은 보내지 않으셨다. 그 후 15년이란 세월이 흐를 때까지.

그 후 지속해서 내가 알지 못하는 곳으로 끌려다니면서 이곳저곳을 보게 하셨다. 끝이 보이지 않는 아찔하게 깊은 지하, 돌을 던져도 돌이 바닥에 닿는 소리가 들리지 않을 만큼 깊은 웅덩이, 우글거리는 마귀들의 소굴, 저들의 음모 작당하는 모습들, 그리고 교회 안에서의 마귀들의 활동, 나라 안팎에서 일어날 사건들을 계속해서 보여주셨다. 그 사건들 속에는 항상 마귀들의 계략들이 숨어 있었다. 꼭 반드시 실행되는 일들은 세 번씩 거듭 보여주셨다.

답답하고 괴로워서 남편에게 한마디 물어볼라치면 "당신이 요셉이야!"하고 호되게 야단만 맞곤 했다. 남편에게 많은 경계를 받았다. 입을 완전히 봉합해 버렸다. 그럼 누구에게 물어보란 말인가! 나의 고민은 뚜껑도 열지 못했고, 늘 홀로 고민해야만 했다. 후로는 아무 말도 못 하는 사람으로 되어버렸다. 말하면 이단이 돼 버리니까. 아무도 나의 마음을 헤아려 이해해주는 사람은 없었다. 그 아무도.

여하튼, 사건도 많고 어려움도 많았지만 그런 가운데서도 교인들의 숫자는 많이 늘어났다. 30명, 50명, 100명 한참 교회가 부흥하고 있었다.

큰 아이가 겨우 발자국을 뗄 무렵이었다. 아마 1967년도쯤일 것이다. 파송했던 '브니엘 교회'로 다시 돌아오라는 명령이 내려졌다. 무슨 잘못된 사유가 있었는지는 잘 모르겠다. 나중에 들은 이야기지만 그때 우리가 개척하던 같은 시기에 우리보다 높은 연배의 J 목사님과 K 여전도사님과 한 팀을 민들어 김해 쪽에 파송해서 개척을 시작했었다. 그런데 상황이 좋지 않아 철수하면서 그 J 목사님을 우리 교회로 목회하도록 배려하면서 생긴 인사 조치였다고 한다.

이렇게 우리는 파송지인 본 교회로 돌아왔고 남편은 전도인의 일을 하면서 고신대에 입학하게 되었다. 얼마 후 1년도 안 되어서 우리가 개척했던 동산교회로 가라는 명령을 받고 다시 파송지로 가게 되었다. J 목사님이 몇 명의 교인들과 대연동에 개척하였기에 발생한 인사 조처였다.

교회는 좀 스산해져 있었고 교인들도 많이 줄었다. 그러나 다시 시작하는 마음으로 사역을 해야 했다.

약한 개척교회에서 신학교 공부를 하면서 많은 고생을 겪게 되었다. 등록금이 마련되지 않아 교인들이 계라도 들어서 등록금을 마련하라고 권면했다. 그런데 등록금은 1년에 두 번씩 내야하고 계는 1년간 넣어야 하고, 지난번 계가 아직 끝이 나지 않았는데 다시 등록금을 내야 했다. 한 개를 더 들어서 등록금을 내고 나니 아직 계가 끝이 나지 않았는데 또 등록금을 내야 했다. 그러다 보니 생활비 전부가 곗돈으로 다 들어가도 부족했다. 그래서 결국은 휴학을 하고 말았다. 7년 과정을 졸업하는데 무려 12년이 걸렸다. 전도사 타이틀도 15년 만에 뗄 수 있었다.

우리는 Y 집사님 집에 부엌 딸린 방 두 칸에 세를 들어 한집에서 살게 되었다. 거기에서 시아버지께서 돌아가셨다. 중풍과 치매로 3년여 년 동안 앓으셨다. 유학자셨지만 오랜 기도 끝에 결국 전도를 받아들였다.

그 집에서 둘째를 낳았다. 시골에서 친정어머니가 오셔서 일주일간 산후 조리를 해 주셨다. 우리 어머니는 어렵게 고생만 하는 나를 두고 가는 것이 영 마음이 놓이지 않아 밤잠을 설치셨다. 그리고 잘 있으라는 말 한마디 남겨두고 뒤도 돌아보지 않고 나가버리셨다. 버스 정류장까지 배웅도 나가지 못했고 여비조차 챙겨 드리지 못했다. 우리 엄마는 울며 울며 딸을 두고 고향으로 가셨다. 돌아보지 않는 어머니의 뒷모습을 나는 지금도 잊을 수가 없다. 콧잔등이 찡하게 아려온다.

둘째가 걸을 때쯤 해서 결혼한 지 5년 만에 결혼사진을 찾았다. 사진관에 보관해 달라고 부탁을 여러 번 했었다. 사진관 아저씨는 그렇게 하겠노라고 늘 언제라도 형편이 되면 찾으러 오라고 위로해 주었다.

아빠 포기 할랍니다

"여인이 어찌 그 젖 먹는 자식을 잊겠으며 자기 태에서 난 아들을 긍휼히 여기지 않겠느냐 그들은 혹시 잊을지라도 나는 너를 잊지 아니할 것이라 내가 너를 내 손바닥에 새겼고 너의 성벽이 항상 내 앞에 있나니" [사49:15-16]

둘째를 낳은 지 일주일도 채 되지 않은 산모에게 심방 와 달라는 전갈이 왔다. 마침 산후 조리차 와계신 친정어머니는 화를 내시면서 그런 경우는 없다고 하셨다. 그러나 연락해 온 집도 신학생이었고 아기를 급하게 낳아서 아기가 사경을 헤매고 있다고 하는데 모른 체할 수가 없었다. 그러나 내가 무엇을 할 수 있다고 나를 부른단 말인가!

우리 동네 사는 사람들은 어지간하면 거의 병원에 못 가고 그냥 집에서 아기를 낳는 형편이있다. 그저 이웃에 연륜이 있는 할머니가 계시면 돌봐주는 것이 전부였다. 그 집도 초산인데 갑자기 아기를 낳는 바람에 시골에 연락할 시간적 여유가 없었고 병원에 갈 형편도 못 되었다. 산모가 밥하다가 갑자기 배가 아파서 신발 벗고 방으로 들어가다가 아기를 낳았다고 한다. 산모도 놀라고 아기도 놀라고 아기 아빠도 놀라고 돌봐 줄 이웃 할머니도 없고…….

소식을 전해 듣고는 가만히 있을 수가 없었다. 나는 겨우 몸을 추스르고 언덕 밑에 있는 신학생 집으로 내려갔다. 문을 두드렸지만 아무런 기척도 없다. 방문을 손으로 밀었더니 열리기에 방으로 들어갔다. 아기엄마와 초년생 아빠는 가로세로 아무렇게나 누워서 곤히 잠들어 있다. 아기는 쉰 소리로 거의 들리지도 않게 "에! 에!" 하는 정도로 헐떡이면서 내는 된 숨소리만 방안에 가득했다. 아빠를 흔들어 깨웠더니 일어나지 않는다. 엄마를 깨웠더니 눈도 뜨지 못한다. 다시 아빠를 깨웠더니,

"아빠 포기할랍니다."하면서 여전히 잠을 잔다. 엄마를 다시 깨웠더니 역시 "전 엄마 포기할랍니다."하고 여전히 자려고만 한다.

나도 아기 낳은 지 일주일도 안 되는데 사람을 불러놓고 이게 무슨 짓이냐고 호통을 쳤더니, 그제야 내외가 부스스 일어나 앉는다. 삼일 밤낮을 홀랑 새웠더니 죽을 지경이라면서 이제 다 포기하고 싶다고 했다. 겨우 삼 일간 밤새웠다고 부모 이기를 포기하겠다는 한심한 아빠 엄마다. 이들도 결코 순탄하지 않은 가족끼리의 첫 만남이었다. 숨도 못 쉬고 헐떡이는 아기를 두고 잠을 못 자서 포기하겠다고 하다니, 왕초보 부모를 보니 나도 할 말을 잃었다.

억지로 일어난 초보 아빠에게 약국에 가서 갓난아기 놀란 데 먹는 약을 사오라고 등 밀어 보냈다. 그리고 여전히 앉아서 졸고 있는 아기엄마를 흔들어 일깨워 같이 아기 상태를 살펴보자고 했다. 왜 아기가 사흘 밤낮을 울기만 하는지 어디서부터 잘못되었는지를 살펴보아야 했다.

이웃에 사람이 살고 있었지만 이 위급한 상황에서 아무도 들여다 봐주는 사람이 없었다고 한다. 초보 엄마를 근근이 일깨우고 아기 포대기를 열어 재끼니 아기 배에 탯줄을 자르기는 했지만, 탯줄 자른 쪽을 실로 맨 것이 아니라 배 쪽으로 팽팽하게 매여져 있어서 배를 잡아당겨 심히 아프게 보였다. 아기가 이것 때문에 아파서 그렇게 울었는지도 모르겠다. 그래서 실을 풀어서 탯줄 자른 쪽 끝부분을 매어 주었다.

아기 목욕물을 준비하려고 부엌을 내다보니 발 디딜 틈도 없다. 물을 불에 얹고, 옆에 있는 작은 솥뚜껑을 열어 봤더니 미역만 있고 국물은 한 방울도 없는 뻑뻑한 국이 한 솥이나 있다. 국 수준이 아니라 밥 수준이다. 건더기를 덜어내고 물을 붓고 간을 맞추어 다시 국을 끓였다. 밥솥에는 식은 밥이 한 솥 가득하다. 다 정리를 해서 산모에게 밥과 미역국을 차려 방으로 들였다.

아기는 따뜻한 물로 목욕을 시키고 젖을 물리게 했다. 약국에 보낸 아빠를 기다렸다가 사 온 약을 먹이고, 그리고 품에 안고 간절히 하나님께 기도를 드렸다. 태어나면서부터 놀랐고 사흘 밤낮을 울기만 한 아기이다. 얼마나 피곤했겠는가? 아기가 새근새근 잠드는 것을 보고 나왔다.

아빠 신학생은 "아기가 태어나서 처음으로 잠들었습니다."라고 신기한 듯 따라 나온다. 아빠 되기가 이렇게 힘 드는 줄 몰랐다고 민망한 듯 그는 하소연하고 있다. 감사하다는 인사도 빼지 않았다.

"포기한단 말 쉽게 하지 마세요. 잘 키우세요."

그 날 후로 아기는 소리 없이 잘 자고 잘 먹고, 예쁘게 무럭무럭 잘 자라고 있었다. 가끔 아기 아빠는 잘 커가는 아들을 안고 우리 집엘 들르곤 했다.

이 일을 통해서 사람은 한없이 연약한 존재임을 깨닫게 되었다. 사람은 위급한 상황을 만나면 자기 자신을 먼저 챙기는 것이 본능이구나! 그래서 자신을 변명하게 되고, 옹호하게 되고, 싸우게 되고, 거짓말하게 되고, 질투하게 되고, 욕심부리게 되고…….

하나님께서 우리에게 베푸신 사랑은 까맣게 잊고 말이다. 사람은 혹시라도 그 젖 먹는 자식을 잊을 수도 있다는 것을(사49:15), 생각해 보게 했다.

하나님의 사랑은 어떠한가? 우리의 수준과는 차원 자체가 다르다. 셀 수도 측량할 수도 없이 크고 넓고 깊은 사랑이 아니신가? 그 사랑을 생각하니 감동의 눈물이 주르르 흘러내린다.

느그 "야소교" 방식은

결혼한 지 반년도 채 되기 전에 시어머니가 돌아가셨다. 시댁에서는 장례식 문제로 나를 거의 몹쓸 죄인 취급했다. 불신자들인 친척들은 하나밖에 없는 맏며느리에게 신경을 곤두세운다. 더구나 예수 믿는 며느리를 보는 눈길이 곱지 않았다. 시집왔으면 시댁의 풍습에 따르라는 것이다.

사실 나는 그때까지 단 한 번도 제사 음식을 만들어 본 적이 없었다. 제사 음식을 만들 생각은 더더구나 없었다. 그냥 부엌에서 하는 일은 가족들의 식사를 준비할 뿐이었다. 나는 반찬에 고춧가루를 넣어야 했고, 시댁에서는 제사 음식은 고춧가루를 넣으면 안 된다고 하면서 나를 나무랐다. 일가친척들은 모두 마치 내가 하는 모든 일을 구경이나 하러 온 것같이 단체로 나를 공격했다.

시아버지는 "남세스럽다"라고 혀를 껄껄 차면서 탄식했고, 시동생은 "기집 년이 시집왔으면 맏며느리 노릇 잘하라!"라고 욕설을 퍼부으면서 멱살을 잡기도 했다. 손위 시누이는 "니는 돌 예수 믿나. 다른 집 며느리는 예수 믿어도 제사 음식 다 만들고, 절도 하더라!" 하고 소리를 지르면서 등을 펑펑 두들겨 팼다.

그러나 하나님께서는 "여기에서 타협하게 되면 사역지에서 어찌 전도한단 말인가? 절대 타협해서는 안 된다."라고 하시면서 죄짓는 일을 못 하도록 경고하셨다. 나는 **"강하고 담대하라 강하고 담대하라."**[수1:6-7] 성경 말씀을 속으로 수없이 외우면서 하나님께서 함께 해주실 것을 기도드렸다. 나는 용기가 생겼다. 내가 쫓겨나기밖에 더할까. 굳은 결심으로 마음을 다졌다.

제사 음식을 만들지도 않고, 빈소에서 곡도 하지 않고, 절도 하지 않았다. 그래서 온 집안 일가친척들은 용광로 같이 들끓었다. 그러자 울산에 계시는 문중 대표

어른이신 시 백부께서 나를 방안으로 불러들였다.

"그래 너는 야소교를 믿는다고? 자네들의 장례 방식은 어떠한가?"

"예 저희는 돌아가신 사람에게는 부모일지라도 절은 하지 않습니다. 곡도 안 하고, 제사도 지내지 않기 때문에 제사 음식을 만들 수 없습니다. 친척분들은 내 집에 오신 손님들이시니 집 주인의 방식을 따르는 것이 손님의 예절이라고 생각합니다."

"그래 느그 법이 그렇다면 야소교 방식대로 하그라."

시백부의 한마디 말에 집안이 물 끼얹은 것 같이 조용해졌다. 그러나 부엌으로 나온 나를 붙들고 여전히 못마땅하게 여기는 시누이가,

"니는 무신 빽 믿고 그리 독하노? 친척들이 장례비용 내놓지 않으면 무엇으로 장례를 치룰라꼬 그 고집이고?" 하면서 나를 다그쳤다.

"걱정하지 마세요. 제가 다 해결합니다."

"니가 무신 재주로 한단 말이 가! 말도 안 되는 소리 하지 말그라!"고 윽박질렀다.

그때 마침 담임목사님과 교인들이 차를 타고 심방 오셨다. 이런 어려운 상황을 잘 아시는 담임목사님께서,

"지혜는 뱀같이 순결은 비둘기같이 하라"[마10:16]는 당부와 격려의 말씀을 해주셨다. 만리타향에서 진성 부모를 만난 것 같이 울음이 북받쳤다. 홀로 하는 외로운 영적 전쟁이었지만 목사님의 격려는 이 숨 막히는 상황을 극복할 천군만마의 지원군이었다.

첫 번째 일명, 추도예배는 우리의 사역지인 외딴집에서 맞았다. 시누이를 중심으로 한 친척들은 제사상 차릴 준비에 부산했다. 나는 집례 하시는 목사님과 교인들이 추도예배 후, 드실 접대용 식사 준비를 했다. 시누이가 접시에 높게 쌓으면 나는 그 음식들을 나누어 담았다. 포를 놓으면 나는 상 밑으로 감추었다. 큰 물고기를 통째로 접시에 쌓아 올리면 나는 도마에 놓고 토막을 냈다. 수저를 한 움큼 손에 들고 교인들의 수만큼 상에 놓아갔다. 시누이가 화를 내면서 수저 걷으라고 호통을 친다. 놓았던 수저를 걷으면서 나는 이렇게 말했다.

"여기 상에 차려진 음식들은 교인들이 다 먹고 갈 것입니다."라고 귀띔했더니 그

제야 재빠르게 주섬주섬 장만한 제물들을 걷어 상 밑으로 내렸다.

잠시 후,

"예배드리겠습니다." 하는 목사님의 예배 선언과 함께 교인들이 방으로 들어와 둘러앉았다. 예배가 시작되었다. 찬송을 부르기 시작하니 친척들은 예배를 방해하면서 큰소리로 곡하기 시작했다. "아이고- 아이고-" 예배를 집도하시는 목사님께서 조용히 하라고 명령을 내렸다. 그러자 지금까지 꼼짝도 안 하고 진 치고 있던 친척들은 가운데 자리를 포기하고 제물로 장만했던 음식들을 몽땅 싸 가지고 돌아가버렸다.

자기들과 방식이 다르다고 멸시하는 문중 친척들을 보면서 개척교회들이 혹은 초 신자들이 겪게 되는 제사 문제에 대한 어떤 기준들을 기도하는 가운데, 대처할 해답들을 하나님께서 지혜로 덧입혀 주셨다. 아직 기준이 될 만한 책자도 없었고 교회 자체적인 교육도 활발하지 못한 시대여서 매우 요긴한 해답들을 얻은 셈이 되었다.

몇 달 후 시댁 웃어른들을 찾아뵙고 인사를 하려고 울산 '덕하'에 있는 친척 마을로 갔다. 결혼하고도 아직 인사를 드리지 못했고 제사 문제로 심각했던 터라 백부님께서는 인사 받는 것을 거절하시고 돌아앉으셨다.

"백부님 살아 계신 어르신들께는 큰절을 올려야지요."했더니,

"아! 그래, 야소교도 어른에 대한 예절은 지키는 갑제?" 하면서 돌아앉으셨다. 큰절을 올리고 준비해 들고 갔던 작은 선물도 드렸다. 한약국을 운영하시는 백부님은,

"그래, 책을 보니 아브라함 링컨도 야소교 믿고 크게 성공했다카드라. 느그들도 잘 믿고 크게 성공해 보그라." 하시면서 덕담까지 하셨다.

얼마 후에 내가 임신했다는 소식을 들으셨는지 임신 초기에 먹으면 아들을 낳는다고 하면서 한약을 한 제 보내왔다. 시 백부님의 호의에도 불구하고 그렇게 쇠약해 있으면서도 나는 그 약을 끝내 먹지 않았다. 만일 내가 아들을 낳으면 백부님의 한약이 효험이 있어서라고 할 것이 아닌가. 그냥 임신 초기에 먹으면 좋은 보약이라고 했으면 나는 그 약을 고맙게 먹었을 것이다. 하필 아들 낳는 약이라고 해서 그

약을 먹지 못하게 하셨는지…. 나는 아들을 주시면 순수하게 하나님께서 아들을 주셨다고 하나님께만 영광을 돌리고 싶어서였다.

친척 집에 초상이 나면 장례식에 참석은 하지만, 그 기간에 나는 금식을 한다. 친척들도 나에게 거들라고 강요하지는 않는다. 오히려 거들까 봐 겁내는 것 같았다. 예수쟁이들이 제사 음식을 만들면 귀신이 오지 않는다는 속설 때문이었는지도 모르겠다. 집안의 나이 많은 장조카는 초상 때마다 내가 금식하는 것을 알고,

"아지매요! 망을 봐 줄 테니 조금이라도 잡수시이소. 이것은 제사 지낸 것 아입니데이." 하면서 제사 지낼 음식이 잔뜩 쌓여 있는 광으로 나의 등을 떠밀었다.

그때마다 나는 '아닙니다. 괜찮습니다.'하고 도망쳐 나왔다. 그 조카는 나와 나이가 동년배였고 문중 일가 중에서 입지가 꽤 있는 사람이었다. 물 위에 기름같이 섞이지 않는 나의 처지를 보다 못해 자기가 망을 봐 줄 테니 공 드려 만든 제사 음식을 조상귀신보다 먼저 먹으라고 권하는 것이다. 그러나 나는 친척들 집에 가서 단 한 번도 밥숟가락을 든 적이 없었다. 문중 장례식에 참석하면 그 조카는 늘 배려해주었다.

"아지매요! 냉장고에 있는 음식은 제사 지낼 음식도 아니고, 제사 지낸 것도 아입니데이." 하면서 귀띔해 주었다. 나를 홀로 십에 남겨두고 제사 지내러 모두 산으로 가겠다는 말이다. 그러나 나는 여전히 냉장고 문을 열지는 않았다.

수십 년이 지나도 섞이지 못하는 것은 여전했다. 친척들의 결혼식은 거의 주일날 치루기 때문에 미리 앞당겨 인사하러 갔다 오곤 했다. 축의금은 다른 사람보다 많이 챙겨서 드렸다. 초상집에도 미리 조문 인사하러 갔다. 그러나 우리 집에서 내는 부조금으로는 절대로 제물을 준비하는 데 써서는 안 된다고 당부했다. 이것은 성도들의 헌금이라서 귀신도 싫어할 것이라고 하면서…….

많은 세월이 흘렀다. 이제 가까운 어른들은 다 돌아가셨고, 장조카는 같이 늙어가는 처지가 되었다. 한 번은 문중의 어른들을 모시고 여행을 간다며 우리 부부를 초대했다. 우리가 참석해 주면 영광이겠다고. 그동안 우리는 거의 친척들과는 연

락을 끊고 살아온 것 같았다. 친척들은 주일날 모든 행사를 하기 때문이다.

이번에는 우리를 꼭 참석시키기 위한 배려라고 주일이 아닌 다른 날로 정했다고 특별 초청을 하기에 우리 내외는 모처럼 참으로 수십 년 만에 약속했고 참석했었다. 그런데 여행 중 나는 사고를 당해 도중에 돌아와야만 했다. 내가 넘어져 팔목 골절 부상으로 급기야 깁스했고, 버스를 타고 돌아와야만 했다.

그 후로는 수년이 흐르는 동안 아무 연락도 없었다. 문중 모든 행사에 빼 주는 것이 우리를 위한 배려라고 생각한 모양이었다.

외길에서의 화해

"주의 인자하심으로 주께서 구속하신 백성을 인도하시되 주의 힘으로 그 들을 주의 거룩한 처소에 들어가게 하시나이다" [출15:13]

"오직 위로부터 난 지혜는 첫째 성결하고 다음에 화평하고 관용하고 양순하며 긍휼과 선한 열매가 가득하고 편견과 거짓이 없나니" [약3:17]

빈민촌에서 '새마을 기도소'라는 간판을 집 앞에 붙였기 때문에 밤에는 집 앞 처마 끝에 높이 호야불을 달아 불을 밝혔다. 전기가 없었던 시절이어서 마을에서는 유일한 불빛이었다. 한 주간 동안 열심히 전도했다. 주일날에는 그 교인들을 데리고 여전히 본 교회에 출석했다. 초창기 얼마간은 계속 그렇게 했다.

그때는 내 나이가 너무 젊어서 모르는 사람들은 나를 보고 학생이라고 불렀다. 버스를 타면 부산 여대 앞에서 타는 교수들이 니를 보고 "교수님 타시는데 자리를 양보해라." 하면서 자기 학교 학생인 줄 착각하고 나를 일으켜 세웠다.

동구 밖 논 가운데 우물이 하나 있었다. 언덕 밑이라 빈 그릇으로 갈 때는 수월하지만 물을 담은 양동이를 이거나 들고 언덕 위로 올라오기란 여간 힘들지 않았다. 온 동네 사람들이 그 우물물을 길어다 먹고 살았다. 때문에 빨래는 마하사절 골짜기로 가야 했다. 산골 오솔길로 올라가는 그 길이 그때는 어찌 그리 멀게만 느껴지던지……. 집에서 가장 가까운 개울물이다.

하루는 빨래터에서 어떤 낯선 젊은 남자를 만났다. 혼자 빨래하고 있는 나에게 "어이 학생 빨랫비누 좀 빌려줘!" 하면서 손을 내밀었다. 기분은 좀 언짢았지만 말없이 비누를 빌려주었다. 며칠 후 환한 불빛을 찾아 키가 크고 호리호리하고 세련

된 할머니 한 분이 찾아왔다.

"아이구! 새댁이 여기 사시는군요!" 하면서 마치 아는 사람이라도 되는 양 반가워한다.

'누구신지…. 좀 안으로 들어오시죠.' 하면서 안으로 모셔 들였다.

그 할머니는 평양에서 피난 나왔고 마하사절 골짜기 중턱에 위치한 고아원에서 방 한 칸을 얻어 남편과 아들과 같이 생활하고 있다고 자기소개를 했다. 자신은 장로 딸이며 권사라고 소개를 하면서 며칠 전 개울가 빨래터에서 비누를 빌려 쓴 남자의 어머니라고, 그 아들이 한 말실수에 대해서 사과하려고 우리 집을 찾아왔다고 한다. 아들이 좀 부족한 사람이라서 그런 실수를 했노라고 진심 어린 사과를 했다. 그냥 넘어가도 될 일이었지만 찾아와서 사과하니 외로운 개척지에서 사람의 마음을 얻은 것 같아 마음이 훈훈해졌다.

권사님은 이 고아원에서 오래 살아온 터라 낯선 젊은 여자의 행방을 찾는 일은 아주 쉬운 일이었다고 한다. 집이라고 해야 외딴집 한 채뿐이었고 주변에는 천막촌들이었으니까. 아들이 "이 동네 사람 같지 않다"라고 했기 때문에 타 지역에서 이사 왔을 것이라고 짐작을 했다는 것이다. 앞으로 우리 교회를 출석하겠다고 약속을 하고 헤어졌다.

당시 우리는 방 안에서 예배를 드렸는데 그 가족이 우리 교회에 들어오니 방안이 가득해졌다. 그 후로는 그 H 권사님과는 수 십년지기 친구같이 친한 사이가 되었다. 40여 년의 나이 차이는 있었지만 그냥 만나면 반갑고 즐거웠다. 고향 이야기며 일본 유학한 이야기며 평양 자기가 다니던 교회 이야기며 시간 가는 줄 모르게 이야깃거리는 늘 풍성했다.

내가 빨래터에 가서 빨래하고 있으면 어김없이 H 권사님이 나타났다. 권사님이 사는 고아원 집에서 문 열고 내려다보면 빨래터의 사람을 확인할 수 있었기 때문이었다. 넘어질 듯이 뛰어와 모처럼 말 통하는 친구를 만났다면서 빨래하는 내내 이야기의 꽃을 피웠다. 개울가 돌 위가 우리의 유일한 만남의 장소였다.

그리고 빨래하는 일이 끝나면 자기 집에 데리고 가서 옥수수죽이라도 꼭 먹여서 보내기를 원했다. 그래서 여러 번 그 권사님이 끓여주는 옥수수죽을 먹고 힘을 얻어 산에서 내려오곤 했었다. 그렇게 그냥 마음이 통하고 신앙이 통하는 친구가 되었다. 퍽이나 힘이 되어주는 교회 가족이기도 했다.

그 할머니는 동네 아이들의 가정교사이기도 했다. 옛날 평양에 살 때는 엄청 아버지가 부자였다고 했다. 지금 살고 있는 고아원 원장도 옛날 자기 집에서 부리던 일꾼이었으므로 이렇게 남한에 피난 나와서 신세를 지고 살고 있으며, 작은아들과 딸이 있는데 이들은 서울에서 살고 있어 생활비를 조금씩 보내주고 있다고 했다.

그런데 얼마 전에 부족한 자기 아들이 결혼식도 없이 며느리를 들였다고 했다. 그때는 결혼식 없이 사는 사람들이 별로 없어서 좀 충격적이긴 했지만 사정을 듣고 보니 그럴 수도 있겠다고 생각을 고쳐먹었다.

시골에서 가난한 집 아가씨를 그저 입 하나 던다고 생각했던 것 같았다. 교회는 나오지 않았고 집에 가서 한두 번 얼굴을 본 적은 있었다.

우리 젊은 부부가 그 고아원으로 한두 번 심방 갔던 것이, 그렇게 엄청난 큰 사건을 불러일으킬 불씨가 될 줄은 몰랐었다. 우리는 속절없이 억울한 누명을 쓰는 큰 사건에 휘말렸다. 그 H 권사님의 며느리가 온 지 며칠 되지도 않았는 데 없어졌다는 것이다.

그 며느리를 우리 전도사님이 빼돌렸다는 소문이 퍼졌다. 마른 하늘에 날벼락이지 무슨 망측한 누명이란 말인가! 그 지역에서 어떻게 전도를 하란 말인가. 눈앞이 캄캄해졌다. 이 사건은 개척지에서 특히 전도할 지역에서 우리에게는 치명적인 사건이 아닐 수 없었다. 오리무중 알아볼 만한 곳도 없었다. 물어볼 사람도 없었다. 우리는 이 지역에 아직 뿌리도 내리지 못한 형편이었다.

그 문제로 우리는 심한 고통을 받게 되었고 H 권사님과의 관계도 끊어졌다. 그 사건은 우리에게도 심한 충격이었지만 교회의 타격도 컸다. 혹독한 시련 속에서도 우리는 변명도 한마디 못하고 누명을 고스란히 뒤집어쓴 것이다. 무슨 변명이라도 해야 하겠지만 누구에게 무슨 변명을 한단 말인가? 내용도 모르고 들은 말도 없으니 할 말도 없다.

우리는 그냥 금식기도 하면서 두문불출했다. 이게 무슨 사단의 궤계인가? 그때는 하나님께서 왜 이런 시험을 허락하셨는가 하는 의문이 있을 뿐이었다. 그냥 누명이라고만 생각하고 억울해했다. 우리는 하나님 앞에 겸손히 무릎을 꿇었다. 하나님께서는 우리 내외를 깊은 기도의 곳으로 인도하셨다.

이 일을 통해서 하나님께서 의도하시는 뜻이 있었다. 전도할 때는 몸을 낮추고 마음을 낮추라 하시는 경고로 받아들였다. 그리고 사람들의 마음은 다 내 마음과 같지 않다는 것을 교훈하셨다. 아무리 친절한 것 같아도 내 마음같이 믿어서는 안 된다는 것을, 아무리 믿음이 있는 것 같은 사람이라도 사람의 마음은 한결같지는 않다는 것을. 어느 날 갑자기 숨겨둔 발톱을 세우고 덤빌지 모를 일이었다. 사람을 절대로 의지하지 말라고 엄명하시는 하나님의 음성으로 깨달음을 받았다.

H 권사님은 평양에서부터 친구였던 친구 두 명과 두루 다니면서 젊은 우리 부부를 토끼몰이하듯이 코너로 몰아갔다. 아주 몹쓸 인간이라고 중상모략하고 다녔다. 아예 교회 문을 닫게 할 작정이라는 소문도 들렸다. 그렇게 무서운 입소문은 마치 동네 사람들이 우리를 향해 던지는 돌팔매같이 우리 내외를 아프게 했다. 이 일은 거의 몇 달 동안 계속됐다. H 권사와 두 친구는 단짝이었다. 늘 함께 다니면서 나쁜 소문을 퍼뜨렸다. 우리는 얼굴 들고 다닐 수도 없게 되었다.

그러던 어느 날 그 문제의 큰아들이 불쑥 우리 집으로 찾아왔다. 그리고 우리를 '파출소'로 가자면서 큰 소리로 호통쳤다. 시끄럽고 이웃이 창피해서 도저히 파출소로 가지 않을 수 없게 되었다. 집에서 파출소까지는 꽤 먼 거리였지만 우리는 따라갈 수밖에 도리가 없었다. 파출소에서도 좀 모자라는 H 권사님 아들도 역시 우리가 자기의 부인을 빼돌렸다고 죄를 뒤집어씌웠다.

우리는 아무 말도 못 하고 있는데 H 권사님 큰아들이 주머니를 뒤지더니 무슨 종이 한 장을 꺼내 경찰에게 넘겨주었다. 우리를 크게 고소할 무슨 고소장인 줄 알았다. 그런데 잠시 후 그 경찰관은 우리를 보고 "돌아가셔도 되겠습니다."하고 미안하다고 정중하게 사과를 한다. 그 종이쪽지는 그가 정신병원에 입원했었다는 증명서였다고 경찰관이 귀띔해 주었다.

사건이 일어난 지 두어 달이 훨씬 지났을까, 그 고아원 주변에 사는 아줌마 몇 명이 우리 집을 찾아왔다. 사죄하러 왔다고 해서 우리 두 사람을 어리둥절하게 했다. 알지도 못하는 불신자들이 우리에게 사과할 일이 무엇이 있는가? 그런데 그 아줌마들은 정말로 진지한 사과를 했다.

사실은 그 집 며느리를 자기들이 빼돌렸다는 것이다. 아무리 시골에서 왔다고는 하지만 시부모는 늙고, 병들고, 그녀의 남편은 정신병자이고, 집은 찢어지게 가난하고, 속아서 결혼한 것 같아서, 아직 젊고, 지금 아이도 없을 때 도망가는 것이 좋을 것이라고 권해서 식모살이라도 하라고 소개해서 몰래 보내버렸다는 것이다. 그리고 우리가 심방 하러 그 집에 들르는 것을 보고 사람들이 그 새마을 교회 전도사가 빼돌렸다고 거짓말로 꾸며댔다는 것이다. 젊은 사람들이 그렇게 당하고만 있는 것이 너무 보기에 안타까워서 이렇게 자백하러 왔다고 용서해 달라고 하는 것이다.

그러나 다 지난 이야기 아닌가? 그렇다고 도망간 며느리가 돌아오는 것도 아니고, 우리는 당할 만큼 다 당한 뒤가 아닌가? 이미 소문은 천파만파로 퍼져서 주워 담을 수도 없는 엎질러진 물인 것을.

H 권사님도 뒤늦게 그 사실을 알았는지 조용해졌다. 남의 말 사흘이라고 했던가. 소문을 들으니 같이 몰려다니던 평양에서 온 그 친구 한 분은 전도사님이었는데 좋은 남자를 만나 결혼을 해서 떠났고, 또 한 분의 친구인 C 집사라는 할머니는 아들을 따라 서울로 이사 갔다고 들었다. 두문불출 기도만 하고 있었는데 하나님께서 그렇게 그들을 흩어 놓으셨다. H 권사님은 그 고아원에 그대로 살고 있었지만 얼굴 못 본 지 몇 년이 지났다.

그러던 어느 날 나는 빨랫감을 이고 혼자 절 골짜기 외길을 가고 있었다. 빨래터로 가는 도중에 먼발치에서 마주 오고 있는 H 권사님을 발견했다. 원수는 외나무다리에서 만난다더니 멀리서 걸어오는 모습을 보는 순간 가슴이 방망이질한다. 심장 뛰는 소리가 쿵쿵쿵 내 귀에까지 들렸다. 이 어색한 분위기를 어찌 모면할지를 고민하면서 가던 길을 그대로 가고 있었다. 중간에 피할 곁길도 없다. 왔던 길로 되돌아갈 수도 없고. "내가 무슨 죄를 지었다고 피하기까지 하겠는가!" 보기 싫으면 자신이 돌아서겠지.

사건이 있기 전에는 그렇게 교양 있고, 세련되고, 믿음 좋고, 따뜻하고, 친절했던 권사님이 사건 후 그렇게 호되게 우리의 목회 인생을 송두리째 뭉개버리려고 젊은 우리를 매장하려고 서슬이 퍼렇게 덤비더니 사건의 전말을 다 알고도 끝내 찾아오지 않았는데…… 생각에 잠겨 무겁게 발길을 옮기다 보니 어느새 둘은 바로 앞에 서 있었다.

그렇게 어그러진 사이가 되었지만 하나님께서 마련해 주신 화해의 기회인지 모르겠다는 생각도 언뜻 들었다. 순간 둘은 얼떨결에 손을 맞잡고 화해를 하고 말았다. 진심으로 H 권사님은 잘못을 인정하고 용서를 구했다. 그날 빨래를 하고 내려오는 내 발걸음은 여느 때보다 가볍고 홀가분했다.

며칠 지난 어느 날 그 권사님이 천국 가셨다는 소식을 이웃 사람으로부터 전해 들었다. 며느리를 빼돌렸던 그 아주머니들이 이번에는 소천 소식을 전해주는 것이었다. 그때 그렇게 만나지 않았다면 내 마음이 어땠을까를 생각해 보았다.

권사님과의 땅에서 마지막 회개의 기회와 화해의 기회를 주신 하나님께 뜨거운 감사를 드렸다. 장례식은 우리 교회에서 맡아 치렀다. 정신없는 아들은 어머니의 죽음도 모른 채 어디론가 가고 없었고 나는 혼자서 H 권사님의 시신을 지키면서 이틀 밤을 새웠다. 우리에게 누명을 씌웠던 이웃집 아줌마들은 추석 명절을 앞두고는 초상집에 가지 않는다며 한 명도 얼씬하지 않았다. 장례식을 마치고 나니 마음 한구석에 짠하게 아련함이 파고들었다.

감정을 정리하면서 마하사절 골짜기를 홀로 걸었다. 하나님의 세밀하신 섭리를 가슴에 새기면서, 하나님의 사랑을 마음 가득 안고. 모든 사소한 인간관계에 이르기까지 세밀하고 정확하게 성결의 구원을 이루심에 감사의 무릎을 꿇게 하셨다. 나는 그 권사님에 대한 좋았던 생각만을 오랫동안 간직하자고 다짐했다.

무척산 기도원과 마귀의 시험

어느 날 남편은 기도 제목이 있어 금식기도를 한다면서 '무척산 기도원'으로 훌쩍 떠나버렸다. 갑자기 아이들과 나만 남은 집안은 텅 빈 것 같았다. 왠지 긴장되고, 두렵고, 가슴이 두근거리고, 마음이 진정되지 않는다. 어떤 기분 나쁜 기운이 우리 집을 점령해 오는 것 같은 느낌까지 들면서 마음이 불안해졌다. 아니나 다를까 그날 밤에 애들이 열이 오르기 시작하더니 39도까지 오르내린다. 갑자기 무슨 열이 이렇게 올라간단 말인가? 두 아이가 똑같이 열이 펄펄 끓는다.

산 중 외딴집에 아직 어린아이와 젖먹이까지 두고 멀리 산 밑 마을 약국을 갔다 올 수가 없었다. 그렇다고 둘 다 업고 갈 수도 없었다. 이 추운 겨울 날씨에 아픈 아이들에게 찬 공기를 마시게 할 수도 없는 일이고 나도 역시 머리가 빠개질 듯이 아프다. 딱히 도움을 요청할 가까운 이웃도 없는 형편이었다. 남편을 기도원에 보내 놓고 이 무슨 괴괴망측한 일인가? 안절부절 어쩔 줄 모르고 있는데 세 살인 큰아들이 무릎을 꿇고 앉아서,

"약국 가지 마! 엄마기도, 엄마기도, 엄마기도" 펄펄 끓는 몸으로 숨을 헐떡이면서 무릎을 꿇고 기도하기를 독촉한다.

두 아이를 양 무릎에 앉히고 기도하고 또 기도하면서 밤을 꼬박 새웠다. 먼동이 트기 시작했다. 그 밤은 내가 사는 동안에 가장 긴 밤이었던 것 같았다. 해가 뜨면 어두움이 사라지듯이 아침이 되면서 아이들의 열도 차츰 내려가기 시작했다. 아침

이 되어서야 우리 세 식구는 겨우 잠들 수 있었다.

조금 자고 깨었지만 몸이 개운치 않았다. 더 불안하고 더 초조해진다. 내가 무슨 병이라도 걸린 것일까? 불안은 점점 더 깊어가기만 했다. 온종일 불안한 마음을 떨칠 수가 없었다. 마귀의 시험인가? 마귀는 두 번째 공격을 개시했다. 내 마음을 꼬드기기 시작했다. 자꾸 기도원에 간 남편이 이 추운 겨울에 눈 속에서 얼어 죽었다는 생각을 넣어 주었다. 그런 생각을 하도록 몰아갔다. 그 불길한 생각이 나를 사로잡았다. 그리고 이 생각은 100% 맞는 생각이라는 확신까지 들었다.

겨울 방학 때였고 음력 설날을 앞둔 때여서 심히 추웠다. 마침 대학생 한 명이 방학이라고 인사차 찾아왔다. 평소에 잘 아는 학생이었다. 서울에서 S대 법대를 다니는 학생이었다. 이 학생은 훗날 법무부 장관이 되었다. 그는 근심 어린 나의 얼굴을 살피면서 도와 드릴 일이 무엇이 있느냐고 물었다. 내가 많이 염려하고 또 불안해서 그러니 수고스럽지만 무척산 기도원에 가서 전도사님을 만나서 기도 잘하고 있는가를, (마음으로는 얼어 죽지 않았나를) 확인하고 오는 일을 부탁했다. 학생은 흔쾌히 그렇게 하겠다고 약속을 하고 그 길로 기도원으로 출발했다.

그런데 웬일인가 캄캄한 밤에 문 두드리는 소리에 놀라서 나가 봤더니 그 학생이었다. 지금쯤 '무척산 기도원'에 있어야 할 학생이 지금 내 앞에 서 있는 것이다. 너무 낙심한 나머지

"기도원에 안 갔어요?"하고 다급하게 물었더니,

"예! 안 간 게 아니고 노력은 했는데 못 갔습니다. 설 밑이라 표를 살 수가 없었습니다."

나는 매우 실망했다. 이런 반전이 있을 줄은 꿈에도 생각 못 했다.

그 열흘 동안의 기도 시간은 우리 가족들을 정말로 절망적인 상황으로 몰아넣었다. 음식을 먹어도 먹은 것 같지 않았다. 마귀는 계속해서 '눈 속에서 금식하다가 얼어 죽었어'라고 속삭였다. 그렇다고 애들 두 명을 데리고 이 추위에 길도 모르는, 험하다고 소문난 높은 산에 올라갈 수도 없고, 당장이라도 올라가야 한다는 마음의 충동을 억제할 수도 없고. 내가 그렇게 무능하고, 속수무책인 사람이라는 것을 그때 만큼 처절하게 느낀 적은 없었을 것이다. 거의 날마다 절망적인 생각에 사로

잡혀 있었다. 아이들을 데리고 계속 기도를 했지만 확신도 없고, 지속해서 불안에 떨어야 했다.

드디어 열흘째 되는 날 밤이었다. 모처럼 우리 세 식구는 평안히 잠들 수가 있었던 것 같다. 깊은 밤에 초록색 잎이 무성한 엄청 큰 나무가 눈앞에 서 있었다. 그리고 그 나무에는 크고 빨갛게 빛나는 열매 한 개가 매달려 있었다. 웬 계절에 맞지 않는 초록 잎이 무성한 나무람, 그리고 본 적도 없는 크고 빨간 열매는 무엇인가? 그런데 그 열매를 보는 순간 내 가슴이 터질 것 같은 기쁨이 확 솟아올랐다. 지난 며칠 동안은 집채만큼이나 큰 파도가 덮쳐오는 풍랑의 터널 안에서 불안과 두려움에 떨었다면, 오늘은 불안의 풍랑은 말끔히 사라지고 잔잔한 고요 속에 내가 있었다.
내가 마치 날개가 있어 공중을 향해 훨훨 날아오르는 것 같은 가볍고, 뛸 듯한 기쁨으로 벅차 있었다. 밝은 아침 햇살은 서서히 새벽 날개를 펼치고 있었다. 그때 밖에서 구두 발소리가 저벅저벅 들린다. 점점 가까이 오고 있었다. 누가 이렇게 일찍 우리 집에 오는가 하고 생각하고 있을 때, 발소리는 우리 집 방문 앞에서 멈춘다. 이어서 문 여는 소리가 들렸다. 남편이 살아서 돌아온 것이다. ‘무척산 기도원’에서 그 어려운 10일간의 단식을 마치고 돌아온 것이었다. 우선 몸이 건강하게 돌아와서 너무 반가웠다.

그러면 열흘 동안 그렇게 불안하게 했던 그 생각들은 무엇이었는가? 기도는 안 하고 쓸데없는 생각만 하고 있었다고 핀잔 들을 게 뻔했기 때문에 그런 일이 있었다는 사실을 처음에는 말 못 했다. 마귀의 유혹에 혹독하게 놀아난 나의 신앙이 부끄럽기도 하고 주눅이 들어서 말을 안 하려 했다. 그러나 마귀의 시험은 남편에게도 있었다고 한다. 기도원으로 올라가는 길에서부터 시작되었다고 한다.

‘무척산 기도원’은 험준한 산길이고 동행하는 사람도 없고, 힘들게 혼자 올라가는데, 갑자기 마음이 불안해지면서 ‘애들이 죽었다. 빨리 내려가라’ 하는 마음의 소리를 들었다는 것이다. 빨리 내려가지 않으면 안 된다는 불안감을 떨칠 수가 없어서, 기도를 포기하고 집으로 내려가야 한다는 강한 충동을 느꼈다고 한다. 그래도 한편으로는 위를 향하여 올라가야지 하는, 두 마음이 갈등하면서 한 발자국씩 무겁게 옮기고 있었는데 저만큼 산 위에서,

"거기 기도원에 가는 길이요? 마귀 역사 많이 할거요. 기다릴 터이니 함께 갑시다." 하면서 내려다보고 소리를 지르면서 용기를 주더라는 것이다. 하마터면 포기하고 집으로 달려갔을 것이라고 얘기했더니 여기가 바로 그런 곳이라고, 마귀의 방해가 심한 곳이라서 올라오다가 포기하는 사람들이 많다며 설명을 해 주더라는 것이다. 그래서 그 낯선 동행인 때문에 무사히 기도원까지 갈 수가 있었고 또 힘든 단식을 할 수가 있었다고 한다.

우리 가족은 평소와 같은 평정을 되찾게 되었다. 그때 우리 가족은 어린아이들까지 시험대에 서 있었고 고통 가운데서 힘들게 시험을 통과한 셈이었다.

보조
동사의
출발

돌팔이 산파 I

"가난한 자를 구제하는 자는 궁핍하지 아니하려니와 못 본 체하는 자에게는 저주가 크리라"
[잠28:27]

"혹 위로하는 자면 위로하는 일로, 구제하는 자는 성실함으로, 다스리는 자는 부지런함으로,
긍휼을 베푸는 자는 즐거움으로 할 것이니라" [롬12:8]

빈민촌에서 죽도록 고생하면서 개척교회를 시작한 지 오륙 년이 지났을 때였다. 그런대로 재미있게 열심히 전도하며 돌보며 교회를 채워나갔다. 큰아이가 여섯 살이었고 작은아이가 네 살이었다. 교인 수가 많아지고 전도하는 보람도 느끼게 되었을 때 교회를 넘겨다보는 눈들이 있었는지 이유 없는 괴롭힘을 받았었다.

그러던 중 갑자기 하던 일을 멈추고 본 교회로 다시 내려오라는 상부의 인사 명령을 받았다. 교인들이 160여 명, 주일학교 애들이 200여 명 가까이 모이게 되었을 때였다. 그러니까 70년대 초였다. 그해 봄, 본 교회로 내려와서는 다시 주일학교와 학생부와 여러 가지 일들을 맡아서 일하게 되었다. 그 교회의 조사로서, 당회장 목사님이신 K 목사님을 보필했다. 그리고 다시 신학교에 복학해서 다니게 되었다.

우리는 연산동 연립주택 단칸방으로 이사를 했다. 20여 가구에 70여 명의 식구가 한 마당을 쓰면서, 한 대문을 사용하는 다세대 주택이었다. 우리 집은 전도사라는 타이틀 때문인지 우리들의 삶은 마치 어항 속의 금붕어같이 주변 사람들의 시선을 온몸으로 받으면서 살아야 했다.

한 울안에 사는 가까운 이웃 사람들을 전도해서 교회로 모시고 갔다. 새로 전도한 새 신자들이 주일을 잘 지키지 않고 옛날 방식대로 주일날 달걀을 산다든가 두

부를 산다든가 하면, 사람들은 곧바로 내게 달려와서 교회 다니는 사람이 주일 날 물건을 산다고 "예수 믿으면서 주일날 달걀 사는 것이 옳은 일입니까?"하고 일러주곤 했다.

불신자들은 하루만 믿어도 천사가 되는 줄 착각하고, 시시콜콜 일러주면서 교훈을 시키라는 것이다. 또 이웃 간에 감정 다툼이라도 생기면 곧바로 달려온다. 작고 복잡한 동네에서 문제가 생길 때마다 늘 재판관이 되고, 의사도 되고, 상담자가 되고, 해결사가 되도록 그들은 나를 종용했다.

동네 사람들은 자기들은 술주정에, 노름에, 부부싸움에, 단 하루도 조용할 날이 없지만 예수를 믿는 우리들의 삶은 늘 높은 수준의 도덕성과 윤리성을 요구해왔다. 나는 그들의 그런 기대가 부담되는 것이 아니라 은근히 기뻤다. 저들이 그래도 우리를 예수님 믿는 사람이라고 인정해주고 지지해 주는 것에 대해 보답하겠다고 다짐했었다. 나도 그들의 기대에 부응하여 넉넉한 마음으로 그들을 도와주고, 협력하고, 섬기려고 노력했다.

당시 박정희 정권 때는 밀가루 사용을 정책적으로 권장했었다. 하루 한 끼는 의무적으로 밀가루를 먹어야 했던 시절이었다. 그래서 나도 밀가루를 이용해서 다양한 음식을 만들고 싶었다. 빵 종류를 만드는 요리강습회 하는 곳을 찾아다니기도 했다. 그리고 힘에 버거웠지만 약간의 요리 기구(오븐이 아니고 두꺼운 솥, 그리고 빵틀)들을 준비했다. 식빵 굽는 날은 온 동네 잔칫날 같았다. 빵 굽는 냄새 때문에 주택 안 사람들뿐만 아니라 100~200m 반경에 사는 사람들은 다 찾아왔다. 갓 구워낸 식빵 그리고 채소빵을 먹어보지 않은 사람이 거의 없을 정도였다.

전도 목적으로 집을 거의 오픈했었다. 그리고 먹고 난 사람들에게 뜨개질도 가르쳤다. 전도 목적이었지만 온종일 사람들에게 시달린다는 것은 정말 힘들고 피곤한 일이었다. 나도 처음에는 문 닫고 조용히 살기를 원했었다. 집안 살림 살면서 기도하면서, 그리고 성경 읽으면서. 그러나 다세대이고 보니 뜨개질을 배우겠다고, 요리를 배우겠다고, 점심을 같이 먹자고, 문을 두드리는 바람에 혼자 방에 있을 시간을 갖기는 힘들어졌다. 그렇게 개방된 우리 집은 이미 24시간 누구라도 문을 두드릴 수 있는 만만한 집이 되고 말았다. 이곳에 사는 동안에는 늘 그렇게 살았다.

탕! 탕! 탕! 한밤중에 누군가가 부엌문을 두드리고는 후다닥 뛰어가는 소리가 들렸다. 잠결에 놀라서 벌떡 일어났으나 나만 일어난 것이 아니라 곤히 잠든 온 가족이 다 깨고 말았다. 애들까지도 눈을 비비며 일어나 앉았다.

우리가 사는 집의 구조는 똑같았다. 단칸방에 연탄아궁이가 있는 부엌, 그리고 부엌 위에 나지막한 다락이 한 개 있는 다닥다닥 붙은 연립주택이었다. 부엌문이 대문이고, 현관문이었다. 장마철에는 부엌으로 물이 넘쳐 들어온다. 잠 한숨 못 자고 밤새도록 바가지로 물을 퍼내야만 했다. 만약 모르고 잠이라도 들면 부엌문으로 물이 넘쳐 들어와 연탄불도 꺼지지만 방까지 넘실거리기 일쑤이기 때문이었다. 만일 연탄불이 꺼진다면 밥을 얻어다 먹여서 아이들을 학교에 보내야 했다. 그래서 연탄불을 반드시 지켜야 했다. 밥을 할 수 있는 다른 수단은 전혀 없었기 때문이다.

한 마당에 화장실도 공동화장실이 두 개 있을 뿐이다. 아침에는 항상 남녀 두 줄로 죽 서 있어야 했다. 수도도 공동으로 쓰는 것 한 개밖에 없었다. 70여 명이 함께 사는 공동체이다 보니 뉘 집에 무엇을 먹고사는지, 무슨 말을 하고 사는지도, 형편과 사정들을 알려고 하지 않아도 저절로 알게 된다. 누가 임신을 했으며 언제 낳을 달인지, 돌봐줄 부모님이 오셨는지 못 오시는지 다 알게 된다.

그러니 한밤중에 급하게 문을 두드리는 집은 보나 마나 뻔한 일이다. 뒷줄 저 안쪽에 사는 시골에서 이사 온 지 얼마 안 되는 새댁 집일 것이다. 뒷집 새댁은 친정 여동생을 데리고 사는 집이다. 해산할 날이 다가오는데 시골에서 해산바라지해줄 친정 모친이 아직 도착을 안 해서 걱정하던 터였다.

남편은 시골에 장모님을 모시러 가고 초등학교 학생인 여동생이 혼자 있는데 첫 아기를 그 밤에 낳은 것이다. 사람들이 몇 명 자다가 나와서 그 집 앞에서 엉거주춤, 웅성거리고 있다. "나도 무슨 일이냐?"고 사람들 사이에 합세했다. 그런데 다들 약속이나 한 것처럼 단체로 나를 그 방으로 밀어 넣는다. 30대 초반의 젊은 나이에 경험도 없는 나를 등 밀어 아기 낳은 방으로 들여보내면서 하는 말이 "우리는 밖에서 명령만 하면 다 준비해 줄 것이니 어서 들어가라!" 한다.

이 급한 상황에서 거절이나 변명을 할 틈도 없었다. 병원에 갈 처지도 못 되는 젊은 새댁이었다. 그리고 놀란 어린 여동생이 떨고 있는데 나까지 못한다고 한다면 낙심할 것 같았다. 그래서 어쩔 수 없이 방으로 밀려 들어갔다.

눈에 들어오는 방안의 광경은 정말 황당했다. 산모는 죽은 듯이 누워 있고, 흥건한 물과 피 속에 아기와 태반이 방바닥에 널브러져 있고, 어린 여동생이 그랬는지 옷이란 옷은 다 내다가 옷 둑을 쌓아 봇물 막듯 막아놓았다. 아기는 온기라고는 없는 냉방에서 새파랗게 얼어서 턱을 달달달 떨고 있다.

무엇을 어떻게 해야 할지 난감했다. 눈앞이 아찔했지만 우선 사람을 살리고 봐야 하지 않겠는가? 정신을 가다듬고 밖에 대기하고 있는 사람들에게 명령을 내렸다. 실하고 가위는 삶아서 들여 주고, 목욕물을 데우라고 했다. 그리고 석유 난로가 있는 사람은 빨리 가져와서 불을 피워달라고 부탁을 했다.

우선 태를 자르고 산모를 마른자리에 누이고, 바닥 정리를 해서 큰 대야에 담아 밖으로 내놓았다. 아기를 더운물에 목욕을 시켜서 옷을 입혔다. 밖에서는 미역국을 끓이고 밥을 한다고 부산한데 가만히 생각하니 아기가 울지를 않는다. 이제야 거꾸로 잡고 엉덩이를 때릴 수도 없고, 나는 아찔한 생각이 들어서 가만히 아기를 드려다 보니 아기는 눈을 깜박거린다. 숨은 쉬고 있는 것 같았다. 얼굴을 자세히 드려다 보니 입술만 새파랗게 된 것이 아니다. 코밑에서부터 턱까지 짙은 잉크색 점이 온 입 주위에 멍든 것 같이 둘려있다. 마치 날무리같이.

석유 난로를 들여와 우선 불을 피웠다. 나는 울지 않는 아기, 입 주위가 온통 파란 점으로 둘러싸인 아기, 온몸이 얼어 차가운 아기를 안고 난롯불 앞에서 요리조리 쬐면서 하나님께 간절히 기도를 드렸다.

"하나님! 제가 잘못한 것 있으면 용서해 주세요. 제가 갑자기 이런 일을 맡게 되었는데, 아기가 울지 않습니다. 울어야 태를 자르는데 울지도 않고 상황이 상황인만큼 너무 급해서 태를 먼저 잘랐습니다. 그런데 입 주위가 파랗게 멍들어 있습니다. 내 평생 처음으로 태를 자른 아기입니다. 잘못되지 않게 해 주옵소서. 온전하게 해 주옵소서."

아기를 안고 요리조리 돌리면서 아기 몸을 녹여주면서 계속해서 기도했다. 밖에서는 벌써 미역국을 끓이고 밥을 해서 밥상이 들어왔다.

하나님의 은혜로 그렇게 어려운 가운데서도 산모는 건강했고, 해산 식사를 달게 잘 먹어주었다. 괜히 내가 감사의 눈물이 후두둑 쏟아져 내린다. 밤중에 이렇게 한바탕 소동이 벌어졌는데 날이 밝자 남편과 새댁의 친정어머니가 도착했다. 진심으로 고맙다고 인사를 하는데, 나는 속으로 고맙다는 인사를 받기에는 아직 이르다고 생각했다. 한 가지 걱정거리가 남아 있기 때문이었다.

아기의 점이 걱정되어 양정에 있는 산부인과 병원에 전화했다. 원장님은 걱정할 것 없다면서 잠시 있으면 없어질 것이라고 했다. 그제야 나는 가슴을 쓸어내리며 안도의 숨을 내쉬었다. 원장님의 말대로 멍은 쉽게 없어졌다. 다행히도 아기와 산모는 모두 건강했다.

동네 사람들이 어떻게 그렇게 침착하게 잘할 수가 있느냐고 칭찬들을 아끼지 않았다.

"나까지 못 한다고 하면 그 산모가 얼마나 낙심하겠습니까? 사실은 저도 태 자르는 거 처음이었고, 태를 본 것도 처음입니다." 했더니

"그럼 돌팔이 산파네!" 동네 사람들이 입을 모아 농담을 한다. 이제 한숨 돌렸으니 웃으면서 말할 수가 있었다. 온 동네가 아기의 건강과 산모의 건강함을 축하하는 축제 분위기였다. 내심 하나님의 손길이 함께 하셨으므로 아무 탈 없었다는 것에 다시금 감사를 드렸다.

돌팔이 산파 Ⅱ

왜 이런 일들이 자꾸 생기는지는 알 수가 없다. 의사도 아니고 산파도 아닌데 사람들은 무슨 일만 있으면 우리 집에 와서 문을 두드렸다. 아기가 경기해도, 아기의 창자가 뒤틀려도, 어깨뼈가 빠져도, 연탄가스를 마시고 토를 해도, 모두 우리 집 문을 두드렸다. 이런 일을 해 본 적도 없고, 상식도 없고, 경험도 없었지만 급한 일을 당할 때마다 나는 뛰어가 최선을 다해 돌봤다. 하나님께서 하신다는 것을 아주 오랜 후에야 깨닫게 되었다.

뒷줄 두 번째 방에 사는 연세든 아주머니 한 분이 있었다. 아이들을 다섯이나 두고 있고, 부전 시장에서 내외간이 배추장사를 해서 힘들게 먹고 사는 집이었다. 그런데 하루는 마당에 놓여 있는 들마루에 이 아주머니가 누워 잠을 자고 있었다.

잠자고 있는 아주머니를 동네 사람들은 날카로운 눈으로 주시하고 있었다. 저 아주머니가 이렇게 한가하게 누워 낮잠을 잘 사람이 아니라는 것이다. 그리고 아주머니 옆에 가서 자세히 살핀 어떤 아주머니는 "임신이야 임신!"하면서 큰 발견이라도 한 것처럼 귓속말로 속닥거린다.

나이가 많은 것도 아니고, 남편이 없는 것도 아닌데 임신이 무슨 죄나 되는 것처럼 그렇게 쑥덕거린단 말인가? 그런데 문제는 그 아주머니가 임신을 안 했다고 딱 잡아뗀다는 것이다. 나는 속으로 '무슨 간섭을 그렇게 하나 본인이 아니라면 아니지.' 하고 생각했다. 그런데 날이 갈수록 아주머니의 배가 점점 불러오는 것이다.

정말 임신인가? 아니면 몹쓸 병이라도 걸린 것인가? 모두 가우뚱 미심쩍게 생각하고 있었다.

드디어 그날이 왔다. 사람들이 우리 집으로 달려왔다. 하는 일을 내 손에서 마구 빼앗으면서 빨리 나와 보라는 것이다. 뒷줄 아주머니가 시장에서 막 뛰어와 방으로 들어가던데 눈치가 이상했다는 것이다. 애들을 봐 줄 테니 그 집 방으로 들어가 보라는 것이다.

"저 돌팔이인데요?"

"농담할 때가 아입니데이. 방으로 뛰어들어가는 아주머니 얼굴에 살기가 돌았어요."

나는 또 등 떠밀려 그 집 앞까지 갔다. 방문을 열려고 문고리를 잡았는데 안으로 잠겨 있었다. 흔들고 두드려도 안에서는 기척이 없다.

순간 나는 당황했지만 두근거리는 가슴을 잠시 가라앉히고는 큰 소리로 "아기를 손대지 마세요. 법이 가만히 두지 않습니다. 감옥에 갑니다. 문 여세요!" 하고 문을 마구 흔들었다.

잠시 후 안에서 문고리 푸는 소리가 덜커덕했다. 얼른 방으로 들어갔다. 벌써 아기를 낳아서 엉덩이 밑에 깔고 앉아 있었다. 아기 소리가 밖에 들리지 않게 하기 위해서였다. 방으로 들어서자마자 아주머니 손을 잡아당겼다. 그랬더니 아기와 탯줄이 주르륵 딸려 올라온다.

나는 다시 산모에게

"한순간 마음 잘못 먹으면 평생 후회할 죄를 짓는 것입니다. 생명을 주신 하나님께서 먹을 것 안 주시겠습니까? 옛날 말에 저 먹을 것 가지고 태어난다고 하지 않습니까?"

그제야 밖에 대기하고 있던 사람들이 준비한 가위와 실을 소독해서 들여 보내고, 목욕물을 들여 주고, 기저귀와 아기 옷들도 구해서 들여다 주었다. 아기 얼굴은 눌려서 약간 벗어지긴 했어도 산모와 아기 모두가 건강했다. 저녁에 장사하고 돌아온 남편은 낮에 있었던 일들은 까마득하게 모르는 채 아들 낳았다고 아주 기뻐했다. 낮에 있었던 일들은 우리만 아는 비밀로 묻어 두기로 약속했다.

이튿날 뒷줄 아저씨는 아들 낳은 기쁨으로 사과를 한 소쿠리 보내왔다. 해산바라지 잘해줬다고. 그렇게 살아난 아이니 예수 잘 믿는 사람이 되게 해 달라고 기도를 드렸다. 그 일이 있고, 얼마 안 되어서 우리는 다른 곳으로 이사를 했다. 나는 그 동네 가끔 들러서 그 아기가 자라는 모습을 먼발치에서 보곤 했다. 그 아이가 초등학교 다닐 무렵 우리는 또 다른 개척지로 이사를 했기 때문에 다시 만나는 일은 없었다.

나중에 생각해보니 그때도 하나님께서 함께하셨음을 깨닫게 되었다. 하나님께서 순간순간 면밀하게 살펴주신 은혜에 감사와 찬양을 올려드렸다.

방 두 칸짜리로
이사 가게 해주세요

"이르시되 진실로 너희에게 이르노니 너희가 돌이켜 어린아이들과 같이 되지 아니하면 결단코 천국에 들어가지 못하리라 그러므로 누구든지 이 어린아이와 같이 자기를 낮추는 사람이 천국에서 큰 자니라" [마18:3-4]

70년대 초반, 아직 전쟁의 흔적은 군데군데 널려 있었다. 부산만큼은 하나님의 축복하심으로 전쟁에서 유일하게 보존된 지역이었다. 그러나 고아와 과부와 피난민들이 넘치는 고장이기도 했다. 무엇보다 그 시절은 배고픈 시기였다.

우리의 본 교회 P 목사님께서는 문공부에서 인정받은, 국가에 큰 공헌을 하신 어르신이시다. 미국에서 공부하셨고 미국 선교사로 한국에 파송 받은 분이다. 미국 본부 Voca 선교회는 200개의 라디오 채널을 가지고 있는 선교 단체라고 들었다. 그 채널을 통해 설교가 방송되었고 감동한 많은 미국 신자들이 모금 운동을 벌여서 모인 수많은 구제품이 한국으로 보내졌었다. 때로 풍랑을 맞아 배가 바다에 가라앉은 경우도 있었지만 여하튼 한국으로, 교회로 들어오는 구호품들이 많았다. 밀가루와 옷들을 구호품으로 받았다.

교회를 통해서 나누어 주는 구제품 옷들은 우리 몸에는 잘 맞지 않았다. 허리는 작았고 길이는 길고, 가슴은 풍만했다. 색상이나 모양이 화려해서 낯설었지만 그래도 몸에 맞게 다시 고쳐서 입어야 했다. 큰 것은 줄여서, 좁은 것은 넓혀서, 짧은 것은 늘려서 입다 보니 모두 바느질 선수가 되어버렸다. 미국교회 성도들이 보내오는 구호품들은 아직 보릿고개 넘기기 힘든 때에 가뭄에 단비 같은 역할을 했다.

아직 우리 아이들이 초등학교 들어가기 전의 일이다. 가난한 신학생, 전도사 생활은 끝이 보이지 않는 고달픈 행로였다. 아이들은 많이 먹기를 원했지만 그 배를 채워주지 못해서 늘 미안했다. 활동량이 많은 시기여서 단칸방은 늘 비좁았다. 눈치도 없이 장난기가 발동하면 너무 시끄러워 설교 준비하는 아빠에겐 방해 거리가 되었다. 우리가 모두 방에서 쫓겨나거나, 아니면 설교 준비하는 사람이 어두운 다락으로 올라가야만 했다.

다락은 기어서 들어가고, 기어서 나와야 하는 낮고, 좁은 공간이다. 허드레 살림을 올려놓는 장소여서 여백 공간은 아주 좁았다. 겨울엔 춥고 여름에는 숨이 칵칵 막히도록 무더운 곳이다. 높이는 앉은키 정도의 다락방, 거기에서 설교 준비를 해야만 했다.

하루는 부엌에서 저녁을 준비하느라 분주한데 방에는 아이들끼리 놀고 있었다. 갑자기 방에서 "주여! 주여!"하는 소리가 들렸다. 애들이 늘 그랬던 것처럼 오늘도 예배드리는 놀이를 하는 것 같았다. 호기심에 창호지 뚫린 문구멍으로 안을 살짝 들여다보았다.

아이들 둘이서 무릎을 꿇고 진지하게 기도하고 있다. 예배드리는 흉내를 내는 놀이 수준은 아닌 것 같았다. 아빠가 하는 식 그대로 무릎을 꿇고, 두 손은 양 가랑이 사이에 끼우고, 앞뒤로 온몸을 흔들면서 "주여! 주여! 방 두 칸짜리로 이사 가게 해 주세요. 방 두 칸짜리로 이사 가게 해 주세요." 나는 부엌 바닥에 털썩 주저앉았다. 불편했지만 단 한 번도 애들 앞에서 단칸방이라고 불평한 적도 없었고, 방 두 칸이 있어야 한다고 말한 적도 없었다.

방 두 칸이 필요했지만 그런 말을 했다가는 교회 소문날 것이고 소문이 나면 세속적인 전도사, 은혜 안 되는 전도사로 교회에서 쫓겨날지도 모르는 일이다. 아무리 어렵고 힘들어도 불평을 하거나 어떤 요구도 해서는 안 되는 것이다. 교회 전도사나 목사는 가난하게 살아야 은혜롭고, 잘 먹고 잘 사는 목회자는 자기 배만 채우는 삯꾼 목자라는 불미스러운 이름이 붙게 마련이다. 애들 입에서 그런 말이 나왔다는 것은 엄마에게 책임이 있다며 책임을 물을 일이었다.

애들의 기도가 끝나기를 기다렸다. 방에 들어가서 조용히, 그리고 엄하게 물었다.
"너희들 아까 기도하던데. 무슨 기도 했어?"

"엄마! 엄마가 하나님은 무슨 기도든지 다 들어 주신다고 안 했나? 그래서 방 두 칸짜리로 이사 가게 해 달라고 기도했어."

"그래도 그런 기도는 함부로 하면 안 되지."

"왜 안 되는데?"

"내가 그런 기도 하라고 하지도 않았잖아."

"그래도 우린 우리 방이 있어야 해"

"그럼 그 기도 계속할 거야?"

"응"

둘이서 똑같이 합창으로 대답한다. 대단한 결심을 한 것 같다.

나는 큰일 났다고 생각했다. 저녁에 신학교에서 돌아온 아빠에게 일러주었다. 아니나 다를까 불똥은 내게 튀고 말았다.

"거 애들 듣는데 무슨 소릴 했기에 그런 기도를 해"

하고 호통을 친다. 교회에 목사님 귀에 들어가면 큰일이니 아이들의 입을 단속시키라는 것이다.

나는 죄인처럼 할 말을 잃었다. 밤에 잠이 오지 않는다. 애들을 기도 못 하게 막으면 하나님은 무엇이든지 다 하실 수 있는, 능력 있는 하나님이라고 이야기해 준 것이 전부 거짓말이 될 것이고, 애들은 기도하면 다 들어준다는 믿음을 가지고 기도하겠다는데, 형편과 사정이 이러해서 안 된다고, 어른들의 사정을 설명할 수도 없고, 부모가 되 가지고 "무조건 안 돼!" 하고 제재를 가할 수도 없고, 이 궁리 저 궁리 엎치락뒤치락 도저히 잠을 잘 수가 없었다. 나는 조용히 일어나 무릎을 꿇고 엎드렸다. 뜨거운 눈물이 볼을 타고 줄줄 흘러내린다.

"이 일을 어찌해야 합니까?"

그런데 나의 이런 모습을 다 보고 계시기라도 하신 듯 이런 믿음의 상태를 하나님께서 책망하셨다.

"너의 믿음은 포장된 가짜야. 어린아이같이 순전케 하라. 속으로는 두 칸이 꼭 필요한데 겉으로는 안 그런 척하는 것은 정직하지 못해. 왜 목사님과 교인들의 눈치를 살펴야 하는데? 방 두 칸짜리 기도가 왜 부끄러운 일인데? 아이들을 제재할 정도로 내 능력을 믿지 못한단 말이냐? 주변의 환경, 형편, 살피지 말고 구하면 주신다는 그 말씀을 그대로 믿어 보라."

남편이 아직 신학생인데 어떻게 두 칸짜리를 욕심부리겠는가? 욕심부리는 것은 죄요, 부끄러운 일이라고 생각했었다.

나도 역시 통상적인 사고방식에 젖어 있었고 아무 거리낌 없이 당연한 것처럼 신앙생활을 연명하고 있었다. 그런데 만일 애들의 기도가 응답을 받아 두 칸짜리 방으로 이사가게 된다면 엄마의 신앙은 영 부끄러운 신앙이 되고 마는 것이 아닌가? 나는 울면서 나의 믿음 없음을 회개했다.

다음날 아빠가 신학교로 출발하고 난 뒤 애들을 모두 불러 앉혔다.

"엄마도 같이 기도하면 안 될까?"하고 말했다. 아이들의 눈이 빤짝하고 빛이 났다. 우리는 같이 큰 소리로 기도하기 시작했다.

"살아 계신 아버지 하나님! 방 두 칸짜리로 이사 가게 해 주세요."

이런 기도는 우리끼리만 아는 비밀이라고 약속했다.

"기도하자" 하면 애들은 하던 모든 일을 중단하고 모여들었다. 기쁘고 즐거움으로 무릎을 꿇었고, 진지하게, 열심히 부르짖었다. 이 기도는 날마다 하나님께 드려졌다. 아이들에게는 하루 다섯 번씩 기도하기를 제안했다. 자고 일어날 때, 아침, 점심, 저녁 먹을 때, 잠잘 때, 아이들은 방 두 칸으로 이사 가는 기쁨을 안고, 줄기차게 기도하고 있었다. 그런데 기도한 지 두어 달이 채 되기 전에 담임 목사님께서 사찰 집사님을 보내서 나를 교회로 와 보라는 전갈을 해 왔다.

사찰 집사님을 따라가면서 왜 나를 부르시는가? 도무지 짐작할 수가 없었다. 교회가 가까울수록 가슴이 떨린다. 혹시 우리 전도사님이 무슨 실수라도 해서 나를 대신 부르신 줄 알았다. 나는 목사님 앞에 죄송스럽고 송구스러운 얼굴로 인사를 드렸다. 그런데 뜻밖에도 목사님께서 거두절미하고 방 두 칸짜리 셋방을 알아보라고 하신다. 그리고 이사를 하라고. 이 소식을 들은 아이들은 뛸 듯이 기뻐했다. 이사하는 날 아이들은 싱글벙글 기쁨을 감추지 못했다. 이사한 지 얼마 되지 않았는데 이제는 또 세 칸짜리 기도를 열심히 하고 있다. 이 아이들이 기도 응답받는 데 재미를 붙였나 보다.

나는 부끄러운 이야기지만 애들을 통해서 구체적인 기도를 들으시는 하나님이심을 체험하게 되었다. 그리고 어린아이들같이 환경이나 조건을 보지 않는 순수한 믿음을 하나님께서 기뻐하신다는 것도 깨닫게 되었다. 후로도 많은 기도 제목을 애들과 나누었고 열심히 기도한 결과 많은 기도 응답을 받았다. 그때마다 "이 일은 하나님께서 하셨다"라고 아이들에게 들려주었다. 아이들과 같이 하나님께 영광을 올려 드리는 일들은 더욱 많아졌다.

하나님께서는 우리의 기도를 한 번도 무시하거나 외면하지 않으셨다. 하나님께서는 믿음 좋고 능력 있는 훌륭한 목사님들, 아니면 어떤 특정인의 기도만 들으시는 것이 아니었음을 알게 하셨다. 훌륭하고, 존귀한 사람의 기도만 들으시는 분이 아니셨다. 가난하고 힘없고 무식한 사람의 기도를 무시하는 그런 하나님이 아니셨다. 성경에 기록한 모든 약속을 믿고, 상황과 환경을 보지 않고 믿음으로 기도하는 자들에게 신실하게 응답하신다.

성경의 약속들은 믿음으로 기도하는 자만이 누릴 축복이며, 특권이다. 찾고 두드리는 자가 소유하게 되는 보물 창고이다. 기도는 우리를 하나님만 아시는 비밀의 길로 인도하시는 통로이며, 축복의 열쇠이다. 하나님께서는 우리에게 소원을 먼저 두시고 믿고 간구하는 자에게 응답으로 인을 쳐 주신다. 하나님께서만이 우리에게 승리의 함성을 지르게도 하시며, 승리의 개선문으로 들어가도록 인도하신다.

우리 애들의 기도 제목은 날로 늘어났다. 아이들은 매일 주어진 기도 제목에 대해서 충실했다. 응답받았다고 할 때까지 하루 다섯 번씩 줄줄 외우는 기도는 계속되었다. 저녁에는 늘 같이 모여 합심 기도를 했다.

쉽지 않은 전도 대상자들

이번에 새로 이사하여 세들은 집은 일제 강점기에 지은 철도관사였다. 세를 주기 위해 옆으로 달아낸 방들이 있었고 우리는 문간방에 세 들어 살았다. 주인집하고는 뒤로 돌아앉은 방이다. 주인집은 마당 한가운데 위치했다.

그런데 이사한 첫날 나는 큰 충격에 빠져버렸다. 불교에 심취했는지 절에서 중을 데려다가 염불을 하고 있었다. 종일 염불 소리를 듣고 있노라니 도무지 아무 일도 손에 잡히지 않는다. 정신이 혼미했다. 이사를 여러 번 했지만 이런 경우는 처음이다. 일반 가정집에서 더구나 다세대 주택에서 이렇게 종일 염불을 하는 집이 어디에 있는가? 누가 아픈가? 오늘뿐이겠지? 이해하려고 했지만, 우리가 절간으로 이사를 왔나? 하는 불편한 마음이 사라지지 않았다. 이사를 잘못 온 거야? 미련하게 알아보지도 않고 이사를 했으니, 첫날부터 후회막급이다.

하루뿐인 줄 생각했던 염불 소리는 날마다 계속되었다. 며칠을 두고 집안 분위기를 살펴보았다. 우리 방 옆에 가장 가까이 사는 아주머니는 나이가 지긋한 아주머니였는데 혼자 사는 것 같았다. 머리는 쪽을 찌르고 화장을 짙게 하고 늘 가야금을 켜는 소리가 들렸다. 자기는 여기저기 오라는 곳이 많이 있고, '소리꾼'이라고 자기를 소개했다. 때로는 술도 마시고 다녔다. 이 국악 아주머니는 나에게 슬쩍 귀띔해 준다. '주인집 할아버지는 동네에서 소문난 호랑이 할아버지'라고, '아무도 그 앞에서는 말대꾸도 못 한다'라고.

마당 건너편에는 거기도 단칸방이다. 그러나 주인집과는 가장 가까운 방이다. 나이가 좀 든 늙은 50대 아저씨와 20대 젊은 색시가 가방 한 개씩 들고 이사 온 집이었다. 사람들이 수군거리는 것은 당연했다. 야반도주해 온 사람들같이 보인다는 것이다. 나이 차이 하며, 가지고 온 이삿짐 하며, 영판 딸과 아버지 같다는 것이 공통된 시선이었다. 세상 물정을 모르는 내가 봐도 정상적인 부부는 아닌성싶었다.

우리는 이사를 가면 항상 전도 대상자를 가늠해보는 습관이 있었다. 그런데 집 안사람들을 하나하나 살피다 보니 전도 대상자치고 너무나 불가능한 대상자들 같아 혼자서 낙심이 되었다. 이 사람들에게 여드레 삶은 호박에 손톱이나 들어가겠나? 아무리 생각해 봐도 이사를 잘못 온 것 같은 생각을 떨칠 수가 없었다. 벽에 부딪힌 것 같이 막막했다. 여기에서 얼마나 살아야 하는 거지? 그러나 이사는 이미 와 버렸고, 울타리 안에 있는 사람들부터 전도대상으로 삼고 기도를 해야 하겠는데, 생각의 먹구름은 나를 낙심시킨다.

주인집에서는 여전히 지속해서 염불 소리가 끊이질 않는다. 우리가 이 절간 같은 집에서 염불 소리를 들으면서 언제까지 살아야 하나! 염불 소리는 내 마음을 무겁게 누르고 있었다. 날마다 절에서 중이 와서 새벽부터 목탁을 두드리면서 염불을 하는 줄 알고 있었다. 어느 날 할아버지가 밖으로 출타하는 것을 보았다. 그런데 방안에서는 여전히 염불 소리가 그치지 않는다. 지나가는 척하면서 열려있는 안방엘 슬쩍 드려다 보았더니 아무도 없다. 염불 소리는 여전히 나는 데…….

나는 국악 아주머니한테 넌지시 물어봤다. "날마다 염불하러 절에서 옵니까?" 국악 아주머니는 웃으면서 설명해 주었다. 중이 날마다 오는 것이 아니고 녹음테이프를 날마다 틀어놓는다는 것이다. 나는 그동안 테이프 소리에 속은 것이 화가 났다. 누가 나를 속인 것은 아니지만 혼자 생각하고 혼자 화가 난 것이다. 중이 날마다 오는 줄 알았던 것이다. 그런데 무슨 테이프를 그렇게 온종일 틀어놓고 있단 말인가? 출타 중에도 끄지 않고. 이 절간 같은 집에서 살려면 어떤 방식으로라도 해결을 해야 할 텐데 어찌 해결한단 말인가? 나는 굳게 마음먹었다. 해결할 결심을 하고 나니 가슴이 떨리기까지 한다. 더욱더 일이 손에 잡히질 않는다. 성경도 못 읽겠고, 기도도 못 하겠다.

국악 아주머니는 주인집 할아버지하고 친하게 오고 가기에
"저 염불 소리 좀 안 들을 수 없습니까?" 하고 물어봤더니
"새댁! 그 할아버지 호랑이라고 동네 소문났다고 했제? 건들면 쫓겨난데이."
"쫓겨나는 한이 있어도 할 말은 할랍니다."
"인자 이사와 가, 큰일 낼란가베!"

국악 아줌마는 무조건 할아버지 편이었다. 주인 할아버지에게 드나들면서 말을 물어 나르는 사람이라고 이웃집 사람들은 쑥덕거렸다. 내게도 조심하라고 이웃 사람들이 넌지시 단속을 한다. 거기에 대고 정면 도전을 한 것이다. 이것은 할아버지 귀에 들어가라고 일부러 그 아줌마를 택해서 말한 것이었다.

그리고는 며칠 동안 준비 기도를 했다. 하나님의 방법으로, 내가 반드시 승리할 것을 기도드렸다. 그것이 바로 우리의 특권이며 능력이기 때문이다. 하나님께서 내게 손을 들어주신다면, 자기들이 굴복했으면 했지 내가 이사 가게 될 일은 생기지 않는다는 확신도 있었다. 기도하면서 하나님 주시는 때와 기회를 기다렸다. 그러던 어느 날인가 그 날도 할아버지는 방안에서 여전히 테이프를 틀고 앉아 있었다.

불현듯 지금 가야겠다는 생각이 들었다. 아이를 업고 안방 앞에 가서 섰다. 최대한 공손하고 예절 바른 목소리로 안을 향하여 불렀다.
"할아버지! 안에 계세요?"
"새댁이 무신 할 말 있소?"
할아버지는 방문을 열면서 방으로 들어오라고 손짓한다. 나는 안으로 들어갔다. 밖에서는 터질 일이 이제 터질 것이라고, 눈치챈 옆집 사람들과 이웃 사람들까지 좋은 구경거리라도 있는 양 마루에 몰려와서 걸터앉는 어수선한 소리가 들렸다. 할아버지는 내가 입을 열기를 기다리고 있었다.

"할아버지! 세 들어 사는 사람들이 공짜로 사는 것은 아니지 않습니까? 이곳에

사는 동안에는 내 집같이 살 권한이 있는 것입니다. 그 염불 소리 안 들을 권한도 있습니다. 마치 절에 이사 온 기분입니다. 그리고 아시겠지만 우리는 예수님을 믿는 교인입니다. 남편은 교회 전도사님이구요. 그 염불 소리 온종일 듣는다는 것, 우리는 힘든 일입니다. 죽을 지경입니다. 역지사지 입장을 바꿔 놓고 생각해 보세요. 우리가 찬송가 테이프를 온종일 틀어놓는다면 좋겠습니까? 한집에 살면서 서로 예절은 지켜주시면 고맙겠습니다.”

“예! 새댁은 예수교를 믿고, 나는 절에서 효험을 봤고. 에, 그럼 초하루, 보름, 한 달에 두 번만 틀면 안 되겠습니까? 영 끊을 순 없고.” 나는 뜻밖에 많이 양보한 제안을 듣고

“예! 그렇게 양보해 주시니 감사합니다.” 나는 당당하게 호랑이 할아버지와 타협을 보고 나왔다.

밖에서 마루에 걸터앉아 우리의 소리를 엿듣기라도 하듯 조용하던 국악 아줌마와 동네 사람들이 이 이상한 광경을 보고 희비가 엇갈리는 눈치였다. 한 편에서는 좋은 싸움 구경을 못 한 아쉬움으로, 다른 한 편에서는 호랑이 할아버지가 그렇게 쉽게 무너졌느냐고 하는 놀라는 눈치였다.

지금까지는 동네 사람이든지, 집 안 사람이든지 간에 아무도 그 할아버지에게 도전한 사람도 없었고 이긴 사람도 없었다는 것이다. 그래서인지 할아버지 별명도 “버럭 할아버지”였다. 버럭 할아버지하고 담판해서 이겼다는 소문이 동네 쫙 퍼지기까지 했다. 하나님께서 용기를 주셨고 직접 해결해 주셨다.

마당 한구석에 있는 수도는 항상 복잡했다. 한 개밖에 없는 수도이기 때문에 눈치 봐 가면서 써야 했다. 한 가지 일이 해결되었으니 이번에는 수돗가에서 2차 전도해 보려고 살피면서 기다리고 있었다. 젊은 색시가 수돗가에 상추를 씻으러 나왔기에 일감을 들고 얼른 수돗가로 가서 말을 걸었다.

“예수님을 믿으십니까?”

젊은 색시는 아무 말도 안 하고 얼른 씻던 상추를 담아서 탕탕탕 발소리를 내면서 달아나 버린다. 화가 났다는 의미 같았다. 나도 무안해서 쌀을 씻어 들고 얼른 들어와 버렸다.

며칠이 지났다. 이번에는 우연이 수돗가에서 마주쳤다. 그 색시가 말을 건넸다.

"낮에 아무도 없을 때 놀러 오세요."

나에게 한 마디 던지고는 나의 대답은 듣지도 않고 자기 방으로 얼른 들어가 버린다. 나를 자기 집으로 초대한 것이다. 집안일들을 대강하고 아이를 데리고 놀러 갔다. 생각한 대로 그 젊은 색시 방에는 세간이 아무것도 없었다. 가방 한 개와 몇 개의 옷밖에 없었다. 부엌살림도 최소한의 자취 도구 수준이었다.

젊은 색시는 사람들의 시선이 곱지 않은 것을 본인도 아는지 자기의 처지를 털어놓기 시작했다. 대구에 있는 큰 교회의 수 장로 딸이고, 모태 신앙이라고 했다. 노는 것을 좋아해서 친구들하고 몰려다니다가 오토바이 아저씨들하고 만나게 되어 그중에 지금의 남편을 만났다고 한다. 결혼식도 못했고, 호적도 올리지 못했고, 집으로 연락도 하지 못할 처지여서 이렇게 숨어서 동거하고 있는 형편이라고 말했다. 그 7년 동안에 아무도 자기에게 교회 가자고 하는 사람도 없었고, 접근하는 사람도 없었다고 한다. 나이 많은 바람둥이 아저씨는 전 부인이 낳은 아들이 있고, 그 부인과 이혼 후 다른 여자와 조금 살다가 헤어졌고, 자기가 세 번째라고 한다.

듣고 보니 참으로 기막힌 사연이었다. 안 들은 것만 못했다. 마음이 괴롭고 복잡했다. 남의 비밀 얘기는 함부로 듣는 것이 아니다. 부모가 이 이야기를 들었다면 아마도 기절할 일이었다. 나이 많고 직상도 제대로 없는 뜨내기 아저씨가 무엇이 좋다고, 낳아주시고 길러주신 부모와 7년씩이나 결별하고, 믿음도 버리고, 숨어 살아야 하는가? 이들의 문제를 어찌 해결해야 떳떳하게 신앙생활 하면서 햇빛 보고 살 수 있을까? 교회는 이런 사람이 앉을 자리는 있는 것인가? 이 영혼에게 빛으로 이끌 어떤 대책이 있는 걸까? 예수님이시라면 어찌하셨을까? 엎치락뒤치락 도무지 잠이 오지 않는다.

그 날부터 그 색시의 고민은 나의 고민으로 전가 되었다. 그의 아픔은 나의 아픔이 되었고, 그의 수치는 나의 수치로 내 가슴으로 파고들었다. 그의 엉켜있는 인생의 실타래는 내가 풀어야 하는 내 숙제로 내게 짊어지워졌다.

다음에 수돗가에서 만났을 때 우리 집에도 놀러 오라고 초청했다. 한가한 틈을

타서 우리 집으로 놀러 왔다. 그는

"내가 스스로 교회 가겠다고 할 때까지 아무 말도 하지 말아주세요."

하고 부탁했다. 그래서 나는 "기다리겠다"라고 말해 주었다. 그리고 매일 색시를 위해 기도를 하고 있었다.

그러던 어느 주일날 아침 예배드리러 갈 시간에 맞추어 우리 집 문을 두드렸다. 교회 갈 준비를 하고 문밖에 서 있었다. 나도 얼른 준비해서 나섰다. 나는 그의 환경과 조건 같은 것은 보이지 않는다. 다만 같이 교회 가는 것만으로 감동 그 자체였다. 같이 교회를 향해 걷는 내내 깊은 생각에 빠져 있었다. 가장 어려운 호적 문제를 정상적인 법적 절차를 밟으려면 어찌해야 하나? 길은 있는 것인가? 하나님께서 하나님의 방법으로 해결해 주시지 않는다면 도리가 없는 일이 아닌가?

나는 좀 더 가까워졌을 때 조심스럽게 말을 건넸다.

"이대로 괜찮습니까? 나도 잠이 안 오는데 본인은 잠이 옵니까? 부모님에게 부산에서 살고 있다고 연락을 하는 것이 도리가 아닐까요? 7년 동안 얼마나 잠 못 자고 눈물로 기도하셨겠습니까? 피가 마를 부모님 마음은 안중에도 없단 말입니까? 지금도 문 열어놓고 기다릴 것 아닙니까? 주소만 알려주면 뒷일은 내가 처리하겠습니다. 연락도 내가 해보겠습니다."

줄줄 눈물을 흘리고 있던 색시는 내가 건네주는 종이와 연필을 받아 주소를 적기 시작했다.

나는 그날 밤 편지를 썼다. 옆집에 사는 사람이며, 전도사 가족으로 장로님 댁의 딸을 전도해서 우리 교회에 출석시키고 있다고, 너무 오랫동안 연락이 두절 된 상태라고 해서 대신 편지를 쓰노라고, 그리고 교회 생활과 사회생활에 햇빛을 보게 하려면 호적정리를 해주었으면 한다고, 동거인으로라도 호적정리를 했으면 한다는 사정 얘기를 적어서 편지를 보냈다.

대구에서는 편지를 받는 즉시 큰올케 되는 집사님이 한걸음에 부산으로 달려왔다. 이렇게 고마울 수가 있느냐고, 처음에는 전국을 수소문해서 찾았지만 몇 년 지나니까 찾을 힘도 없고, 설마 살아 있으면 소식이 오겠지 라며 포기한 상태였다고 하면서 너무나 고마운 일이라고 했다. 그들은 서로 부둥켜안고 얼마를 울었는지 해가 뉘엿해지자 큰올케인 집사님은 밤 기차를 타고 대구로 돌아갔다. 대구 장로님 댁에서는 연달아 소식이 오고, 그리고 호적 등본도 떼서 보내주었다.

송충이는 솔잎을 먹고 살아야 하는 것처럼 하나님의 자녀는 역시 하나님의 말씀을 먹고 살아야 평안한 법이다. 그는 몸에 밴 신앙생활로 몰입하고 있었다. 나는 돌아온 탕자를 맞이하는 아버지의 심정을 충분히 이해할 것도 같았다. 왜 이렇게 흥분이 되는지 모르겠다. 죄인을 불러서 회개시키시는 것이 바로 예수님께서 이 땅에 오신 목적이며, 우리를 구원하신 목적이 아니겠는가?

주님의 사랑 이야기

더러우면 출세하라

76년도 다시 개척지로 파송을 받았다. 우리가 개척할 지역은 재송동이었다. 생전 처음 와 보는 낯선 동네였다. 재송동에서 개척을 시작했지만 우리는 개척하는 지역으로 이사를 할 수가 없었다. 우리 가족이 살 집은 마련되지 않았기 때문이다. 그래서 해운대 입구 기계공고 뒤편에 자리 잡은 옛날에 폐쇄된 '아네리사 육아원'의 빈방으로 이사를 했다. 아네리사 육아원은 빈 건물이었고 빈방들이 많이 있었다. 그곳은 선교회에서 관리하는 건물이었다.

재송동 뒷골이라는 옛날 동네에 작은 방 한 칸을 월세로 얻어 개척 예배를 드렸을 뿐이다. 본 교회에서 최소한의 1년 생활비를 받기로 한 것이 개척 지원금의 전부였다. 우리는 빈손으로 그렇게 개척을 시작하였다. 나중에 얼마의 퇴직금이 나왔다고 한다. 들은 것이 없어서 얼마인지는 모른다. 그 퇴직금으로 지금의 부일교회 땅을 계약한 계약금 정도였다.

우리 가족들의 생활은 극도로 궁핍했다. 아이들 아침밥 먹여서 보내는 날도 드물고, 도시락 싸 보내기는 더더구나 힘들었다. 우리 전도사님은 운동화를 신고 해운대에서 재송동까지 걸어 다니면서 새벽기도를 인도했다. 그때는 통행금지가 있던 시절이어서, 통금해제가 되기 전, 새벽에 가다가 전경들에게 붙잡힌 적이 한두 번이 아니었다. 다행히 우리가 해운대 경찰서에 늘 다니면서 전도했던 터라 안면이 있는 전경들을 만나면 위기를 모면하기도 하였다. 안면 있는 전경을 새벽 그 시간에 만난 것은 주님 은혜였다고, 주님의 은혜에 감사한다고.

겨울이 지나고 봄기운이 돌면서 땅에서 새싹들이 올라오기 시작했다. 어느 날은 먹을 것은 없고 집주변에 풀들이 돋아나기에 정구지(부추)인 줄 알고 뜯어다 반찬을 만들었다. 간을 본다고 한 젓가락 먹은 것이 탈이 난 것이다. 그것은 정구지(부추)가 아니었다. 심한 복통과 구토로 거의 실신 상태가 되었다. 다행히 다른 식구들은 아직 먹지 않았을 때였다. 혼자 쓰러져 있었다. 개미 새끼 한 마리 얼씬하지 않는 외딴 동네였다. 해가 긴 그림자를 만들면서 넘어가려고 할 때였다. 사람 기척이 나서 겨우겨우 실눈을 떴다. 안면이 좀 있는 그 동네 교회의 여집사님 한 분이 우리 집 방문을 열고 들어선다. 성조차도 모르는 동네 아주머니였다. 민망하기도 하고 반갑기도 하고 해서 정신을 가다듬고 힘없는 목소리로

"웬 일이십니까?"

"지나가다가 갑자기 들여다봐야겠다는 생각이 들어서 왔습니다. 아! 이렇게 심하게 아프다는 것을 하나님께서 아시고 나를 보내신 것 같습니다."

우리 집은 도롯가가 아니라서 일부러 오지 않으면 지나치다 들려볼 만한 곳은 아니었다. 정말로 하나님께서 보내신 것 같았다. 그렇다고 특별히 나를 위해 기도를 해 주는 것도 아니었다. 약국에 가서 약을 사다 주는 것도 아니었다. 다만 역 앞에 있는 어느 약국에 가보라는 말만 했을 뿐이다. 자기는 무식해서 기도도 못 한다고 하면서 이런저런 이야기만 몇 마디하고 일어선다. 일어나면서 하는 말이

"더러우면 출세하라는 말이 있습니다."하고 나가버리는 것이다.

손가락 끝 하나 움직일 수 없는 이런 상태에서 무슨 출세를 하란 말인가? 그래도 하나님께서 보내주신 사람이라면 그 집사님의 말을 하나님의 음성으로 받아들여야 하지 않겠는가? 지푸라기라도 잡는 심정으로 있는 힘을 다해서 일어나 보려고 안간힘을 썼다. 몇 번의 시도 끝에 엉거주춤 일어났다. 쓰러질듯한 걸음으로 나섰다. 해운대역 앞 약국은 일러준 대로 있었다. 약을 하루분을 지어왔다. 그런데 그 약을 두 번 다시 먹을 필요가 없이 한번 복용으로 신통하게도 독기가 싹 가시고, 깨끗해진 것을 금방 알아차릴 수 있었다. 나는 밥을 차려 먹고 기력을 회복할 수 있었다.

그런데 문제는 그 더러우면 출세하라는 말이 내 머리에 머물러 지워지지 않는다. 내가 왜 그 말에 매달리는 것인지 모르겠다. 마음속으로 되새기고 있다. "더러

우면" 이 무슨 말인가? 곰곰이 생각하다가 이 지독한 가난이 더러우면? 지금의 이런 환경이 더러우면? 무능한 내가 더러우면? 영적인 힘을 길러라? 왜 무지함에, 무능함에, 곤고함에, 질병에 묶여서 꼼짝달싹도 하지 못한단 말인가? 왜 가난에서 건짐 받지 못하고, 자유로움을 누리지 못한단 말인가? 나는 나에게 질문을 던지기 시작했다.

"우리가 금식하되 어찌하여 주께서 보지 아니하시오며 우리가 마음을 괴롭게 하되 어찌하여 주께서 알아주지 아니하시나이까." [사58:3]

왜 하나님 앞에 나가지도 않고 묻지도 않고 고백하지도 않고 당연한 것처럼 그러고 사는데?

"급하면 하나님께 의논하라! 의논하라!"

"너희가 어찌하여 매를 더 맞으려고 패역을 거듭하느냐 온 머리는 병들었고 온 마음은 피곤하였으며 발바닥에서 머리까지 성한 곳이 없이 상한 것과 터진 것과 새로 맞은 흔적뿐이거늘 그것을 짜며 싸매며 기름으로 부드럽게 함을 받지 못하였도다. [사1:5-6]
"여호와께서 말씀하시되 오라 우리가 서로 변론하자 너희의 죄가 주홍 같을지라도 눈과 같이 희어질 것이요 진홍같이 붉을지라도 양털같이 희게 되리라." [사1:18]

탕자가 아버지 집으로 발걸음을 옮기기로 한 것 같이, 나는 결심하고 일어섰다. 교회를 향해 발걸음을 옮겼다. 하나님 앞에서 나는 탕자 같이 떨리는 마음으로, 죄인의 심정으로 엎드렸다. 하나님 앞에서라야 그 모든 것의 해답이 있을 것이라는 생각이 들었다. 가난해서 배고프고, 무능해서 자존심 상하고, 영적 빈약함이 마귀 공격의 대상이 되고, 사람들은 무시하고 비웃고 멸시한다.

성경에 **"상한 갈대를 꺾지 아니하며 꺼져가는 등불을 끄지 아니하고"** [사42:3] 이 말씀은 심판하여 이길 때까지 기다리시는 너그러우신 하나님의 마음이시고, 내가 만난 주변의 사람들은 상한 갈대는 아예 꺾어 버리고 꺼져가는 등불은 뭉개버리려고 달려들었다. 가난한 개척교회 전도사 집이 주변 믿는 사람들의 눈에는 예수 잘못 믿는 부끄러운 존재로 낙인찍히고 있었다. 사람들이 쑥덕거렸다. 판단하고 멸시했다. 이 혹독한 인심 속에서 삶을 유지하고, 신앙을 지탱하기란 정말 힘들고 어려운 일이었다.

그러나 가난함에 대한 사람들의 무시보다 더 견디기 어려운 것은, 나 자신이었다. 내게는 살아남을 여력이 다 동이 난 것 같았다. 그런데도 살길을 찾아 나서지를 못했다. 나는 세상이 두려웠다. 힘겨운 가난이 나를 바위같이 내리누른다. 내 육신을 밧줄로 동이고 있는 듯, 질병들의 협박을 받으면서도, 이 아픔과 억압을 어찌해야 하는지 길이 보이질 않는다. 마치 요나를 태우고 다시스로 가던 배가 바다 가운데서 큰 풍랑을 만나 흉용 하게 된 것같이, 주님의 명령들에 대한 나의 불순종이 마치 다시스로 가는 배 안에 내가 있는 것 같았다.

우리 가족들이 나 때문에 이런 풍랑이 생겼는가 하는 생각도 들었다. 그런 생각이 들 때마다 가슴이 저렸고, 나의 회개가 약이라면, 내가 바다에 뛰어들어야 풍랑이 그치게 된다면, 나는 바다에 뛰어들어야 하지 않겠는가? 하나님 앞에서의 정리 안 된 혼란한 생각들은 나를 더욱 깊은 수렁으로 밀어 넣었다. 엎친 데 덮친 격으로 밤마다 이해할 수도 없고, 내 생각과 사고와 상관없는 어떤 꿈들로 시달리고 있었다. 밤에 편히 잠을 잘 수 있는 휴식의 권한도 박탈당한 것 같다.

그런데, 비몽사몽 간에 누군가 심하게 문을 두드리는 소리가 났다. 사람이 죽었거나 긴급한 상항이 아니라면 이렇게 이 밤중에 문을 심하게 두드릴 리가 없을 텐데, 놀란 가슴 쓸어내리면서 후들거리는 걸음으로 문을 열었는데 밖에는 아무도 없다. 고요하다. 달빛만 쏟아진다.

이튿날은 교회 종소리가 뗑그렁, 뗑그렁 요란하게 울린다. 교회 종소리가 날 시간은 아니었다. 새벽 1시였다. 또 다음날은 많은 메뚜기 떼들이 수 천마리가 몰려와서 나의 온몸을 물어뜯는다. 얼마나 물어 뜯겼던지 자다가 너무 아파서 그 자리에서 벌떡 일어서고 말았다. 이 무슨 해괴한 꿈들인가?

나는 그럴 때마다 다시는 자리에 눕고 싶은 마음이 없어져 버린다. 앉아서 밤을 꼬박 새워야 했다.

또 다음날은 교회 건물에 큰불이 났다. 교회 건물보다 더 큰 불덩어리가 이글이글 하늘 높이 타오르고 있었다. 분명히 문을 열고 나가서 확인했다. 불이 난 것은 아니었다.

다시 방에 들어와 잠을 청해 보았지만 도무지 잠이 오지 않는다. 그 날도 나는 자는 것을 포기할 수밖에 없었다. 누군가 날마다 계획적으로 나를 깨우는 소리라면 나는 어찌해야 한단 말인가? 나는 방향 감각을 잃은 것 같다. 혼란스럽다. 그럼에도 불구하고 나는 할 수만 있으면 그렇게 침묵했고, 숨었고, 피했다. 그러나 이제는 막다른 골목이다.

더이상 버틸 힘이 없다. 이제는 "주여! 제가 여기 있나이다. 죽이려면 죽이시고, 살리려면 살리시고, 주님 마음대로 하세요." 결심을 굳히고 나니 뜻밖에 마음이 후련해졌다.

이제는 마음이 급해졌다. 날이 새자마자 마당 안에 있는 낡고 빈 교회를 살펴보았다. 평소에는 무심코 지나쳤던 교회 건물이다.

이 교회는 아네리사 육아원 입구에 자리한 80여 평의 건물이다. 아네리사 육아원은 스웨덴 선교사인 올슨 선교사가 지은 육아원이고 아네리사는 올슨 선교사의 죽은 어린 딸의 이름이라고 들었다. 아마도 선교지인 한국에서 죽은 것 같다. 아네리사 육아원 교회 옆쪽으로 딸의 무덤을 둔 것을 보면. 겉보기에는 아담한 외국식 건물이었지만 안에는 문을 닫은 지 오래된 낡은 건물이었다.

전기는 오래전에 끊겼고, 문은 열지 못하게 대못을 박아 단단히 고정해 놓았다. 주변에는 풀이 내 키보다 높게 우거져있었다. 짐승과 새들이 둥지를 틀 만큼 폐허 같은 곳이다. 못을 빼고 안으로 들어가 보니 밟히는 마룻바닥은 삐거덕 소리를 내고 더러는 부서진 곳도 있었다. 강대상 뒤쪽 휘장 뒤에는 침례 받을 때 사용하는 작은 목욕탕이 있고 주변에는 사용하던 기구들이 을씨년스럽게 여기저기 흩어져 있었다. 오래도록 사람 손길이 닿지 않은 방치된 건물이라는 것을 단적으로 보여주고 있었다. 여름이라 모기는 온통 안팎으로 득실거렸다. 그래도 선택의 여지가 없으니 이곳을 나의 기도 처소로 정해야겠다고 생각했다.

처음에는 하나님의 부르심을 떨림으로 순종해야 한다고만 생각했었다. 그리고 또 한 가지는 어차피 방에서 잠을 재우지 않으시려는 하나님의 작정이시라면 죽어도 교회에서 죽겠다는 결심까지 하게 됐다. 그 시작이 그렇게 오랜 세월을 그 자리에 머물 줄은 몰랐었다.

그 날 밤 애들이 학교에서 다 돌아오는 것을 기다려 저녁을 챙기고, 각각의 잠자리에 드는 것을 확인한 다음 교회로 향했다. 손전등도 하나 없고, 그리고 달빛조차 없는 어두운 곳을 더듬거리면서 들어가서 낮에 눈여겨보아 놓았던 자리, 의자 밑에 무릎을 꿇었다. 결국은 하나님 앞에 무릎을 꿇게 하셨다. 힘든 과정과 역경을 통해서 하나님 앞으로 나를 불러내신 것이다.

무릎을 꿇으니 참았던 눈물이 하염없이 쏟아져 내렸다. 참으로 멀리 돌고 돌아왔다. 선택의 여지도 없이, 코너에 몰려서, 등 밀려온 곳이다. 모든 환경과 여건이 나를 그렇게 몰아가셨다. 주님 앞에 온전히 굴복하게 만드신 것이다. 하나님의 음성을 듣고, 미련을 떨다가 부르심에 반응하게 된 것이 15년이란 세월을 허비한 뒤였다.

사명자입니다

"주의 말씀은 내 발에 등이요 내 길에 빛이니이다" [시119:105]
"내 눈을 열어서 주의 법의 기이한 것을 보게 하소서" [시119"18]

나는 대책이 없는 사람인 것 같다. 밤마다 하나님께서 불러내셔서 하나님 앞에 엎드렸으나 내가 할 일은 우는 일밖에 없었다. 앞이 보이지 않는 터널 같은 어두운 길에서 암울한 시간을 보내고 있었다. 나는 어찌해야 하는지, 무엇을 구해야 하는지 알지 못했다. 밤 12시만 되면 교회로 불러내시고서 몇 달이 지나도록 하나님께서는 아무 말씀도 하지 않으신다. 두렵고 떨림으로 무릎을 꿇고 엎드려 있을 수밖에 없다. 힘들고, 지치지만, 감히 무슨 말씀을 드릴 수 있을까? 단 한마디의 말씀도 드릴 수 없었다. 할 말이 없기 때문이다. 왜냐하면 하나님께서 부르셨으니 말씀은 하나님께서 하셔야 하는 것으로 생각했다.

그 기다림의 며칠이 지나갔다. 지금 내가 할 수 있는 일이 무엇인가? 하나님께서 무엇을 하라고 하시는 걸까? 끙끙거리면서 안간힘을 쓰고 있었다. 그런데 어느 날인가, 어느 시점에서였는지는 모르지만 나도 모르는 사이에, 내가 나를 점검해가고 있었다. 내가 보이기 시작했다. 하나님 보시기에 합당하지 못했던 부분들이 말씀에 비추어 드러나기 시작했다. 그렇게 부끄러울 수가 없었다. 눈물은 왜 그리도 펑펑 쏟아지던지. 회개하고 또 회개하고. 그런데 날이 갈수록 회개의 심도는 더욱 깊어져 갔다. 하루 이틀에 끝날 회개가 아니었다.

주님 존전에서 내가 얼마나 무디고, 어리석고, 무지하며, 영적 소경이었다는 것을 보게 하셨고, 알게 하셨고, 그리고 날마다 나를 새롭게 만들고 계시다는 것도 깨닫게 하셨다. 그 기간이 무려 5년이나 걸렸다. 날마다 울면서 회개만 한다고 주위 사람들은 수군거렸다.

"무슨 죄를 그렇게 많이 지었냐?"고

"신앙생활 잘못하고 있다"라고

"그건 믿음이 아니다"라고

"뭐라도 해서 자식들 먹일 생각은 안 하고, 밤마다 교회에 앉아 울기만 하면 되냐"고

그러나 나는 나의 발걸음을 막는 시선들을 피하여 여전히 주님 무릎 앞으로 가야만 했다.

"하나님 길을 보여주옵소서. 제가 무엇을 해야 합니까? 제가 가야 하는 길은 어디입니까? 저는 무지하고 어리석어 아무것도 아는 것이 없습니다. 나의 이 고난의 행로는 끝이 어디입니까? 주님의 능력의 손으로 어루만져 주옵소서. 인도하옵소서."

나의 무지한 방법이 아닌, 하나님의 방법을 알게 해달라고 부르짖었다. 가슴 치며 탄식하는데

"너의 친구 전화번호를 찾으라." 하는 깨달음을 주신다. 갑자기 무슨 전화번호? 기도하다가 딴생각을 하고 있었던 게지! 뜬금없이 전화번호라니. 전화번호 찾으라는 그 친구는 연락도 하지 않고 왕래한 적도 없는 친구다. 같이 공부는 했지만 친한 친구도 아니있고, 부산에서 산다는 것만 아는 초등학교 3학년 때 같은 반에서 공부한 1년 선배이다.

내가 10살 때 6.25 전쟁이 터졌다. 점점 대포 소리가 가까이 들리기 시작하던 어느 날 새벽 곤히 잠자다가 엄마의 흔들어 깨우는 소리에 일어나 얼떨결에 피난길에 나섰다. 산속 외딴집으로 며칠 피신해 있다가 마을로 돌아와 보니 동네는 온통 폐허가 되어있었다. 더구나 우리 집만큼이나 학교도 부서져 있었다. 그나마 남아 있는 학교의 절반은 철조망을 치고 미군 부대가 주둔하고, 겨우 몇 개의 교실에서 돌아온 학생들만 모여서 공부를 시작했다. 두 학년씩 통합해서 공부했다. 그때 3, 4학년 반에서 같이 공부한 친구다. 몇 년 전에 친정에 갔을 때 그 친구 엄마가 우리 집에 놀러 오셨다가 나를 보고, "너희들은 같은 부산에 살면서 서로 연락도 안 하고 사니?" 하면서 신문지 귀퉁이를 찢어서 전화번호를 적어주면서 서로 연락들

하고 살라고 당부를 하셨다. 그러나 당시에는 내가 너무나 곤고했고, 힘들게 사는 처지여서 친구를 찾고, 연락할 처지가 못 되었다.

그런데 지금 하나님께서 그 친구에게 전화하라고 하신다. 무엇 때문인지 알지 못하지만 "만일 하나님의 음성이라면? 어쩌지?" 그냥 무시하고 넘어가기에는 좀 두려운 생각도 들고, 그 친구 단 한 번도 연락하지 않은 터라 망설이는 마음도 있었다. 그러나 지금까지 불순종하던 터였기 때문에 이번만큼은 순종해야겠다고 생각을 하면서도, 한편으로는 "하나님 음성이 정말 맞을까?" 하는 의심이 들기도 했다.

집에 와서 매우 오래된 수첩을 찾아보았다. 수첩에는 아직도 그 종이쪽지가 그대로 끼워져 있었다. 전화번호를 찾은 반가운 마음에 얼른 전화를 걸어보았다. 졸업 후 시골에서 헤어져 수십 년 만에 처음 듣는 전화 속의 목소리는 서로가 서로에게 낯설어했다. 이름을 말하고 나서야 반갑다고 했다. 친구는 거두절미하고,

"다음 주 화요일에 우리 집으로 놀러 올래?" 하는 것이다.

꼭 오라고 당부하는 바람에 11시까지 가기로 약속하고 끊었다.

화요일 아침 약속대로 약도를 소상히 적은 쪽지를 들고 친구 집으로 찾아갔다. 집은 온천장 쪽이었고, 한옥으로 지은 좋은 집에서 잘 사는 것 같았다. 친구하고 둘만 만나는 줄 알았는데 집으로 들어서는 순간 쉽게 적응할 수 없는 분위기가 펼쳐져 있었다. 사태 파악이 잘 안 되어서 얼떨떨해 있었다. 나로서는 좀 충격적이었다. 여자분들이 예닐곱 명이나 앉아 있었다. 당황하지 않을 수 없었다.

나는 낯가림을 많이 하는 편이라서 모르는 사람들이 있으면 쉽게 말도 못 하고 적응도 못 한다. 그런데 약속이나 한 것처럼 모든 사람이 나를 들어오라고 손짓하면서 반겨준다. 한쪽에 얌전하게 자리를 잡고 앉았다.

친구는 부엌에서 점심 준비를 하느라 부산하더니, 거실로 나오면서 "예배드립시다." 한다. 나는 속으로 대심방인가? 그러면 아직 목사님은 안 오셨나? 오늘, 날을 잘못 받아 온 것인가? 왜 하필 오늘 오라고 약속 날을 잡았을까? 마음속에 번거로운 갈등이 오가는데, 그들은 각각 다른 교회에서 모인 기도 모임이라고 자신들을 소개했다. 그러니까 목사님은 안 오시고 모인 사람들끼리 예배를 드린다는

것이다. 그런 기도 모임을 처음 접했기 때문에 속으로는 무척이나 놀라워하고 있었다. 그중에 내 나이 연배인 여전도사님이 예배를 드리겠다고 선포했다.

이어서 찬송가를 부르고 난 뒤 그 전도사님은 하필 내 이름을 불러 대표 기도를 하라고 한다. 이름이 불리는 순간 얼굴에 열이 확 달아오른다. '설마'한 것이 현실로 내게 다가온 것이다. 여기에 모인 사람들은 각자가 기도의 용사들 같았다. 모두 기도원에서 훈련된 허스키한 목소리들이었다. 여자들의 고운 음성이 아니다. 모두 부흥사 목사님들 같은 음성들이었다. 원망스러운 마음으로 전도사님을 흘깃 쳐다보았다. 나는 못한다고 손짓할 참이었다. 그러나 모두 다 눈을 감고 기도하기를 기다리고 있다. 어쩌자고 처음 만난 사람에게, 그것도 미리 귀띔도 해주지 않고, 이런 법이 어디 있는가? 낯선 집사들 앞에서 망신당하는 것이 아닌가, 신발 들고 도망갈 수도 없는 일이고. 마음이 급해진다.

하는 수 없이 "주님만 의지합니다." 속으로 주님께 기도하고는 입을 열었다. 그런데 이게 어찌 된 일인가 입을 여는 순간 마치 내가 기도에 잘 훈련된 용사 같았다. 성숙한 기도능력의 사람 같았다. 기도 말이 입안 가득히 폭포수같이 터져 나와서 감당하기가 힘들었다. 유창하게 쏟아져 나오는 기도 말을 밖으로 배출하느라 정신이 없는데 기도 중에 타월과 같은 한 뭉치 빛이 번쩍 위로부터 내려와 내 허리를 휘이익 감싸는 것이 아닌가? 허리가 너무나 뜨거워서 또 한 번 놀랐다. 삽시간에 일어난 일이라서 기도하면서 손으로 허리를 슬쩍 만져 보았다. 아무 일도 없고, 허리도 여전했다. 쏟아져 나오는 기도를 간신히 끊고 마무리를 했다. 나는 15년 전 그러니까 흙바닥에 가마니를 깐 판자 교회에 있었던 그 기도의 체험을 다시 이곳 친구 집에서 하게 된 것이다.

이어서 설교가 시작되었다. 여전도사님 쫀득쫀득 맛깔스럽게 설교를 어찌나 잘하던지 말씀에 은혜를 많이 받았다. 조금 전의 갈등과는 달리 "내가 오늘 이곳에 오기를 정말 잘 했다." 생각하면서 속으로 감사기도를 드렸다. 작은 방에서 몇 명의 신자들이 모여 드리는 예배에 이런 뜨거운 은혜가 있는 줄은 상상도 못 했다. 예배를 마친 후 여전도사님은 아직도 얼굴이 화끈거리고 가슴이 얼얼한 내게 "오늘 기도는 불이 떨어졌습니다."라고 했다. 그리고 방안에 같이 예배드린 모든 사람도 이구동성으로 불의 역사를 체험했다고 다투어 한마디씩 한다. 그러는 동안 점심 식탁이 차려졌다. 그날 점심에는 풍성한 식탁으로 마음껏 식사를 대접받았다. 나는 모처럼 영육의 배부름으로 매우 만족했다. 새 힘을 얻고, 집으로 돌아오는 발걸음은 가벼웠다. 무척 즐겁고 행복한 날이었다.

그 후로 나는 자꾸 깊은 생각에 빠지곤 했다. "작은 안방 기도 모임에 이런 역사가." "참 대단한 여자분들이야." "기도 준비를 얼마나 했으면 나 같은 사람이 기도하는데 그런 불의 역사가 일어나는가?" 하는 생각이 오랫동안 마음에 머물러 있었다.

얼마 후 친구에게서 전화가 걸려왔다. 자기가 다니는 기도원에 한 번 가보지 않겠느냐고, 일주일 동안 하는 은사집회라고 은근히 나를 초대한다.

"난 그런 기도원에는 가본 적이 없어서……." 하고 말꼬리를 흐렸더니 친구는 "그럼 어디 아픈 곳은 없고?" 한다.

"허리가 아프긴 하지만" 허리가 아프다는 말에 걸려서 얼떨결에 약속하고 말았다. 난 그런 은사집회는 처음이었다. 두렵기도 하고, 사모하는 마음으로 설레기까지 하면서 밤잠을 설쳤다.

약도를 가지고 늦지 않도록 찾아갔다. 민락동에 있는 산기슭에 살림집 한 채를 사서 기도원으로 사용하고 있었다. 안으로 들어서니 이미 집회가 시작된 것 같았다. 그러나 낯선 집회 광경이 심히 충격적이었다.

모인 성도의 대부분이 여자들이었다. 체구도 좋고, 인물들도 좋고, 목소리도 크고, 좋은 직장, 좋은 환경의 사람들 같았다. 통성기도 소리는 엄청나게 크고 와글거렸다. 강한 힘 같은 것을 느꼈다. 이 사람들 황소라도 때려잡겠네, 대한민국에 있는 왈가닥들은 다 모인 것 같은 생각이 들었다. 그런 엄청난 분위기가 나를 더 작고 초라하게 만들었다. 그런데 기도원 원장님이시고 주 강사님이 나오시는데 그분은 왈가닥들의 대장같이 보였다.

서울 C 교회에서 오신 변호사 부인이라는 Y 권사님이라고 소개를 했다. 눈매가 어찌나 무섭던지, 한 번 눈길이 스치고 지나가면 부서질 것만 같았다. 이어서 강력한 말씀이 선포되었다. "회개하라! 천국이 가까이 왔느니라." 거침없는 설교 앞에서는 회개 안 하고는 아무도 빠져나갈 수가 없을 것 같았다. 예배를 마친 후에 점심 식사가 마련되어 있다고 먹고 가라고 친구가 붙들었다. 배고픈 차에 잘됐다고 주저앉았다. 기도원 국수는 내가 먹어본 국수 중에서 제일 맛있는 국수라는 생각이 들 정도였다.

식사 후에는 또 다른 프로그램이 있었다. 친구가 또 붙들었다. 조금만 더 있다가 가라고, 아픈 데 있으면 치유 기도를 해준다고, 예언 기도도 해 준다고 했다. 나는 이 어색한 분위기에 몸 둘 바를 모르는 채 친구의 손에 붙들려 또 주저앉고 말았다. 그런데 속으로는 번거롭다. 병 기도는 뭐며 예언 기도는 뭐란 말인가? 궁금한 호기심에 앉아 있긴 했어도 영 마음은 편안하지 못했다. 원장 권사님이 한 명씩 치유 기도와 예언 기도를 해주는 것이 마치 다른 세상의 일 같이 생소했다. 친구 옆에 꼭 붙어 앉아 구경하고 있었다. 방언으로 말하고 통변을 하고 있었다. 처음 보고, 처음 듣는 소리였다. 개개인에게 하나님의 뜻을 전하는 기도였다.

거의 다 가고 제일 뒤에 물러앉아 있는 나를 부르기에 떨리는 마음으로 가서 가리키는 자리에 누웠다. 다른 사람들도 다 그렇게 했다. 내 가슴에 손을 얹는데 여자 손이 아니었다. 쇳덩어리같이 묵직했고, 뜨거웠다. 한참 방언을 하더니 "사명자입니다."하는 것이다.

계속해서 사명자가 사명자의 길을 가지 않고, 다른 사모님들과 같은 길을 가려고 하니 고난이 많다고 한다. 내가 갈 길은 평범한 사모의 길이 아니라고 한다. 방언과 통변이 계속되었다. 이어서

"옛날에 은혜 많이 받았지요?"하고 따로 내게 묻는다. 얼떨결에 나는 권사님에게 "아니요."하고 단호하게 잘라 대답했다. 그 순간엔 아무것도 생각나지 않았다.

"아닙니다. 잘 생각해 보세요. 옛날에 은혜 많이 받았습니다." 하더니 15년 동안 해결하지 못한 문제들을 끄집어내어 다 해석해 주는 것이다.

"꿈으로 본 일들이 며칠 후에 아니면 몇 달 후에 실제 사건으로 일어나지요? 그것은 예언적 은사입니다. 병자들을 기도했는데 병이 나았지요? 그것은 치유의 은

사입니다. 사람들의 문제를 들으면서 지혜가 떠오르지요? 그것은 말씀의 은사입니다. 나라와 민족을 위해서, 특히 대통령을 위해서 기도할 사명이 있습니다."라고 소상히 말해주는 것이다. 마치 어제의 일 같이, 직접 본 것 같이 설명해 준다.

나를 언제 봤다고, 아무도 모르는 그야말로 나만 알고 있는 내 마음속에 깊이 감추어 둔 비밀스러운 고민을 낱낱이 풀어헤쳐서 지금 교통정리 하듯 정리해 주고 있는 것이다. 예언 기도하고 해석하는 것도 처음 보지만, 나에게 일어나고 있는 모든 사건을 나 외에 다른 사람의 입을 통해서 그렇게 소상하게, 정확하게 들을 수 있다는 것이 그저 놀라울 뿐이었다.

그동안 내게 일어나는 일들을 해결해보려고 얼마나 노력했었는데. 신앙 선배들에게 혹은 전도사님에게 물어보면 나를 이단 취급하고, 눈치 보면서 남편에게 물어볼라치면 "당신이 요셉이야?"하고 호통치고, 도무지 해결되지 않는 문제들이 영원한 숙제로 남아 있었다. 성경책을 읽어봐도 답을 찾을 수 없었고, 기독교 관계된 많은 책을 찾아봐도 내게 일어나는 일들은 해결할 수가 없었다. 이것들을 나만이 아는 일들이라 가슴에 묻고 살았다. 그러나 그 날은 하나님께서 나만을 위하여 준비하신 잔칫날 같았다. 나를 위해서 마련하신 나의 날인 것 같았다. 나는 두렵기도 하고 놀랍기도 했지만 신기하고, 기쁘기도 했다.

얼얼한 가슴이 진정이 되지 않았다. 이런 일을 하는 사람들도 있다는 것을 처음 알게 되었다. 아! 그래서 하나님께서 친구에게로 보내셨구나! 이것을 해결해 주시려고. 기도원 원장님이신 Y 권사님을 통해서 모든 문제를 해결해 주시려는 하나님의 선하신 계획이셨다는 것을 이제야 깨닫게 되었다.

"육에 속한 사람은 하나님의 성령의 일을 받지 아니하나니 저희에게는 미련하게 보임이요 또 깨닫지도 못하나니 이런 일은 영적으로라야 분변함이니라." [고전2:14]

Y 권사님은 은혜받았던 오래된 일들, 15년 동안 일어났던 많은 사건, 그동안 핍박받으면서 말 못 하고 산 날들을 세밀하게 지적해주면서 오히려 위로해 주셨다. 감동이 북받쳐서 많이 울었다. 내가 깊은 잠에서 깨어난 것 같았다. 마치 다른 세상으로 나를 옮겨 놓은 것 같은, 희한한 감동이 나를 강렬하게 감싸고 있었다.

비로소 모든 어둠이 사라지고 평안함이 나를 덮었다.

기도가 끝나니 친구가 내 곁으로 다가와서 묻는다.
"권사님이 뭐라고 기도하시던?"
"나 보구 사명자래."
"넌 이제 죽었다." 하면서 내 등을 손바닥으로 친다.

나는 사명자라는 단어를 처음 들었다. 그리고 사명자는 죽는 것이구나 생각했다. 예언 기도는 영적인 교통순경과 같아서 하나님 자녀들의 갈 길을 밝혀, 안내해 주는 등불 같았다. 예언 기도는 개개인에게 하나님의 뜻을 밝히 알게 하는 골목길에 표지판과 같은 것으로 생각했다. 천국으로 가는 길을 인도하는 영적 네비게이션 같았다.

이제는 길이 보인다. 하나님께서 새로 끼워주신 안경은 지금까지의 육신의 눈의 수준이 아니다. 세상이 달리 보이는 높은 수준의 안경이다. 만물이 새롭게 보이는 안경이다. 하나님의 뜻이 보이는 안경이다. 하나님의 섭리가 보이는 안경이다. 세상이 변한 것이 아니다. 하나님께서 끼워주신 안경 때문에 나의 영적 시력이 볼 것을 바로 볼 줄 아는 지혜를 주신 것이다. 제구실을 할 수 있도록 정상 궤도 속에 집어넣으신 것이다.

하나님의 뜻을 찾는
담판 기도

이 무렵 나에게는 육신의 질병들이 나를 꼼짝 못 하게 묶고 있었다. 악성 빈혈에 심한 변비에 시달리고 있었고 허리는 오래된 추간판탈출증으로 심한 고통을 겪고 있었다. 그래도 한 번도 병원 치료를 받아 본 적이 없었다. 이 여러 가지 질병들은 나를 힘들게 했고 심히 낙심하게 했다.

재송동에서 개척을 시작했을 때 우리가 섬기던 본 교회에서 조금의 퇴직금을 받았다. 그것은 60여 평의 땅을 구매하는 데 계약금으로 몽땅 지급됐다. 다음 해에는 그 땅에 작은 교회를 건축했다. 그러나 그 건축비를 내지 못해서 날마다 숨 막히는 빚 독촉에 시달리고 있었다.

70년대 후반의 300만 원이면 우리의 명줄을 쥐락펴락할 수 있는 엄청난 액수였다. 몇 년 전 돈 3,000만 원이 없어서 두 자녀를 차에 태우고 바닷속을 향해 질주했던 한 어머니의 슬픈 뉴스가 남의 일 같지 않았다. 여하튼 교회 건축을 맡아서 하신 집사님은 차마 남편인 전도사에게 돈 독촉을 못 하고, 나에게 늘 찾아와서 독촉했다. 죽고 싶을 정도로 힘들었다. 교회를 가려면 해운대역 앞에서 버스를 타야 했다. 나는 일부러 인도에서 찻길로 내려가 걸었다. 차라리 교통사고라도 나서 죽었으면 좋겠다고 생각했기 때문이다. 보상금을 받으면 교회 빚도 갚을 수 있고, 아이들에게 배 불릴 양식을 살수도 있을 것으로 생각했다. 그런데 차들은 빵빵거리면서 나를 피해서 지나간다.

하나님께서는 우리 식구들의 최소한의 생명을 유지하는 것도 힘들 정도로 절대적인 빈곤에 시달리게 하셨다. 연명도 할 수 없는 이 숨 막히는 사정을 안고, 나는 버릇처럼 오늘도 기도의 자리에 가서 앉았다.

"예수님께서 왜 구유에서 탄생하셨을까?"를 깊이 생각하게 하셨다. 하나님의 뜻을 깨닫게 하시는 방편이었던가? 미련해서 최후의 순간까지 하나님의 방법을 찾을 엄두도 내지 못하고 있지 않은가? 나 같은 인간은 막다른 코너에 몰릴 때까지 아무것도 깨닫지 못하는 미련 그 자체이기도 하다. 그래! 지금 나의 처지는 위에만 뚫려있는 구유같이 사방으로 다 막혀있다. 다른 방법은 아무것도 없다. 하나님만 바라며 하나님 방법만 찾으라는 하나님의 특별하신 섭리 속에 나는 몰려있었다.

전에는 불평한 적이 많았다. 팔다리 멀쩡한 내가 왜 자녀들을 굶겨야 하는지, 아무것도 할 수 없는 내 처지가 밉기까지 했다. 이런 처지에 대해 스스로 나에게 화가 났다. 그날도 나의 허리는 심한 통증으로 비뚤어져 펼 수가 없어, 옆으로 어기적거리면서 집안의 사소한 일을 하고 있었다. 더구나 심한 악성 빈혈이 있었기 때문에 앉았다 일어서면 눈앞이 캄캄해서 그 자리에서 쓰러지곤 했다. 아무도 없는 집에서 혼자 쓰러질 때도 있었다. 식은땀의 냉기 때문에 정신이 든 적이 여러 번 있었다. 어느 날에는, 정박아의 등에 업혀서 병원으로 운반된 적도 있었다.

같은 마당을 쓰는 기독 병원이었다. 의사 권사님은 재생 불량성 악성 빈혈이라고 진단을 내렸다. 주머니에 전화번호와 이름을 적어서 넣고 다니라고까지 조언했다. 이는 풍치가 되어 씹을 수가 없이 다 내려앉았다. 사람들은 그런 병들을 가지고 차가운 교회에서 밤마다 엎드려 있다고 도무지 상식에 어긋나는 일이라고 충고들을 했다.

살길도 없고, 해결책도 없다. 이런 처지에 남편은 내가 주님께 쓰임 받는 일에 아주 단호하게 반대하는 입장이었다. "내 사전에는 없다"라고, 하긴 나도 마찬가지였다. "내 사전에도 없었던 일"이었다. 어릴 때부터 내 별명이 벙어리였던 내가, 내성적이고, 소극적인 내가, 어림도 없는 일이기 때문이다. 더구나 대인 공포증까지 있어 남에게 말을 먼저 붙인다는 것은 내게는 매우 힘든 일이었다.

아는 사람과도 별로 할 말이 없는 내가 처음 보는 사람에게 무슨 말을 붙인단 말인가? 말도 안 되는 일이 나에게 일어나고 있다. 나도 믿어지지 않는 일인데 남편인들 믿어지겠는가? 어린 시절의 모든 나의 꿈들은 결혼하면서 이미, 모두 산

산조각이 난 상태였다. 이제는 조용히 살림 살고, 뜨개질해서 따뜻하게 온 식구들에게 입히고, 저녁에는 토속적인 된장찌개 냄새가, 피곤한 식구들을 맞이하는 이런 알콩달콩, 소박한 꿈이라도 가지고 살아 보려고 애쓰는 나였다. 그런데 내 사전에도, 남편 사전에도 없었던 일들이 "하나님의 사전"에 계획되어 있었다는 사실이 믿어지지도 않았다. 깨닫지 못했었다.

등 떠밀려서 겨우 찾아낸 나만의 기도 처소, 천신만고 끝에 겨우 기도하려고 마음먹었는데, 내 마음은 심히 번거로웠다. 두려움이 엄습해 왔다. 마귀의 방해 같았다. 그곳은 바로 마귀들의 소굴 같았다. 나는 누가 소리만 크게 질러도 간이 콩알만해서 가슴이 쿵덕거리는데 나를 이런 어둡고 무서운 장소에 불러내신 것이다.

나는 늘 혼자였다. 그래도 선택의 여지가 없으니 매일 그곳에 가서 무릎을 꿇을 수밖에 없었다. 그러나 결코 마귀들의 방해만 있었던 것은 아니다. 하나님께서는 한없는 사랑을 갑절로 베푸셨다. 따뜻한 위로로 어루만지셨고, 나와 함께 계심을 때마다 확신시켜 주셨다. 밤마다 말씀으로 훈계하셨고, 영적 전쟁에 대한 교훈과 나의 약한 부분들을 구체적으로 만지시고 치료하여 주셨다. 나의 눈과 귀를 강한 불로 치료하셨다. 그리고 영적인 무장을 거듭거듭 시키셨다. 그렇게 해서 하나님의 음성을 구분하게 하셨고, 세속적인 판단 기준과 차원이 다른 하나님의 뜻을 분별하게 하셨다. 그러나 마귀의 방해가 사라진 것은 아니었다. 수백 마리의 마귀 떼들이 내 발걸음을 막아섰다. 걸음마다 방해했다. 그것들을 뚫고 나가서 묶여있는 영혼들을 건져내는 일들을 보여주셨다. 이렇게 나와 별 상관없는 일들을 매일 겪었다. 당시에는 그렇게 생각했었다. 곤고한 날들은 이어졌고, 그리고 갈등의 골은 점점 깊어갈 그때, 여동생이 잠시 우리 집에 다니러 왔다.

"마침 잘 왔다. 며칠만 우리 집에 있으면서 애들 좀 돌봐줄래?" 나는 여동생에게 애들을 맡기고, 아무 준비 없이 훌쩍 감림산 기도원으로 올라갔다. 강림산 기도원도 초행이기 때문에 버스 정류장에서 몇 번이고 물으면서 찾아갔다. 한겨울 추운 날씨였다. 좁은 비포장 길을 올라가는데, 길에는 싸라기눈이 군데군데 쌓여있었고 언 흙들은 사그락사그락 거리면서 내 발걸음을 따라오고 있었다.

금식하면서 올라갔기 때문에 얼굴과 행색이 초췌해 보인 모양이다. 기도원에서는 무관심하게 이름을 장부에 적어놓고 ○○호로 가라고 한다. 찾아서 방문을 열어 보니 봉창 문 유리가 깨져서 휑하니 시베리아 바람이 안으로부터 나와서 내 얼굴을 스치면서 세찬 인사를 한다. 싸한 바람이 바깥보다 더 지독한 냉기를 품어낸다. 그래서 들어가는 것을 포기하고, 인적 드문 방문 밖 바위 위에 햇빛을 받으면서 힘없이 걸터앉아 있었다.

"기도하러 오셨습니까?" 뒤에서 허스키한 여자의 목소리가 들린다. 아무 대꾸도 안 하고 얼굴만 돌려 쳐다보는 내게 그 중년 여자분은 "어느 방입니까?" 한다. 그래서 턱으로 방 쪽을 가리켰다. 중년 여자분은 "그 방은 유리도 깨지고 추워서 못 들어갑니다. 이리로 들어오세요."하고 나를 안내하여 바로 옆 방문을 연다. 안에서 따뜻한 바람이 훅하고 얼굴에 와 닿는다.

"어서 이리로 들어오세요." 따뜻한 방에 들어가서 조금 앉아 있으니 얼었던 온몸이 스르르 녹아내린다. 눈물이 날 정도로 고마웠다. 저 아래 동네까지 가서 하루에 두 장씩 연탄을 새끼줄에 꿰서 들고 와서 방을 데우고 있다고 한다. 솔잎을 긁어모아 따뜻한 밥을 해서 솥 채로 들고 들어왔다. 혼자서 식사 기도를 길게 하더니 솥뚜껑을 여니 구수한 밥 냄새가 훅하고 내 코를 자극했다. 순간 나는 그런 밥을 먹어 본 적이 없는 이방인 같은 추운 감정이 내 마음을 한층 초라하게 했다.

"금식하는 사람 앞에서 미안합니다."하고 밥을 먹기 시작한다. 중년 부인은 얼굴로 봐서는 50대 중반쯤으로 보였다. 이제 내일쯤 모든 기도를 끝내고 내려가려던 참이라고 한다. 내려가면 바로 혼자된 목사님과 재혼을 하기로 약속이 되어있다고 한다. 남은 연탄을 놓고 갈 테니 이 방을 사용하라고 친절하게 말해주었다. 물병도, 손전등도 준비 못 한 상태여서 밤에 화장실 갈 때도 따라가야만 했다. 화장실에는 전깃불도 없는 흑암의 상태였기 때문이다.

나는 날이 훤해지면 물 한 모금 마시고 곧바로 산으로 올라갔다. 산 중턱에는 큰 바위굴이 한 개 있었다. 일명 "호랑이 굴" "간첩 굴"이라고 불리는 굴이라고 했다. 두 사람이 무릎을 맞대고 앉을 만한 좁은 공간이었다. 혼자 기도하기는 너무 좋은 한적한 곳이었다. 거기에서 온종일 엎드려 기도했다.

"하나님! 하나님 뜻에 순종해야 합니까? 반대하는 남편인 목사님 말에 순종해야 합니까? 무식한 제게 갈 길을 인도해 주옵소서. 저는 심히 괴롭습니다. 만일 제가 정말 하나님께서 쓰시겠다고 선택된 사람이라면 어찌 저토록 남편이 반대할 수가 있습니까? 하나님의 뜻은 믿음 안에서 한마음이어야 하는 것 아닙니까?" 씨름하듯 한 가지 기도 제목으로 기도하고 또 기도하였다.

이번에는 확실한 응답을 받기 전에는 내려가지 않으려는 굳은 결심을 한 터였다. 하나님 앞에서 드리는 담판 기도였다. 일주일 금식하려고 작정하고 올라왔는데 하나님께서는 나의 계획과는 상관없이 하루 만에 응답하셨다. 그리고는 어서어서 내려가라고 독촉하시는 것 같았다. 나의 결심과 노력과는 아무 상관이 없다고 하시는 것 같았다. 결정은 이미 하나님께서 하셨고 다시 묻고 결정하는 문제는 내 일이 아니라고, 나에게는 순종할 의무만 있다고. 그러나 산에서 내려올 수는 없었다. 다른 응답을 기대하면서 그 일주일을 채웠다.

고집부리면서 버티는 그 일주일 동안에 나는 여전히 이상한 꿈만 꾸었다. 짐승 새끼들을 많이 먹여서 키우는 꿈, 바다에서 고기 잡는 꿈, 그 잡은 고기가 집채만큼 커서 대문으로 들일 수가 없어서 통째로 담을 넘어 지붕 위로 들어 올리는 꿈. 그러나 이것은 내가 원하는 응답이 아니므로 나는 계속 금식했다.

다음 날 꿈에서 하나님은 주먹만큼씩 크고 잘 익은 포도들이 주렁주렁 풍성하게 달린 곳으로 나를 데려가셨다. 큰 바구니를 놓고 따서 담기만 하면 된다고 따서 담으라고 명령하셨다. 그래서 어렵지 않게 바구니에 차게 담았다. 나중에 전도하면서 깨달았는데 하나님께서 함께하시면 전도가 이렇게 쉬운 것이라는 것을 영으로 말씀하신 것 같았다. 그러나 그런 꿈이 나의 기도 제목과는 상관없는 일들인 줄로 착각하고 있었다. 더 확실한 기도 응답을 위해서 그 작정한 날짜를 채우면서 금식 기도를 계속했다. 그러나 나의 담판 기도에는 응답해 주지 않으셨다. 끝까지 침묵하셨다.

자기 방을 사용하라던 중년 아주머니는 방을 물려주지도 않고 내려가지도 않는

다. 나는 참다 못해서 "안 내려가세요?"하고 물었더니

"예, 갈 겁니다." 그러면서도 내려갈 생각을 안 한다.

해거름 해서 어둑해지면 기도 굴에서 나왔다. 중년 아주머니가 먼발치에서 작은 소리로 찬송을 부르면서 솔잎을 긁는 시늉을 하고 있다. 솔잎은 방 부근에도 많이 있어서, 솔잎을 긁으러 기도 굴까지 올 일은 없었기 때문이다. 그리고 내가 내려가면 뒤에서 천천히 따라 내려오곤 했다. 몇 번이나 따라 다니지 말라고 충고해도 대답만 하고 일주일 동안을 계속 같은 행동을 하고 있었다.

어느 날, 중년 아주머니는 나에게 물었다.

"혹시 직분이 무엇입니까?"

"직분은 없습니다."

"그럼 사모님이지요?" 그러나 나는 대답 대신 입을 굳게 다물었다.

그 후로는 말을 서로 주고받게 되었다. 늘 그랬듯이 산에서는 먼발치서 걸어 내려왔지만 방에서는 둘이서 많은 이야기를 하게 되었다. 그녀는 7년 동안 기도 훈련받았던 산에서 경험했던 이야기들을 날마다 들려주었다. 나는 아래서 왔으니 교회의 목회 사역에 관한 전반적인 이야기들을 들려주었다. 그 사람에게는 나의 조언이 필요했고, 나는 그녀의 조언이 필요해서 하나님께서 우리를 붙여 주셨다고 그녀는 말했다.

그 일주일이 다 되도록 중년 아주머니는 가지 않았다. 왜 가지 않고 계속 있느냐며 또 물었더니

"사실은 사모님 금식 끝나면 흰죽을 끓여 드리려고 기다렸습니다. 무하고 소금만 넣은 것이지만 나박김치를 조금 담아놓았습니다."

나는 뜻밖의 말에 가슴이 뭉클하고, 콧등이 찡하니 눈물이 핑그르르 솟아올랐다. 금식이 끝나도 나는 죽 사 먹을 돈도 없다는 것을 하나님께서 미리 아시고 준비해 주신 것이다.

토요일 늦은 아침에 금식을 끝내고 그 아주머니가 끓여 주는 흰죽과 나박김치를 먹었다. 그 흰죽과 나박김치는 내가 먹은 그 어떤 음식보다 가장 진귀하고 값진 음식이었다.

"이것은 하나님의 뜻이었습니다. 내려가려고 했지만 하나님께서 이렇게 하라고 하셨습니다. 젊은 여종에게 금식이 끝나면 흰죽과 김치를 대접하라고."

이런 섬김을 뜻밖의 장소에서 받다니, 하나님께서 베푸신 오찬으로 나는 새 힘을 얻었다. 방 정리를 하고 기도원에서 나와 둘이서 버스 타는 큰길까지 같이 걸었다.

내가 탈 버스가 먼저 와서 "먼저 가세요."하고 등 미는 바람에 엉겁결에 버스를 타고 말았다. 헤어지고 보니 어느 동네 사는 누구인지, 이름도 성도 물어보지 않았다는 것을 비로소 알게 되었다. 사람들은 내가 "천사를 만났다"고들 했다.

"그 시냇물을 마시라 내가 까마귀들에게 명령하여 거기서 너를 먹이게 하리라." [왕상 17:4]

"들짐승과 우는 까마귀 새끼에게 먹을 것을 주시는도다." [시148:9]

하나님께서는 다니엘이 모함을 받았을 때 천사를 보내어 사자들의 입을 봉하셨고, 다니엘의 무죄함도 드러나게 하셨고, 왕에게도 해를 끼치지 않게 하신 것과 같게(단 6:21-22) 하셨다. 내게 말씀도 순종하게 하셨고 남편에게도 마음의 감동을 주셔서 반대도 멈추게 하셨다. 앞으로는 "하나님의 선하신 손길만을 의지합니다. 인도해 주옵소서. 영광만 받으시옵소서!" 이 기도를 수없이 되풀이하면서 스스로 다짐했다.

기도의 제물

"주의 얼굴을 주의 종에게 비추시고 주의 율례로 나를 가르치소서 그들이 주의 법을 지키지 아니하므로 내 눈물이 시냇물 같이 흐르나이다." [시119:135-136]

"나의 유리함을 주께서 계수 하셨사오니 나의 눈물을 주의 병에 담으소서" [시56:8]

주님 앞에서의 눈물은 사람의 영혼을 살리는 보이지 않는 영적인 거름이다. 어린 시절 사경회 때 "나의 모든 것을 주님께 드립니다. 저를 기도의 제물이 되게 해 주옵소서." 그렇게 기도하면서 내 손에 가지고 있었던 전부를 드린 적이 있었다. 그렇게 기도를 드리긴 했지만 그 기도가 무엇을 의미하는지 몰랐고 또 그렇게 기도했다는 것조차도 까맣게 잊어버리고 수십 년의 세월이 흘렀다. 그러나 하나님께서는 내 생각과는 다르셨다. 그 은밀한 마음속 기도를 기억하고 계셨던 것이다.

하나님께서 지금 그 기도의 주인을 찾고 계신다. "기도의 제물이 되겠다던 네가 어디 있느냐? 내 앞에 나타내 보이라"고 명령하고 계신다. 지금까지의 열매 없는 신앙생활에서 잠을 깨라고 하신다. 아니, 어서 너는 기도의 제물이 되어서 기도함으로 힘을 얻어 앉은뱅이 신앙에서 벌떡 일어나 걸으라고 독촉하신다. 아니, 주님 손에 잡혀서 능력을 행사하라고, 생명력을 발휘하라고 하신다.

내가 주님 앞에 나아가 무릎을 꿇고 회개할 때까지 참으로 오랜 세월을 기다리셨다. 문밖에서 지속해서 두드리고 계셨다. 그러나 나는 그 특이한 방법으로 들려오는 하나님의 음성에 늘 무심했었다. 아니 의도적으로 모른 체하였는지도 모른다.

나는 내가 다른 사람보다 꽤 똑똑한 사람인 줄 착각하고 있었다. 윤리적으로나 도덕적으로나 별로 걸리는 것 없이 성실하고 착실하게 살아왔다고 여겼었다. 그리고 지금도 고향에서는 공부의 전설로 남아 있을 정도로 공부를 열심히 했던 것도 사실이었다. 친구들하고 뛰어노는 것보다는 뒷골방에서 책 읽는 쪽을 택했었다. 학교 때 숙제로 만드는 작품은 내 손에 도로 돌아온 것이 한 개도 없었다. 모두 교장실이나 교무실에 진열품이 되었다. 남에게 일부러 해코지하려고 계획 세운 적도 없고, 손해를 입혀 본 적이 없었다. 남의 돈을 의도적으로 떼먹지도 않았다. 남을 중상모략해서 곤욕을 치르게 한 적도 없다. 내가 당하고, 내가 손해 보는 편을 택했다.

그것이 선한 인격이라고 생각했고, 정직과 신용은 재산이라 여기고 살아왔다. 이것은 우리 부모님들의 사고방식이기도 했다. 여자가 목소리가 크면 안 되고, "조신하게, 언어 행실을 바르게" 하라는 말씀을 늘 귀에 못 박히도록 이르셨다. 아버지는 정직하라고 어머니는 최선을 다하라고 이르셨다. 또 그분들도 그렇게 사셨다. 그리고 초등학교 교장 선생님은 "어디를 가든지 없어서는 안 될 인물이 돼라"고 이르셨다. 당부대로 그렇게 살기를 원했다.

그러나 인생 살면서, 신앙생활 하면서, 특히 개척교회를 하면서 남편과 나는 번갈아 가면서 함정에 빠지고, 속고, 사기당하고, 망신당하고, 실수하고, 거짓말에 넘어가기도 했다. 그럴 때마다 우리는 만신창이가 되었다. 때로 나의 무능함을 한탄하지만 번번이 넘어졌다. "그래도 당하는 것이 낫지. 맞은 놈은 발 뻗고 잔다지 않나?" 이렇게 스스로 위로를 하곤 했었다.

그러나 엄밀히 따지면 나는 실패의 인생이었다. 하나님 앞에서 실수투성이였고, 허물투성이였다. 내가 원하는 정반대의 길을 타의에 의해서 가고 있지 않은가? 나는 내가 죽을 만큼 미웠다.

한편으로는 고린도전서 4장 3~4절을 생각하면서 자신을 위로하기도 했다. 그래 내가 나를 호되게 평가하고, 나를 채찍질하는 것을 하나님께서 기뻐하실까? 나의 평가는 나도 아니고 세상 사람들도 아니다. 다만 나를 판단하실 이는 주시니라고 말씀하지 않았는가?

그러나 전능하신 하나님 앞에서, 주님의 의로우신 시선으로 보실 때, 내가 생각했던 나의 의는 의가 아니었다. 나의 선은 선이 아니었다. 하나님 없는 정직은 정직이 아니며 하나님 없는 지식은 지식이 아니었다. 하나님의 뜻을 행할 때 비로소 선이 드러나며, 하나님을 아는 지식이 지식으로서의 가치가 있기 때문이다. 오직 위로부터 주시는 주님의 긍휼하심만이 내 살 길이었다.

어느 부모가 자기 자식이 밖에서 놀림당하고, 빼앗기고, 두들겨 맞고, 손해만 보는 못난 자녀를 기뻐하겠는가? 지금 하나님께서도 내게 촉구하신다. 바보짓 그만하라고, 더 이상 무능하지 말라고, 하나님 방식을 터득하라고, 주님께서 주시는 힘의 능력으로 무장하고, 그 지혜를 덧입으라고, 주님 안에서 착하게 살라고, 하나님의 뜻을 이루기 위해 최선을 다하라고 하신다. 하나님의 뜻을 행할 때 비로소 선이 드러나며, 하나님을 아는 지식이 지식으로써의 가치가 있다고 말씀하신다. "위의 것을 생각하고 땅의 것을 생각하지 말라" [골3:2]고 명령하신다.

나는 지금 주님 앞에 있다. 참으로 오랫동안 기다리고 계신 주님 앞에 이제야 엎드린 것이다. 너덜너덜 만신창이가 된 탕자가 되어서.

"내 아버지에게는 양식이 풍족한 품꾼이 얼마나 많은가 나는 여기서 주려 죽는구나." [눅15:17] 주려(영, 육) 죽게 된 나 스스로 보게 되었고 하나님 아버지께 죄인인 것을 고백할 수밖에 없었다.

만왕의 왕이시며, 만물의 주인이시며, 나의 주, 나의 하나님이심을 입술로 고백하지 않을 수가 없었다. 스스로 돌이기도록 깨달음을 주셨고, 권면하셨다. 참으로 오래 기다리셨다.

이제 나는 내 속에 내주하시도록 주님께 자리를 내어 드려야 한다. 나의 인생의 운전대를 주님 손에 맡겨 드려야 한다.

나의 인격의 새 주인으로서 삶을 주관해 주실 것을 기도드렸다. 이제 내 삶의 모든 소유권은 주님이시다. 내가 가지고 있는 모든 것을 내려놓고 포기하는 데 많은 시간이 걸렸다. 오랜 시간을 두고 하나씩, 하나씩, 떼버리고 다듬는 작업을 손수 하셨다. 나의 지, 정, 의가 인식할 때까지 지속적인 깨달음을 주셨다.

이제는 하나님의 지혜를 듣기 위해, 주님의 음성을 분별하기 위해, 그리고 주님의 뜻을 어떻게 깨닫고 그 말씀 따라 어떻게 심부름하는 것이 최선의 길인가를 들어야 하므로 밤마다 하나님 앞에 있어야 했다. 처음에는 잘 못 알아듣는 실수를 범하기도 했었다. 잘못 깨달을 수도 있었다. 의미를 해석 못 해서 미련하리만큼 날마다 그 자리에 머물러 앉아 있기도 했다. 기도 제목 가지고 고집을 부렸고, 우기는 무례함도 범했었다. 깨닫고 보니 부끄럽고, 회개할 것밖에 없었다. 나는 다만 도구로만 사용되리라는 것도 깨닫게 하셨다.

결국 나는 나의 의지를 꺾고 하나님의 의도하심 따라 기도를 할 수밖에 없는 도구에 지나지 않는다는 것을 알게 하셨다. 이성적으로는 납득가지 않는 일이었지만 아주 천천히, 아주 늦게야 성령님께서 간섭하셨음을 깨닫게 되었다. 결국은 하나님께서 나의 입술에 넣어 주시는 기도 제목으로 기도할 수밖에 없었다.

나중에 알게 되었지만 다른 사람의 절박한 형편을 영으로 알게 하시고, 기도하도록 나를 사용하셨다. 순종하고 기도했으므로 그분들은 절박한 위기에서 건짐을 받았고, 내가 가지고 갔던, 절박하다고 우긴 기도 제목도 전혀 상상도 못 했던 하나님 방법으로 응답해 주셨다. 때에 맞추어 일각의 오차도 없이 채워서 축복해 주셨다.

개척지인 재송동으로 이사할 때까지는 5년 동안 나는 그 기도의 자리를 지켰다. 영적 전쟁도 계속되었다. 마귀들은 나의 기도를 끊임없이 방해했다. 마귀들의 변장술도 대단했다. 늘 나의 기도 자리를 다른 모습으로 덮쳐 왔다. 가슴이 덜덜 떨리고 머리는 하늘을 향해 쭈뼛쭈뼛 서지만, 눈을 뜰 수도 없었고 그 자리를 박차고 일어설 수도 없었다. 전기는 끊어진 상태인지라 불을 켤 수도 없었고 기도의 자리를 옮길 수도 없었다. 내가 기도의 처소로 정한 그 날부터 마귀들도 전쟁 준비를 계획했는지도 모른다. 나의 기도의 자리는, 기도가 끊어지고, 예배를 드리지 않고, 오랫동안 비어있는 폐쇄된 교회 건물이었기 때문이리라 생각된다. 그러나 이곳은 나의 막다른 골목이었다. 내가 죽을 장소이기도 했다. 선택의 여지가 없었다. 하나님께서 내게 복을 주신다고 약속을 하지 않으신다면 물러설 수가 없는 얍복 강가의 야곱 같은 심정으로 그 기도의 자리를 지켰다.

"아버지 하나님! 지난 15년 동안 제게 그렇게 말씀으로 꿈으로 음성으로 환경으로 부르고 계셨지만 그것이 주님께서 나를 부르시는 부르심인 줄 감히 생각하지도 못했습니다. 주님 앞에 큰 죄인임을 고백합니다." 노아 홍수처럼 나의 눈물 보가 터졌다. 눈물은 쏟아내고 쏟아내도 끊임없이 흐른다. 회개의 기도도 계속 이어졌다. 손수건 10장으로는 감당이 안 될 정도로 날마다 목 놓아 울었다. 머릿속에 스쳐 지나가는 죄의 생각도 하나님께서 지적하셨다. 정직하게 살았다고 생각한 그 자체가 죄였다. 남을 해코지 안 하고 살았다고 자부한 것이 죄였다. 나의 언어, 행동을 보고 상처받고 실족한 자가 있다면 그것까지도 죄였다. 말로 지은 죄, 생각으로 지은 죄, 행동으로 지은 죄만 죄는 아니었다. 회개하다 보니 더 깊은 회개의 바다로 인도하셨다. "하나님의 뜻을 행하지 못한 죄"가 세상에서 가장 큰 죄인 것을 비로소 깨닫게 되었다.

회개의 날들은 계속되었다. 그러던 어느 날인가, 기도하다가 무릎 꿇은 채로 이마를 바닥에 대고, 그 자리에 엎드려 잠이 들었다. 십자가 밑에 꿇어 엎드린 초라하기 그지없는 내 모습이 영으로 보였다. 십자가 밑에 꿇어 엎드린 내 모습은 너덜너덜하고 남루한 옷을 입은 거지였다. 냄새나고 더러운 옷은, 힘겹도록 무거운 옷이었다.

"주여! 내 더러운 모습 이대로 주님 앞에 있습니다. 추하고 너덜너덜한 모습 이대로. 주님의 십자가 보혈로 정결케 하옵소서. 깨끗케 하옵소서."

"내 주의 보혈은 정하고 정하다 내 죄를 정케 하신 주 날 오라 하신다. 내가 주께로 지금 가오니 골고다의 보혈로 날 씻어 주소서. 약하고 추해도 주께로 나가면 힘 주시고 내 추함을 곧 씻어 주시네."

어두운 곳에서 눈을 감고 한없이 부르고 또 불렀다.

그때 위로부터 어떤 힘이 뜨겁게 내 머리로 시작해서 가슴으로 그리고 온몸을 덮었다. 다음에는 뜨거운 방망이를 잡은 손이 움직였다. 뜨거운 방망이를 잡은 손은 변비와 치질이 심한 곳을 지졌다. 계속해서 또 한 번 방망이를 환부에 댔다. 아주 뜨겁고 아프고 시원했다. 뜨겁고 아프고 시원한 것을 느끼는 것과 동시에 몸에서 질병이 떠나갔다는 것을 알 수 있었다. 그리고 그 방망이를 든 손이 저 바다 깊은 속으로 "휘이익!" 소리를 내면서 던져졌다. 그 바닷물은 뜨거운 방망이를 받아

폭탄이 터지는 것 같은 위력으로 수십 미터 위로 물기둥을 만들며 치솟았다.

나는 찬송가 27장을 찬양하기 시작했다.

"빛나고 높은 보좌와 그 위에 앉으신 주 예수 얼굴 영광이 해같이 빛나네. 해같이 빛나네. 지극히 높은 위엄과 한없는 자비를 뭇 천사 소리 합하여 늘 찬송 드리네. 늘 찬송 드리네. 영죽을 나를 살리려 그 영광 떠나서 그 부끄러운 십자가 날 위해 지셨네. 날 위해 지셨네. 나 이제 생명 있음은 주님의 은혜요 저 사망권세 이기니 큰 기쁨 넘치네. 큰 기쁨 넘치네. 주님의 보좌 있는데 천한 몸 이르러 그 영광 몸소 뵈올 때 내 기쁨 넘치리. 내 기쁨 넘치리. 내 기쁨 넘치리. 내 기쁨 넘치리."

영죽을 나를 살리려 그 영광 떠나서 그 부끄러운 십자가 날 위해 지셨네. 날 위해 지셨네. 그 십자가가 나 때문이었음을 비로소 깨닫게 되고, 내 입술로 고백하면서 한없이 울고 또 울었다.

사경회에 빠져

나는 일제강점기가 끝날 무렵에 태어났다. 내 나이 4살의 어린 나이에 무섭고 두려운 존재는 일본 순사였다. 울던 아이가 울음을 뚝 그칠 정도로 무서운 존재였다. 일본 순사들은 한쪽에는 칼을 차고 또 한 쪽에는 방망이를 차고 덜그럭거리면서 위엄을 보였다. 군화의 저벅거리는 소리와 알아듣지 못하는 말로 호통을 치면 어린 나이에도 등골이 오싹했다. 그들은 싸늘하고 잔인한 얼굴로 집마다 돌아다니면서 감시를 했다.

나는 어릴 때 일본 순사가 들이닥치는 소리가 나면 방으로 들어가 이불을 뒤집어쓰고 발발 떨었다. 그들은 집마다 공출할 것을 거두러 다녔다. 잔디 씨, 오디 씨, 쌀. 그리고 젊은 남자들은 전쟁터로, 나이 좀 든 남자들은 보국대로, 처녀들은 정신대로 끌어갔다. 잔디 씨를 훑으러 밤마다 아녀자들은 개울가로 내몰렸다. 달밤에 어른 어린아이 할 것 없이 수수깡을 잘라서 설반 접어 그것으로 훑었다. 날짜를 맞추고 양을 맞춰야 했었다. 그리고 봄에는 오디 씨를 요구하는 양만큼 공출해야 했다. 문틈으로 엄마가 하는 것을 보았다. 맛있는 오디를 먹지도 못하고 물에 빨아 채에 바쳐 씨를 걸러내는 작업을 했다. 노예같이, 나중에 알았지만 아버지는 일본 보국대로 끌려가셨다가 해방 후 돌아오셨다.

다섯 살 때 해방이 되었다. 정치적 격동기에 사회 질서는 문란했고, 가난과 질병이 만연했다. 5년이 지난 후 초등학교 3학년 때 6.25 전쟁이 터졌다. 피난 갔다 왔을 때는 마을은 온통 폐허로 변해 있었다. 우리 집은 경북과 충북 경계선 깊은 산골에 있었는데, 그곳은 치열한 전쟁터였다. 서울과 대구 부산을 이어주는 유일한 국도 아래쪽으로 위치한 작은 마을이었고 휴전 이후에도 낮에는 미군 지프차가 지나다니고, 밤에는 공산당들의 트럭이 지나다녔다. 그리고 공비들은 산속에 들끓었다. 전쟁 중에는 부서진 탱크가 산에서 마을까지 굴러떨어져 있었다. 그것은 오래도록 아이들의 놀이터이기도 했다.

휴전 이후 한국 땅은 상처와 폐허와 가난만이 존재했다. 그러나 이때 한국교회에는 많은 영적 부흥의 역사가 일고 있었다. 상처받은 국민에게 하나님의 복음 말씀은 희망의 선포였고, 가난을 벗어날 수 있는 유일한 소망의 메시지였다.

은사 받은 유명한 목사님들의 사경회는 줄을 이었고, 사람들은 인산인해를 이루었다. 하나님께서는 일제의 탄압과 전쟁의 폐허 속에서 많은 주님의 종들을 준비하고 계셨던 것이다. 일제의 할퀴고 간 상처 위에, 공산당들이 짓밟은 폐허 위에 먼저 하나님의 말씀으로 우리 백성들을 먹이셨다. 마을이 복구되고, 부서진 학교가 복구되고, 개인들의 불탄 집들이 조금씩 수리되어 가고 있는 와중에도 공회당이나 학교 교실이나 교회 그 어느 곳이라도 사람들이 모일 장소만 있으면 사경회가 열렸다.

몇 년 전 캄보디아로 며칠 동안 단기선교를 간 적이 있었다. 그들은 복음 전하는 우리에게 학교마다 수업을 폐지하고 교실이나 운동장과 학생들을 통째로 내주었다. 복음을 전하는 장소로 허락했다. 우리의 50년대도 그러했다. 복음의 말씀은 우리에게 소망이 되었고, 삶의 목적이 되었고, 살 수 있는 원동력이 되었다. 이 소망을 품고 도시의 폐허와 생명의 손실들 앞에서 좌절하지 않고 위로를 받으면서 일어섰던 것이다. 하나님의 축복하심으로 한국 땅은 오늘날 경제적인 풍요로움을 누리는 땅이 되었고, 돕는 나라, 섬기는 나라, 세계적으로 선교사를 많이 파송하는 복음 수출 국가가 된 것이다.

나는 목수의 일을 하시는 아버지의 6남매 중 둘째 딸로 태어났다. 당시 어머니는 큰 문방구를 하셨다. 마을 사람들은 "서울 송방"이라고 불렀다. 서울에 사는 큰 외삼촌이 직접 물건을 해서 날라다 주었기 때문이다. 일반 잡화를 다 취급하는 가게였다. 안채 마당에는 건물을 따로 짓고 기술자를 두고 과자 공장을 시작했다. "센베이(전병), 비과(우유 과자), 눈깔 사탕" 같은 것들을 수작업으로 만들어 팔았다. 학교 갔다 오면 그 과자 공장에서 비과와 사탕을 싸는 일을 해서 부모의 일손도 덜어

드렸고 얼마간의 용돈도 벌었다. 일손이 모자랄 때마다 도와주다 보니 쓸 만한 기술자로 인정도 받게 되었다.

전쟁 통에 집들은 불타고 마을은 폐허가 되었다. 전쟁이 휴전기로 접어들면서, 집들도 수리되어 갔다. 그때 우리 집은 그곳에서 조금 떨어진 곳으로 이사를 했다. 우리가 살던 "서울 송방"은 서울에서 살던 큰외삼촌이 전쟁 중에 서울 생활을 정리하고 이사를 들어왔기 때문이다.

내가 살던 시골 교회는 오래된 교회였다. 집에서 그리 멀지 않은 곳에 있었다. 교회 종소리가 뗑그렁, 뗑그렁 하고 울리면 내 가슴은 방망이질하는 것 같았다. 마음이 설레어서 안절부절 아무것도 할 수가 없었다. 일도 할 수 없고, 마음이 들떠서 공부도 할 수 없다. 종소리는 마치 자석이 쇳덩어리를 끌어당기는 것 같이 나의 마음을 강하게 끌어당기는 위력이 있었다.

그러나 선뜻 마음 내키는 대로 움직일 수가 없었던 것은 문밖에 호랑이같이 무서운 아버지가 언니와 나를 지키고 계셨기 때문이었다. 방안에 갇혀있는 나의 마음은 불타는 것 같았다.

유명한 목사님께서 오신다는 광고를 듣고 나니 사경회가 더욱 궁금해졌다. 언니는 방 뒷문과 부엌 쪽문으로 해서 남의 집 담장을 타고 벌써 도망가고 없었다. 여느 때 같으면 하나는 다소곳이 집에 있어야 했다. 그러나 그날 사경회는 꼭 참석하고 싶은 사경회였다. 마음이 불타 견딜 수가 없었다. 밖으로 나갈 빌미를 찾고 있을 때 동생이 울고 보채기 시작했다. 할 수 없이 칭얼거리는 동생 엉덩이를 꼬집어 더 크게 울게 했다. 우는 동생을 업고 밖으로 빠져나오는 기지를 발휘했다. 기저귀도 차지 않은 동생을 업고 언제 끝날지 모르는 사경회 뒷자리에 서서 그 설교를 밤이 맞도록 들었다.

이성봉 목사님의 설교는 사람들이 넋을 잃을 정도로 재미있었고, 재치가 있었고, 듣고 또 들어도 은혜가 되는 설교였다. 예수님의 재림은 도적같이 오신다는 본문으로 재미있는 예화를 들어 설명해서 성도들의 피곤한 잠을 깨우기도 했다. 사경회는 사람들의 마음을 온통 보이지 않는 사슬로 꽁꽁 묶어 버리는 것 같은 위력이 있었다.

교회는 작고 사람들은 많고, 앞으로 좁히고, 좁히고 해서 서로서로 무릎이 닿아서 포개 앉아서 예배를 드릴 정도였다. 어린 동생은 자면서 등에다 몇 번이고 오줌을 싸서 내 옷은 온통 오줌받이가 되어버렸다. 그러나 그보다 더 큰 두려움이 집회 내내 가슴 졸이게 했다. 혹여 아버지가 교회까지 찾아와서 내 이름을 불러낼까 해서였다. 그 날은 다행히 아무 일도 일어나지 않았다.

우리 집엔 종종 시끄러운 일이 일어나곤 했다. 교회 갔다가 몰래 들어오다가 아버지한테 들키기라도 하는 날이면, 우리 집은 한바탕 소동이 벌어지는 날이다. 언니는 대문에 들어서다가 아버지를 만나면 재빨리 도망을 가지만, 나는 잡혀서 항상 매를 맞았다. 혼자서 그 매를 다 맞고 나면 아버지의 분이 풀렸다. 그제야 식구들은 없어진 언니를 찾으러 밤이슬을 맞으면서 온 동네를 구석구석 뒤지며 찾아다녔다.

어느 날은 내가 언니보다 먼저 집에 돌아왔다. 언니는 성가대며 주일학교며 하는 일이 많았고 하나라도 눈에 보이면 아버지의 화가 누그러질 것이라는 생각에서였다. 그러나 그날따라 화가 많이 나셨다.

살금살금 고양이 걸음으로 들어오던 나는 "들어와!" 하시는 아버지의 화난 소리에 화들짝 놀라고 말았다. 쿵쾅거리는 가슴을 안고, 현장에서 잡힌 죄인처럼 방으로 들어가서 얼른 무릎을 꿇었다. 한 대 딱하고 맞았는데 뒤통수에서 불이 번쩍했다. 아버지는 풍채가 좋으셨고 손이 크셨다. 나는 방 벽 쪽으로 날아가 벽에 부딪히며 뚝 떨어졌다. 그 날은 눈이 많이 부어올랐다.

우리 집은 두 딸의 교회 가는 문제로 조용할 날이 없었다. 성경책은 몇 번이나 아궁이로 들어갔고, 심지어는 학교 다니는 책가방도 마당으로 날아갔다. 찢어도 불태워도 매를 맞아도 교회 다니는 것은 포기할 수 없었다. 아버지의 불호령이 떨어지는 날은 교회는 엄두도 못 내는 날이다. 그러나 마음은 이미 교회에 가서 앉아 있었다. 예배드리는 모습을 상상해 본다. "지금은 서울에서 방학이라고 오신 예쁜 여선생님께서 설교하고 있겠지. 내가 알지 못하는 성경 속 세계로 안내하고 있겠지. 지금은 장로님과 함께 분반 공부를 하겠지. 오늘 외울 요절은 ……." 하면서 상상의 예배를 마음으로 드리곤 했다.

중학교를 졸업하고 도시로 학교에 가게 되었다. 가난한 집 살림 사정 다 알면서 남자도 아닌 딸을 혼자 도시로 보낸다는 것은 부모님으로서는 큰 모험이셨을 것이다. 담임선생님의 추천으로 입학 원서를 썼고, 시험을 치게 된 것이 계기가 되었다. 그러나 엄마는 "시험은 치되 떨어지고 오라"고 타 이르셨다. 시험 치러 올라가는 수험생에게 떨어지고 오라고 당부하는 어머니의 마음은 편하실 리가 있었겠는가?

우리 엄마는 향학열이 높으셨고 자식들에 대한 기대도 컸다. 일본인들은 우리 엄마를 지칭하여 "한국인의 대표적인 여인상"이라고 신문 기사를 낼 정도였다. 부지런하고, 깔끔하고, 영리하고, 똑똑하고. 어느 해인가는 도내에서 "장한 어머니 상"도 받으셨다.

그리 멀지 않은 시골에 외가가 있었다. 우리는 외할아버지댁에 자주 왕래하면서 살았다. 외가에 행사가 있는 날이면 학교를 파하고 외가댁으로 곧장 오라고 하시는 엄마의 당부대로 늘 그렇게 했었다. 우리 부모는 대소사 일들을 담당하셨다. 외할아버지는 서당 훈장이셨다. 외가를 지칭해서 사람들은 최 부자라고 불렀다. 땅 부자이기도 했지만 아들도 부자셨다. 위로 딸 한 명, 우리 어머니를 장녀로 낳았을 뿐, 6명의 삼촌이 득시글했다. 사랑채에는 늘 동네 청년들의 글 읽는 소리가 왱왱했다. 그러나 우리는 사랑채에서 글 읽는 소리가 있는 한 그쪽은 아예 얼씬도 할 수 없었다.

안채에는 많은 며느리를 한집에 거느리고 살았다. 외숙모들은 늘 일이 많았다. 명주도 짜야 하고, 여름에는 삼베를 짜고 무명을 짰다. 물레질해야 했고 삼베 실을 마당에서 풀을 먹여야 했다. 밤새도록 다듬이질을 해서, 바느질해야 했다. 50년대 전쟁 직후 "싱가" 재봉틀을 유일하게 가지고 있는 집이기도 했다. 나는 연습한다며 서울에 가서나 살 수 있는 그 귀한 재봉틀 바늘을 몇 개씩 부러뜨리기도 했었다.

숙모들은 쉴 사이 없이 일해야 했다. 그 많은 농사일을 거들어야 했고, 디딜방아에 곡식을 빻아서 밥을 해서 머리로 날라야 했다. 행랑채에는 머슴들이 여러 명 살고 있었다. 이들은 주로 농사일을 했고 소를 먹였고, 명절에는 놋그릇들을 닦았고, 겨울에는 새끼 꼬는 일과 가마니를 짜는 일을 했다.

할아버지께서는 글 읽던 학생들이 가고 나면 산에 가서 약초를 채취해서 말렸다. 저녁에는 사랑채에서 늘 노끈을 꼬거나 돗자리를 짜셨다.

이런 구조 속에서 사셔서 그런지 우리 엄마는 부지런하셨고, 깨끗하셨다. 행동이 조신하셨고, 예절이 몸에 밴 말 한마디 한마디가 엄했고, 성품이 고고하셨다. 점잖은 말과 좋은 말을 골라가면서 하셨다. 마음 씀씀이가 넉넉해서 음식을 많이 만들어서 이웃에 나누어 먹는 것을 즐겨 하셨다. 거지에게도 늘 상을 차려 대접했다.

평소에는 교회 가는 일에 대해 어쩔 수 없이 아버지 편을 드셨지만 학교 때문에 도시로 떠나는 딸을 앞에 놓고는 눈물까지 흘리면서 "이제는 그곳에 가서 교회 열심히 다녀라. 예수 믿는 사람들은 다 진실하더라."라고 하시면서 위로와 당부까지 아끼지 않으셨다. 이렇게 해서 처음으로 집을 떠나면서 신앙의 자유를 얻게 되었다.

제4권 시편 90편

70년대 후반~80년대 초, 나는 아직도 해운대의 빈 교회에서 떠나지 못했다. 나는 여기를 광야기도 학교라고 불렀다. 나에게는 아직도 길이 보이지 않고, 환경에 어떤 획기적인 변화도 없다. 그냥 그 기도의 자리에 미련하리만큼 고집스럽게 엎드려만 있는 것 같았다. 나는 대책이 없고, 한심스러운 존재였다.

다른 사람들은 단순히 살림 살 돈도 없고, 갈 곳도 없고, 할 일도 없고 해서 빈 교회당에 가서 울고만 있는 줄 알고, 비난의 화살들을 퍼부어 댔지만, 이스라엘 백성들을 광야 생활 40년 동안, 아침마다 만나를 먹이신 그 하나님께서 손이 짧아서 구원 못 하심도 아니고 귀가 둔하여서 듣지 못하심도 아니질 않는가(사59:1). 죄가 얼굴을 가리워서 듣지 아니하시게 함이니(:2) 오직 회개할 뿐이었다.

나는 모든 비난을 귀 밖으로 흘리면서 혼자 다부진 결심을 하곤 했다. 틀렸다고 하든, 옳다고 하든, 나는 모든 판단을 하나님께 맡겨 드리기로 결심했다. 하나님의 판단은 가장 정직하고, 공평한 판단이기 때문이다. 하나님 앞에서 하는 기도가 정석이 어떤 것인지는 잘 모른다. 그 기도의 공식, 믿음의 공식을 내게 정확하게 알려주는 사람은 아무도 없었다. 다만 지금은 주님 앞에서 아주 수동적으로 주시는 기도 제목을 충성스럽게 감당하려고 노력할 뿐이다.

몇 달이 흘러가도, 몇 년이 흘러가도 하나님께서 그냥 내 앞에 있으라 하시면 그렇게 할 수밖에 없다. 그것이 내 나름의 정석이다. 처음에는 하나님의 부르심이 너무나 다양하시고 강렬해서 두렵고 떨리는 마음으로 주님 앞에 무릎을 꿇고 엎드렸지만, 이제는 그날그날 나에게 주실 말씀이 궁금해지기까지 했다. 그래서 그 어두운 빈 교회를 찾아가는 것이다. 그것이 매일 되었고, 몇 년이 되었다.

그러는 중에도 지속해서 마귀들은 그 실체를 드러냈다. 또 나의 영적인 모습을, 하나님께서 보시는 나의 모습을 아주 가끔 보이셨다. 하나님의 속성과 지혜와 능력과 권세와 계획을 알게도 하셨다. 그리고 나의 갈 길에 대하여, 나를 통해서 이루실 일들을 매일 교훈하셨다. 귀를 열어 듣게 하셨고, 눈을 열어 보여 주셨다.

그 날은 하나님께서 나에게 인생을 알라고 명령하셨다.

"제 사권 시90편" 대문짝만한 글자가 내 눈앞에 선명하게 나타났다. 시편 90편의 말씀이 오늘 내게 주신 말씀이다. 네가 그렇게 아등바등 살려고 하는 그 한평생이 하나님 손에 달려있다는 사실을 인식할 것을 권고하셨다. 어리석은 나의 삶의 목적을 지적하고 계셨다. 산이 생기기 전, 땅과 세계도 주께서 조성하시기 전 곧 영원부터 영원까지 주는 하나님이시라[시90:2] 나의 삶은 하나님의 지배하에서만 자유하며 존재 가치가 있음을 확인시켜 주셨다. 다만 그분의 포로에 지나지 않는다는 것이다. 손바닥 안에 있음은 피할 수 없는 현실이다. 산이 생기기 이전에 이미 예정 가운데 나를 선택하셨다는 것이다. 또한 사람의 한평생은 순식간에 피었다 지는 꽃과 같이 한순간에 사라지는 존재라는 것도 인식시켜 주셨다.

"우리에게 우리 날 계수함을 가르치사 지혜로운 마음을 얻게 하소서 여호와여 돌아오소서 언제까지니이까 주의 종들을 불쌍히 여기소서" [시90:12-:13]

여기에서 나는 시선이 멈추어 섰다. 아! 나의 인생은 하나님 앞에서 날마다 카운트다운(Countdown) 당하고 있었구나! 계산대에서 계산 당하는 인생, CC 카메라에 날마다 찍히는 인생, 숨을 곳이 없는 노출된 인생.

"내가 주의 영을 떠나 어디로 가며 주의 앞에서 어디로 피하리이까/ 내가 하늘에 올라갈지라도 거기 계시며 스올에 내 자리를 펼지라도 거기 계시니이다/ 내가 새벽 날개를 치며 바다 끝에 가서 거주할지라도/ 거기서도 주의 손이 나를 인도하시며 주의 오른손이 나를 붙드시리이다." [시139:7-10]

아! 나는 꼼짝할 수 없는 주님의 포로! 만군의 여호와 변함이 없으신 그 하나님 앞에서 피조물인 내가 죄인인 내가 구속받아 지옥형벌에서 건짐을 받은 내가 주님

의 말씀에 토를 달거나 거절할 수 없다는 것을 깨닫는 순간,

"주여! 제가 여기 있나이다. 저를 써 주옵소서. 저를 보내주소서."

이 말이 저절로 튀어나왔다. 이 고백이 나의 입에서 나올 때까지 수없이 많은 시간을 기다리면서 참으셨고, 버리지 않으시고 끊임없이 권고하셨다. 잘라내시고, 내려놓게 하시고, 다듬으시고, 정리하시고, 은혜의 옷을 거듭거듭 덧 입혀주셨다. 그 은총의 빛살이 얼마나 평안하며 너그러우며 따뜻한지, 그리고 얼마나 큰 용기를 주시는지. 하나님 앞에서 주님의 뜻을 행하면서 살 것을 다짐하고 또 다짐하기에 이르렀다. 그러나 또 한편으로는

"설마 겁쟁이인 나를 죽음의 골짜기로 보내시려는 것은 아니겠지요. 제발 저를 불쌍히 여겨 주옵소서."

"우리를 괴롭게 하신 날 수 대로와 우리가 화를 당한 연수대로 우리를 기쁘게 하소서" [시 90:15]

주의 인자하심이 나를 덮으신다면 내심으로 고난 당한 날 수 대로와 화를 당한 연수만큼 세어서 기쁨으로 보상해 주실 것을 약속하시는 말씀으로 해석하고 싶었다. 고난과 역경 뒤에는 하나님의 인자하신 위로의 말씀도 함께 주신다는 보장의 말씀으로. 주께서 함께하시는 고난이라면 영광을 받으실 것이며, 자손만대에 그 영광이 나타날 것이라면, 내 손이 행하는 대로 축복해 주실 것을 약속하시는 약속이라면, 아브라함에게 하신 약속만큼이나 신실성이 있으신 약속의 말씀이 아닌가? 변괴함이 없으신 하나님과의 약속이니 이 약속을 꽉 잡으면 평생을 버틸 만한 보장의 축복이 아닌가? 언제라도 꺼내 쓸 수 있는 백지수표 같은 언약의 말씀이 아닌가?

"아! 주님 앞에 담대하게, 당당히 나아갈 수 있는 이 특권을 허락하신 하나님께 감사와 찬양을 올려 드립니다."

여리고 성이 무너질 때 하나님의 전략대로 순종했기 때문에 성공했다. 날마다 돌라 하면 돌고(기도), 말하지 말라, 들레지 말라 하면(기도한다고 말하지도 않고) 그대로 순종하고, 일곱 번 돌고, 외치라 하는 날 선포하는 것이 하나님의 전략이다. 하나님의 방법에는 늘 승리만 있다. 실패라는 단어는 존재하지 않는다. 주님의 명령을 기

다리는 인내를 요구하셨다.

이제는 하나님께서 광야기도학교의 커리큘럼으로 아주 못생긴 사람의 머리를 눈앞에 놓으셨다. 부스럼이 온 머리에 더덕더덕했고 피고름이 줄줄 흘러내리는 더러운 머리였다. 파리 떼가 삽시간에 우글거리는 진물투성이 더러운 머리였다. 군데군데 나 있는 머리털은 황무지의 마른 풀같이 메말라 있었다. 이 더러운 머리를 하나님께서 내 손으로 만지라고 하신다. 그때만 해도 나이가 젊은 30대였고 더러운 것을 만지지 못하는 결벽증이라고 할 만큼 내 성격이 예민한 사람이었다.

이 더러운 것을 덥석 만지지 못하고 머뭇거리는 내게 또 지시하셨다. 머리를 손으로 어루만지라고, 하는 수 없이 양손을 살짝 대고 위에서부터 아래로 어루만지면서 쓸어내렸다. 그랬더니 그 손이 닿은 곳에만 부스럼이 없어지고 깨끗해졌으며 그 깨끗해진 자리에는 새까맣고 윤기 흐르는 머리털이 수북하게 솟아 있었다. 마치 큰 붓에 페인트를 듬뿍 묻혀서 칠한 자리 같이 손이 지나간 자리가 선명해졌다. 또다시 음성이 들려왔다. "머리 전체를 쓰다듬으라." 그래서 지체하지 않고 머리를 앞뒤 양옆으로 쓸어내렸다. 머리는 전체가 온전해지고 머리카락도 건강하게 자라 있었다. 그때는 그것이 무엇을 의미하는 것인지 알지 못했다. 그냥 그렇게 주님 앞에서 보았고, 들었고, 만지고 했지만 꿈을 꾼 것으로만 생각했다.

며칠 후 같은 울타리 안에 사는 고아원(정박아 수용소) 보모가 아침 일찍 문을 두드렸다. 무슨 일이냐고 했더니, 기도 좀 해달라며 방으로 들어와서는 무릎을 꿇고 앉는다. 나는 처음 당하는 일이라 너무 당황한 나머지

"나 그런 것 할 줄 몰라요." 하고 보모를 난처한 눈빛으로 쳐다보았다. 그랬더니 그 보모는

"다 알고 왔어요. 사모님 은사 받았잖아요? 알다시피 병원에 입원도 했었고 일주일 금식 기도도 했습니다. 그러나 온몸에 이 피부병(옴)이 더욱 심하게 번졌습니다. 여기 오면 꼭 나을 것 같아서 왔습니다." 하고 여전히 꿇어앉아 있다.

잠깐 마음이 번거로웠지만 하는 수 없이 옆에 같이 무릎을 꿇고 앉았다. 무슨 말로 기도를 어찌해야 하는지를 알지 못했다. 기도하려고 눈을 감았는데 그 환자는

내 손을 끌어다가 옴이 가장 심한 팔뚝에 대고

"손으로 잡고 기도해 주세요." 하는 것이다.

이 옴은 전염병이라고 하는데, 속으로 손이 오그라들었지만, 순간 회개를 했다. 하나님께서 엄하게 명령하신다.

"너는 그가 되라. 그 사람의 고통으로 함께 들어가라."라고 하신다. 나는 정신을 차리고 그가 하는 대로 팔뚝에 손을 댄 채로 기도를 했다.

"다시는 이런 일로 나를 찾지 말아 달라."는 부탁까지 하면서 그를 돌려보냈다. 보내고 나니 등에서는 식은땀이 쫙 났다. 뭐 이런 일이.

다음 날 아침 개척지로 전도 나갈 채비를 서두르고 있는데 보모가 또 찾아왔다.

"오지 말라 했는데 왜 또 오셨습니까?"

"사모님 이것 좀 보세요. 어제 손대고 기도한 그 부분만 깨끗해졌습니다. 신기하지요?"

손자국이 난 것이다. 몸 전체를 다 쓰다듬으면서 기도를 해주면 자기가 깨끗해질 것이라고 나에게 방법까지 가르쳐 준다. 그때 나는 무슨 기도를 어떻게 드렸는지는 기억나지 않는다. 다른 사람의 환부를 어루만지면서 기도하는 일은 처음 겪는 일이라 어색하고 생뚱맞았지만, 어제와는 달리 하나님 앞에서 경건하게, 진지하게, 간절한 마음으로 기도를 드렸다. 그리고 이 일을 마음에 간직했다.

보모는 다음 날 아침 다시 찾아왔다. 깨끗하게 다 나았다고 감사 인사를 하러 온 것이다. 그것은 그 집사님의 믿음으로 나은 것이라고 말해서 돌려보냈다.

길을 걸으면서 곰곰이 생각해보니 주님께서 그 보모를 보내신 것 같다는 생각이 들었다. 그 보모를 통해서 주시는 하나님의 교훈인 것을 조용히 마음에 새겼다.

네가 안 하면
내가 한다

나는 그야말로 열심히 일했다. 혼신 다해서 전도했고 병들고 고난받는 사람들을 섬기려 애썼다. 사람들은 나를 보고 남들보다 두 평생을, 아니 세 평생을 산다고들 했다.

주님의 그 사랑 너무 귀해서 생각만 해도 눈물이 흐른다. 내가 당할 수치를 대신 당하셨다. 내가 당할 핍박을 대신 받으셨다. 내가 지은 죗값으로 주님이 대신 피 흘리시고, 나 대신 십자가에 죽으셨다. 그리고 나를 이 모든 죄에서 해방시키셨다. 이제는 죄 없다고 인치셨다. 죄인으로 어깨 숙이고 뒷골목으로 다니던 내가 어깨 쫙 펴고 큰길로 활보하게 해 주셨다.

그리고 그 사랑의 줄은 천국까지 이어진다. 그 누가 이런 사랑을 흉내라도 낼 수 있으랴? 사랑은 받은 사람만이 사랑할 수 있다고 했던가? 이 사랑은 초자연적인 힘을 동반한다. 이 사랑은 세속적인 관점의 것들을 포기하게 만든다. 자유롭고 사랑스러운 노예가 되게 만든다.

"하나님 저는 하루 두 끼만 먹겠습니다. 매끼를 챙겨 먹는 사람보다 더 건강하게 해 주옵소서. 저는 두 시간만 자겠습니다. 두 시간만 자도 다른 사람들과 똑같이 활동할 수 있도록 건강을 주옵소서. 드릴 것이 없어서 시간과 건강을 드립니다. 하나님 가라 하시는 곳은 어디든지 가겠습니다. 하라 하시는 일은 무엇이든지 하겠습니다."

이것은 나의 신앙 고백이기도 하고, 결심이기도 했다.

그래서 주님의 심부름이라면 어디든지 달려갔다. 왜냐면 나를 통해서 하나님께서 일하시기를 기뻐하셨고, 내가 일감을 들고 하나님 앞에 나아갈 때 내 기도에 귀를 기울이시고 들으시고 응답하셨기 때문이다.

못나고 둔한 나를 쓰시기에 얼마나 힘드실까? 그것 생각하면 뭐든지 무슨 일이든지 재빠르게, 그리고 완벽하게 하려고 최선을 다해야 했다. 주님께서 늘 지혜와 권세를 공급해 주셨으므로 힘에 겨운 고달픔도 무지함도 극복할 수 있었다.

신실하신 하나님께서 약속대로 손대서 일하는 것마다 축복해 주셨고, 기도하는 것마다 응답해 주셨다. 내가 부족한 말로 전도했는데 그 사람이 복음을 받아들이고, 예수를 믿게 되고, 구원을 받게 된다는 이 사실이 나의 가슴을 얼마나 설레게 하였고, 가슴 벅차게 하였는지 경험해보지 않은 사람은 아마 모를 것이다.

아무것도 아닌 내가 기도했는데 병든 사람이 온전해졌다. 병석을 박차고 일어났다. 그리고 그 사람은 하나님께서 살아계신 것과 자신을 사랑하신다는 확신에 찬 믿음을 가지게 되었다. 하나님 앞에 나와서 예배를 드리고, 찬양을 할 수 있게 되었다. 이 얼마나 가슴 뭉클거리게 하는 감격의 도가니인가? 이런 사실들이 나를 완전히 매료시켰다. 다른 그 어떤 것도 나를 이렇게 살맛 나게 하였던 일은 없었다.

나는 한 가지 일에 푹 빠지는 성격이라고들 한다. 한 가지 일에 생명 거는 기질적인 성품이 있긴 하다. 그랬다. 전도하면 내 눈은 '반짝반짝' 빛이 나고, 말씀을 가르치면 '물 만난 고기'라고들 했다.

기도 제목이 있고 기도하기를 원하는 사람들은 누구든지 다 교회로 모여들었다. 깨를 볶으면 냄새가 나듯이 기도 냄새도 나는 모양이다.

"이 교회 가면 먹을 것이 있대!" 하면서 꾸역꾸역 모여들었다. 정신환자들이나 불치병을 가진 사람들이 많이 왔기 때문에 사탄의 역사도 만만치 않았다. 그래서 원치 않는 어려움도 많이 겪게 되었다.

이제 막 전도 받은 사람들을 위한 성경공부를 하다 보니 성경공부 팀도 자꾸 늘어났다.

새 가족부 사역자도 양성해 나갔다. 그리고 새 신자를 위한 소책자(새 가족 성경공부 교재) 1권(4주간), 2권(6주간)을 우리 교회 형편에 맞게 쓰기 시작했다. 타이핑(Typing) 하고 복사해서 그 교재로 양육하기 시작했다. 하나님의 역사하심으로 날로 왕성하게 개개인에게 하나님의 살아계심을 체험하게 되어 부흥의 물결이 서서히 요동치고 있었다.

이 새 신자 양육교재는 누구나 가방에 넣고 다닐 수 있고, 누구나 양육할 수 있는 그런 작고 단순한 책자이다. 처음 믿음을 접하는 초신자에게는 쉽게 접근할 수 있고 이해될 수 있는 책자라고 생각했다. 연중계획을 세워 예산을 확보하고 더 많은 책을 만들어 새 가족부를 운영했다. 새 가족부는 지속해서 활성화되어 갔다.

새로 등록한 사람들은 새 가족부에서 평생 잊을 수 없는 환대와 섬김을 받았던 터라 그 감동으로 새 가족부에 남아서 섬기기를 원했다. 그러다 보니 새 가족부와 새 신자들로 교회가 시끄러웠던 모양이다.

하기야 집안에 갓난아기가 태어나면 온 집안이 긴장한다. 아기가 울어대면 시끄럽기 그지없다. 집안의 모든 시선이 아기에게 쏠린다. 많은 물질이 아기에게 투자된다. 이것을 감수하지 않겠다면 차세대에 훌륭한 자녀를 키울 자격이 없는 사람일 것이다.

아이들의 특성은 어릴 때는 많이 자고, 많이 먹는다. 그리고 조금 자라면 질문을 하게 된다. 자기가 옳다고 주장하기도 한다. 아직 미흡하기 때문이다. 똥 싸고 오줌 싸는 것을 귀찮게 여겨 바라지를 안 해준다면 아이를 낳지 말아야 했고, 훌륭한 자녀를 가질 자격도 또한 없는 것이다. 미래는 더더욱 소망이 없게 된다.

그런데 교회에서는 시끄럽다고, 돈 들어간다고, 장로님들 회의에서 결정사항이라고 내게 따로 불러서 일반적인 통보를 해왔다. 교회의 모든 일에서 손을 떼라는 통보였다.

그 내용은, 철야기도도 하지 말고, 전도도 하지 말고, 새 가족부에서도 손을 떼고, 성경공부 팀에서도 손을 떼고, 교회 앞에서 교인들에게 인사도 하지 말고, 교인들 사진도 찍지 말라는 것이다. 개척교회를 하다 보니 행사 때마다 사진을 찍었던 것이 화근이었던 같다. 딱히 맡길 사람이 없어서 교인들이 자기 집의 카메라들을 내 목에 걸어 준 것이었다.

집에 들어앉아 살림이나 잘하라는 것이다. 내가 주님의 심부름을 한다고 피곤하다고, 우리 가족 밥 굶긴 적은 없다. 오히려 하나님 앞에 쓰임 받지 못했을 때 더 많이 굶었던 것으로 기억한다. 집 안 청소하지 않은 적이 없다. 더 열심히 했다.

나는 장로들의 이런 일방적인 통보에 큰 충격을 받았다. 아닌 밤중에 홍두깨라는 말이 이럴 때 꼭 적합한 말일 것이다. 한 사람의 신자도 없을 때부터 열심히 전도하다 보니 내게 전도 받은 사람들은 내 얼굴을 안 보면 섭섭하게 여겨 오히려 항의하니, 오해의 요지를 만들지 않기 위해서 인사를 할 수밖에 없었는데, 교회가 시끄럽다고 하니 이런 억지가 어디 있는가? 교회가 자라고 당회가 조직되니 이런 불편함도 겪게 되는구나. 당회의 결정이라는 통보를 받으면서 순간적으로 많은 생각이 오고 갔다. 쿵덕거리는 가슴을 억제하면서, 이 일방적인 통보를 하는 장로님에게 조용히 입을 열었다.

"농부가 논에 벼를 심었습니다. 그런데 어떤 벼를 보고는 너는 잘 자라서 나락을 많이 맺으라, 어떤 벼를 보고는 너는 나락을 안 맺어도 된다. 이렇게 말하는 농부가 어디 있습니까? 다 잘 자라서 풍성한 나락을 많이 내라. 그렇게 격려하는 것이 농부의 마음 아니겠습니까?

우리는 하나님 앞에서 다 같이 선택받은 언약의 자녀입니다. 누구든지 하나님 앞에서 일대일로 심판대 앞에 서게 될 것입니다. 그리고 상급의 심판도 받게 될 것입니다. 그날이 부끄럽지 않게 살아야 하지 않겠습니까? 각자 자신에게 주어진 소명대로."

유급 전도사가 아니라는 이유로 내게 발을 묶는다. 이런 것을 결정한 것은 당회가 아니고 장로들끼리 모여서 은밀한 뒷담으로 결정한 것이었다.

직분의 권위가 하늘보다 높은 것 같다. 하나님의 뜻을 거역할 만큼이나. 그러나 나를 바라보니 힘없는 평신도에 불과했다. 그들의 결정대로 그 날부터 꼼짝없이 방안에 박혀 있어야만 했다.

"하나님! 거 보세요, 이럴 줄 알았습니다. 제가 언제 전도한다고 했습니까? 교회 일 한다고 했습니까? 그렇게도 못한다고 망설였는데 등 떠밀어 세상 밖으로 보내신 이가 하나님 아니셨습니까? 인정도 못 받는 일, 대접도 못 받는 일, 핍박과 멸시만 돌아오는 일, 지원받고, 박수받고, 응원받는 것은 기대도 안 합니다. 제가 원하지도 않았던 일 아닙니까?"

이렇게 하나님께 항변하면서 3일간 이불 뒤집어쓰고 누워있었다. 몸도 마음도 와르르 무너져 내리는 같았다. 그동안 하나님 주시는 힘으로 지탱해왔었다. 하나님께서 하라 하시는 일 잘 감당하라고 풀어 주셨던 집행유예선고가 이제 취소된 것 같았다. 불로 치료해 주셨던 허리가 다시 도졌다. 가방 메고 전도하고 기도하는 동안에 집행유예였던 악성빈혈이 다시 도지고, 극심했던 변비가 재발 되었다. 이렇듯 숨어있던 모든 몸속의 약질들이 스멀스멀 다 불거져 나와 나를 꼼짝 못 하게 묶어버렸다. 사역이 묶이니 육신도 병에 묶여버렸다. 하나님께서는 나를 측은하게 바라보시면서

"구들장 짊어지고 꼼짝 못 하고 누워있는 맛이 어때?" 하시는 것 같았다.

목이 타서 물 마시려 일어서다가 빈혈로 뒤로 나동그라졌다. 혼자 정신을 잃었다. 내 몸의 땀이 식어 너무 춥고 떨리는 바람에 정신이 들었다. 이렇게 아픔과 슬픔과 고통에 묶여 있을 때 예수님께서 찾아오셨다.

"네가 안하면 내가 한다."

하시면서 빨간 홍포에 허리띠를 질근 동여매고, 많은 포크레인 차들을 지휘하신다. 쓰레기들을 포크레인이 덤프트럭에 싣는 일을 지휘하신다. 그리고 덤프트럭들도 바쁘게 지휘하신다. 수없이 많은 쓰레기차가 바쁘게 오고 간다. 이 장면들은 누워 꼼짝도 못 하는 나의 정신이 번쩍 들도록 만들었다.

나는 지금 개가 토하였다가 다시 먹고 돼지가 씻었다가 더러운 구덩이에 도로 눕는 격이 되었다. 이것이 나의 현실이다. 지난날의 형편으로 돌아가겠느냐? 가난과 질병과 고난에 묶여 사는 그 지옥 같은 생활을 선택할 것인가? 거룩한 명령을 저버릴 것인가? 그 나중 형편이 처음보다 더 심하게 되는 것을 선택할 것인가?

"만일 그들이 우리 주되신 구주 예수 그리스도를 앎으로 세상의 더러움을 피한 후에 다시 그중에 얽매이고 지면 그 나중 형편이 처음보다 더 심하리니" [벧후 2:20]

무릎을 꿇고 엎드려 한없이 한없이 회개의 눈물을 흘렸다.

"하나님 용서하시옵소서. 옛날로 돌아가진 않겠습니다. 아파서 누워있는 괴롭고

고통스러운 시간을 하나님 앞에 반납합니다. 다 드립니다. 홀가분하게 주님 말씀에 순종하겠습니다. 일하다가 핍박을 받아 죽더라도 이제는 절대로 물러서지 않겠습니다.”

그리고 자리를 털고 일어났다.

그러나 성경공부 여섯 팀은 다른 교역자님들에게 다 넘겨주었고, 활동의 범위는 전반적으로 금지된 상태가 아닌가? 이렇게 갈 바를 알지 못하고 멍하니 있을 때 한 통의 전화가 걸려왔다.

“그러지 말고 우리 모임에 와서 성경공부를 좀 인도해 주면 안 되겠습니까?” 하고 아는 전도사님에게서 연락이 왔다. 내 형편을 다 아는 것처럼 말을 하고 있다.

“어떤 사람들이 모이는 곳입니까?”

“와 보면 압니다. 영주동 ○○빌딩으로 오세요”

나는 어서 자리를 털고 일어나 세수를 하고 준비를 했다. 일러준 대로 찾아간 곳은 화장품 회사였다. 사무실에는 여사장님들만 모여 있었다. 일주일에 한 번씩 모임 갖는 날 예배도 드리고 기도회도 하기로 했다는 것이다. 사업을 하시느라 성경 읽을 시간이 별로 없으신 분들이라 일부러 모임을 만들었다고 한다. 여사장님들의 모임은 상당히 진지했다. 열심히 믿음 생활 잘하려고 노력하는 분들이었다. 나도 역시 이곳에 와 보니 숨통이 확 트이는 것 같았다. 이들과 성경 말씀을 나누고 기도하는 시간이 새 힘을 공급받는 시간임을 확신하게 되었다.

성경공부를 시작한 지 몇 주가 지난 어느 날이었다. 다리를 못 쓰는 환자를 둘이서 간신히 껴 잡고 들어와 앉힌다. 나는 속으로 ‘기도원도 아니고 교회도 아닌데 나더러 회사 사무실에서 병 기도를 하란 말인가?’라고 생각했다. 영주동 산꼭대기에서 모시고 온다고 고생했다면서 자리에 앉힌다.

여기에만 오면 살길이 생기는 것처럼 확신하고 왔다는 것이다. 어쨌든 예배를 드렸다. 그 환자는 “아멘, 아멘” 하면서 믿음에 찬 화답을 연신 하고 있다. 속으로 나는 “믿음이 없는데 저 아주머니는 믿음이 굉장하네. 두려워하지도 않네. 낙심하지도 않네.” 하면서 은근히 그의 순수한 믿음이 부러웠다.

예배가 끝나자마자 병 기도도 해달라고 앞에 가까이 데려다 놓는다. 어쩔 수도 없는 일이다. 나의 마음은 복잡하고, 낙심천만인데, 환자는 확신에 찬 믿음이다. 그 환자의 확신을 보고 용기를 얻어 기도를 드렸다. 간절히, 아주 간절히.

그런데 그 아주머니 정말 자기 믿음으로 벌떡 일어서는 것이다. 그리고 할렐루야를 연신 하면서 걷기도 하고 빙글빙글 돌면서 춤을 추기도 한다. 다 나아 온전해졌다는 것이다.

"정말 걷는 데 지장이 없습니까?" 나는 걱정이 되어서 물어보았다.

"예! 보세요. 이렇게 걷고 있지 않습니까?"

나는 좀 쑥스럽고 해서 조용히 차만 마시고 얼른 그 자리를 떠났다.

집으로 돌아오는 길은 몸과 마음이 가벼워졌다. 밖에 나와서 성경공부도, 기도회도 하니 생기가 돈다. 힘도 얻었으니 집에서 나의 형편을 걱정하고 계실 연세 많으신 친정어머니에게 들러서 딸이 이렇게 무사하다고 보여 드려야 되겠다는 생각이 들었다. 언제나 변함없이 지지해 주시는 나의 어머니는 역시 반갑게 맞아주셨다.

"오늘 어디 갔었니?" 하고 물으신다. 나는 별일 없다는 듯이

"가긴 어딜 가요?" 했더니

"내가 보니 니가 의자에 앉아 있는데 밧줄로 꽁꽁 묶여 있더라. 그런데 천사가 와서 너를 풀어 주니, 쏜살같이 어디를 갔다 오더니 다시 의자에 앉아 밧줄에 묶이던데?"

엄마에게는 숨길 수가 없었다.

"사실은 시내 좀 갔다 왔어요. 여사장님들만 모이는 성경공부 팀인데 오늘 다리 아픈 병자가 벌떡 일어서서 춤을 추고 했어요."

"그런데 왜 또 묶이니, 네가 스스로 가서 묶이던데?"

나의 친정어머니 최 권사님은 어설픈 딸인 나를 위해 기도를 많이 하신다. 그래서 나의 영적인 행동에 대해서도 구석구석 알고 계시는 것 같았다. 어머니는 근심된 어조로

"네가 가는 길은 험난해. 풀 한 포기 잡을 것 없는 절벽을 아슬아슬하게 기어오르고 있어. 조심 또 조심해야 해, 주의 쓰시는 종이라고 기도할 때마다 제일 먼저

기도한다. 아이구! 이 귀한 발, 다치면 안 되지, 이 귀한 종 상처받으면 안 되지.”

하시면서 얼어서 차가운 발을 늙고 야윈 손으로 어루만지신다.

우리 엄마는 나의 유일한 기도의 동역자셨고, 후원자셨고, 응원자셨다. 어느 때인가는 “너는 설교자가 될 거야, 내가 기도하면 큰 손이 너를 번쩍 들어서 강대상에 세우곤 한단다.” 하시면서 그렇게 되기를 늘 기도한다고 하셨다.

여사장님의 기도팀은 열심들이 대단했다. 그리고 모임이 지속하는 동안 변화가 많이 일어났다. 나중에는 남자 사장님들이 모여왔다. 나는 남자들을 감당할 수 없을 것 같아서 거북한 티를 내면서

“여기는 여사장님들만 모이는 곳인데요.” 했더니 남자 사장님들이

“그럼 치마 입고 와야 끼워줍니까? 여기에서 무슨 일이 일어나는지 궁금합니다.” 남자 사장님들은 아예 성경책을 들고 미리 자리를 차지하고 앉아 있었다. 절대로 물러가지는 않겠다는 태도였다.

하나님께서는 집안에 묶여 있는 나를 잠시 풀어, 이렇게 숨통을 열어주셨다. 그러나 교회는 평안하지 못했다. 아주 큰 사라호 태풍이 지나간 것 같았다. 태풍이 지나간 자리는 할퀸 흔적들로 무수했다.

몇 년 후에는 어머니도 돌아가셨다. 어머니가 돌아가시고 얼마 되지 않아서 어머니의 기도대로 나는 작은 군소 신학교에서 강의를 맡이 하게 되었다. 강의 시간에 나는 어머니가 입으시던 모시옷을 입고 그리고 “어머니의 기도 때문에 설교도 하고 강의도 한다.”고 신학생들에게 자랑했더니 모든 신학생이 응원의 박수를 보내주었다.

물 만난 고기

"사랑하는 자여 네 영혼이 잘됨 같이 네가 범사에 잘되고 강건하기를 내가 간구하노라. 형제들이 와서 네게 있는 진리를 증언하되 네가 진리 안에서 행한다 하니 내가 심히 기뻐하노라. 내가 내 자녀들이 진리 안에서 행한다 함을 듣는 것보다 더 기쁜 일이 없도다."
[요3서 1:2-4]

장로들의 일방적인 전도금지 통보를 받고 아직도 집안에 묶여 있을 무렵이다. 우리 교회 젊은 집사님들이 모여 우리 집엘 오겠다고 전화가 걸려왔다.

"우리 지금 사택으로 올라가려 합니다." 그래서 나는 근신 중이니 오지 말라고 거절했다. 젊은 집사님들이 그러면 한 가지 부탁이 있다고 한다.

"우리에게 성경공부를 시켜 주시면 안 되겠습니까?" 그래서 나는 그것마저도 거절했다. 당회에 가서 당회원들에게 허락을 받지 않으면 나는 할 수 없노라고.

며칠 뒤에 또 전화가 걸려왔다.

"우리는 당회장님에게 허락을 받았으니 사택으로 올라가도 되겠습니까?" 사실은 청소도 제대로 못 하고 머리도 손질 못 하고 있는데 우르르 몰려온다니 마음이 부담스러웠다. 겨우 일어나서 옷매무새 고치고, 양치질하고, 집을 대강 치우고, 기다리고 있었다.

젊은 집사님들은 집에 오자마자 청소와 빨래와 다리미질을 하겠다며 각자가 맡아서 부산하게 일을 하기 시작하는 것이다. 극구 만류를 했지만 소용없다. 그리고는 허리 아픈 내게 이불을 접어 내 등 뒤에 받쳐 앉게 하고 성경공부를 시작하자고 조른다.

나는 몹시 몸이 수척해 있었고 거동도 불편한 상태였다. 그렇게 이불을 등에 고

이고 둘러앉아 성경공부를 시작했다. 시간 흐른 줄을 몰랐었는데 두어 시간이 흐른 것 같았다. 모두 진지하게 성경공부에 임했고, 나도 갈급한 심정으로 전했다.

끝나는 것과 동시에 젊은 집사님들은 "와!" 하고 환호성을 지르면서 손뼉을 친다.

"거 보세요. 성경공부 시간에 한 번도 안 아팠잖아요? 사모님 눈이 반짝반짝 빛났어요. 완전히 '물 만난 고기'였어요. 사모님은 이렇게 해야 합니다. 그래야 삽니다."

그러고 보니 성경공부 시간에는 한 번도 아픈 적이 없었다. 집사님들의 말대로 물 만난 고기였다. 나도 미처 모르고 있었던 비밀을 그들은 이미 알고 있었다.

그 후로 그들과의 성경공부는 3년 반 동안 지속했다. 아기들이 한두 명씩 딸린 20대 젊은 집사님들이었다. 이 팀의 사람들은 절대로 그 숫자가 줄지 않았다. 한 사람도 중도 하차한 사람이 없었다. 더 늘어만 갔다.

어떤 사람은 "이제 무엇이 좀 잡히는 것 같습니다." 또 어떤 집사님은 "아! 이제는 무슨 일을 시켜도 할 것 같습니다. 주일학교 교사도 하겠고, 여전도회 회장을 하라고 해도 하겠고, 구역장을 시켜도 할 것 같습니다."

사실 이 집사님들의 하소연은 그랬다. 교회마다 가서 등록하면 으레 주일학교 교사 임명하고, 구역장을 임명한다는 것이다. 그러나 "뭘 알아야 교사를 하고 구역장을 하지요." 자신의 답답함 때문에 교회를 많이 옮겨 다녔다고 한다. 이제는 할 수 있을 것 같다고. 다른 교회들도 이렇게 공부를 시키고 부려먹어야 한다고들 입을 모은다.

이 젊은 집사님들은 교회에서 일등 신자들이 되었다. 주일학교에서도, 구역에서도, 찬양대에서도, 식사 당번 때에도 아주 실력 있는 우수한 교사들이고 봉사자들이 되어 교회를 섬겼다.

그래서 교회 안의 시선들이 집중되고, 그러다 보니 뒤로 수군거리는 말들도 많아졌다. "사모님 만나면 다 스타가 되는데, 줄을 잘 서야 하는 거야" 하고 비아냥거리는 소리인지, 질투해서 하는 소리인지는 잘 모르지만 내 귀에까지 그런 말들이 들린다.

어쨌든 이 젊은 아기 엄마들은 아기를 키우면서 열심히 성경공부를 한 결과 아기들이 성장해서 유치원도 가고, 학교도 입학하게 되어 조금의 여유시간이 생기게 되니 교회에서 자기들의 직분을 잘 감당하는 일꾼으로 성장 되었다. 그때 나는 힘들게 아기 키우는 엄마들을 위로하려고 한 말이 생각난다.

"아기 키울 때 열심히 성경공부하고, 기도 훈련해서 애들 학교 보내고 나면 그때가 일할 때입니다. 나와서 일해야지요?"

그들에게 이 말은 큰 도전을 받게 했던 모양이다. 원래 아기 키우는 엄마들은 성경공부를 못한다고 다 제쳐두기 마련이다. 그러나 그때의 젊은 엄마들은 외로움을 느끼며 자기 신세에 대하여 한탄하게 된다. "내가 이렇게 아이나 키우고, 집안일이나 하고, 남편 뒷바라지만 하려고, 그렇게 열심히 공부했나?" 하고 친정에서의 대우받던 시절과 비교하게 마련이다. 지금의 형편 때문에 낮아진 자신의 자존감 때문에 우울해지고 그 우울증에 시달리게 되는 시기이다.

지금 하는 그 일이 국가나 사회에 대해서나, 하나님 앞에서 얼마나 큰 사명이며 훌륭한 일인가를 가르치지 않으면 헤쳐 나가기가 힘든 외로움에 시달리고 있는 시기이기도 하다.

우리 젊은 엄마들은 놀라고 있었다. 아기들이 성경공부 할 때 얼마나 잘 적응해 나가는지, 얼마나 성격이 원만해지고, 치유되었는지, 엄마의 기도를 먹으면서 얼마나 신앙이 자라났는지를 보면서 자신들이 스스로 놀라고 있었다. 그리고 이들은 이 혜택을 자기들만이 누리는 것이 안타까워서 자기들의 남편들을 이 은혜에 동참시킬 것을 권유하고 있었다.

은혜를 받기 위해서, 이 성경공부의 혜택을 받기 위해서 기도하면서 작전을 세우기 시작했다. 그 작전은 바로 가족 단위 여름 수련회를 가는 것으로 입을 모았다.

주최는 남전도회 수련회로 하고 가족 동반, 밥은 여집사들이 하고 나머지 모든 아이를 돌보는 일과 설거지 기타 등등 남전도회 남편들이 하는 것으로 계획을 세웠다. 그리고 여 집사님들은 뒤에서 남편들이 이번에 꼭 은혜를 받을 수 있도록 기도 많이 할 것을 다시 다짐했다.

당시의 시선으로는 꽤 획기적인 계획이었다. 2박 3일 일정을 잡고 모든 남편의 직장에서 동시적으로 휴가를 얻도록 약속했다. 그리고 장소를 수소문했다.

우리가 정한 장소는 거제도 서이 마을, 군부대 안쪽에 자리하고 있는 마치 처녀림과 같은 아름드리 동백나무 숲이 울창한 산이었다. 사람들의 발길이 드문 깨끗한 곳에 있는 신설 기도원이었다. 기도원 원장님이 그 땅의 소유자이기 때문에 그 안쪽에 기도원을 지었다고 한다.

우리는 모든 준비를 완벽하게 했다. 그리고 제날짜에 맞춰 출발했다. 그러나 우리가 들어가는 길은 통과절차가 까다로웠다. 군부대 통과를 위해서 모든 주민등록증을 군부대에 맡겨야 했다. 인원파악도 철저히 거쳐야 하는 곳이었다.

찾아가는 그곳의 길은 마치 미로와 같아 길 없는 길이었다. 이정표도 제대로 되어있지 않는 산골 숲속인지라 길을 찾느라 갈림길에서는 항상 어느 길을 선택할 것인가를 고민해야만 했다.

길가에 키만큼 자라나 있는 갈대 하며 우거진 숲 하며, 차가 한 대 정도 밖에 갈 수 없는 좁은 숲길이어서 마주 오는 차라도 만난다면 돌이킬 수도 없는 길이었다. 잘못 들어섰다간 돌아갈 수도 없는 길이다. 우리가 일찍 출발했지만 해가 진 산골 숲길은 깜깜했다.

현지답사를 한 번 해야 했던 것인데 속으로 후회하면서 숨죽이고 있었다. 좁은 숲길을 차의 전조등에만 의지하여 더듬거리면서 겨우 목적지에 도착할 수 있었다.

그렇게 힘든 과정들을 통과했었는데 도착하고서도 상상을 뒤엎는 엉뚱한 상황에 부딪힌 것이다. 원장님 말만 믿고 약속에 따라 제날짜에 왔는데 우리에게 주기로 예정된 방들은 이미 다른 교회 팀에서 다 차지하고 있었다. 그들은 벌써 저녁을 먹고 잠자리에 들었다.

원장님은 약속 때문인지 우리를 배려해서 잠든 사람들을 깨워서 대강 짐을 옮기고 원래의 약속을 지켜주었다. 미안해하는 우리에게 원장님은 우리가 오면 내어주기로 약속된 일이었으니 괜찮다고 설명해 주었다.

우리는 모두 교회당과 겨우 비워주는 방 한 칸에서 옹기종기 늦은 잠을 청하였다. 그렇게 새우잠을 자고 날이 밝았다. 해가 막 뜨려 하는 그곳의 풍경은 장관이었다. 어제는 우리가 밤에 도착하는 바람에 산도 바다도 아무것도 보지 못했다.

그런데 지금 눈 앞에 펼쳐진 이 풍경은 아! 하고 감탄사가 절로 나오는 아름다운 곳이었다. 눈앞에 보이는 바다와 양옆으로 빽빽하게 들어선 울창한 아름드리 동백나무, 그리고 그 깊은 동백숲 길을 내려가면 바로 바다로 이어져 있어 거기에서 각종 조개와 해산물을 건져올 수 있는 정말 자연 그대로를 만끽할 수 있는 좋은 장소였다.

우리보다 먼저 온 교회 팀은 저 아래 운동장에 텐트를 치고 거기서 집회를 하고 있었다. 우리는 예정대로 교회 건물과 딸린 방들을 차지하고 수련회를 시작할 수가 있었다. 아침에 모든 건물을 비워주었기 때문이다.

우리의 수련회 일정은 새벽에는 QT를 하고 낮 시간과 저녁 시간에는 가정 사역 쪽으로 진행해 나갔다. 남전도회 회원들은 성경 공부할 기회나 기도 훈련받을 기회가 적으므로 착실하게 시간을 잘 활용해야 했기 때문에 빠듯한 일정이었다. 빡빡한 시간 배정이었지만 비교적 잘 적응해서 아주 좋은 성과를 거두었다.

사람을 지으시고, 가정을 세우신, 성경적인 하나님의 뜻을 우리는 진지하게 공부해 나갔다. 특히 QT 시간에는 정말 진지하게 죄를 고백하는 시간이 되었다. 남자분들도 눈물을 그렇게 흘릴 줄 아는 사람들인 것을 처음 알았다. 펑펑 울면서 회개를 했다. 집회 내내 은혜를 받았고 결심했다.

교회를 어떻게 섬겨야 하며, 우리가 하나님 자녀로 선택받은 이유가 무엇이며, 가정에서의 우리의 사역은 무엇이며 사명은 무엇인가에 대해 배우고 나누며 그리고 기도 제목들도 나누었다.

그렇게 즐거운 일정을 무사히 마쳤다. 교회로 돌아오는 길도 즐거웠다. 마지막 남은 식품은 라면 몇 개뿐이었다. 오는 바닷가에서 자리를 잡고, 라면을 끓여서 종이컵에 담아 먹는 그 맛은 평생 잊을 수 없는 추억의 맛으로 우리는 기억하고 있다.

수련회 후 남편들의 교회 생활은 몰라보게 달라졌다. 교회에서 화장실 청소는 도맡아서 했고, 식당의 설거지 봉사며, 무엇이든지 교회에 일이 있다면 자기들이 다 봉사하겠다고 덤벼들었다. 눈에 보이는 일거리는 싹쓸이 다 해치웠다. 다음 해 안수집사 투표에는 50대가 넘은 남자 후보들을 다 제치고 수련회 팀 전원이 안수 집사 투표에 많은 표를 얻어 당선되는 일이 벌어졌다.

그중에 노총각 한 분이 끼어 있었다. 수련회 때 죄를 고백하고 진솔한 회개를 하고 은혜를 많이 받았던 그분을 위해 노총각 면하는 결혼을 위한 기도를 하기로 입을 모아 약속을 했었다. 그로부터 불과 몇 달 되지 않아 그 노총각은 결혼했고, 안수 집사도 되었다. 이들 수련회 팀 모두는 교회에 충성하는 일꾼들이 되었다.

이들 성경공부팀과 수련회 팀은 교회 모든 전반적인 행사에 참여했고 각종 암송 대회, 기관별 발표회, 성탄 행사 모든 분야에서도 일등을 도맡아서 석권했다. 기관장이며 교사며, 찬양대며, 구역장이며 모든 분야에서 활동들을 다양하게 잘하고 있었다.

주님이 맡기신 자리에서 각자의 직분을 잘 감당하고 있는 싱싱한 일꾼들이 된 셈이다. 어디에 내놓아도 부끄럽지 않은 일꾼들이다. 대견하고 믿음직스러운 교회의 일원으로 우뚝 서게 된 것이다.

앞으로 교회의 훌륭한 장로가 되어서 목사님 사역에 큰 힘이 되며, 특히 영혼을 살리는 일에 그 힘을 아끼지 않는, 겸손한 주의 종으로 존경받게 될 것을 기대해 본다. 가정도 잘 지켜나가며, 자녀들도 훌륭하게 양육해서 교회에 귀한 일꾼으로 세워나갈 것이며, 자자손손 대대로 믿음의 후손들이 태어나며 하나님의 복 받은 생명의 줄기들이 되기를 기도한다.

작은 능력 큰 열매

옥토에 뿌린 씨

저항할 수 없는 어떤 힘은 여전히 나를 결박이나 한 것처럼 내 생각과 의지와 감 정을 먹어버린다. 하나님 앞에서는 내 감정과 의지와 내 얕은 지식과 경험들은 항 상 쓸모없는 쓰레기에 지나지 않는다. 내가 모든 것을 내려놓을 때 비로소 주님께 서 시작하신다. 이상하게도 내가 잡았던 것을 놓을 때, 나는 숨통이 트이는 것 같 았고, 마음이 평안해짐을 체험하게 된다. 내가 살아가는 방향을 하나님께서 그런 쪽으로 틀어 주셨다. 그 길은 나만 사는 것이 아니라, 다른 사람도 살리는 길이라 는 것을 점차 깨닫게 되었고, 이제는 현실로 받아들이고 있었다.

내가 해야 할 일들, 그러니까 주님께서 내게 맡겨주신 일들을 거듭거듭 내 머릿 속에 새겨 넣으셨다. 지난 15년 동안 내가 하나님 말씀에 귀를 기울이든지, 무관 심하든지 나의 반응은 전혀 상관하지 않으셨다. 많은 생명이 나를 통해 건짐을 받 으리라는 그런 명령들을 꿈을 통해서 보이실 뿐 아니라 말씀을 통해서 설교를 통 해서 깨달음을 주셨다. 성경 말씀을 거듭 내 머리에 각인시켜 주셨다. 그러나 정작 나는 주님의 일을 어떻게 하는 것인지, 그리고 전도는 어떻게 하는지는 모른다. 누 구에게나 처음이란 어색하고 서툴고, 자신이 없는 법이다.

"시작이 반이다"라는 말처럼 시작은 이미 절반을 해낸 것이리라. 그러나 내게는 그 출발이 어렵다. 시작이라는 단어가 서툴고 어색하다. 생각으로는 벌떡 일어나 밖으로 달려나가고 싶었으나 그게 잘 안 된다. 나는 소극적인 성격으로 태어났다. 말을 안 해서 벙어리라는 별명이 붙을 정도다. 더구나 대인 공포증까지 가지고 있다. 이런 핸디캡들이 나를 자꾸 가로막는다. 그런 내게, 하나님께서 너무 심하신 것 같았다. 나에 대해서 나보다 더 잘 아시는 하나님이 아니신가? 하나님께서 쓰시려 하셨다면 나를 목사님 집이나, 장로님 집에 태어나게 하셨어야 옳았다. 어릴 적부터 성경 말씀이 몸에 배도록, 그리고 경건의 훈련을 배웠어야 했고, 신앙의 모범을 보여 줄 부모님을 주셨어야 했다. 그러나 나는 신앙의 부모에게서 받아야 할 교육도 받지 못했다. 본받을 성경적 모범도 없지 않은가? 무식하고 부족한 것투성이에 용기조차 없지 않은가?

지금 나의 현실은 더욱 비참하다. 아직도 아무도 없는 모기 소굴에서 밤마다 혼자 탄식만 하고 있지 않은가? 나는 여전히 소극적인 성격을 탓하고 있었다. 용기 없는 나를, 바보 같은 나를 원망만 하고 있었다. 이런 내 마음을 그 누가 이해인들 하겠는가?

"하나님 다른 데서 찾아보시는 게 더 빠를 것입니다. 왜 하필 저입니까? 신학도 안 했고, 모태 신앙도 아니고, 사람에 대한 두려움도 있고, 사람들이나 대중을 만날 용기도 없는 나에게, 하나님! 그리고 저는요 주님의 일보다 더 급한 것이 있습니다. 아시잖아요. 나의 궁핍함과 곤고함을 해결해 주시고, 그 후에 저를 봐야도 봐야 하는 것이 옳지 않습니까? 하루하루 나의 삶 자체가 온통 숨통을 조이는 일들뿐입니다. 하나님은 내 사정은 신원하시지 않으십니다.

애들 먹이지도 못하고 학교에 보냈습니다. 오늘도 Y원에서 정박아 먹고 남은 밥을 식당 할머니가 다른 직원들 눈치채지 못하게 모아다 주어서 그것으로 도시락을 만들어 학교 교실에 몰래 넣어 주고 왔습니다. 아이들이 나를 보면 자존심 상할까 봐서요. 숨어서 도망쳐 나왔습니다. 또 아이들이 시험 칠 때면 학비를 못 내서 쫓겨 옵니다.

이런 내 사정을 아시지 않습니까? 주의 종의 가정에 의식주 해결이 안 되는데 밤마다 잠도 못 자게 하시니 저는 어떻게 하란 말입니까? 그런데 하나님 보세요. 부모가 키우기 힘들어 내다 버린 "정박아"들도 하루 세끼는 먹습니다. 국가에서 주는 식량과 옷과 영양제가 풍족하여 남아도는 것 옆에서 보게 하시면서, 만군의 여호와 하나님을 섬기는 종의 가정이 개척하면서, 이렇게 핍절한 것을 알고 계시지 않습니까? 저의 사정을 모르실 리가 없지 않습니까? 해결해 주세요. 해결해 주세요."

하나님 앞에서 내 신세를 생각하며 많이 울었다. 그래서 우리 애들은 그런 나를 보고 "울보 엄마"라고 부른다.

"하나님 너무 하십니다. 하나님의 일은 남편이 하고 있지 않습니까? 먹지도 못하고 입지도 못하고 죽도록 충성하고 있지 않습니까? 저까지 동원되고 싶지 않습니다. 다만 저는 식구들의 기본 생존권에 관한 문제를 고백할 따름입니다. 저도 더 고상한 문제를 가지고 하나님 앞에 나와 기도했으면 좋겠습니다. 그런데 보세요. 하나님께서는 저를 불러다 놓으시고는 우리보다 훨씬 좋은 환경에서 편안하게 풍족하게 사는 분들의 기도만 하게 하시고, 제 문제에는 관심도 없으시고, 그분들은 따뜻한 방에서 잠자는 것도 허락하시면서, 절대빈곤의 문제로 기도하는 제게는 응답도 하지 않으시고…."

나의 문제는 생존권에 관한 절박한 문제였고, 하나님께서는 나의 먹고사는 문제는 해결해 주시지 않기로 결심하신 것 같았다. 여러 달 만에 결국 나는 나의 모든 기도 제목까지도 다 포기해 버렸다. 주시면 식구들을 먹이고, 안 주시면 굶기겠다고 다짐하고 결심했다. 오히려 죽기로 결심하니 후련하고 홀가분한 기분까지 들었다. 교회에서 죽으면 기도하다가 죽었다고 하겠지. 그러나 한편으로는, 하나님께서 그렇게 우리 가족들의 배고픈 문제보다 더 급한, 내가 할 일이 무엇인지 하나님의 음성에 귀를 기울이기로, 오기 섞인 다짐을 하기까지 이르렀다.

"하나님의 뜻, 하나님의 뜻이라면 순종하기를 원합니다."라고 바꾸어 기도하기 시작했다. 그러나 날이 밝으면 밤새도록 내 입술로 기도하게 하신 기도 제목 때문에 기막히고 두려웠다. 전도하라는 하나님의 명령 때문에 사람이 더욱 무섭고 떨린다.

"못합니다. 못합니다. 누가 내 말을 듣고 믿겠습니까?" 하고 고개를 저어 도리질하곤 했다. 또 밤이 되면 변함없이 하나님 앞에 가서 밤새도록 "하나님의 말씀에 순종하겠습니다.”하고 기도하게 된다. 눈물은 왜 그리도 흔한지 울지 않으려 해도 주체할 수 없이 눈물이 쏟아져 내린다. 눈이 퉁퉁 부어 눈꺼풀이 맞붙어 떠지지 않을 정도로 울게 된다.

이웃 사람들이 나를 만나면 “누가 죽었어요? 집에 누가 아파요?”하고 묻는다. 그러나 밤이 되면 또 그 자리, 기도의 자리에 나는 홀로 앉아 있다. “하겠습니다.” 날이 밝으면 “못합니다.”를 여러 달 반복했다.

그러던 어느 날 하나님께서 꿈을 통해 한 사람을 정해주셨다. 행동으로 옮기지 못하는 내게 이제는 사람을 정해주시고 등을 떠미실 작정이시다.

“그 사람이 내 말을 듣고 믿겠습니까? 나 같은 것이 무어라고.”하고 탄식하며 울고만 있었다. 무엇을 어떻게 하란 말씀이신가?

“아직도 아닙니다.” “아직도 준비가…….” “아직…….” 하고 두 달 동안 그대로 주저앉아 울기만 하고 있었다. 앉은뱅이 같은 나, 자신에게 갇혀있는 맹꽁이 같은 나를 어찌 감당하랴.

“할 말을 정해주신다면 몰라도 찬송은 몇 장을 부르는 것이 합당한지? 성경 구절은 어디를 찾아야 할지? 대한민국에 쓰는 많은 말 중에서 그 사람에게 가장 적합한 한 마디, 그 사람이 깨달음을 받을 기가 막힌 말을 골라 주신다면, 지금 그 사람에게 가장 마음에 감동이 될 찬송가를 선택해 주신다면, 그리고 66권의 성경 말씀 중에서 깨달음을 받을 ‘경우에 합당한 말씀 한마디’를 골라 주신다면, 그 말씀은 능히 지옥형벌에서 건짐을 받을 구원에 이르는 한 구절의 능력의 말씀이 될 것입니다. 그런 말씀을 주신다면 가겠습니다. 무기를 주세요. 말씀을 주세요.”라고 탄식만 하고 있을 때, 하나님께서 한 깨달음을 주셨다.

“가서 무슨 말을 할 것인지 염려하지 말라 그때에 무슨 말 할 것을 주시리니 말하는 이는 너희가 아니라 너희 속에서 말씀하시는 이 곧 너희 아버지의 성령이시니라.” [마10:19-20]

이 한 가지 응답밖에 다른 말씀은 없으셨다. 성경 구절도 찬송도 할 말도 주시지 않았다. 그 한 가지 응답뿐이셨다. 그 영혼을 위해 기도드렸다.

“하나님 그렇다면 그 영혼을 내 손에 붙이시는 겁니까?” 하나님의 부르심에 응답할 수 있도록 마음의 준비를 위한 기도를 드렸다. 오랜 기도와 망설임과 그리고 가슴 설레는 두려움을 안고, 연락해 보기로 결심 했다. 내가 행동하도록 계속해서 재촉하시는 것만 같았다. 이제는 하나님께서 하시는 일에 대해 결과가 무척 궁금해지기까지 했다.

첫 번째 주신 전도 대상자는 큰아이의 중학교 1학년 때 담임이셨던 H 선생님이셨다. 우리 아이가 입학하고 얼마 안 되어서 담임선생님이라면서 전화가 걸려왔었다. 체육 시간에 철봉을 하다가 이 둔바리(둔한) 아들이 철봉에서 떨어져 손목뼈가 부러졌다는 것이다. 대단히 미안하다면서 어쩔 줄 몰라 하면서 지금 병원에서 깁스하고 있다고 죄송하다고 몇 번이나 다시 사과하신다. 그래서 나는
"선생님 미안할 것 없습니다. 아마도 왼팔이 부러졌을 겁니다."
"어찌 아셨습니까?" 의아해하면서 왼팔이 부러진 것 맞다 고한다.

큰아이가 초등학교 1학년 때 비 오는 날 우산을 가지고 학교에 간 적이 있었다. 담임선생님께서 반갑게 나를 맞으면서 우리 아이가 왼손으로 글씨를 쓴다는 것이다. "아닙니다. 그럴 리가 없습니다."하고 딱 잘라 말했다. 상상도 못 할 일이었기 때문에.
"집에 가셔서 눈여겨 살펴보세요." 담임선생님께서도 단호했다. 수업시간에 받아쓰기하는데 다 같은 방향으로 글씨를 쓰고 있는데 유독 두 아이만 자세가 반대 방향으로 기울어서 유심히 보았더니 왼손으로 쓰고 있더라는 것이다. 두 아이를 일어서라 해서 손을 내밀어 보라고 했더니 다른 아이는 오른손을 쓰지 못하는 아이였다고 한다. 그리고 우리 아이는 손이 멀쩡해서 오른손으로 써 보라고 했더니 잘 쓰더라는 것이다. 그래서 잘 살펴 고쳐보라는 당부였다.

집에서 유심히 살펴보았더니 내가 있을 때는 오른손으로 쓰다가 눈 깜짝할 사이에 연필이 왼손에 들려있는 것이었다. 지키고 앉아 있어도 내가 한눈파는 사이에 번개같이 빠르게 왼손으로 연필이 넘어가는 것이 눈앞에서 일어나고 있다. 믿기지 않는다. 왜 그렇게 했느냐고 물었더니 아들의 대답은 더욱 어이가 없다. 다른 아이들이 모두 다 오른손으로 쓰고 있는데 왼손으로 쓰는 아이가 한 명 있어서 신기해서 따라서 해 본 것이라고 했다. 고쳐보려고 많은 시도를 해봤지만 허사였다. 그 짧

은 시간에 연습한 것이 초등학교 졸업할 때까지 이어졌다.

지금까지 7년 동안을 하나님께서 고쳐주실 것을 기도해오던 터였다. 그래서 나는 부러진 손이 왼손이라는 것을 알 수 있었다. 그때 처음으로 뵌 선생님을 하나님께서 첫 번째 전도 대상자로 지명하신 것이다.

실로 많은 기도와 망설임이 있었으나 결국은 결심을 하고, 학교로 전화를 했다. 선생님은 무슨 일인지 묻지도 않고, 토요일에 자기 집으로 오라고 약도를 자세히 일러준다. 그 약속대로 선생님 댁을 방문했다. 그런데 약속한 시각에 선생님은 출타 중이셨고, 장모님이라는 할머니 한 분이 나와서 거실로 안내를 했다. 초라하게 앉아 기다리는 나의 속마음은 번거롭기 그지없었다. 한 번 더 확인 전화를 할 것을. 약속을 잊어버린 것은 아니겠지? 자신감은 점점 사그라져가고 반면 내 머리는 복잡해지기 시작했다.

깔끔하게 정리된 거실과 잔디가 깔린 정원, 바닷가 전원주택이 넓고 아름답다. 그러나 마음만은 평화롭지 못했다. 덩그러니 앉아 있는 내가 초라하고 작게 느껴졌다. 망신당하기 전에 지금 돌아가는 것이 나을 것이 아닌가 하는 생각과 한편 마음은 "칼을 뺏으면 썩은 새끼줄이라도 잘라야지! 근 몇 달 동안 기도해온 것이 아깝지 않느냐?" 하는 두 생각이 마음속에서 싸우고 있었다. 선생님의 장모님께서 내어놓은 찻잔에 시선을 집중시키고 갈등하고 있을 때 출타 중이던 선생님께서 약간의 술 취한 걸음걸이로 대문으로 들어서는 모습이 보였다. 속으로 아까 돌아갔어야 하는 건데…. 술 취한 선생님께 무슨 전도를 한단 말인가? 하는 후회와 함께 겸연쩍은 얼굴로 일어섰다.

애써 조금 전의 마음을 정리하고 용기를 내어
"선생님 안녕하세요?"하고 인사를 했다.
"아! 예 좀 늦었습니다. 안으로 드시지요." 하면서 안쪽을 향해 손짓한다. 난 이미 안에 들어와 있는데. 나는 선생님과 거실에 마주 앉았지만 무거운 침묵이 잠시 흘렀다. 잠시 후 이 어색한 분위기를 깨고 나는 말을 하려고 입을 열었다.
"요즈음 이상하게 마음이 설렌다든가, 특별한 마음의 감동 같은, 뭐 그런 느낌 없었습니까?"

그랬더니 선생님은 기다렸다는 듯이 대답했다.

"어쩐지 요즈음 마음이 들뜬 것 같은 설레는 감동이 마음을 사로잡고 있어 내 마음 나도 모르겠습니다."

속으로 그러면 그렇지 라고 생각하는데, 생각하지도 않은 다음 말이 툭 튀어나왔다.

"학창 시절에 교회 나간 적이 있나요?"

"예!"

"그러면 학교 다니실 때 가장 좋아하던 찬송이 있겠네요?"

"예 제가 요즈음 자꾸 입에서 맴도는 잊히지 않는 찬송이 있습니다. Y대 다닐 때 채플 시간에 자주 불렀던 찬송인데요,

'멀리멀리 갔더니 처량하고 곤하여 슬프고 또 외로워 정처 없이 다니니 예수 예수 내주여 지금 내게 오셔서 떠나가지 마시고 길이 함께하소서.' "

추억에 잠긴 눈빛으로 가사를 외우고 있었다.

"그럼 같이 불러 볼까요?"

그래서 같이 3절까지 불렀다.

"지금도 하나님께서는 집 나간 아들을 기다리는 부모 같은 심정으로 기다리고 계십니다."

마무리 멘트와 함께 교회 출석할 것을 권면했다. 선생님께서는 좀 망설이면서

"예! 가긴 가겠지만 거리가 너무 멀어서 가까운 교회로 가면 안 될까요?"

좀 전에 집을 찾다가, 집 근처 가까운 곳에 작은 교회가 하나 있는 것을 보았었다. 나는 놀라서 속으로 생각했다. 이런 엉뚱한 말이 나올 줄 상상도 못 한 터라

"이럴 때 무슨 말을 해야 합니까? 가장 적절한 말, 답변할 한 마디, 지혜의 말씀을 주세요. 급합니다."라고 하나님께 급하게 SOS를 보냈다. 순간 하나님께서도 급한 응답이 왔다.

"씨를 황무지에 뿌리는 것하고, 돌과 풀을 추려내고 거름과 물과 햇빛이 있는 옥토에 뿌리는 것하고 어느 곳이 잘 자라겠습니까?"

"그럼 내일부터 사모님 교회로 출석 하겠습니다."

선생님은 약속했다. 이 첫 번째 전도를 한 내가 떨리는 가슴을 안고 집으로 돌아온 것은 당연한 일이다. 말을 잘 할 줄 모르는 내게 하나님께서 이런 지혜로운, 할 말을 준비하셔서 내 입속에 넣어 주셨다. 내가 한 번도 써 본 적도 없고, 들어 본 적도 없는 말을 할 수 있도록 입속에 넣어 주셨다. 나는 뛸 듯이 기뻐 어쩔 줄을 몰랐다. 새 힘이 막 솟아나 몸도 마음도 둥둥 떠서 집으로 돌아왔다.

다음날, 바로 주일날 아침 택시를 타고(버스는 3번 갈아타는 길) 모시러 갔더니 부인과 함께 준비했다가 서둘러 나오신다. 그 모습이 얼마나 아름답고 대견하고 가슴 벅찬 일인지 혼자 울컥 솟구치는 흥분을 감추지 못했다. 하나님께서 얼마나 기뻐하실까?

선생님 부부는 그동안 어떻게 참고 살았을까 할 정도로 신앙생활에 열심을 내었다. 며칠이 못 되어 온 가족을 모시고 교회에 출석하였다. 몇 년 뒤에는 교회에서 서리 집사로 임명을 받았다. 그리고 몇 년이 못 되어 교회에 중직을 맡아 집사로서의 업무를 충성스럽게 수행했다. 해마다 성탄절이면 꼭 만두를 손수 만들고 기다리다가 새벽 송 팀을 대문까지 나와서 맞아주곤 했다. 만둣국과 따끈한 차는 우리의 언 마음을 녹여주는 데 충분했다. 또한 작은 선물을 준비하는 것도 잊지 않았다.

하나님께서 마른 막대기에 지나지 않는 무익한 죄인과의 약속을 신실하게 지켜주셨다. 작은 자의 눈물을 들으신 하나님께 무한 감사를 올려드린다. 기도를 통해, 눈물을 통해, 마음 밭을 옥토로 만드시고, 복음의 씨앗을 뿌리러 가게 하셨다. 눈물 거름은 세상에서 가장 값진 거름일 것이다. 새 생명이 구원받을 믿음으로 자라기에 모자람이 없는 풍성한 거름이다. 이 눈물 거름은 지옥 백성이 천국 백성 되게 만드는 효력이 있는 거름이다.

하나님께서는 한 영혼을 죄에서, 지옥 형벌에서, 구원하시기 위해서 눈물을 사용하신다. 그리고 눈물의 양을 채우라 명령하신다. 채워지면 보내신다. 혼자가 아니라 성령님께서 함께 동행하신다.

고르비는 풀렸건만

"선한 양심을 가지라 이는 그리스도 안에 있는 너희의 선행을 욕하는 자들로 그 비방하는 일에 부끄러움을 당하게 하려 함이라." [벧전3:16]
"내 모든 원수가 부끄러움을 당하고 심히 떨이여 홀연히 부끄러워 물러 가리로다." [시6:10]

밖에는 주룩주룩 소나기가 사정없이 퍼붓고 있다. 나는 늘 그랬듯이 교회로 향했다. 오늘 밤에는 교회에 홀로 앉아 기도하고 있었다. 이렇게 비가 퍼붓고 천둥 번개 치는 날에는 기도하러 오는 사람이 아무도 없다. 우산으로는 감당이 되지 않아 온몸이 흠뻑 젖었다.

오늘따라 따뜻한 구들장이 생각나는 날이다. 마음도 몸도 더욱 을씨년스럽게 느껴지는 날이기도 하다. 하늘은 내 마음을 아는지, 장대비는 그칠 줄을 모른다. 남들이 곤하게 자는 이 시간에 나는 퍼붓는 소나기와 함께 합주했다. 더 크게, 더 크게 아무리 소리를 지른다 해도 아무도 제재하는 사람도 없다. 그렇게 통곡하라고 주시는 소나기와 천둥이리라 생각하면서 마음껏 울어 대는 것이다.

주님께서 주님의 방법으로 해결해 주시겠지, 그저 나는 울기만 하면 되는 것이다. 나의 밤낮 없이 드리는 눈물의 요청은 하나님과 어떤 약속이기도 하다. 물론 하나님께서 소원을 주시고 또 그 소원대로 기도하게 하시며 그리고 응답하신다. 응답하신 하나님께 감사의 보고를 할 때가 나는 가장 행복하다. 이번에도 이렇게 감사의 보고서를 하나님께 드리기를 바라며 무턱대고 우는 것이다.

사람들은 나를 보고 죄 많은 사람이라고들 한다. 어떤 사람들은 밤에 잠 안 잔다고 올빼미라고도 한다. 어떤 사람들은 동에 번쩍, 서에 번쩍한다고 홍길동이라고 한다. 어떤 사람들은 많이 걸어 다닌다고 무쇠 다리라고 별명을 붙여 부른다. 또 어떤 믿지 않는 사람들은 나를 보고 슈퍼우먼이라고도 부른다.

우리 집 밑층에 사는 경찰관 부인은 길목에 서 있다가 "도대체 언제 잠을 자느냐"고 묻는다. "한 번은 꼭 물어보고 싶었다."라면서. 나는 항상 운동화를 신고 소리를 죽이면서 살금살금 내려오지만, 그 시간에는 경찰관인 그의 남편이 들어오는 시간이기도 하므로 알고 있다고 한다. 자기가 아무리 계산을 해 봐도 답이 안 나온다고, 도대체 언제 잠을 자느냐고 묻는 것이다.

질문을 받고 나서 머리로 언뜻 계산해보니 하루 2시간밖에 잠잘 시간이 없었던 것 같다. 하루에 몇 시간을 자는지는 모르고 살았던 것 같다. 뒷집에 사는 당시 "생명의 전화" 총무인 우리 교회 집사님은 "기네스북에 올려야 되는 것 아닙니까?" 하면서 농담을 건네며 지나가는 나를 붙들어 세우기도 했다. 어쨌든 나는 날마다 주시는 기도 제목을 충실히 하나님께 아뢰는 일을 감당하려고 애쓰고 있었다. 이 일을 통해서 하나님께서 얼마나 가까이 있기를 원하시는지를 깨닫게 된다.

그 날은 러시아 대통령 고르비 내외가 납치된 후 사흘 만에 풀려난 날이었다.
"고르비는 풀려났건만, 우리 교단의 문제는 언제 풀리는 것입니까? 하나님의 해결방법은 무엇입니까? 제가 할 일이 무엇입니까? 최선의 지혜를 주시옵소서."
나는 울고 또 울었다. 부르짖다가 진액이 빠지면 무릎을 꿇은 채로 이마와 코를 바닥에 대고 납작 엎드린다. 이것이 나의 버릇처럼 엎드리는 기도의 자세이다. 하나님의 처분을 기다리는, 하나님의 세미한 음성에 귀를 기울이는 자세인지도 모른다.

밤 2시가 넘었을까? 한없이 부드럽고 자비하신 음성, 마음의 깨달음을 주셨다. "세 사람을 만나라."는 짧은 응답이었다. 곧바로 그 자리를 박차고 일어섰다. 그 밤중에 아직도 소나기는 줄기차게 퍼붓고 있는데 우산을 받쳐 들고 길을 나섰다.

그 첫 번째 만날 사람을 찾아 나선 것이다. 비는 동이로 퍼붓는 것 같았다. 빗줄기는 우산을 걷어 젖히고 달려든다. 마치 싸움이라도 걸 양으로 길을 막아선다. 한 치 앞도 보이지 않는데 나는 우리가 사는 집 가까이 사시는 여전도사님 집으로 향했다. 80이 훨씬 넘은 연세에 수전증으로 목과 손을 떠는 고신 교단의 S 전도사님 집이다.

그 전도사님의 행적은 익히 들어 알고 있는 터였다. 가끔 집 앞에서 마주치게 되면 세월 가는 줄을 모르고 많은 이야기를 하셨고 나는 바쁜 일정을 뒤로하고 말씀을 들어드렸던 분이시다. 평생 기적과 이적의 삶을 사셨으니 하실 말씀은 오죽이나 많으실까? 한번 시작하면 끝이 나지 않는 이야기들이 꼬리를 물고 연속으로 나온다.

개척교회를 39개나 하신 대단한 어르신이시다. 여자의 몸으로 해방 전에는 만주에 가서 전도하셨다고 한다. 그리고 많은 복음송 가사를 지으셨다고 한다. 그런데 성결교의 L 목사님은 만주에서 같이 일을 하시다가 해방을 맞아, 한발 먼저 한국으로 귀국하셨는데, 들어오시면서 자기(S 전도사님)의 복음송 가사 원고 뭉치를 몰래 들고 귀국하셨다는 것이다.

얼마 후 자신도 만주의 모든 사역을 정리하고 한국에 나왔는데, 나와 보니 자기의 복음송이 전국에 퍼져 널리 불리고 있더라는 것이다. 다른 사람의 이름으로 책이 발간되었고, 다른 사람들의 곡을 붙여 부르고 있더라는 것이다. 비록 다른 사람의 이름으로 출판되었고, 다른 사람의 이름으로 곡을 붙여 불리기는 하였지만, 그 목사님은 해방 후 혼란기에 실제로 한국교회에 크게 공헌을 하신 어르신 목사님이시라는 것을 잘 알고 있다며, 그런 일이 있었다는 말이라고 했다. S 전도사님은 고신 교단에 큰 일꾼이셨다.

우산 밑에 겨우 몸을 가누면서 간신히 걸었다. 전도사님 집에 벨을 눌렀다. 그때는 새벽 3시 경이었다. 누구인지 묻지 않고 문을 열어주신다.

"밤중에 죄송합니다."

"무슨 급한 일이기에 비가 억수같이 오는데 젊은 사모님이 찾아오셨습니까?"

옷이 젖은 것이 미안해서 거실 바닥에 쪼그려 앉았다. 될 수 있는 대로 집을 더럽히지 않으려 애썼다. 거두절미하고 바로 본론으로 들어갔다.

"전도사님의 영적인 따님, 해운대 권사님 지금 데모하는 것 알고 계시지요?"

"알고 있습니다."

"뭐라고 하면서 기도 부탁하던가요?"

"저…, 그냥 데모한다고 기도해달라고…."

"그것 하나님 뜻대로 하는 데모는 아니라고 생각합니다. 인간의 욕심으로 하는 데모입니다. 그것 때문에 신문에까지 낸다고 협박을 하는데 교단 목사님들이 감당이 안 된답니다. 벌써 몇 주째 농성 중입니다."

나이 많으신 전도사님이 반색하면서

"내가 몰라서 죄송합니다. 이 일 하고 오라고 아직 하나님께서 나를 부르지 않은 것 같습니다. 무엇을 도와 드릴까요?"

"날이 밝으면 내일부로 농성을 중지시켜 주십시오. 그 권사님이 주동자입니다. 신문에 낸다면 자기들 망신입니다. 자기들에게 돌아갈 유익은 없습니다. 억지 부리는 것입니다. 돈 우려내려는 꼼수입니다."

"교단 문제가 걸려 있다면 제게 맡겨주십시오. 그리고 그 권사에게 교회에서 떠나라고 하겠습니다."

전도사님은 자청해서 해결책까지 내놓으셨다.

"감사합니다. 밤중에 정말 죄송합니다."

"젊은 사모님 죄송합니다. 안심하고 가십시오."

새벽이 되자 비는 그쳤다. 새벽기도회가 끝날 시간에 맞추어 문제의 교회 담임 목사님에게 전화를 드렸다. 해운대 동백섬 인어 동상 부근에서 만나자고 했다. 조용한 곳을 찾다 보니, 그리고 둘이 다 같이 가까운 곳이 그곳이었다. 그때는 동백섬 길에 차가 다닐 수 있었다. 택시를 타고 가서 기다리고 있었다.

밤새 퍼부은 소나기로 인해 땅들은 흠뻑 물을 머금고 있었다. 목사님은 정확하게 시간을 맞추어 도착했다. 젊으신 분이고 성격이 완벽하시니 서류를 한 뭉치 가지고 오셨다. 짐작해서인 것 같았다. 데모하는 자기들이 옳다는 주장을 할 수 있는 문서인 것 같았다. 무시할 수가 없어 서류를 가지고 설명하는 것을 대강 들었다. 그러나 들어보나 마나 한 주장이다. 내가 들을 자격도 없을뿐더러 그쪽은 그것을 주장할 권한 또한 없는 내용이다.

"목사님, 데모가 부당한 이유 두 가지를 제가 말씀드리겠습니다. 첫째는 주동 권사님의 기도 응답 때문이지요? 그 내용 나도 아는데 그것이 거기에 합당한 응답은 아니라고 생각합니다. 그리고 다른 한 가지 이유는 '어르신 목사님이 어찌 교회를 팔아먹느냐? 악덕 목사다!'하고 교인들의 마음을 동요시킨 것입니다. 그러나 그것은 교인들의 마음을 훔친 것입니다. 그리고 기도 응답을 사칭한 것입니다.

그 교회는 처음부터 시유지로서 뜰길 교회이니 그곳에서 개척교회를 하지 못하게 한 것도 내가 알고 있습니다. 그래도 교회를 생각해서 2천만 원을 주신다고 하는데 그것 싫다고 했다면서요? 나 같으면 안 줍니다. 교회로부터 도로 받아 내야지요.

왜냐면 그런 교회 건물 얻으려면 최소한의 월세를 받는다 해도 한 달에 세를 100만 원은 내야 할 것입니다. 1년이면 1,200만 원, 1,200만 원×12년=1억 4,400만 원을 계산해서 오히려 교회에서 내놔야 합니다. 그리고 교회 건물뿐입니까? 주변의 건물, 많은 방과 식당과 화장실을 공짜로 12년간 사용하지 않았습니까? 그 돈까지 합하면 2억이 훨씬 넘는 액수의 돈을 토해내야 합니다. 나 같으면 토해내라고 하지 돈 주면서 옮기라고 하지 않겠습니다."

목사님이 오실 때는 기세가 등등했지만 한 말씀도 못 하셨고 가실 때 데모를 중단할 것을 약속해 주셨다.

나머지 한 사람은 그날 낮에 만났다. 남편은 일찍 죽고, 딸 두 명과 사는 그 교회를 섬기고 있는 전도인이었다. 전도인은 ○○원에 보모 출신으로, 교회에서, 특히 권사님에게 발탁되어 평신도 신학을 공부시켜 심방 전도사로 일하는 중이었다. 전도인 집에 찾아가서 거두절미하고

"겁나지 않습니까? 데모하는 것 정당하다고 생각하십니까? 그 교인들만 모르고 있는 공공연한 비밀입니다. 누가 봐도 불법입니다."

했더니 C 전도사님은

"예. 맞습니다. 목구멍이 포도청인지라 위에서 시키는 대로 행동했습니다. 나도 빨리 끝냈으면 좋겠습니다."

오히려 마음의 갈등을 호소하는 것이다. 아닌 줄 알면서도 어쩔 수 없었다는 것

이다.

"그 교회 사표 내면 먹고 살길이 없습니까?"라고 물었더니

"친정아버지가 운영하는 기도원으로 가겠습니다."하고 약속을 해주었다.

이렇게 해서 그날, 20여 일 만에 농성은 막을 내리고 소리 없이 해체되고 말았다. C 전도사님은 바로 사표를 제출했고 두 딸과 교회를 떠났다. 몇 년 후 암으로 투병 생활을 하다가 하나님 앞에 부름을 받았다. 장례식날 딸들이 수첩에 기록된 전화번호를 보고 연락을 해주어서 알았다.

그 후 교회는 은혜롭게 이사를 했고 지금은 큰 교회로 성장했다. 목사님은 선교지로 떠나셨고 실력 있는 선교사로 많은 사역을 잘 감당하고 계신다. 노 여종, 기도의 용사인 할머니 전도사님은 나의 부탁을 마지막 사역인 줄 아시더니 1년도 채 안 되어 천국으로 부름을 받으셨다. 전도사님의 영적 딸인 권사님은 따르던 사람들과 교회를 옮겼다고 들었다.

암호 전보

"경우에 합당한 말은 아로새긴 은쟁반에 금 사과니라." [잠25:11]

"시험에 들지 않게 깨어 기도하라 마음에는 원이로되 육신이 약하도다 하시고" [마26:41]

나는 아직도 하나님께서 정해주신 나의 기도의 자리에 그대로 멈추어 있었다. 내가 기도하고 있는 교회당은 앞에서도 몇 번 언급되었던 곳이다. 해운대 입구 쪽에 있는 50년대 전쟁고아들을 수용하기 위해 스웨덴에서 파송된 올슨 선교사가 지은 스웨덴식 건물이었다. 마당 입구 쪽에 자리 잡은 교회당은 낡았고 지금은 빈 교회당이다. 바닥을 디딜 때마다 삐거덕거리는 마룻바닥이 처음에는 얼마나 을씨년스럽던지 마치 늙고 병든 자신을 호소하는 신음 같기도 했다. 군데군데 바닥의 소실로 난 구멍에 행여 발이 빠질세라 조심조심 걸어서 나의 기도장소로 가서 자리를 잡고 앉으면, 강대상 뒤에 있는 세례(침례)를 베풀던 목욕탕이 늘 마음에 걸린다. 낡고 먼지 묻고 칙칙한 커튼으로 가려놓은 것이 더욱 신경 쓰이는 부분이다.

잠시라고 생각했던 것이 이렇게 오랫동안 나의 기도의 자리가 될 줄은 몰랐었다. 나는 절박했다. 마귀들은 무던히도 나의 기도를 방해하고 있었다. 자리싸움이라도 하는 것 같이, 누가 힘이 센가를 내기라도 하듯이 매일 밤 나를 쫓아내지 못해 안달이 난 것 같았다. 심하게 나를 흔들어 두려움으로 인해 이 자리를 포기하고 내가 기도하는 것을 포기하게 하려는 작전인 것 같았다. 두렵고 귀찮고 힘들었지만 내가 이 자리를 포기한다면 마귀들이 승리의 함성을 지를 것이다. 여하튼 나는 하나님께서 허락하신 이 자리에서 버텨야 했다.

마치 나는 기도를 위해서 태어난 것처럼, 이 자리를 쟁취해야만 하는 것이 하나님의 섭리이며 사명인 양 영적인 전쟁을 계속하는 것이다. 그런 스산한 장소로 하나님께서 몰아넣으셨으니 어떤 응답 없이는 물러설 수가 없었다. 끝장을 봐야 한다는 것이 나의 결심이기도 했다. 참믿음의 본질이 무엇인가를 알게 하시려는가? 거울로 보는 것 같은 희미한 나의 신앙의 세계를 얼굴과 얼굴을 맞대고 보는 것 같이 눈과 눈이 마주하는 것 같이 주께서 나를 아신 것 같이 내가 온전히 주님을 알게 하시려고(고전13:12) 아니면 나를 무엇 때문에 이렇게 꼼짝달싹 못 하게 보이지 않는 하나님의 사슬에 묶어 포로로 삼으셨는지를 알아야 했다.

미련한 내가 하나님의 뜻을 어찌 알겠는가? 다만 강한 태풍에 밀리듯이 떠밀려서 가고 있는 것만은 틀림없다. 성령님의 이끄심이 없었다면 아마도 그 자리를 박차고 나왔을 것이다. 마귀들의 방해에도 불구하고 그곳에서 철야기도를 5년 동안이나 할 수 있었던 것은 하나님의 섭리 아래 계획이었을 것이라는 생각이 든다.

나를 못마땅하게 여기는 주변 사람들은 나의 등 뒤에서 수군거리기 일쑤였다. 그러나 나는 앞만 보고 달려갈 것이다. 성령님의 강하신 이끄심이 항상 나를 그 자리에 있게 하셨고, 그 많은 눈물을 흘리게 하셨다. 또 은밀한 기도 제목을 많이 주시기도 하셨다. 그 일을 반드시 이루라는 하나님의 명령으로 알고 순종하려 애썼다.

언제부터인가 그날그날 기도할 제목을 주셨다. 그리고 나는 주시는 대로 기도를 하고 있었다. 하나님의 지혜대로 기도했을 뿐인데 하나님께서는 그 눈물의 기도를 기뻐 받으셨고 또 이루어 나가시는 것을 보았다. 그것은 하나님의 각본 속에 있었고, 나는 다만 순종할 것만 요구하셨다. 나는 그곳에 앉아 있기만 했고, 기도 제목을 주시는 대로 받아서 기도하도록 훈련되고 있었다.

그날도 여전히 주시는 기도 제목으로 기도하고 있었다. 갑자기 기도 제목이 전혀 엉뚱한 곳으로 바뀌었다. 함창에서 시집살이를 하는 언니의 기도를 하도록 이끄셨다. 눈앞에 이상하게 생긴 큰 물체가 곤두박질하면서 휩쓸고 지나간 자리에 언니가 탄식하면서 울고 있는 모습이 보였다. 지나간 자리는 깨지고 부서지고, 난장판이었다. 영화의 한 장면 같이 순식간에 지나갔다. 잠을 잔 것도 아닌데 꿈을 꾼 것 같기도 하고, 온전한 정신으로 본 것 같기도 했다.
정신을 가다듬고 다시 기도했다. 역시 함창에 사는 언니였다. 무슨 일인지 모르지만 언니가 몹시 어려운 상황에 부닥쳐 있는 것은 틀림없는 사실인 것 같다. 그래서 무슨 일인지는 모르지만 이 급한 상황을 피할 길과 하나님께서 친히 해결해 주실 것을 간절히 기도드렸다. 하나님께서 친히 돕는 손길을 허락하셨고, 새벽녘에는 성경 말씀 두 구절을 응답으로 주셨다.

급한 사정 같아서, 날이 밝기가 무섭게 전신전화국으로 달려갔다. 전보를 쳤다. 그때는 70년대 후반 전화 있는 집도 드물었고, 장거리 전화는 전신전화국에 가서 했었다.

"[마26:41, 요16:33]"은 전보 내용이다. 이렇게 간단한 성경 장과 절만 기록해서 전보를 띄웠다. 하나님의 심부름을 하고 난 뒤 잊고 살았다. 언니 집에서도 특별한 연락이 온 것도 아니고 무슨 소식을 전해준 것도 아니었다. 심부름 한 사람만 아는 비밀 얘기는 오랜 세월이 지난 후에 언니를 직접 만나서 들을 수가 있었다.

그때 언니는 자기 집을 대대적으로 수리하는 공사를 시작했었는데, 약속한 날짜에 공사비를 제대로 맞추지 못하였던 것이 화근이 되어, 공사 도중 인부들이 공사를 중단하고 말았다는 것이다. 공사비를 선지급하지 않으면 공사를 중단하겠다고, 큰소리치면서 공사하던 집을 수라장으로 만들어 놓고 다 가 버린 상태였다는 것이다. 살림집을 공사하다가 말았으니 또 업자들이 행패를 부려 놓았으니 얼마나 어수선했겠는가? 약속된 공사비가 막혀 난국을 겪는 중 결심을 하고 일주일간 금식 기도를 하고 있었다고 한다. 전보 받은 그 날이 바로 금식 마지막 날이었다는 것이다.

일주일간 하나님께 그렇게 기도드렸는데 응답도 없고, 해결책도 없고, 이제 계속 굶으면 죽게 되겠구나 하고 낙심하고, 축 늘어져 누워있는데 밖에서 사람이 와서 부르는 기척이 들리더라는 것이다. 힘도 없었지만 해코지하러 온 그 문제의 횡포자들인 줄 알고 못 들은 척하고 누워있었는데, 그 사람은 다시 문을 두드리더니 열려있는 대문 안으로 들어와서는, 기척이 없는 안에 대고 큰 소리로

"전보요. 전보, 이상한 암호 전보요!" 하는 소리에 억지로 일어나 살짝 내다봤더니, 전보를 마루에 던져놓고, 대문 밖으로 사라지는 집배원 아저씨의 뒷모습이 보이더라는 것이다. 그래서 얼른 일어나서 전보를 집어 들었는데 전보를 보는 순간

"성경의 장과 절"이라는 것을 한눈에 알아챘다는 것이다. 그러니 집배원 아저씨가 볼 때는 이상한 암호문 같았을 것이다. 그때에는 아직도 간첩들이 속출할 때여서 의심할 만도 했다.

언니는 생사가 걸린 금식 기도 중이었고, 애타게 기다리고 기다리던 하나님의 응답을 전보로 받았다는 것이다. 매우 절박한 시간이었기 때문에 장과 절만 봐도 하나님의 응답인 줄 단박에 알 수 있었다고 한다. 그 엽서를 끌어안고 하나님께 무릎을 꿇고 "감사합니다. 감사합니다." 언니는 그 자리에 퍼질고 앉아서 얼마를 목 놓아 울었는지 모른다고 한다.

"하나님께서 응답해 주셨으니 하나님께서 해결해 주실 거야! 내가 정신을 차려야지!" 속으로 자신에게 위로하고는 정신을 차리고 금식을 끝내고 주변 정리를 하고, 머리를 감고 세수를 하고, 죽을 끓여 먹고 옷을 갈아입고, 정신을 가다듬었다고 한다. 천군만마를 얻은 듯 용기를 얻어 담대하게 업자들의 횡포로부터 하나님께서 지켜주실 것을 믿고 활기찬 대응을 할 것이라고 나름대로 마음의 준비를 했다는 것이다. 지금부터 행하는 모든 일은 하나님께서 직접 간섭하시는 공사라는 것을 굳게 믿게 되었다고 한다.

믿음대로, 중단했던 공사를 진행할 수 있도록 하나님의 손길이 함께 해 주셨다는 것이다. 하나님께서 친척을 동원해서 공사비를 준비해 보내주시고, 다른 모든 필요를 공급해 주셔서 짧은 시간에 큰 공사를 잘 마무리할 수 있었다고 언니는 그때 일을 회상했다. 참으로 하나님께서 직접 하신 공사였다고.

세밀하신 하나님께서 그 사랑하시는 자녀의 부르짖는 눈물의 기도를 외면하지 않으셨다. 부산에 있는 동생까지 동원해서 급한 기도를 함께 부르짖게 하셨다. 또 말씀을 주셔서 갈 길을 인도하셨고, 말씀의 능력을 힘입고, 위로와 격려를 해 주시고, 믿음으로 헤쳐 나갈 수 있는 길을 열어주셨다. 또 친척들을 감동하게 하시어 물질을 공급하시고, 모든 필요를 채워주셨다.

"주님의 살아 계심을 감사합니다. 그 시간 기도의 자리에 있게 하심을 감사합니다. 기도의 도구로 써 주시니 감사합니다."

"이것을 너희에게 이름은 너희로 내 안에서 평안을 누리게 하려 함이라 세상에서는 너희가 환난을 당하나 담대하라 내가 세상을 이기었노라" [요16:33]

언니는 그일 이후로는 주신 말씀을 붙들고 날마다 신앙생활에 힘을 얻고 승리 생활을 할 수 있었다고 한다. 엽서로 받았던 성경 구절은 신용 카드같이 급할 때 꺼내보면 힘이 되는 신앙의 노정기가 되었다고 그때의 감동을 나누었다. 지금도 언니는 성경 구절을 암송하곤 한다. 우리는 가끔 만나면 주님께서 베푸신 은혜를 헤아리며 감사와 영광을 돌려 드리곤 했다.

의사의 진단과 처방으로 육신의 질병을 고치는 것 같이, 하나님께서는 우리의 영혼이 아플 때, 길이 막혔을 때, 성경 말씀으로 처방하신다. 성경책 속에는 필요한 주사와 약과 같은 능력의 말씀이 가득하며, 그 말씀을 하나님 자녀들에게 최상급으로 공급하신다.

너는 그가 되라,
대신 회개하라

"이 썩을 것이 썩지 아니함을 입고 이 죽을 것이 죽지 아니함을 입을 때에는 사망을 삼키고
이기리라고 기록된 말씀이 이루어지리라" [고전15:54]

그 무렵 해운대 빈 교회에서의 기도 생활 5년 만에 우리는 드디어 교회 부근 개척지로 어렵사리 이사하게 되었다. 애써주는 사람도 없고, 형편이 나아진 것도 아닌데도 불구하고, 해운대까지 다니기가 너무 불편했기 때문에 이사해야 했다. 카드를 만들어 은행 돈을 빌려 쓸 수 있는 제도가 처음 생기는 바람에 카드로 얼마간의 빚을 내서 월세방을 계약하고 이사를 하게 되었다. 16평 남짓한 허름한 연립주택이었으나 우리 형편으로서는 힘든 결심이었고 갈빗대가 휘청하는 액수였다.

애써 교회 가까운 곳으로 이사를 했으나, 내 교회에서의 철야기도는 만만치 않았다. 해운대 빈 교회에시는 혼자서 혹은 둘이서 밤새도록 소리 지르면서 기도해도 아무도 제재하는 사람 없었지만, 정작 우리가 개척하는 내 교회에서 철야기도 하는 것은 편치만은 않은 일이었다. 많은 어려움이 기다리고 있었다.

첫째는 주변이 자유롭지 못했다. 다닥다닥 붙은 마을 한가운데 교회가 있다 보니, 교회 주변 사람들의 눈총이 따가웠다. 어찌하면 허물을 잡아서 교회를 골탕을 먹일까 하고 노리는 사람들로 가득한데, 눈치를 보면서 조심 또 조심 살얼음판을 걷는 기분으로 몸을 낮추고 소리를 죽여야만 했다.

그럼에도 불구하고 철야기도를 시작했다. 처음에는 혼자 기도했지만, 사람들이 자꾸 모여들기 시작했다. 어느덧 철야기도는 점점 왕성해졌다. 많은 사람의 소리가 밖으로 새어나가기 일쑤이니, 주변 사람들의 반발 역시 강했다. 거의 날마다 경찰서에 신고가 들어가고, 전경들이 와서 문을 두드렸다. 주민들의 신고가 들어와

서 어쩔 수 없는 일이라고 우리의 소리를 자제해 달라고 부탁하곤 했다. 우리는 소리 죽여 자제하면서도 단 한 명도 그 자리를 떠나가는 사람은 없었다. 그런 사소한 사건들은 늘 반복되는 일상이 되었다. 우리는 조심해 달라는 전경들에게

"우리가 교회에서 밤중에 무엇을 하겠습니까? 나라를 위해서 대통령을 위해서 시민들을 위해서 기도합니다. 나라를 지키는 경찰관들을 위해서 기도합니다. 우리가 진정한 애국자입니다."

"예 알지요!"

난처한 전경들도 갈 때는 고맙다고, 수고한다고, 열심히 기도하라고 한 마디씩 응원해 주기도 했다.

그러던 어느 날은 TV 화면에 J 대통령께서 조찬 기도회에 참석했다는 깜짝 뉴스가 보도되었다. 그 뒤로는 주민들의 신고가 쏙 들어가고 말았다. 또 예수님을 믿는 K 대통령은 주일날은 무단주차관리를 하지 못 하도록 조치를 내린 적이 있었다. 개척교회로서는 굉장한 힘이 되었다.

두 번째는 아이들 문제였다. 아이들이 다니던 해운대 교회는 크고 주일학교도 자리 잡힌 오래된 교회였으며, 우리 애들에게 관심을 가지고 사랑으로 키워주었던 교회였다. 교사들도 정말 좋은 분들이었다. 성심껏 우리 자녀들의 신앙교육을 위해서 헌신했었다. 그런데 정작 우리 교회는 개척교회여서 어린이들은 관리도 안 되고 교사도 없고 주기도문도 제대로 외우지 못하는 수준이기 때문에 우리 아이들이 낙심한 모양이었다.

예배 분위기가 다듬어지지 않아 떠들썩하고, 어색하고 적응되지 않으니까 차를 타고 자신들이 출석하던 해운대 교회로 돌아가고 말았다. 마음이 좀 언짢았지만 어쩔 수 없는 노릇이다. 또 그 교회 선생님들도 버스를 타고서라도 우리 집까지 와서 신앙을 챙겨주기도 했다. 얼마간은 그 정을 떼지 못해서 그곳으로 출석하는 것을 용납한 상태였다. 우리 가족들의 적응도 시간을 요구했다.

이사 온 개척지역의 사정은 정말로 할 일이 쌓이고 쌓인 곳이었다. 동네 아픈 사람들은 모두 교회로 연락을 해왔다. 부부 싸움을 해도 교회로 곧장 달려왔다. 사고가 나도, 도둑을 맞아도 우리 집으로 연락이 왔다. 상처받은 마음들도 수없이 많았

다. 종이가 없어도, 신문지가 필요해도, 아이들이 말을 안 들어도, 공부를 안 해도 우리 집 문을 두드렸다. 날마다 감당하기 벅찰 정도였다.

그 날도 단칸 셋방에 사는 젊은 집사님에게서 전화가 걸려왔다. 아이들과 공부하는 시누이와 같이 사는 집이었다. 며칠 전 시골에서 시아버지께서 다니러 오셨다는 것이다. 키가 크고 몸집이 건장하게 생긴 분이셨다. 시골에서 농사일을 하시니 얼굴은 구릿빛으로 그을려 있었다.

젊은 며느리는 발도 펼 수가 없는 단칸방에서의 여섯 식구의 잠자리는 말로 다 할 수 없이 불편했고, 식사시간도 복잡한데 설상가상으로 그 건장하신 시아버지께서 하필 며느리 집 단칸방에서 쓰러지셨다는 것이다. 연락을 받고 뛰어갔더니 좁은 방 한가운데 자리를 펴고 누워계시니 다른 식구들은 옹색하기 그지없다. 다닥다닥 붙어 앉아야 했다. 어찌 된 판인지 말문이 막혀 말도 한마디 못하고 식사도 못하고. 오실 때는 건강하게 두 발로 걸어왔지만, 이렇게 되고 보니 Y 집사님이 이 일을 어찌 수습해야 할지를 몰라서 구역예배 드리고 있는 나를 부른 것이다. 구역예배를 드리다가 연락을 받고 얼른 마무리하고, 뛰어갔으니 나도 당황하기는 매일반이었다.

할아버지는 평소에 교회라고는 한 번도 가본 적도 없고, 예수님 이름도 모른다는 것이다. 무엇을 어찌하라고 이 밤에 나를 부른 것인가? 그러나 그냥 나와 버릴 수도 없는 일이 아닌가? 나는 예배를 드려도 되겠느냐고 물었더니, 온 가족들은 당연하다는 듯이 처분만 기다리고 있었다. 찬송을 부르고, 성경 말씀을 찾아서 읽고 본인이 듣든지 못 듣든지 간에 설교했다.

그 할아버지는 겨우 손짓으로 가슴이 답답함을 호소했다. 그래서 나는 가슴에 손을 얹고 간절히 기도를 해드렸다. 그리고 예수님을 영접하도록 권면했다. 알아듣기는 하는 것 같았다. 머리를 약간씩 끄덕이면서 반응했고 눈을 깜빡이는 것으로 대답했다.

집으로 와서 옷을 갈아입고 바로 교회로 갔다. 하나님께서 그 영혼을 위해서 기도를 시키시므로, 하나님을 알지 못하는 한 영혼을 위해서 기도하면서 많이 울었다.
"너는 그가 되어라. 대신 회개하라."

하나님께서 그 영혼을 사랑하셔서 시골에서 단칸방 며느리 집으로 부르신 것이다. 시골 계시면 누구를 통해서 이 구원의 복음을 들을 수 있겠는가? 문중 마을에는 교회도 없었으니 전하는 사람도 없었다. 그 문중에서 홀로 빼내셔서 단칸방 며느리 집이지만 이곳에 와서 복음을 듣고 구원을 받도록 하신 것은 하나님의 예정하심과 섭리였음을 깨닫게 해주셨다.

"하나님 저가(시골 할아버지) 비록 갑자기 말문이 막히고 쓰러졌지만, 하나님 살아 계심을 알지도 못합니다만, 제가 대신 회개합니다. 성령으로 역사하셔서 마음속으로라도 자기의 죄를 회개할 기회를 주셔서 죄를 자복하고 하나님을 영접하고 하나님 자녀의 권세를 얻게 해 주옵소서." 대신 회개를 밤새도록 하게 하셨다.

"시골에서 뜻이 있어 이곳까지 오게 하신 것이라면, 나의 손에 붙이신 영혼이라면, 구원받을 하나님의 뜻이 이루어지게 하옵소서."

날이 새자 그 집으로 달려갔다. 할아버지의 안부가 궁금했기 때문이다. 그런데 하나님께서 밤사이 그분의 마음을 다 만져 놓으셨다. 며느리인 Y 집사님은 이렇게 설명을 했다.

"자다가 이상한 소리가 나서 눈을 뜨고 보니 시아버지가 일어나 앉아 가슴을 치면서 '우짜꼬! 우짜꼬! 내 죄를 우짜꼬.' 하면서 울고 계셨어요."

본인도 그렇게 소리 내서 통곡하고 운 것은 평생 처음이라고 한다.

할아버지는 어제보다 혀가 많이 풀려있었다. 그러나 아직은 전 같지 않고 우둔해서 손짓 발짓 다 동원해서 자기가 어젯밤에 꿈꾼 얘기를 내게 들려주었다. 다 알아들을 수는 없었지만 이야기의 내용은 대략 이러했다.

자신은 처음 보는 낯선 집을 보았는데, 그 집은 절 같았고, 거기에는 많은 돌부처가 서 있었고, 구신(귀신)들이 득실거리고 있었다고 한다. 그리고 자신은 어디에서 그런 힘이 솟아났는지는 모르지만 큰 몽둥이를 가지고 부처와 귀신들과 절을 마구 부숴버렸다는 것이다. 다 부수고 나니까 그렇게 마음이 후련해지더라는 것이다. 가슴에 막혔던 것이 뻥 하니 뚫렸는데, 왜 그리 슬프고 죄가 생각나던지 일어나 앉아 엉엉 울면서 회개를 했다는 것이다. 그러고 나니 숨이 쉬어지고 혀가 조금 풀어지더라는 것이다.

나는 잊지 않고 영접 기도를 따라 하게 했고, 확실히 하나님의 자녀가 되었다고 선포했다. 주일에는 가족들과 함께 자기 발로 걸어서 교회에 출석했다. 할아버지는 그의 일생에 첫 번째 하나님께 드린 예배가 되었다. 그는 기쁨이 충만했다. 지옥형벌에서 건짐 받은 하나님 자녀의 신분으로 하나님 앞에 서게 된 일생일대의 획기적인 날이었고, 감동적인 날이었을 것이다.

그리고 며칠 후, 가족들이 잠시 안심하고, 한숨 돌릴 때쯤 홀가분하게 천국으로 가셨다. 그는 살아서는 두고 온 고향 집으로 돌아가지 못했다. 아들 집 단칸방에서 그대로 천국으로 부름 받았다. 육신의 고향 땅에는 못 갔지만 영원한 고향 천국으로 입성했다. 기근과 전쟁의 세월을 험악하게 살았지만 예정된 생명을 끝까지 포기하지 않으시는 하나님의 섭리하심이 그의 마지막 가는 길을 아름답게 장식해 주셨으리라 믿는다.

죽음을 지켜본 가족들은 평안한 가운데 부름 받으셨다고 기뻐했다. 장례식은 교회장으로 치러졌다. 문중 땅으로 이송해야 하므로 시골로 모두 갔었다. 문중 사람들은 오히려 생각보다 유순했고 장례식에 필요한 모든 절차를 잘 협력해 주었다. 문중 어르신들이 교회 장례식은 처음이라 낯설었겠지만 예절에 맞는 대우와 식사 제공 등 물 흐르듯이 잘 마무리하도록 도와주었다. 이것도 하나님의 은혜였다.

모든 장례식을 마치고 부산으로 돌아와서 유가족 집에서 위로 예배를 드렸다. 나오는데 주인집 할머니(손녀들은 우리 교회에 출석하고 있었다.)가 밖에서 기다리고 있었다. 할아버지의 죽음과 장례식 절차를 모두 지켜본 그는 교회에 출석할 것을 약속했다. 자신도 평안한 죽음을 맞고 싶다고, 그리고 천국에 가고 싶다고, 결심의 이유를 밝혔다.

하나님 방법으로

"주께서 내게 응답하시고 나의 구원이 되셨으니 내가 주께 감사하리이다." [시 118:21]
"가련하고 가난한 자가 물을 구하되 물이 없어서 갈증으로 그들의 혀가 마를 때에 나 여호와가 그들에게 응답하겠고 나 이스라엘의 하나님이 그들을 버리지 아니할 것이라" [사41:17]

밤에 기도하러 가려던 참인데 전화가 걸려왔다. 다급한 음성이다. 남편이 서면에 있는 모 은행 차장인데 작은 기업에 보증을 서고 2억을 대출해줬다는 것이다. 그런데 그 회사가 부도가 나고 사장은 도망을 가고 그 불똥이 남편에게 떨어져 2억을 물려내고, 직장은 사표 내고 나가라 하는 상부의 극단 조처가 내려졌다는 것이다. 그야말로 예고 없이 찾아온 날벼락이었다.

"우린 이제 어찌해야 하는 거죠?"

그럴 때 나는 입버릇처럼 늘 쓰는 말이 있다.

"방법은 한 가지뿐이네요. 제가 지금 교회로 갈 것이니 교회에서 만납시다. '하나님께서 하나님 방법으로' 해결해 주실 것입니다."

그날 밤 H 집사님은 부리나케 교회로 달려왔다. 기도하러 온 모든 교인에게 집사님의 다급한 기도 제목을 나누었다. 다른 기도 제목은 잠시 놔두고 모두 한 가지 기도 제목으로 통일시켰다. 우리는 모두 밤새워 하나님의 방법을 묻는 기도를 했다. 그리고 새벽에 헤어지면서,

"남편에게 기도했으니 믿고, 직장에 출근해 보라고 하세요. '하나님께서 하나님 방법으로' 해결해 놓으셨을 겁니다."

그 날 한나절의 시간은 엄청 긴 시간이었다. 이 길게 느껴졌던 한나절 내내 가슴 졸이면서 결과를 기다렸다. 드디어 연락이 왔다.

"사모님!"

하는 맑은 목소리 톤으로 보아 기쁜 소식의 전주곡으로 들렸다. 이어서

"할렐루야! 정말로 하나님께서 하나님 방법으로 해결해 놓으셨습니다. 2억을 내고 그 회사를 인수하겠다는 물주가 나섰습니다."

나는 전화를 듣는 순간 왈칵 눈물이 쏟아졌다. 아! 이번에도 하나님께서 우리의 기도를 외면하시지 않으셨구나! 우리기도 팀들이 다시 모였을 때 이 기쁜 소식을 전했다. 우리는 모두 하나님께 감사와 영광을 올려드렸다. 그 남편은 두말할 것도 없이 부인이 믿는 그 능력의 하나님을 믿으려고 자기 발로 교회를 찾아왔다. 그날은 참으로 감동적인 예배를 드린 날이었다.

하나님의 방법은 너무나 오묘하고 기이해서 표현할 만한 말을 찾지 못할 정도였다. 우리는 그런 방법이 있다는 것조차도 상상할 수가 없었다. 우리가 우리의 방법을 동원해서 수백 번 시도해도 실패의 연속일 것이다. 그러나 단번에 가장 완벽하고, 가장 탁월한 방법으로 해결하실 이는 하나님뿐이시다.

생각해보니 한 영혼을 구원하시기 위한 하나님의 계획이셨음을 다시 깨닫게 하는 사건이었다. 그 사건에 불신자들을 동원해서 도구로 쓰셨다. 그 남편을 이렇게 특이한 방법으로 하나님 앞으로 불러내신 것이 분명했다.

하나님께서는 때때로 고난이라는 숙제, 환란이라는 숙제를 허락하신다. 우리가 그 문제를 가지고 하나님 앞에 나와서 무릎 꿇고 겸손히 의논하기를 기다리신다. 그리고 주님만이 최선의 능력 있으심을 믿는 자들을 기뻐하신다. 지혜를 구하는 자에게 지혜를 아낌없이 퍼부어 주신다.

우리는 그저 문제를 하나님 앞에 가지고 와서, 내 방법이 아닌 하나님의 방법을 요구하면 된다. 하나님께서는 하나님만의 기이한 방법의 해결책을 가지고 계신다. 하나님께서는 한 문제에 한 방법 즉 그 사건에 그 사람에게 꼭 맞는 맞춤식 응답을 해주신다. 그 하나님의 방법은 한 영혼을 죄악에서 건지시는 구원의 길로 인도하신다.

우리는 하나님 앞에 나와서 부르짖었을 뿐인데 하나님께서는 사장과 물주와 부

인인 H 집사님과 그리고 몇 명의 기도팀을 동원하셔서 그 일에 도구로 사용하셨다. 우리의 부르짖음을 아시고 미리 응답하실 것을 준비하고 계셨다.

"우리보다 앞서 준비하시고 행하시는 하나님께 찬양과 감사를 올려드립니다. 영광 받으시옵소서."

그들이 부르기 전에
응답하겠고

35년 전, 70년대 후반, 당시 개척교회는 정말 가난 그 자체였다. 교회뿐만 아니라 전도 받을 대상자들도 거의 똑같은 형편이었다. 우리의 전도지역은 시내에서 망한 사람들이 더 이상 갈 곳이 없어서 들어오는 막다른 골목이라고들 했다. 재송 본동에 옛날부터 사는 사람들은 집이 있고 농토가 있으니 조금은 낫지만 세 들어 사는 사람들 대부분은 입에 풀칠하기 어려울 정도의 삶을 사는 사람들이었다.

그나마 다행스러운 것은 가난한 사람들에게는 접근하기가 수월했었다. 그렇다고 복음의 문이 활짝 열려있는 것은 아니었다. 그들의 삶이 고되다 보니 주일날 교회 출석하는 그 자체가 사치스러운 일이라고 삶의 팍팍함을 드러내기도 했다. 그런 형편과 상황 중에서도 복음을 듣고 구원받을 사람을 기대하면서 신발이 닳도록 걷고 또 걷고, 두드리고 또 두드렸다.

"그런즉 그들이 믿지 아니하는 이를 어찌 부르리요 듣지도 못한 이를 어찌 믿으리요 전파하는 자가 없이 어찌 들으리요" [롬10:14]

본 동네 양복점을 하는 아주 작은 공간의 가게가 있어서 들어가서 전도를 했다. 젊은 부부였고 이 젊은 부부에게는 2~3세 정도 된 아기가 있었다. 부인의 배가 부른 것으로 보아 산달이 얼마 남지 않았다는 것을 알 수 있었다. 그런데 이 젊은 남편 되시는 양복쟁이가 몸이 몹시 아프다고 한다. 죽을병이 걸린 것 같았지만 돈이 없어서 병원 치료도 못 받고 집에서 병시중하고 있었다. 이 가정을 위해서 할 수 있는 일이 무엇인가를 고민했다. 전도차 매일 들러서 말씀도 전하고, 기도도 해드렸다. 부인은 매우 고맙게 여겨서, 믿기로 작정은 했지만 형편이 이러니 교회 출석은 잘 못 하고 있었다.

그때는 그 남편의 병명이 무엇인지 몰랐었다. 지금 생각해보니 "간암"이었다는 생각이 든다. 입과 코에 피가 엉겨 붙어 있고, 방안에는 시체 썩는 냄새가 코를 찌르곤 했다. 부인의 급한 연락이 오면 우리는 달려갔다. 우리 전도사님(남편)은 이 환자를 등에 업고 나는 뒤에서 붙들고 병원으로 뛰어가곤 했었다.

결국은 얼마 못 가서 초상이 나고 말았다. 그런 형편에서도 믿기로 작정한 그 믿음은 흔들리지 않았고, 천국의 소망을 잃지 않았다. 교회가 나서서 장례식을 모두 치렀다. 마치고 나니, 젊은 미망인은 어린아이, 그리고 배 속의 아기만 덩그러니 남았다. 정말 살길이 막막한 청상과부가 되었다. 그래도 교회에서 쌀과 약간의 구제비를 제공했으며 겨우 연명하면서 삶을 지탱했다.

그러는 동안에 해산달이 다가왔다. 아기라도 해산을 해야 어떻게 움직이겠다는 것이 우리 모두의 생각이었다. 만삭이었으므로 우리는 극진히 돌봤다. 얼마 후 유복자를 낳았다. 미역과 쌀과 그리고 아기에게 필요한 옷과 기저귀 감, 몸조리할 수 있는 작은 물질들을 조달했다.

젊은 부인은 미안해하면서 몸조리가 되는 대로 친정으로 가겠다고 마음을 굳혀 갔다. 다른 방도가 없으므로, 우리도 친정으로 가는 것을 권장했고, 조금의 여비를 마련해서 보냈다. 마음은 무거웠지만, 친정이니 가장 안심하고 보낼 곳이기도 했다. 그곳에 가서 신앙생활 잘하도록 당부의 당부를 거듭해서 보냈다. 그리고 얼마간의 세월이 흘렀다.

본 교회(파송교회)에서 지급하던 작은 액수의 생활비는 가난한 사람들이 많으니, 뉘 손에 붙여야 할지를 몰랐다. 설상가상으로 그 지원금조차 일 년 만에 끊겼다. 그날도 우리 집 아이들은 여전히 배를 곯았고, 학비를 못 내는 형편이었다. 내가 할 수 있는 일은 오직 기도밖에 없었다. 밤마다 교회에서 하나님 앞에서 울고만 있었다. 하나님께서 주시지 않으면 우리 식구들은 굶을 수밖에 없었다. 주시면 먹고 안 주시면 굶는 것이 우리 남편의 믿음이기도 했다.

"하나님 아버지! 우리 애들 내일까지 학비를 내지 않으면 시험도 못 치고, 집으로 돌려보낸답니다. 학비 주세요."

밤새워 학비 달라고 울었다. 이런 기도를 교인들이 들으면 시험들 까봐 큰 소리로 부르짖지도 못했다.

날이 밝자 아침 일찍 우리 집 문을 마구 두드리는 사람이 있었다. 그리고 연이어 큰 소리로

"편지요! 도장 가지고 나오세요."

나는 우체국 집배원 아저씨인 것을 직감했다.

"무슨 편진가요?"

"등기입니다. 도장 주세요."

나는 도장을 찍어주고, 누런 편지봉투를 건네받았다. 편지라고 하기에는 좀 묵직한 봉투였다. 겉봉에 적힌 주소는 금산이었다. 양복점 젊은 미망인, 유복자 엄마! 아 그분이었다. 얼마나 반갑던지. 안 그래도 무척 궁금하던 터였다. 봉투를 열어 편지를 꺼내 들었다. 눈물이 왈칵 쏟아졌다. 사연과 함께 현금이 들어있었다.

자기가 친정집 금산에 와서 아이들을 친정어머니에게 맡기고 인삼 장사를 해서 생계를 유지하고 있다는 얘기와 신앙생활 잘하고 있다는 얘기였다. 그리고 자신에게 베풀어주신 은혜 잊지 못할 것이라며, 그동안 인삼을 팔아서 얻은 수입에서 얼마씩을 떼어서 모았다며 "작은 것이지만 사모님 꼭 필요하신데 써주세요."라는 사연이었다.

돈을 세어보니 어제 밤새도록 기도한 학비의 액수와 딱 맞는 액수였다. 그 봉투를 가슴에 안고 방바닥에 퍼질고 앉아서 엉엉 울었다. 왜 그리 눈물이 쏟아지던지, 왜 그리도 감사하던지. 혼자 울다가 무릎을 꿇고 기도를 드리다가, 그리고 찬송을 부르다가 하면서 기쁨을 감추지 못했다. 이런 성경 구절이 생각났다.

"그들이 부르기 전에 내가 응답하겠고 그들이 말을 마치기 전에 내가 들을 것이며" [사65:24]

하나님께서는 내가 그 시간에 기도할 줄 어찌 아시고 몇 달 전부터 그 젊은 미망인을 통해서 준비하게 하시고, 내가 꼭 필요하다고 기도한 날짜에 꼭 필요한 액수의 돈을 내 손에 들려주시는가. 이 일은 하나님께서 하신 일이었다. 계획하시고, 준비하시고, 실천하는 도구로 젊은 미망인을 사용하셨다.

후로도 하나님께서는 기도 제목 주시고, 기도할 때마다 까마귀를 군데군데 배치해 놓으셨다가 날려 보내셨다. 쌀이 떨어졌다고 기도했는데, 하나님께서 타 교회 이름도 모르는 어떤 여 집사님을 감동하게 하여 쌀 한 말을 배달하게 하셨다.

어느 때는 삼립빵 공장 다니는 집사님으로부터 못쓰게 된 빵조각들 (일명 '기리파시'라고 부름)을 봉지에 넣어서 살짝 주면서 하찮은 것이라고 미안해했다. 그러나 내게는 얼마나 감사한 식구들의 양식인지 모른다.

배추 장사에게 양해를 얻어 버리는 배추 껍질을 주워다가 시래깃국을 끓여 도시락을 싸주었다. 애들은 내 사정도 모르고 달걀 프라이, 소시지, 어묵, 김, 단무지 같은 것 싸달라고 조르기 일쑤였다.

친정인 충청도에서도 가을이면 밑반찬을 소포로 보내왔다. 고추장, 무말랭이, 고들빼기김치 등, 유일한 고기반찬으로 메뚜기를 볶아서 보내왔다. 그런데 메뚜기를 도시락 반찬으로 싸가는 날은 교실 안이 온통 소동이 벌어지곤 한다는 것이다. 부산 애들은 메뚜기 먹어 본 일이 없으니 이상한 곤충을 먹는다고 선생님께까지 일러바치는 바람에 엄청 곤욕을 치렀다고 한다.

나는 결혼 후 15년 동안 한 번도 시장에 가서 옷을 사 본 적이 없었다. 사람들이 주는 것을 입고 살았다. 큰 옷(당시는 구제품이 많았음. 그리고 헌 옷들)을 주면 줄여서 입고, 작은 옷을 주면 늘려서 입고, 짧은 옷은 주면 단을 내려서 입고, 하다 보니 헌 옷 수선하는 것은 선수가 되어버렸다.

애들도 헌 바지 양쪽 다리 잘라서 반바지 해서 입히고, 셔츠 줄여서 남방 만들어 입히고, 번듯한 새 옷 한번 사 입히지 못하고 키운 것이 못내 미안하다. 그래서 하나님 앞에 앉아서 기도했다.

"이제 하나님 새 옷 주세요."

그런데 문제는 내가 아직도 시장가서 물건 살 줄을 모른다는 것이다.

시장 가는 것은 불안한 일이고, 두려운 일이었다. 옷도 볼 줄도 모르고 값도 전혀 모른다. 천 이름도 모른다. 다른 사람들하고 같이 시장엘 가면 그 동행한 사람들도 같이 방향감각을 잃는다고 한다. 그래서인지 몰라도 시장에 들어서면 머리부터 지끈거린다. 우리 교인들은 나하고는 시장엘 같이 안 가려고 한다. 같이 바보가 된다고 하면서.

이제 하나님께서 새 옷 달라는 기도를 들으셨다. 까마귀를 통해서 새 옷을 날라다 주셨다. 새 옷 달라고 기도한 응답으로 주시는 위로였다. 교인들은 나름대로 기도 응답받았다고, 개업했다고, 이런저런 이유로 자꾸 새 옷을 입혀 주었다. 새 옷을 선물 받을 때마다 미안해서 안절부절못하는 나를 그들은 "하나님께서 그렇게 하라고 하셨다"라고 하면서 위로해 주었다.

하나님께서 늘 은혜로 풍성하게 채워주셨다. 지금은 옷이 많다. 나누어 입기도 할 정도로. 늘 내 옷에 신경을 쓰면서 시장에 같이 가자 하는 집사님도 있었다.
"무슨 일 있습니까?" 하면
"오늘은 아닙니다. 그냥 하나님께서 그렇게 하라고 하셔서요."

방법은 한 가지뿐

"너희 모든 염려를 다 주께 맡기라 이는 그가 너희를 돌보심이라." [벧전5:7]

"네 짐을 여호와께 맡기라 그가 너를 붙드시고 의인의 요동함을 영원히 허락하지 아니하시리로다." [시55:22]

"모든 입으로 예수 그리스도를 주라 시인하여 하나님 아버지께 영광을 돌리게 하셨느니라." [빌2:11]

짙은 어두움이 만물을 덮고, 세상은 서서히 깊은 수면의 시간으로 빠져드는 시간이다. 늘 하던 대로 막 교회로 가려던 참이었다. 전화벨이 요란하게 울린다. 밤 12시, 전화 받기에는 좀 늦은 감이 있는 시간이지만 수화기 속의 음성은 다급했다.

"사모님! 거두절미하고, 목은 한 개인데 두 군데서 잘리게 생겼어요."

목소리의 주인공은 바로 앞집에 사는 우리 교회 Y 집사님이었다.

나는 자주 쓰는 말투로

"한 가지 방법밖에 없습니다. 기도합시다. 교회로 가려던 참인데 준비하고 나오세요. 같이 갑시다."

이것은 평소 나의 기도습관을 잘 아는 사람이기 때문에 별다른 설명이 필요 없다. 우리 교회는 늘 문이 열려있고, 항상 밤 12시에 교회로 오면 기도의 동역자들을 만날 수 있다는 것은 다 알고 있는 상식이었다. 그 시간에는 갖가지 기도 제목을 가진 많은 사람이 모여든다. 그곳은 급한 사람들이 오는 도피성과도 같은 기도의 자리였고, 하나님 방법으로 해결해 주실 은혜의 시은소였다.

Y 집사님은 성격이 활달하고 말을 잘하는 달변가였다. 그리고 음식 솜씨는 얼마나 좋은지, 구역예배 때나 여름성경학교 할 때는 많은 사람의 입을 즐겁게 해주는 약방의 감초 같은 존재이기도 했다.

그의 남편은 성격이 아주 활발한 해병대 출신이었고, 모 경찰서의 통신 계장이었다. 우리는 그 남편을 전도하기 위해 약속하고, 기도하던 중이었는데 이렇게 엄청난 일들이 터졌다는 것이다. 급하게 우리는 집 앞에서 만났다. 목은 한 개인데 두 군데서 잘리게 생겼다는 말은 남편의 직장에서 큰 사건이 동시다발적으로 터졌다는 말이다. 경찰복을 벗을 수밖에 없게 된 한 가지 사건은 "일급비밀 누설죄"라고 하는 죄목이 붙은 사건이라고 한다.

○○○ 대통령재임 당시의 일이다. 대통령이 순시차 부산을 방문하게 되었고, 조선비치호텔에서 투숙하게 되었다는 것이다. 통신 계장인 남편의 임무는 투숙하는 대통령 옆방에서 24시간 실시간으로 녹음하는 일을 맡은 책임 경찰관이었다. 그리고 어디로 행차를 하든지 밀착 경호를 하면서 상황을 가장 빨리 현지 출동대들에게 알리는 업무였다.

그런데 그날 대통령께서 승강기 안에서 갑자기 행로를 바꾸어 지시를 내리는 바람에 예정된 도로에 배치되어있는 전경들에게 이 사실을 급히 알려야 했다. 바뀐 행로에 따라 빨리 전경들을 옮겨 배치하는 일을 해야만 했다.

하지만 도로에 배치되었던 명령을 받을 전경들이 신참이라 암호를 재빨리 해독하지 못하는 상황이 벌어지게 된 것이 문제의 발단이 된 것이다. 마음이 다급해진 나머지 (자기 말도 다 녹음 되는 줄 알면서도) 육성으로 전달했다는 것이다. 그 일이 일급비밀 누설죄가 적용되어 재판을 받게 된다는 것이다.

또 다른 한 가지 사건은 자기가 소유하고 있는 "워키토키(휴대용의 소형 무선 송수신기)"를 분실했다는 것이다. 부산 시내에 같은 주파수의 워키토키는 ○○○○대. 만일 간첩의 손에 한 개라도 넘어간다면 순식간에 부산 시내가 쑥밭이 되고 말 것이란다. 그래서 그 남편이 앞이 캄캄해서 얼떨결에 앞뒤 분간 없이 더 큰 일을 하나 더 저질렀다는 것이다.

남몰래 "워키토키" 제작소를 찾아가서 바다에 빠뜨렸다고 거짓말을 하고, 젊은 놈 하나 살려달라고 애원해서 우선 "워키토키" 제작비 40만 원을 손에 쥐여주고 왔다는 것이다. 부산 시내에 있는 워키토키를 모두 변상한다면 수억 원이 든다고 한다. 이 문제까지 겹쳤으니 목은 하나인데 두 군데서 잘리게 된 것이 맞는 말이다.

이렇게 억장 무너지는 일이 한꺼번에 일어나고 보니 발을 동동 구를 수밖에 없는 일이었다. 가진 것은 지금 사는 연립주택 한 개밖에 없는데, 경찰복을 벗는 것은 당연하거니와 아이들하고 길바닥에 나앉게 생겼다는 것이다.

그리고 이것이야말로 일급비밀이니 아무에게도 말하지 말고 기도해달라는 것이다. 내가 알고 있다는 것을 목사님(남편)도 모르게 해 달라고, 혼자만 알고 기도해 달라고 신신당부를 한다. 그 집사님 남편은 상부의 처분을 기다리느라 출근도 못 하고 초주검이 되어 집에서 대기 상태라고 한다.

Y 집사님은 같이 기도한다고, 교회에 나와 앉아 있긴 하지만, 기도는 한 마디도 못하고 있다. 잠을 잘 수도 없고, 그렇다고 포기하고 집으로 갈 수도 없는 진퇴양난의 처지인데 교회 의자에 엎드린 채 거의 소리가 없다. 답답하기 그지없다. 세상 말은 그렇게도 잘 하더니만 기도는 한 마디도 못하고 있다. 일주일 동안을 끙끙거리기만 하는 것이다.

갑자기 밀어닥친 엄청난 난제 앞에 억장이 무너지지 않을 사람이 어디 있겠는가! 우리는 다만 무능할 뿐이다. 다른 방법은 없지 않은가? 하나님 앞에 엎드려 기도하는 것 외에 무슨 대책이 있겠는가? 아니 이런 극한 상황에서 인간의 방법이 있다면 죄짓는 길밖에 더 있겠는가?

우리는 그저 하나님 앞에 앉아 밤을 새워 탄원하는 것 외에 아무 할 일이 없었다. 하나님께서 우리가 알지 못하는 절대적인 방법으로 해결해 주실 것을 기도했다. 하나님께서 아무 말씀 안 하시는 그 일주일간은 정말 길고도 두려웠다. 어둡고 캄캄했다. 도무지 앞이 보이지 않는다.

일을 당한 당사자도 한 마디도 기도 못 하는 상태로 시간만 흐르고 있었다. 우리는 지칠 대로 지쳐서 더 이상 버틸 수 없다고 생각할 정도였다. Y 집사님은 그렇게 한 마디의 기도도 할 수 없는 지친 몸으로 그래도 교회에는 여전히 나와 엎드려 있는 것이다. 집에서도 잠잘 수 없는 것은 마찬가지였으니까.

그런데 일주일이 되던 그 날 새벽녘에 Y 집사님 입에서 갑자기 "으아악!!"하는 큰 비명과 함께 폭포수 같은 부르짖는 기도가 쏟아져 나오기 시작했다. 입이 열린 것이다. 옆에서 같이 기도하던 사람들이 점점 조용해져서 하나씩 잠들어 가고 있었는데, 갑작스러운 이 비명에 모두 화들짝 깨어 일어났다. 잠자던 사람들도, 졸던 사람들도 하나 같이 정신을 차리고 소리 내어 기도하기 시작했다. 모든 사람의 기도문이 동시다발적으로 열렸다. 그 기도 소리는 우렁찬 군대들의 함성과 같았다. 우리들의 울부짖는 기도는 새벽예배 시간까지 계속됐다.

새벽 기도를 마치고 집으로 올라오는 길에 Y 집사님과 나란히 걷고 있었다. 같이 걸으면서 그는 너무 신기한 일을 겪었다며, 소리 지른 경위를 설명해 주는 것이다.

"거북이 뚜껑같이 너무나 단단했어요."

이것은 자신의 영적 모습인 것 같았다.

"그럼 망치로 깨야지요" 하고 나는 말대꾸를 했다.

그는 잠든 것도 아닌 상태에서 흉악한 꿈을 꾸었다는 것이다. 거북이 뚜껑 같은 딱딱한 몸을 지닌 아주 징글맞게 생긴 동물의 목 두 개가 쏙 올라오더니 무서운 눈으로 노려보면서 자기를 잡아먹으려고 혀를 날름거리면서 코앞까지 덤벼들더라는 것이다. 놀라서 꿈에서도 옆에 있는 나를 향하여 살려달라고 "사모님!"하고 소리를 지른 것이 우리가 듣기에는 "으아악"하는 비명으로 들린 것이다. 그때 꿈속에서 불렀는데 내가 가까이 다가와서 그 흉측한 짐승의 목을 두 개 똑똑 따서 바닥에 버리더라는 것이다. 그리고 그 징글맞게 생긴 거북이 뚜껑 동물도 힘없이 폭삭 주저앉더니 스르르 소멸되어 없어졌다는 것이다.

그때를 기준으로 해서 그렇게 일주일 동안 굳게 닫혀 있던 말문이 터지고 기도문이 확 열리더니 회개가 쏟아져 나오더라는 것이다. 몇 시간 동안을 울고 회개를 했는지 새벽녘에서야 한없는 마음의 평안이 자신을 온통 감싸 덮더라는 것이다. 가슴 가득한 이 기쁨을 말로는 설명할 길이 없다는 것이다. 몸도 마음도 날아갈 것 같이 가볍다고, 말하는 그의 얼굴은 마치 천사의 얼굴같이 환하게 웃고 있었다. 집으로 올라가는 우리 둘의 발걸음은 가벼웠다.

하나님께서는 먼저 자신의 영적인 모습을 보게 하셨고, 그리고 회개의 영을 부어 회개케 하셨다. 그 마음 그릇을 깨끗이 씻어내야 하나님 예비하신 축복을 담을 것이 아닌가?

살림을 사는 여자들은 잘 알 것이다. 밥 먹고 나면 반드시 설거지한다. 아무리 바보 같은 주부라도 설거지 안 하고 더러운 그릇에 새로 지은 밥을 담지는 않는다.

그날 저녁에 좋은 소식을 전해 주었다. 신기하게도 그 재판 문제가 아주 쉽게 해결되었다는 기쁜 소식이었다. 이 사건에 대한 특별하신 하나님만의 방법으로 해결해 주셨다. 그런 방법이 있다는 것을 우리는 상상도 못 했다. 절대적으로 하나님께서 개입하셔서 해결해 주신 일이었다.

1급 비밀 누설죄에 대한 것은 상관들의 배려로 장래가 촉망되는 젊은 경찰 한 명 살리는 차원에서 재판은 인권적, 인정적 재판으로 근신판결이 났다고 한다.

그러나 아직 한 가지 사건이 남아있다. 그 두 번째 "워키토키" 분실 사건이다. 기도 중에 하나님께서 내게 현장을 보이셨다. 특별한 장소로 나를 데리고 가셨다.

꿈으로 본 곳은 사람의 손이 닿지 않은 태곳적 자연 그대로의 어느 바닷가였다. 바닷물과 연결된 부분에 돌담이 쌓여 있었고, 그 돌담 안쪽으로 외국인들이 사는 집단이 보였다. 그래서 나는 그 여집사님 집으로 전화를 했다. 남편에게 "바닷가인데 외국인 집단이 사는 곳"이 부산 어디에 있는가를 물어보라고 일러주었다.

그 남편은 방바닥에 큰 대자로 누워서 고민하던 중, 그 부인의 묻는 소리를 듣는 순간 벌떡 일어나 앉더니 다음 말은 듣지도 않고, 어디론가 부리나케 전화하더라는 것이다. 그리고는 부하 전경에게 "거기 고유번호 ○○○○ 워키토키 있나 찾아보고 연락하라!"라고 명령을 하고 전화를 끊더라는 것이다. 조금 후에 전경에게서 연락이 왔는데 "예, 여기 있습니다."라고 전화가 와서 지금 남편이 황급하게 그리로 달려갔다고, 중간보고를 해주었다.

그 남편이 뛰어간 곳은 재송동에 있는 베트남 난민촌이었다. 거기에서 자신의 워키토키를 찾을 수 있었다. 그는 워키토키 제작자에게 달려가서 그 40만 원도 돌려받았다. 불법을 저지르지 않아도 되었고, 거짓말을 안 해도 되었다. 모든 문제는 깨끗하게 해결이 된 셈이다. 지금 생각해도 가슴 떨리는 드라마 같은 사건이었다.

그 남편 경찰관을 구원하시기 위한 하나님의 섭리였음을 나중에 깨닫게 되었다. 그 남편을 전도하기 위한 소원의 기도를 먼저 하게 하시고, 문제가 일어났을 때도 문제의 해결 방법을 하나님 앞에서 찾도록 우리를 인도하셨고, 하나님의 기이하신 방법으로 해결해 주셨다.

며칠 후 그의 남편을 집 앞길에서 만났다. 퇴근길이다. 그는 정시에 출근하고 항상 칼퇴근하여 집으로 곧장 달려오는 근면 성실한 공무원이었다. 90도 각도로 큰절을 하더니

"다음 주일부터 교회 가겠습니다."라고 자신의 결심을 밝힌다. 그는 전도의 메시지를 들은 적은 없지만 사건을 통해서 스스로 결심하고 교회에 출석하게 되었다. 등록한 후로는 구역예배까지 빠지지 않고 참석하는 착실한 신자가 되었다. 그는 늘 겸손한 태도로 인사를 했고, 교인들을 아주 높은 분을 모시듯 깍듯이 대우했다.

그 후로부터 이분의 신앙은 날로 자라났고 신앙의 뿌리를 내렸다. 교인들의 어려운 문제들은 앞장서서 다 처리해 주었다. 교회를 적극적으로 섬겼다. 봉사하는 일에도 앞장섰고, 경찰서에서 전경들 전도하는 모든 행사에도 협력해줘서 많은 도움을 받았다. 때로는 수십 명씩 전경들이 주일 예배에 참석하도록 열심히 협력했다.

몇 달 후 그 경찰관에게 베트남 난민촌에 가보고 싶다고 청을 넣었다. 성탄절도 다 되었고, 우리 교회에서 성탄절 행사를 준비하고 있으니 그곳 베트남 난민들과 함께 나누고 싶다고. 그리고 궁금한 것은 그곳이 정말 태곳적 바닷가인가 하는 것이다. 영적으로 본 그 현장을 보고 싶어서였다. 그래서 안내를 받아 따라가서 봉사할 장소를 현지답사도 하고, 영적으로 보았던 하나님께서 알려주신 그 장소도 보았다.

그곳은 성밀 비닷가가 연하여 있는 장소였고 외국인이 사는 곳이었다. 사람의 손으로 쌓은 돌담이 바다와 땅의 경계선을 이루고 있었다. 다른 사람은 나의 마음을 모를 것이다. 하나님께서 영적으로 보이신 바로 그 장소를 찾아와서 나의 눈으로 확인하는 그 마음의 감동과 심장 박동 소리는 나만 아는 비밀이다.

하나님께서 나 같은 죄인을 사랑하셔서 늘 항상 주님의 무릎 앞에 기도의 자리를 내어 주시고, 기도할 때마다 하나님께서는 직접 진두지휘를 하고 계시는 것을 다시 확인하는 계기가 되었다. 죄인 한 사람이 하나님 품으로 돌아오게 하는, 하나님만의 구원 사역의 공식이셨다.

우리는 늘 그랬다. 급하고, 복잡하고, 어려운 문제가 발생할 때마다 그 문제를 가지고 하나님 앞에 먼저 달려가서 아뢰는 일을 했다. 하나님 손에 그 문제를 놓아 드리는 것이 우리의 할 일이다. 하나님께서는 우리가 알지 못하는 기이하고 기적적

인 하나님만의 방법을 계획하고 계셨다. 우리의 모든 문제는 이미 하나님께서 알고 계시는 사건들이었다.

하나님의 계획 속에 우리는 존재하며 하나님의 허락하심이 없이는 한 발자국도 옮길 수 없다.

문제를 통해서 하나님께서는 우리를 가까이 부르신다. X레이가 뼈의 상태를 찍듯이 하나님 앞에 서면 우리 자신의 영적인 모습이 드러난다. 하나님 자신이 길의 인도자가 되셔서 친히 앞장서신다. 성도들을 진리의 길로 인도하신다. 하나님께서는 하나님의 방법으로 자녀들을 건지신다. 그 자녀를 부르시고 인도하시고 동행하시고 축복하신다.

우리 집 큰아들이 어릴 때 일이다. 3살짜리 어린아이가 방안에서 혼자서 소리 없이 놀다가 갑자기 "으앙!"하고 울음보를 터트렸다. 문을 열었더니 아이는 방안에서 땀을 뻘뻘 흘리면서 울고 있었다.

아이의 손에는 두 개의 끈이 들려 있었다. 나를 보더니 얼른 건네준다. "뭘 하던 참인데?"하고 물었더니 두 개의 끈을 하나가 되게 묶어 달라는 것이다. 어린아이의 실력으로는 불가능한 일이었다. 두 개의 끈을 연결해서 매 주었더니 금방 얼굴에 웃음꽃이 활짝 피었다. 아이의 실력으로는 그렇게 어렵던 것이 어른의 손에서는 쉽게 해결된다는 사실을 신기한 듯 바라보는 눈이 한없이 반짝이고 있었다.

우리의 신앙이 바로 이런 것이 아닐까? 사람의 지식과 방법과 생각은 하나님의 지혜에 비교하면 너무 미련해서 어린아이에 불과하다. 방향감각이 둔해서 생각이 영글지 못해서 거듭 실패하지만, 하나님의 손에 맡겨질 때는 다르다. 하나님의 방법은 한 번의 명쾌한 성공이 있을 뿐이다.

이 간단한 원리, 이것이 믿음의 원리이다. 그러나 하나님께서는 기도 응답까지의 시간을 허락하신다. 그 시간은 금보다 귀하다. 기다림을 통해 우리를 다시 빚으시고 온전한 하나님의 사람으로 만들어 가신다. 이 일들을 통해서 주님께서 홀로 하나님 되심을 나타내신다.

터졌어요!

"주 여호와께서는 자기의 비밀을 그 종 선지자들에게 보이지 아니하시고는 결코 행하심이 없으시리라.' [암3:7]

"내가 어느 민족이나 국가를 뽑거나 부수거나 멸하려 할 때에 만일 내가 말한 그 민족이 그의 악에서 돌이키면 내가 그에게 내리기로 생각하였던 재앙에 대하여 뜻을 돌이키겠고 내가 어느 민족이나 국가를 건설하거나 심으려 할 때에 만일 그들이 나 보기에 악한 것을 행하여 내 목소리를 청종하지 아니하면 내가 그에게 유익하게 하리라고 한 복에 대하여 뜻을 돌이키리라." [렘18:7-10]

주일날 오전 예배를 드리는 시간이었다. 예배 도중에 앞집에 사는 경찰관이 급히 문을 박차고 뛰어나간다. 24시간 실시간으로 보고되는 통신계의 심장부에 근무하는 경찰관이기 때문에 급할 때가 종종 있었다.

나도 서둘러 밖으로 따라 나갔다. 등 뒤에 대고

"무슨 일 있습니까?"

"터졌어요"

한마디 하고는 급히 사라졌다. 큰 사건이 어디에선가 발생했다는 것을 직감할 수 있었다. 왜냐면 국가의 중대한 사건 사고는 제일 먼저 알게 되는 부서이기 때문이다. 두근거리는 가슴을 안고 온종일 안절부절 마음이 진정되지 않는다. 그러고 보니 지난 목요일부터 토요일까지 사흘 동안 세 번이나 연거푸 하나님께서 기도 중에 보게 하시고 듣게 하셨던 그 꿈의 내용이 생각난다. 지금 어느 곳에서 그 사건들이 일어난 것인가? 곰곰이 생각해보니 맞는 것 같았다.

목요일 밤 기도 중에는 본 것은 가스 폭발사건이었다. 가스 폭발사건은 묘소(낯선 나라의 건물)의 폭발 사고현장을 보게 하셨다. 묘소 옆에 있는 한 건물 안에서 터졌다.

두 개의 가스통이 있었는데 한 개는 터지고 한 개는 불발이었다. 그 한 개의 가스 폭발로 벽과 지붕은 다 날아가고 가스통만 나뒹굴고 있었다.

두 번째 날 금요일 밤에는 헌화용 국화를 보았다. 장례식장이었다. 열대여섯 송이 흰색 국화와 여러 개의 사진이 일렬로 상위에 헌화 되어있었다. 누가 한꺼번에 이렇게 많이 죽는가? 대형 사고라도 난단 말인가 하고 깊은 고민에 빠져 있었다. 국가에 관한 사건이 아니면 교회에 관한 사건일 것으로 생각했다. 그 사고가 일어날 장소를 모르니 답답할 따름이다.

그리고 셋째 날 토요일 밤의 꿈이다. 숲이 가득한 산속에 묘소(낯선 외국 건물)가 있었다. 묘소 건물 옆에 아주 큰 나무가 잎이 무성하게 우거져 있었다. 그런데 나무 위에 간첩들 네 명이 까만 옷차림을 하고 까맣게 생긴 궤짝 두 개를 가마니로 싸서 위장시켜 두 명씩 들고 나무 위로 가지고 가서 장착한다. 까만 옷차림의 간첩들은 살금살금 내려와 사라졌다. 그리고 얼마 후 그것이 한 개는 터졌고, 한 개는 불발탄이 되었다.

3일간이나 연속적으로 꾼 꿈은 한 가지 사건이 아닌가 하는 생각이 들었다. 그러나 보기는 보았지만 그 장소는 낯선 외국 허름한 산속 묘소이니 어디인지 몰라 답답했다. 그래서 소극적인 대처를 하고 있었다. 우선 기도 멤버들에게 기도 부탁을 했다.

주변 사람들에게도 대형 가스폭발 사건이 일어날지 모르니 조심하라고 일렀다. 심방 하면서도 여행을 삼가고, 불조심하고, 기도하라고 일러두었다. 국가와 무슨 관련이 있는 사건일 수도 있다. 왜냐면 대통령과 국가 위정자들을 위한 기도를 많이 하게 하셨기 때문이다.

그날 밤 주일 저녁 예배를 마친 후, 종일의 궁금증을 참다못해 Y(경찰관의 부인) 집사님에게 전화했다. '무슨 사건' 이냐고? 그랬더니 그 사건은 버마(미얀마의 당시 국명)에서 일어났다는 것이다. 버마 아웅 산 묘소에서 일어난 폭탄테러라는 것이다.

그날 저녁 TV에는 아웅 산 폭발사건의 소식으로 온통 들끓었다. 경악할만한 참사현장이었다. 어찌 그런 일들을 국빈에게 저지른단 말인가? 국가 고위층의 정말

아까운 인재들이 많이 죽었다는 참담한 소식이었다.

그래도 불행 중 다행한 일은 대통령은 무사하다는 소식이었다. 대통령은 조금 늦게(의도적은 아니었지만 사정상) 도착하는 바람에 해를 받지 않았다는 것이다. 하나님 사랑받는 나라 대한민국을 위해 살려주신 것이리라. 아직 이 땅에는 밤잠 안 자고 나라와 민족을 위하여 기도하는 종들이 있고, 그 눈물의 간구를 들으신다는 확증이리라.

간첩들의 폭탄테러는 결국 대통령을 수행한 고위층들을 15명이나 사상자를 내고 말았다. 국가 고위층의 아까운 인재 중에 독실한 신자들이 대부분이었다는 것은 가슴 아픈 일이 아닐 수 없다. 하나님의 진노하심이었을까? 꼭 그런 엄청난 사건이 일어났어야만 했는가? 그것이 하나님의 뜻이었을까? 왜 하나님께서는 그 일을 허락하셨을까?

하나님의 허락하심이 없이는 참새 한 마리도 땅에 떨어지지 않는다(마10:29)고 하셨는데 하나님의 섭리하심이 없이 이런 일이 일어날 수가 있는 일인가? 하는 비탄함을 금치 못했다. 무거운 죄책감을 느끼고 깊은 회개를 하지 않을 수 없었다.

하나님께서는 그곳 아웅 산 묘소, 폭탄테러의 장소, 그곳에 깊은 관심을 가지고 계셨다. 반드시 그 사건이 일어날 것을 거듭거듭 알려주셨다. 그러나 나는 무엇을 하고 있었는가? 그래서 어디에서 일어날지 모르는 사건을 두고 애매모호한 기도만 하고 있지 않았던가?

"이 땅을 위하여 성을 쌓으며 성 무너진 데를 막아서서 나로 멸하지 못하게 할 사람을 내가 그 가운데서 찾다가 얻지 못한 고로, 내가 내 분으로 그 위에 쏟으며 내 진노의 불로 멸하여 그 행위대로 그 머리에 보응 하였느니라 나 주 여호와의 말이니라." [겔22:30-31]

무너진 데를 막아서서 기도할 종을 찾으시는 하나님, 소돔 고모라 성을 위해, 조카 롯을 위해서 아브라함을 사용하셨고(창18:16-33) 죄악의 도성 니느웨 성을 걱정하여 요나를 보내시는(욘3:1-10) 자비하신 하나님께서, 그곳 버마 아웅 산 묘소는 죽음의 길이라는 것을, 악한 자들이 생명을 노리는 음모가 도사리고 있다는 것을 아시고, 기도하라고 명령하셨건만.

평화가 왔다,
우리가 승리했다

날마다 예배당을 지키면서 기도의 불을 끄지 않는다는 것은 그리 쉬운 일은 아니다. 하지만 하나님께서 누군가의 희생을 요구하신다면 그 선택된 사람이 나였으면 좋겠다고 생각한 적이 있는가? 아니 하나님께서는 하나님의 음성에 귀를 기울이는 자를 찾고 계신다는 말이 옳을 것이다.

"내가 누구를 보내며 누가 우리를 위하여갈꼬?" [사6:8]

내가 만난 모든 사람은 기도 제목들을 많이 안고 있는 사람들뿐이었다. 그러나 대부분의 사람은 기도해서 해결한다는 것은 엄두도 내지 못하고 상상도 하지 않는다. 지금까지의 터득되고, 습득된 세속적인 방법이 무기인 줄 알고 사용한다. 자기의 알고 있는 지식이, 경험이 무기인 줄 알고 있다. 또한 권력과 돈을 무기로 사용한다.

인간의 한계에 도달한 사람이 아니면 하나님의 방법을 사용하지 않는다. 이미 많은 고난을 겪은 뒤에라야 하나님의 방법을 생각하게 된다. 지혜 있는 것 같으면서도 어리석은 것이 인간인 것 같다.

내가 12시부터는 예배당에 늘 있다는 것을 아는 사람들은 용기를 내서, 저마다의 기도 제목을 가지고 모여든다. 이는 어제오늘의 일이 아니다. 다섯 명이 열 명이 되고, 열 명이 스무 명이 되고, 그리고 오십 명, 칠십 명이 되고, 자꾸 늘다 보니 예배당이 꽉 찰 정도였다. 문제 있는 사람들은 자꾸 모여들었다. 모인 우리는 새벽 4시 반까지는 기도를 한다. 이렇게 우리는 철야기도를 지속한다.

모여드는 사람들이 다양한 만큼 기도 제목들도 다양했다. 급한 기도 제목을 받아서 나누고 합심 기도를 한다. 본인이 미처 깨닫지 못하면 대신 회개 기도도 한다. 그리고 기도하는 옆에서 지원 기도도 아끼지 않는다.

하나님의 역사하심이 크게 나타났다. 전도 받아서 온 사람들도 있었고, 기도 처소를 찾다가 온 사람도 있었고, 가까운 이웃 교회에서 온 사람도 있었다. 거제도에서도, 멀리는 제주에서도 왔다. 가끔 조는 사람은 있어도 기도는 계속되고 있었다. 우리의 기도는 힘이 있었다. 성령님의 인도하심이 있었기에 그렇게 기도를 할 수 있었던 것 같다.

하나님의 역사하심이 클수록 마귀들의 방해도 만만치 않았다.

"왜 어중이떠중이를 다 교회로 끌어들이느냐? 여기가 기도원이냐?" 하면서 반대하는 불평들이 교회 안에서 터져 나오기 시작했다. 원성이 점점 높아져 갔다.

사실상 교인들은 때로 성경을 왜곡 되게 해석하는 경향이 있다. 예수님께서의 3년 동안의 공생애를 생각해보았는가? 주님의 일을 시장가서 물건 고르듯이 골라 담는 장바구니같이 생각하는 것 같다. 하나님의 뜻과는 아무 상관 없이 자신들의 취향에 맞는 것은 받아들이고, 성격에 안 맞으면 불평하고, 반대하고, 막아 버리려는 그런 성향들이 교회 안에 도사리고 있다.

그래서 주님을 따르는 길은 좁은 길이고 멸시받는 길인지도 모른다. 차라리 교회 밖의 사람들이라면 참고, 용납하고, 더 사랑하려고, 더 섬기려고 노력을 하겠는데, 교회 안에서의 반대는 어찌 해석해야 할지 어리둥절하다. 더 가슴 아픈 일은 불신자들의 응원과 지지를 받으면서 일한 경우도 많이 있었다. 이것은 이해하기 힘든 모순이 아닌가?

우리 가정과는 친분이 두터운 장로님 댁에서 전화가 걸려왔다. 친정어머니께서 몹시 편찮으시다는 것이다. 심방 와 달라는 부탁이었다. 그러나 자정이 가까운데 다른 교회 장로님 댁에 병문안 심방을 간다는 것은 좀 도리가 아닌 것 같은 생각이 들었다.

대놓고 심방 와달라는 부탁을 할 수가 없어서 밤중에 연락했는지도 모르겠다. 아마도 자신의 담임목사님을 의식해서인 것으로 짐작도 해본다. 그러나 서로 서로의 사정을 잘 아는 터라 딱히 거절도 못 할 형편이었다. 머뭇거리면서 대답을 못 하고 있는데 급하다면서 일방적으로 전화를 끊어버린다. 나의 대답은 필요가 없다는 듯이.

안 그래도 교회로 막 나서려는 참이었기 때문에 교회로 향해 일단은 발걸음을 옮기고 있었다. 하나님께 엎드렸다. 어찌해야 할지를 묻고 또 물었다. 담임 목사님 성향을 잘 아는 터라 더욱 망설여진다.

"다른 교회 장로님 댁에 병문안 심방을 가도 되는지요? 그 교회 담임 목사님께서 아시면 역정을 내실 터인데, 그것도 이 밤중에……."

시간이 좀 흘렀던 것 같다. 잠든 것도 아니고, 깬 것도 아닌, 비몽사몽 간에 장로님의 가정이 처한 영적 상황이 눈앞에 보인다. 검은 옷을 입은 깡패 7명이 그 장로님 집안을 기웃거리다가 그 안에서 어떤 ○○○을 납치해서, 양팔을 뒤로 깍지 끼고 질질 끌고 뒷산으로 가더니 낫을 휘둘러 찢어 던지고 또 장로님 댁으로 내려와서 서성거린다.

예배드리러 오는 ○○들 마다 같은 방식으로 찢어 뒷산에 버리고 의기양양하게 돌아오는 깡패들의 횡포는 실로 소름 끼치는 모습이었다. 아주 짧은 시간에, 영화의 한 장면을 본 것 같았다. 그것이 그 환자의 영적인 형편이라면 내가 간다고 그 깡패들이 물러날 것인가? 이것은 병과의 싸움이 아니고 진을 치고 있는 깡패들 같은 악한 영들과의 전쟁이 아닌가? 마음이 번거롭고 자신이 없었다.

"하나님 왜 하필 제가 가야 합니까? 저는 지금 이 형편이 매우 난처합니다. 저는 안 가도 비난할 사람은 아무도 없지 않습니까?"
나는 기도하면서 두려워 떨었다.
"영혼만을 생각하라."
"주님께서 동행하신다면, 주님 손으로 친히 그 일을 하신다면, 깡패와 사탄들을 묶어 주신다면 순종하겠습니다."
결국은 하나님의 명령에 등 떠밀려 결심을 하고 말았다. 밤중에 택시를 타고 장로님 댁으로 갔다. 벨을 눌렀다. 아무도 잠을 자지 않고 대기 상태로 모여 있었던 것 같다. 기다리고 있었다는 듯이 바로 현관문이 열렸다.

"어서 오세요"

장로님 댁은 내가 평소에 부러워하던 나의 이상형 가정이었다. 먼발치에서만 바라볼 수 있는, 나의 부러움의 대상인 그 가정을 향해 나는 스스로 접근 금지 명령을 내린 채 살고 있었다. 나는 도저히 그렇게 살 수 없는 현실이었기 때문인지도 모른다. 넓은 아파트에 제자리에 잘 정리된 살림살이가 그들의 풍요로운 생활을 말해주고 있었다. 이런 집에는 누가 별말을 하지 않아도 괜히 주눅이 드는 집이다.

장로님과 사모님은 친절히 나를 맞아 주었다. 바로 친정어머니 방으로 나를 안내했다. 환자는 몹시 괴로워하고 있었다. 20일째 물 한 모금도 마실 수가 없는 상태이며, 극심한 고통을 당하고 있는 것을 차마 눈 뜨고 볼 수가 없었다고 한다. 친정어머니 되시는 집사님은 사위나 딸이 알까 봐 문을 잠그고, 이를 악물고, 밤새도록 온 방을 헤매면서 그 고통을 혼자 겪는다고 한다. 행여 직장생활하는 사위와 딸이 자신 때문에 피곤할까 봐, 누가 될까 봐 전전긍긍 애쓰는 모습에 자식들은 더욱 마음이 불편하고 안타깝다고 한다. 요와 이불을 준비해서 환자 옆에 깔아 준다. 그래서 나는 정색을 하면서 거절했다.

"자러 온 것이 아니니 이부자리는 필요 없습니다." 하고 말했으나 한사코 자리를 펴고 있다. 조금 젊은 할머니 한 분이 그냥 환자의 방안에 남아있을 모양이다. 환자의 형제분인가 했더니 젊은 시절에 환자 집사님에게 신세를 많이 졌다며 자기소개를 했다. 자기를 의식하지 말고 기도를 하라고 한다. 자기는 신앙이 없고 기도할 줄도 모른다고.

딸은 자기 방으로 얼른 가고 만다. 주인(부른 사람)은 적어도 같이 예배드리는 시간에는 있어 줘야 하는 것 아닌가? 낯선 집에 낯선 사람들만 남겨 놓고 혼자서 잠을 자러 가다니 하는 생각이 잠깐 스쳐 지나갔다. 얼굴 아는 사람은 장로님과 그 부인 집사님뿐인데…….

조금은 서운했지만 회개하는 마음으로 얼른 고쳐먹었다. 친정어머니의 병세가 오래된 듯했고, 낮에 직장생활하고 밤에는 잠도 못 자고 얼마나 힘들었을까? 오늘 저녁만이라도 잠 좀 자고 싶었겠지. 하루 이틀의 문제는 아니었을 테니까.

나는 혼자서 찬송을 여러 장 부르고 기도를 했다. 환부에 손을 얹고 밤새워 기도

했다. 너무 고통스러워하니까 손을 뗄 수도 없고, 잠을 잘 수도 없었다. 이런 환자는 처음 겪는 일이다. 병증이 온몸에 퍼진, 위암 말기 환자였다. 병원에서도 포기한 것 같았다. 크게는 새끼 감자, 작게는 포도알, 콩알 같은 올망졸망한 덩어리들이 온 배와 가슴에 만져졌다. 그 밤에는 엄청난 영적 전쟁을 치렀다. 벌써 새벽녘이 다 되었다.

4시 반이 되어서야 환자가 겨우 잠드는 것을 보고 새벽예배를 드리려고 조용히 빠져나왔다. 성경책 가방을 들어 올리는 것조차 버거울 정도였다. 걸음을 옮길 때마다 다리가 휘청거렸다. 완전히 그로기 상태였다. 그러나 나는 어서 움직여야 한다. 찬바람과 맑은 공기가 내게 힘을 불어넣어 주는 것 같았다.

겨우 교회로 달려가서 새벽 예배를 마치고 집에 와서 쌀을 씻으려는데 쌀 씻을 힘이 없다. 힘이란 힘은 모두 소진된 상태였다. 죽을힘을 다해 애들을 깨우고 도시락을 싸고……

겨우 집안일을 힘겹게 마치고 심방을 가려는데 전화가 걸려왔다. 어제 그 장로님 댁이다. 자기 어머니가 20일 만에 처음으로 물을 마시고 미음을 먹을 수 있게 되었다고 오늘 밤 다시 한번 와주면 안 되겠느냐는 전화였다. 목사님과 의논하겠다는 간단한 대답을 하고 끊었다.

종일의 바쁜 심방 일정을 마치고 조금 일찍 교회에 가서 기도했다. 같이 철야기도하는 사람들도 챙겨야 하기 때문이다. 기도 중에 하나님께서 또 눈을 열어 그 할머니의 영적인 모습을 보여 주셨다. 새까만 깡패 일곱이 사방으로 빙 둘러서서 할머니를 겁주면서 협박하는 것이다. 자기들의 노예이니 자기들의 명령을 따르라고. 그것을 보고는 포기할 수가 없었다.

밤중에 다시 장로님 댁을 방문했다. 오늘도 어제의 그 친구분이라는 젊은 할머니만 있었다. 같이 기도하겠다고 한다. 기도하는 도중에 옆에 가만히 앉아 있기만 하던 이 할머니가 회개하기 시작했다.

"나는 평생 갚지 못할 신세를 지고도 방법이 없어서, 이렇게 죽게 된 것을 바라만 보고 있었지만, 얼굴도 모르고, 아무 관계 없는 사모님은 밤을 새우면서 기도하는 것을 보니 민망하고 부끄럽기 그지없습니다.”

자기가 할 수 있는 일은 아무것도 없었는데, 기도하는 옆에 있게 해 줘서 고맙다고 하면서 참고 있던 울음보를 터뜨린다. 통곡하면서 이제부터 하나님 잘 믿겠다는 결심도 한다. 그래도 할머니 한 분이 옆에 있어 주는 것만으로도 고마웠다.

새벽에 아무도 모르게 빠져나와 택시를 탔다. 바쁘고 분주한 아침을 치르고 있으려니 또 전화가 걸려왔다. 장로님 댁이다. 딸인 J 집사님은 자기 엄마가 이제는 근력을 차렸고 고통도 많이 가셨다고, 그리고 나를 기다린다고 일러준다. 역시 대답은 필요로 하지 않는가보다 일방적으로 전화를 끊는다.

바쁜 하루해가 저물고 교회 가서 잠시 기도하는데, 어두컴컴한 집들이 있고 총을 든 검은 옷을 입은 사람들이 지붕 위에서 살금살금 이리저리 자리를 잡더니, 사람들을 향하여 총을 겨누고 있는 것이 마치 명령만 내리면 쏠 기세다. 그러나 다음 순간 사방에서 흰옷 입은 사람들이 꾸역꾸역 모여들면서 소리를 친다.

“이제는 자유다. 평화가 왔다. 우리가 승리했다.”

하면서 무리가 하나님께 영광을 돌리면서 만세를 부른다. 아! 이제는 영적 전쟁이 끝났구나 하는 생각과 함께 승리의 환호성이 터져 나왔다.

“할렐루야! 주님 영광 받으시옵소서.”

나는 벌떡 일어섰다. 시곗바늘은 새벽 2시를 지나치고 있었다. 혼자 심방 가려고 가방을 챙기니 같이 기도하던 청년들이 눈치를 채고 어디 가는지 같이 가겠다고 따라나선다. 세 명만 동행했다. 택시를 타야 하니까. 늘 같이 기도하던 청년들이 되어서인지 내게 큰 힘이 되었고, 그날은 기도하기도 아주 수월해졌다.

새벽에 나오면서 할머니에게 당부를 드렸다. 마귀를 이기는 방법과 천국의 소망을 잃지 않도록 지속적인 예배와 말씀의 힘을 얻도록 부탁했다. 마음에 섭섭함이 있으면 풀고, 회개할 것은 남김없이 다 고백하고, 전도 못 한 자녀들 속히 전도하고, 주변 정리를 빨리하도록 권면했다. 이것이 하나님 앞에 빨리 가는 지름길이라고.

준비되면 하나님께서 빨리 부르실 것이라고 설명했다. 천국은 아픔도, 슬픔도,

가난도, 원망도 없는 곳이며, 믿음으로 구원받은 하나님 백성이 영원히, 영원히 찬양하면서 사는 곳이라고 설명해드렸다. 할머니는 기뻐했다. 내 손을 잡고 고맙다는 인사까지 챙긴다.

그리고 딸에게는 마귀가 틈타지 못하도록 말씀을 읽어 드리고, 깨어서 기도하도록 부탁했다. 그 후 부탁한 일들은 충실히 이행하고 있다는 소식을 종종 보고해주었다.

두어 달쯤 지났을까 새벽에 전화가 걸려왔다. 자기 엄마가 천국 가셨음을 알려주는 전화였다. 승리의 천국 입성을 확실하게 했다고 기뻐했다. 달려갔더니 머리맡 농을 가리키면서 할머니가 마귀와 싸우면서 낸 흔적이라고 설명했다. 할머니는 등긁이를 항상 머리맡에 놓고 있다가 마귀가 나타나면

"내가 속을 줄 알고, 안 가, 안 가, 나는 천사가 데리러 올 거야!" 하고 등긁이로 딱딱 쳐서 마귀를 내쫓았다고 한다.

영적 전쟁의 치열함이 역력했으며, 승리의 흔적도 확실했다. 할머니의 얼굴은 천사의 얼굴같이 어두움이 없었고, 고통의 흔적도 없었다. 평화만이 가득했다. 딸은 내 손을 잡고 감격의 눈물을 흘렸다.

한 생명이 이 땅에 태어나는 것도 하나님의 섭리이며, 천국 백성으로 입성하는 것도 하나님의 섭리인 것이다. 특히 구원받기로 작정 된 영혼은 한 생명도 놓치지 않으시고, 회개할 때까지 오래 참으시는 하나님이심을 다시 한번 깨닫게 해 주셨다. 마른 막대기에 지나지 않은 나를 천국 입성을 돕는 도구로 써주셨다.

불신자의 협조로 교회를 증축했다

"내가 이 성전에 영광이 충만하게 하리라 만군의 여호와의 말이니라 은도 내 것이요 금도 내 것이니라 만군의 여호와의 말이니라." [학2:7-8]

60여 평의 땅에 지은 우리 교회는 이제 앉을 자리가 없을 정도로 비좁았다. 사람들은 이 교회는 늦게 가면 앉을 자리가 없다면서 일찌감치 교회에 와서 기도하고 예배 준비를 한다. 그렇게들 마음먹는 것이 매우 대견스럽고 마음이 흡족했다. 서둘러 모여드는 교인들을 바라보면서 "교회를 증축해야 한다"라는 즐거운 부담감이 우리를 매일 기도하도록 만들었다.

어쩌면 이런 마음은 하나님의 소원을 우리의 마음에 넣어 주신 것일지도 모른다. 기간을 두고 오랫동안 준비 기도를 하는 중에 우리들의 마음을 하나님께서 이끌어 가심을 알게 하셨다. 날마다 우리는 교회 증축을 위해서 부르짖었다. 우리는 기도가 끊어지지 않노록 24시간 낭번세 릴레이 기도를 계획했고, 전 교인이 참여했다.

하나님께서 현재의 교회 뒤쪽, 그러니까 강대상이 놓여 있는 쪽으로 교회 땅을 주실 것으로 생각했다. 모양새가 그래야 옳은 것 같았다. 그래서 땅임자를 수소문해서 만나기도 했다. 옆쪽의 땅도 알아봤다. 김해까지 찾아갔었다. 한결같이 그들은 거절했다.

그런데 하나님께서는 큰 도로 쪽, 교회 앞쪽이라고 하신다. 그 땅은 교회 바로 앞에 사는 송 통장의 사촌 누님 땅인데 동생인 송 통장이 관리하면서 우리에게 밟고 지나다니는 것만으로 세를 받아 챙기고 있었다. 몇 년 동안 우리가 고르고 밟고 다닌 그 땅을 하나님께서 주시겠다고 약속하셨다.

120평인데 소문에 의하면 절대로 팔지 않겠다는 것이다. 60평만 잘라서 팔라고 하니 더욱 말도 안 된다고, 어림도 없는 소리 하지 말라고 한다. 그야말로 여드레 삶은 호박에 손톱도 안 들어갈 말이라는 것이다.

그 사촌 누님을 면발치로 한 번 본 적이 있는데 키가 크고, 덩치가 남자 같아 그리 곱지 않은 인상이었다. 성격이 강해서 아무하고도 타협이나 의논이 안 된다는 소문이다.

그러나 만나 보지도 않고 소문만으로 포기할 수는 없는 일이다. 하나님 뜻이라면 어떤 방법으로라도 그 땅을 우리에게 주실 것이고, 교회를 그 땅에 증축할 것이라는 확신도 주셨다.

기도하면서 중간중간 찔러 보았다. 얼마나 익었는지, 불을 더 때야 하는지를.

"저 송 통장님!"

나는 번번이 저만치 지나가는 송 통장을 불러 세운다.

"아, 예" 하면서 뒤돌아보면 나는 조용히 웃으면서

"아니! 저어! 예수 믿으시라구요. 교회 앞에 살면서 구원도 못 받고, 천국도 못가면 억울하지요." 하고 큰 소리로 전도할라치면

"아! 난 또 뭐라구요?" 하면서 가던 길을 재촉하여 사라진다.

교회에 대해서 처음보다는 많이 누그러진 상태가 되었다. 우리는 열심히 기도를 계속하고 있었다.

어느 날은 송 통장이 먼저 말을 걸어왔다.

"다른 집들은 자꾸 올라가는데 교회만 푹 꺼져가 되겠습니까? 교회 안 짓습니까?"

하나님께서 송 통장의 입을 통해서 우리의 기도 제목이 나오게 하셨다.

"예! 송 통장님이 협조해주시면 교회 지을 수 있습니다." 했더니 정색을 하면서

"무얼 협조해야 하는 겁니까?" 하는 것이다. 협조할 모양이다. 나는

"땅 사는 것을 도와주세요. 반만 팔라고 해 보세요!"

"생각해보겠습니다. 그러나 우리 사촌 누님 보통 사람이 아닙니다. 다 사는 것도 아니고 절반만 달라 하면 누가 주겠습니까? 힘들 것입니다."

"그래도 약속을 잡아 주세요."

나는 열심히 기도하면서 기다렸다. 힘든 부탁이기 때문에 더욱 간절했다. 하나님의 자비하심의 손길만 바라며.

아예 만나주지도 않을 것이라는 예상을 깨고 연락이 왔다. 막상 만나자고 연락이 오니 가슴이 뛴다. 약속하고 만나 보았더니 의외로 순수한 면도 있었다. 그 많은 날의 눈물 기도가 그의 마음을 하나님께서 부드럽게 만져 놓으신 것을 눈으로 보게 하셨다. 그러나 만만치는 않았다.

그의 첫 마디가 "문중에서 반대" 한다는 것이다. 그러나 나도 섣불리 물러설 사람은 아니다.

"하나님께서 허락하신 땅입니다. 팔면 복 받는 일입니다. 그러나 하나님께서 쓰시겠다고 하는데 주지 않는다면 뒷감당은 본인이 해야 할 것입니다."라고 말했다. 그는 한풀 꺾이는 듯하더니

"그러면 돈은 마련이 되었습니까?" 매우 난감한 질문이긴 했지만 하나님께서 하시는 일이니,

"이 땅을 담보로 해서 새마을금고에 돈을 빌려야 합니다."

그때 당시 국가 사정이나 교회 사정이 어려워서 교회 건물은 담보로 받을 수 없다는 것이 모든 은행의 입장이었다. 사정상 빚을 못 갚는 바람에 교회들의 신용이 땅바닥으로 떨어져 있는 상태였다. 결국은 60평을 사는데, 팔지도 않겠다는 누님의 땅 120평을 새마을금고에 저당 잡히고 돈을 융통하여 땅값을 지급했다.

그때부터 교회 교인들이 건축헌금을 작정하게 되었다. 작정 헌금은 현금이나 금방 들어오는 목돈이 아니다. 매월 얼마씩 나오는 할부헌금 작정이었다. 그러니 헌금이 충당되지 않을 때는 은행에서 독촉장이 그 누님 집으로 간다는 것이다. 그래서 여러 번 그 누님이 독촉장을 들고 와서 나를 괴롭혔다. 돈도 없으면서 교회 짓는다고.

여러 가지로 힘들 때 우리 교회 R 장로님께서 일억 남짓의 돈을 교회에 빌려주었다. 우리 교회에서 이자도 없이 푼돈으로 몇 년을 갚아 드렸다. 어쨌든 불신자의 적극적인 협조로, 또한 장로님의 도움으로, 그리고 교인들의 작정 헌금으로 땅을 사고 증축을 시작했다.

우리 교회에서 전도 받고 일찍 서울 쪽으로 이사 갔던 7~8명의 가정이 건축헌금을 보내왔다. 우리 교회에서 은혜 받고 몇 년 안 되어 떠났던 많은 분도 건축에 참여했고 강대상이며, 주보대며, 필요한 모든 기물을 헌물 하여 넉넉하게 채워주셨다.

우선 증축 준비를 하면서 주변 사람들을 위한 기도를 많이 했었다. 사랑도 베풀고 교인이 기증한 화장품 세트도 돌리고 부활절과 감사절과 성탄절에는 떡과 빵을 배로 장만해서 교회 주변 사람들에게 돌렸다. 집주인뿐만 아니라 세 들어 사는 사람들까지 한 가정도 빼놓지 않고, 교회를 증축할 것이니 협조 부탁드린다고 일일이 찾아가서 미리, 미리 인사를 드리고 섬겼다. 주변 사람들은 오히려 고맙게 여기고

"우리가 가만히 있는 것이 도와 드리는 것 아닙니까?"

협조는 바로 자신들이 조용히 있어 주는 것이라는 답을 알고 있었다.

교회 증축이 마을의 축제와 같이 불신자와 주변 사람들이 손뼉 쳐주고 응원해주는 가운데서 이루어졌다. 교회 형편상 사찰 집사님도 권고 사면하고, 교회 기물들은 밖에 내놓고 천막으로 덮어 놓고 먼지 나는 길은 주변 이웃 사람들이 나서서 물 뿌리고 청소도 해주고 도둑도 지켜주었다.

밤에 교회에 누가 찾아오든지, 일이 생기면 불신자 이웃 사람들이 솔선해서 우리 집에 전화로 연락도 해 주었다. 교회 주변의 사정을 도맡아서 짬짬이 보고해주는 것도 잊지 않았다. 참으로 고마운 일이었다.

드디어 증축을 마치고 입당 예배를 드리는 날이 되었다. 부자가 된 듯 뿌듯한 마음으로 한복을 곱게 입고 교회 이층층계를 올라가는데 비디오 찍는 아저씨가 벌써 와서 화분의 테이프가 돌돌 말린 것을 돌려, 글씨가 보이도록 펴 가면서 사진을 찍고 있었다.

"수고하십니다. 그런데 화분을 찍고 계시네요?"

의외라는 듯 인사를 했더니

"축하드립니다. 그런데 내가 부산 시내 교회 입당 예배를 많이 찍어 왔지만 이런 일은 처음인 것 같아서 테이프에 적힌 글씨들을 똑바로 나오게 하려고 돌리고 있었습니다. 어느 교회든지 화분이나 화환이나 거울들은 다 교회 이름으로 목사, 장

로나 기업을 운영하는 사장 이름으로 배달되는 것이 상식이 아닙니까? 그런데 오늘 이 화분들을 보세요. 전부 새마을금고, 우체국, 파출소, 동회 이런 기관에서 보내 왔다는 게 특이합니다."

"예 그분들이 많이 응원해 주시고 협조해주셨습니다."

"참 감동적입니다. 교회들이 이렇게 되어야 하는 것 아닙니까?"

교회를 지으려면 그 동네 사람이 데모하고, 입당까지 방해하는데 여기는 다르다는 것이다. 그랬다. 우리 교회 행사에는 많은 불신자가 참석해 주었고 응원도 아끼지 않았다.

그동안 우리는 지역의 모든 기관과 협력사역을 해왔다. 교도소나 소년원에서 갓 나온 사람들의 교화 부탁을 교회로 해왔고 우리는 그분들의 명단을 가지고 집으로 찾아가서 열심히 복음을 전했다. 그리고 소년, 소녀 가장 돕는 일에 동회와 협조했다. 무의탁 노인 섬기는 일에 앞장섰다. 이런 섬기는 일은 삽시간에 입소문이 퍼졌다.

혹시라도 이웃 교회 목사님들이 윤리적으로 도덕적으로 아니다 싶으면, 동네 사람들은 자신들이 막아서서 "부일 교회 목사님은 양반이다." 그런 행동하는 것 아니라면서 호통을 쳐서 돌려보낸다고 한다. 자신들이 마치 우리 교회의 대변인이 된 것처럼 말이다.

그리고 보니 핍박 가운데 이루어진 개척교회였지만 관심과 지지와 협조를 지역 주민들에게 받은 것도 많았다는 것을 다시 한 번 감사를 드린다.

여기까지 인도하신 에벤에셀의 하나님은, 구원받는 영혼이 있는 곳에 그 시선이 머무신다는 것과 친히 앞서 하나님 나라를 이루어 나가신다는 사실을 확신할 수 있었다.

각본이 있어야

나의 친정어머니는 70대 초반에 시골의 모든 생활을 정리하고 장남이 사는 부산으로 오셨다. 시골에서 50대 늦은 나이에 신앙생활을 시작하셨지만, 많은 은혜를 받으셨고, 또 많은 은사를 체험하셨다. 신앙생활 시작하고는, 지난날들이 헛된 삶인 줄 아시고 정리하기 시작하셨다. 지금까지 자신이 믿었던 종교라든지, 마음속에 자리 잡은 모든 유교권 생활방식들을 하나님 앞에서 정리하셨다.

자식에 대한 애착 때문인지, 지금까지 자식들을 기도하면서, 축복하면서 말씀으로 키우지 못했던 것들을 못내 아쉬워하셨다. 지난날들 놓쳤던 시간에 대해 갚아야 하겠다는 부담감 때문에 하나님의 말씀을 깨달은 그 날부터 철야기도를 시작하셨다. 버릴 것은 버리고, 채울 것은 채우는 일들을 하나님 앞에서 신실하게 행하셨다. 그리고 자녀들이 축복을 받아야 하겠기에 날마다 성전을 떠날 수가 없었다고 하셨다.

해방 이후 시골 살림은 궁색했고, 자녀들이 아파도 적당히 갈 만한 병원도 없었던 시절에 급하면 용한 점쟁이를 찾아가거나, 아니면 귀한 아들일 경우는 건강하고, 명이 길어진다고 이름을 절에 올리는 일들을 많이 했다고 한다.

딸 둘을 낳고 아들을 낳았으니 독자인 아버지에게나 어머니에게는 귀한 아들이었다. 그 아들이 몸이 약해서 늘 얼굴이 창백해 있었다고 한다. 건강하게 키우기 위해 절에 올렸던 것이 하나님 앞에서 그렇게 큰 죄가 되는지 몰랐다는 것이다. 다른 자녀들 기도를 하면 괜찮은데 유독 장남 기도를 하면 마귀가 방해한다고 한다. 갓 쓴 시커먼 사람이 나타나서 "그건 내 꺼야!" 하면서 기도하지 못하게 가로막는다는 것이다.

우리 엄마는 체구가 작고 가냘프게 생겼지만 담력은 여느 남자 못지않으신 분이셨다. 반드시 절에 올린 이름을 빼앗아 와야겠다는 굳은 결심을 하게 되었다. 절에 그 이름을 올린 것이 지옥 가는 길인 줄 옛날에는 몰랐었다며. 매일 같이 강대상 밑, 제일 앞자리에 가서 기도하신다. 철야기도를 하려고 하면, 마귀도 강대상에 먼저 와서 기다리고 있다고 한다. 밤마다 마귀하고의 전쟁을 치러야 했다.

"하나님 회개합니다. 그때는 어리석고 미련해서, 몰라서 절에 이름을 팔았습니다. 이제 믿고 보니 지옥에다 아들 이름을 팔았던 것을 깨달았습니다. 아들 이름 도로 찾게 해 주세요. 악한 마귀는 물러가라! 예수 그리스도 이름으로 물러가라! 내 아들 이름 내놔라!"

두어 달 남짓 날마다 마귀와의 전쟁을 치렀고, 그 영적 전쟁은 치열했다고 한다. 그런데 하루는 그 매일 같이 나타나던 마귀가

"너 같이 지독한 년은 처음이다" 하면서 뒤로 휙 돌아서는데 소름이 쫙 끼쳐 오싹하더라고, 오래된 얘기를 들려주셨다. 그 이후로는 한 번도 나타나지 않았고 기도로 승부를 본 것이 확실하다고 간증하셨다. 엄마의 생명을 건 기도를 통해 그 아들은 신앙적으로 안정을 찾았다.

또 고향을 떠나 큰아들 집으로 오실 때는 예수 믿는 자녀들에게 혹시나 누가 될까 봐 고향에 있는 조상들의 묘도, 믿지 않는 일가친척들을 설득해서 다 파서 화장해서 없애고, 모든 주변 정리를 다 하고 내려오셨다고 한다. 그리고 내게 "조상들의 묘와 네 아버지 묘까지도 내 손으로 정리하고 온 내가 내 묘를 만들겠느냐?" 하시며 자신의 소신을 밝히셨다.

우리 어머니는 참으로 효녀셨다. 90세가 넘어서 예수그리스도를 영접하신 외할머니 옆에서 지극 정성으로 성경을 읽어 드리고 기도해 드렸다. 과일과 음식으로 공궤를 해 드렸노라고 말씀하셨다. 마지막 천국으로 입성하시는 것까지 효도해 드렸다고 한다.

한 번은 한숨 쉬듯이 "나는 누가 해 주나?" 지나가는 말처럼 하시는 어머니의 말씀을 나는 마음으로 받았다. 속으로 나는 결심했다. 엄마가 모범을 보여 주었으니 나도 울 엄마같이, 엄마의 마지막을 장식해 드리고 싶었다. 왜냐면 우리 엄마는 희

생이란 말은 생각조차 하지 않고 평생을 희생하며 사신 분이셨기 때문이다.

어머니의 사랑은 언제까지나 나이가 들지 않는다고 했던가? 그랬다. 70이 다 된 자신의 딸인 나를 그윽한 눈으로 바라보시며 늘 대견해 하셨다. 우리 엄마는 경험이 풍부하셨고, 현명하셨고, 나의 신앙 여정이 만만치 않은 고난의 길임을 늘 안쓰러워하셨다.

[생텍쥐페리]라는 프랑스의 소설가는

"우리 부모들은 우리의 어린 시절을 꾸며 주셨으니 우리는 그들의 말년을 아름답게 꾸며드려야 한다."라고 말했다.

나는 엄마의 말년을 내가 꾸며 드리고 싶었다. 엄마를 위한 3가지 기도 제목으로 20년 가까이 기도를 했었다.

첫째, 우리 엄마는 예배드리다가 "할렐루야 아멘"하고 부름을 받게 해 주옵소서.

둘째, 우리 엄마는 고생 없이 순탄하게 천국으로 입성하게 해 주옵소서.

셋째, 좋은 날씨 주셔서 문상객들에게 불편함 드리지 않게 해 주옵소서.

우리 엄마는 92세의 마지막 생신에는 5번이나 생일 축하 상을 받으셨다. 생신 당일에는 몇 명의 자녀들과 손자, 손녀, 증손들이 모여 예배를 드렸다. 나는 설교를 하면서 엄마가 돌아가신 후에나 있을 약력, 자손들의 숫자, 슬하에 박사가 몇 명, 석사가 몇 명, 학사가 몇 명, 목사가 몇 명, 신학생이 몇 명, 권사가 몇 명, 집사가 몇 명 통계를 내서 다 보고를 드렸다.

그리고 심폐소생술을 사용하지 않을 것이며, 산소호흡기로 생명 연장은 하지 않을 것이며, 엄마가 30년 이상 가지고 다닌 "수의"는 순서대로 내가 입혀 드릴 것도 약속했다. 원하시는 대로 수목장을 할 것도 약속드렸다.

구순 때에는 스튜디오에 가서 예쁘게 사진도 미리 찍어 드렸다. 돌아가시기 두 달 전에는 내가 봉사하는 호스피스 병원에 가서 영양제를 주사하면서 원장님과 전도사님과의 얼굴 익히기를 시도했다. 그리고 급하면 이곳으로 오겠다고 미리 약속을 해두었다.

"엄마! 엄마는 예배드리다가 '할렐루야 아멘'하고 돌아가셔야 해요. 집에 혼자 계시다가 돌아가시면 엄마가 할렐루야 아멘 하고 돌아가셨는지 아무도 모르잖아요. 호스피스 병원은 아침마다 예배를 드리거든요. 증인이 있어야 해요"

하고 내가 늘 기도한 내용을 귀띔해 드렸다.

그리고 순간순간 만날 때마다 "엄마! 지금이라도 하나님 오라 하시면 천국 갈 수 있어요?" 하고 물을라치면 "할렐루야지!" "아멘이지!" 그런 확신에 찬 대답을 하셨다.

우리 엄마는 언제 어느 때 부름을 받을지 알 수 없으니 입을 굳게 다물고 회개 거리를 만들지 않으셨다. 회개할 시간이 없을까봐. 자녀의 일이라도 절대로 판단을 안 하셨다. 부르시면 어서어서 서둘러 가시려고.

마지막 호흡곤란으로 복음병원에 하루 입원하셨고, 그리고 이튿날에는 약속대로 호스피스 병원으로 모셨다. 나는 저녁 늦게까지 앉아서 엄마와 이야기를 나누었고, 이불과 속옷과 과일즙을 준비했다. 슬리퍼와 성경과 소지품을 놓아 드렸다. 하루 안 봤는데 아들이 보고 싶다고 아들 집으로 가야겠다며 내 발걸음을 무겁게 하셨다. 내일은 아들과 며느리가 올 것이라고, 나도 다시 오겠다고 약속드리고 늦은 시간에 집으로 왔다.

다음 날 아침이다. 그러니까 호스피스 병원에서의 첫날 아침 9시 예배시간에는, 병든 노인 엄마가 아니라 마치 색시같이 예쁘게, 용사같이 당당하게 예배드리러 나오는 모습을 보고, 하루 만에 저렇게 좋아질 수가 있나 하고 원장님은 속으로 감탄했다고 한다.

예배시간에, 호스피스 병원의 P 전도사님은 누가복음 19장의 삭개오에 대한 이야기를 설교하다가 갑자기 큰 소리로

"여러분! 삭개오 같이 오늘 구원받을 사람 있습니까?" 하고 소리를 쳤는데 우리 엄마 혼자서 두 손을 들고 "할렐루야! 아멘!" 하더니 고개를 숙이고, 숨 한번 푹 몰아쉬고 그대로 천국으로 가셨다고 한다.

30~40여 명의 환우 분들과 병원의 모든 직원을 증인으로 세우고, 그렇게 기도대로 예배드리다가 "할렐루야! 아멘!"하고 돌아가셨다. 하나님께서는 나의 세 가지 기도 제목을 다 응답해 주셨다.

수의를 찾아서 병원으로 뛰어갔는데, 우리 장례식을 맡은 장의사 집사님은 수의를 보고 연신 놀란 표정이다. 다른 옷을 입혀드리면 안 되느냐고, 이 명주는 조선시대 옷같이 기념으로 두라고. 그랬다. 아주 좋은 명주였다. 30년 전에 그것도 본인 자신이 손수 만들어서 어디를 가시든지 끌어안고 다니셨던 그 수의였다. 그리고 내가 엄마 집에 가면 늘 서랍을 열고 "순서대로 놔두었으니 나 죽거든 네가 순서대로 입혀라."하고 딸인 내게 늘 만날 때마다 확인시키시고, 부탁하는 우리 모녀의 대화 내용이기도 했다. 약속한 대로 수의 입힐 때는 내가 가서 입혀 드렸다.

수의를 입힐 때도 장례식을 집도하는 집사님은 연신 놀라는 표정이다. 마지막 겉옷을 입힐 때는 등 밑으로 끈을 어떻게 끄집어내나 하고 잠시 고민했는데, 그런 고민을 미리 아시기나 한 것처럼 이쪽에 내서 아예 꿰매놓으셨다. 자신의 수의에 이런 배려까지 해 놓으신 것이다. 그리고 장갑이나 버선에 명주 솜을 두어서 보들보들한 것이 정말 예뻤다.

기도 제목대로 돌아가실 때 힘들지 않게 해 주셨고, 장례식을 치르는 내내 날씨까지 도와주었다. 일기예보에는 태풍과 비가 온다고 했지만 마지막 수목장을 마치고 집에 들어설 때까지 비도 오지 않은 좋은 날씨를 하나님께서 허락해 주셨다. 막 집에 들어서니 빗방울이 떨어지기 시작했다. 할렐루야!

장례식에 참석했던 모든 목사님은 각자 자기 교회에 가서 "예배 중에 할렐루야! 아멘" 하고 돌아가셨다는 설교를 했다고 한다. 우리 형제들이 다니는 교회에서도 목사님들이 다 이런 설교를 했다고 한다.

또 장례식을 마친 후에도 많은 사람이 혹은 목사님들이 찾아오셨다. 전화로도 물어왔다.

"어떻게 하면 부모를 그렇게 돌아가시게 할 수 있습니까?"

나는 서슴지 않고 자랑스럽게 대답한다.

"각본이 있어야 합니다."하고 대답할라치면

"그 각본은 어떤 각본?" 하면서 의아한 표정을 짓는다. 바로 그 각본은 하나님께서 짜 주신 각본이었다.

"어머니께서 고향 집을 정리하시고 큰아들 집으로 오셨을 때부터 시작해서 20

년 동안을 그 기도 제목으로 기도를 했습니다."라고 자랑스럽게 대답하곤 했다.

사실은 내 입술로 드린 기도였지만 하나님께서 주신 기도 제목이었고, 그 주신 기도 제목대로 기도했고, 하나님께서 그대로 이루셨다.

천국 환송 예배를 마친 후 엄마를 기리는 마음으로 적어놓았던 내 마음의 시 한 편을 소개하려고 한다.

색시처럼 용사처럼

- 2007년 10월 어느 날 나의 어머니께 바치는 글 -

할렐루야! 아멘!
가녀린 목소리가, 짙게 물든 가을을 타고
그렇게 훌쩍 떠나셨습니다.

한 세기 삶을
온몸으로 휘감아 보듬고
따스한 가을을 타고
뭉게구름 저편 하늘 날 듯
그렇게 숨소리 날아가 버리셨습니다.

일평생 사시느라
세찬 바람 맞으며
환란과 고통과 전쟁과 기근을
한사코 막아섰던 작은 체구 영적 거인
그렇게 조용히 가셨습니다.

승리의 입성을 꿈꾸면서
선진들의 발자취 더듬어 포개 디디고
칭찬을 아끼시며, 판단도 아끼시며
경건히 마음 꿇고, 조신한 차림으로
그렇게 멋지게 부름 받으셨습니다.

하나님 음성 듣고 반세기를
항거할 수 없는 힘에 이끌려
보이지 않는 세계를 보았고
들리지 않는 세계를 들었으며
입술로 능력만을 증거 하시다
그렇게 품위 있게 육신 옷을 벗으셨습니다.

단아한 성품, 고상한 신앙 인격이
자식을 품고, 나라를 품고, 세계를 품고
말씀으로 노년 벗 삼으시고
즐겨 주의 법 기이함에 순종하시다
그렇게 열조에게로 돌아가셨습니다.

색시처럼 예쁘게
용사처럼 당당하게
찬양하며 감사하며 예배드리다가
홀연히 주님께서 오라 하시니
두 손 들고 할렐루야! 아멘! 으로 화답하시고
그렇게 승리의 입성을 하셨습니다.

신학교에 대한 비전

　70년대 후반, 그때 재송동에서 개척교회를 시작하면서, 해운대 빈 고아원으로 이사를 했다. 마당 입구에 자리 잡은 빈 교회당에서 기도훈련을 받고 있을 때이다.

　하나님의 임재 앞에서 자신을 포기하는 것과 자아가 죽는 것에 대한 강한 훈련을 받으면서 많이 아파했었다. 하나님 손으로 다듬으시니 그 깎이어지는 과정이 얼마나 아프고 고통스럽던지 숨을 쉬는 것조차 힘들었다.

　내가 가지고 있는 사고방식과 지식과 지혜 그리고 아집과 고집을 샅샅이 뒤져서 내려놓게 하셨고, 내 음성으로 회개하고 또 회개하게 하시면서, 다짐하게 하셨다.

　"금을 풀무 불에 연단하시듯, 은을 도가니에서 일곱 번 연단하는 것과 같이 마음을 연단하셨다" [잠17:3]

　그래서 부끄러움을 제하시고 정결하고 깨끗함만을 요구하셨다. 이런 과정들은 미련한 내게는 숨 막히게 헐떡이게 하는 고된 훈련이었다. 새 삶의 방식, 즉 성경 말씀의 방식, 하나님 방법을 익히고 습득하고 실패하면 다시 도전하는 고된 훈련이다. 이성과 싸우면서 꽤 오랜 진통과 신고 끝에 벼랑으로 몰리면서 믿음의 눈을 열어가는 작업을 하나님께서 행하셨다.

　그때 많은 시간이 소비되었다. 나의 불신, 무능함, 어리석음, 무지함이 그토록 끈질기게 나를 묶으려 했다는 말이 아마 옳은 표현일 것이다.

　"미련한 자를 곡물과 함께 절구에 넣고 공이로 찧을지라도 그의 미련은 벗겨지지 아니하느니라" [잠27:22]

　하는 말씀과 같이 미련은 쉽사리 벗겨지지 않는다. 십자가의 보혈로만이 깨끗하게 벗겨진다는 사실을, 하나님 앞에서 회개하면서 깨달은 하나님의 공식이다. 하나님께서 직접 공이로 이 미련을 벗겨내는 일을 하셨다. 아팠고, 괴로웠고, 자존심 상했다. 그리고 억울했다. "내가 왜?" 하는 의혹이 순간순간 들었다.

그러나 하나님께서는 포기하지 않으셨다. 내가 알고 있는 삶의 방식은 하나님의 길이 아니었다. 하나님께서는 나의 성격과 인격과 부끄러운 수치들을 한 가지씩 꼼꼼하게 점검해 나가셨다.

거짓된 모습들, 내 안의 죄악 된 악한 모습들을 들여다보게 하셨다. 무능한 모습과 미련한 모습들도 보게 하셨다. 할 수만 있다면 내가 나를 옹호하려 드는 부분들도 지적하셨다. 솔직하게 인정할 수 있도록 용기를 주셨다. 하나님의 시선으로 나를 본 내 모습은 한 마디로 너덜너덜했다.

영적인 자신의 모습을 본다는 것은 최대의 축복이다. 여기서부터 살맛 나는 신앙의 행진은 시작되는 것이다. 날마다 하는 회개는 그 때문이었다. 날마다, 매시간 하나님께서 나를 구석구석 점검하고 계셨기 때문이다. 아니 낱낱이 파헤치고 계셨다. 그리고 날마다 카운트다운을 하고 계셨다. 주님의 강렬한 빛 앞에서는 감출 수 있는 부분은 티끌만큼도 없었다.

"우리에게 우리 날 계수함을 가르치사 지혜로운 마음을 얻게 하소서" [시90:12]

부끄러운 모습들이 다시 내 것으로 들어오지 못하도록, 다시는 내 것으로 소유되지 못하도록 멀리, 멀리 매우 멀리 옮기셨다.

"동이 서에서 먼 것 같이 우리의 죄과를 우리에게서 멀리 옮기셨으며/ 아버지가 자식을 긍휼히 여김 같이 여호와께서는 자기를 경외하는 자를 긍휼히 여기시나니" [시103:12-13]

그리고는 불쌍히 여기셨으며 긍휼을 베풀어주셨다. 위로하여 주셨다. 하늘의 능력을 날마다 공급하셨고, 영적 무기들로 무장시켜 주셨다. 그럴 때마다 나는 주님 앞에서 결심하고 결심했다. 다시는 뒤 돌아보지 않겠다고, 다시는 옛날로 돌아가지 않겠다고. 악한 마귀가 나를 꾈지라도 물질과 명예와 권세와도 바꾸지 않겠다고 다짐했다. 그 회개의 날들은 지금도 나의 보물들로 남아, 가슴 속에서 반짝반짝 빛나고 있다.

"참된 속담에 이르기를 개가 그 토하였던 곳에 돌아가고 돼지가 씻었다가 더러운 구덩이에 도로 누웠다 하는 말이 그들에게 응하였도다. [벧후 2:22]

돼지같이 씻었다가 더러운 구덩이에 도로 눕는 일은 내 인생에 다시 일어나지 않기를 기도했다. "하나님의 뜻을 알고도 행하지 못한 것"이 가장 큰 죄인 것을 깨닫게 하셨다. 변명하며 도망하던 모든 행위를 꾸짖으셨다.

이렇게 5년 동안의 많은 시간이 흘러갔다. 하나님께서 깎으시기만 하신 것은 아니었다. 하나님의 뜻이 어떻게 이루어지는가를 계획하신 것 같았다. 하나님께서 한 가지씩 기도 제목을 주시기 시작하셨다. 전혀 나와 상관없는 일들, 내겐 아무런 유익함도 없는 기도 제목들을 주시면서 하나님의 뜻을 이루어가셨다. 또 이루실 것을 약속하셨다.

그 기도 제목 가운데 신학교에 대한 비전이 있었다. 전혀 내 생각하고는 상관없는 일이었다. 다만 내 마음에 작은 소원을 가진 적은 있었지만 그 소원이 하나님의 소원이셨고, 그 소원을 내 마음에 두셨다고는 생각 못 했었다.

그 당시 우리 교회는 재송동에서 시작한 작은 개척교회였다. 일손이 부족했고, 부교역자들이 필요했었지만 그들의 들고, 남이 교회에 큰 상처를 주는 일들로 교회는 허덕이고 있었다. 사람은 앉은 자리가 깨끗해야 한다지만 교회에 들쑥날쑥 개념 없이 드나드는 젊고 검증되지 않은 부교역자들의 부임과 사임이 개척교회를 더 힘들고 어렵게 만들었다.

그리고 그들은 자신들이 일꾼으로서의 덕과 신앙인격자로서의 성향보다는 그 모든 책임을 교회로 돌렸다. 부교역자들의 횡포가 난무하던 때였기 때문에 얼마 안 되는 교인들은 마음을 다쳐서 아파했고, 흩어졌고, 낙심도 했고, 심지어는 교회를 떠나거나 믿음을 버리기도 하였다.

우리는 외부에서 들어오는 부교역자들을 두려워했다. 필요악이라고 했던가? 이런 아픔을 가지고 하나님께 기도하고 있었다. 부교역자들의 횡포 때문에 아프다고 털어놓고 해결해 달라는 간청 기도를 드렸었다.

거룩한 부담감으로 기도할 때에 하나님께서 신학교를 주시겠다는 비전을 주셨다. 그래서 나는 우리 교회에 주시는 숙제로 받았다. 그 주시겠다는 신학교는 성경학교보다 조금 높은 수준의, 정규 신학대학보다는 좀 낮은 수준의 사역자를 양성하는 신학교라고 하셨다.

엘리사의 선지 학교같이 순수 일꾼을 양성하는 그런 신학교를 주시겠다고 약속하셨다. 우리 신학교에 보내질 학생들은 때와 시기를 놓친, 주로 나이든 학생들, 늦게 은혜 받고 소명 받은 학생들을 보내주시겠다고 약속하셨다.

이 문제로 어르신 목사님을 만난 적이 있었다. "이런 기도 제목으로 기도하고 있습니다." 했더니 어르신 목사님은 "절대로 그런 신학교는 할 수 없다고" 고 단호하게 잘라 말씀하신다. 세계적인 엘리트를 키우는 신학교를 세우겠다고 7년 전부터 남모르게 기도하고 있었다고, 세계적인 석학을 키우는 신학교를 달라고 기도하고 있으니, 그런 신학교에 대해 기도는 하지 말라고 하셨다.

그러나 하나님께서 하시기로 이미 작정하신 계획이라면 나는 비전을 받은 대로 기도를 하겠다고 말했다. 15년간 비전을 품고 기도를 했다. 남편도 모르는 기도 제목이었다. 기다리는 기간이 너무 길어서 가끔씩 기도 제목을 소홀히 할 때도 있었다. 잊어버리고 한참 동안 기도를 못 한 적도 있고, 시나브로 생각 날 때마다 기도할 때도 있었다.

그런데 하나님께서는 잊지 않으시고 늘 일깨워주시고 그 기도를 계속하도록 독촉하셨다. 혼자 기도하다가 몇 년 후에 남편 목사님에게 나는 이런 소원으로 기도를 하고 있다고 말했다. "신학교가 있어야 검증된 부교역자를 모실 수 있을 것"이라고 넌지시 말해 버렸다.

신학교 문제에 대해서는 그동안 아무런 조짐도, 특별한 상항도 없이 세월이 흘러갔다. 그 비전이 묻히는가 싶을 정도로 15년의 세월이 그렇게 무심히 흘러갔다. 그러나 그동안의 나의 기도는 헛되지 않았다. 잉태된 생명은 달이 차면 해산하는 것이 생명의 법칙인 것처럼, 결국은 신학교에 대한 조짐을 교단 목사님들의 움직임을 통해서 감지할 수 있었다.

여러 번의 모임 끝에 90년 가을학기부터 첫 입학생을 모집했다. 처음 시작한 학교는 빈약하기 그지없는 학교였다. 교실 하나 없이, 이 교회 저 교회로 옮겨 다니면서 수업을 할 수밖에 없는 열악한 형편이었지만 하나님의 축복하심을 눈으로 볼 수 있게 해 주셨다. 하나님의 감동하심으로 소명 받은 학생들을 많이 보내주셨다. 입학생들은 해를 거듭할수록 늘어만 갔다. 많은 졸업생을 배출시켰다.

20여 년 동안 눈부신 발전을 거듭해왔다. 본 교단 교회의 땅에 비전 건물(교사)을 신축해서 넓고 아담하고 단정하고 깨끗한 강의실에서 공부하게 되어 후배들의 좋은 선지 동산이 된 것이다. 나는 한없이 기뻤다. 비록 전세이기는 했지만, 졸업생들은 목사안수를 받고 사역의 길로 흩어졌다.

어떤 목사님은 개척교회를, 그리고 어떤 분들은 선교사로 파송을 받았다. 처음에는 여학생이 적었지만 해를 거듭할수록 여학생들이 늘어 태반이 넘는 추세가 되고 말았다. 단지 안타까운 일은 졸업하자마자 다른 교단으로 가서 안수받으면서 겪는 어려움을 듣는 것이 가슴 아픈 일이었으며, 아직도 숙제로 남아있는 일이기도 하다. 부름을 받아 소명감으로 온 신학교에서 제대로 진로를 보살펴 주어야 한다는 것이 안타까운 부분이기도 하다. 사명의식이 좀 더 투철했으면 하는 부분도 없지 않다.

졸업생들이 많아지고 안수 받는 목사님들의 수가 늘어감에 따라 개척교회들도 급증했다. 선교사로 파송 받아 열심히 교회를 짓고 또 성장시키며 전도를 아주 열심히 해서 영혼 구원 사역에 우리 졸업생들이 쓰임 받고 있다는 사실에 늘 마음에 가득한 뿌듯함이었다.

그중에 나 자신도 그 학교 졸업생이 되었다. 여학생 1호로, 수석 졸업생이 되었다. 감회가 남다를 수밖에 없었다. 하나님께서 소원을 두셨고, 기도로 세워졌다. 앞으로 크게 성장 발전해 나가는 것을 보는 것만으로도 그 기쁨을 감출 수가 없다.

계속해서 훌륭하고 착한 일들에 쓰임 받을 일꾼들을 보내주실 것을 믿는다. 하나님 손에 붙잡혀서 쓰임 받을 사역자들이 길러질 것이며, 전 세계로 뻗어 나아갈 것이다. 오고 오는 세대에 하나님의 일꾼들이 일어날 것이며, 저들의 사역현장에 하나님의 나라가 이루어질 것을 계속 기도하고 있다.

나의 남편, 목사님은 처음 시작할 때부터 모든 계획과 기도와 준비를 해왔다. 학감으로서 학교의 모든 제반, 학사 일을 해 온 터라 2004년 교회를 은퇴하고 난 후에는 신학교 학장으로 신학교 일을 계속했다.

교회를 조기 은퇴하게 된 이유도 신학교에서 일하는 것을 교인들이 문제 삼았기 때문이다.

나는 신학교 후배들의 졸업식 하는 모습을 보는 것이 또 하나의 기쁨이요 즐거움이기도 했다. 하나님께서 많은 학생을 어디에서인지 모르게 준비시켜 보내주시곤 하셨기 때문이다. 차고 넘치게. 입학식을 하고 나면 이번에도 하나님께서 하셨음에 가슴 벅찬 감사기도를 드리곤 했다.

"하나님 보셨지요? 하나님의 종들입니다. 좀 부족해도 자기의 몫을 잘해 낼 수 있도록 도와주옵소서."

2012년 봄, 신학교를 시작한 지 22년 만에 신학교도 은퇴하고 말았다. 빈손 털었고, 그 날부터 우리의 사는 것은 또다시 광야 생활로 접어들었다. 하나님께서 내려주시는 만나를 먹고 살아야 하는 형편이 되었다.

은퇴 후 그동안 돌보지 못했던 교단 작은 개척교회들을 2년여 동안 50여 교회를 돌았다. 그리고 평소에 가보고 싶었던 교회들을 돌았다. 그 후에는 물금에 있는 노인 요양원 교회에서 주일을 지키면서 섬겼다. 그러나 그곳도 신학교 은퇴와 동시에 그만 가게 되었다.

참으로 막막한 현실에 이리저리 교회를 돌면서 나그네 인생임을 다시 실감 나게 체험하고 있었다.

그해 봄 우리는 송정에 있는 고신 교단의 교회로 주일날 가기로 작정을 했고, 줄곧 2년여 동안 출석했다. 교단의 교회들을 생각하면서 출석하려고 했지만 제자 목사님들이 우리가 앉아만 있어도 부담을 느낀다고 해서 그렇게 정한 것이다.

나를 진심으로 환영해 주실 영원한 주님의 품을 그리워하면서 나도 역시 겨울나기 나뭇잎들을 떨어내기를 준비해야 했다. 나무들이 겨울나기를 위해 나뭇잎들을 떨구는 것 같이 영원한 본향으로 가려면 이런 방법으로, 혹은 저런 방법으로, 아니 하나님의 방법으로 떨구어 내신다. 그동안에 우리 인생에 있어서 장식해 주었던 모든 잎을 떨궈 버려야 한다. 그래야만 훨훨 날 수 있다. 그래야 육신을 벗을 수 있다. 이 세상은 그저 잠시 머무는 곳일 뿐이다.

PART
5
열린
하늘길

달걀로 바위 치기

"믿음은 바라는 것들의 실상이요 보이지 않는 것들의 증거니 선진들이 이로써 증거를 얻었느니라 믿음으로 모든 세계가 하나님의 말씀으로 지어진 줄을 우리가 아나니 보이는 것은 나타난 것으로 말미암아 된 것이 아니니라" [히11:1-3]

자녀들과 늘 신실하게 신앙생활 잘하는 집사님 집에 심방을 갔는데 그날따라 수심이 가득했다. 요즈음 남편의 핍박이 점점 심해진다는 것이다. 이제는 어쩔 수 없는 막다른 골목에 몰려 선택의 여지가 없다는 것이다. 처음에는 남편의 권고로 믿기 시작했었는데, 남편은 부인의 믿음이 점점 깊어지면서 집사 직분도 받게 되고, 자녀들도 믿음이 자라나 뿌리를 내리게 되니 남편의 마음이 점점 불안해지기 시작했다는 것이다. 자신은 더 이상 설 자리가 없다고 생각한 것 같았다. "이제는 더 이상 참을 수 없다"라며 이혼을 하겠다고 협박을 하면서 윽박지른다는 것이다.

"남편이 갑자기 그러는 이유가 있을 것 아닙니까?"
"사모님 갑자기는 아닙니다."
이것은 한번 해본 소리가 아니라 그동안 수차례 해 온 말이었고, 여차하면 튀어나오는 말이었다고 한다. 요즈음 더욱 심해져서 꼭 그렇게 하고야 말겠다는 결심을 굳힌 것 같다는 것이다. 집을 팔아서 절반씩 가르고 자녀들도 두 명씩 갈라서 살자고 협박을 한다는 것이다. 나는 그동안 아무 말도 들은 것이 없었던 터라, 아닌 밤중에 홍두깨 같은 소리 같았다.

그의 남편은 총각 때부터 통일교에 푹 빠진 사람이라고 한다. 평소에도 늘 성경 읽는 것은 뒷전이고 원리비판이란 책에 심취해 있었다고 한다. 요즈음에는 더욱 심하게 통일교에 가족을 데리고 가지 못하는 분풀이를 한다는 것이다. "가장으로서 가족들도 다스리지 못하는" 무능함으로 멤버들에게 낙인이 찍혔고 그것이 화가 나서 이번에는 단호한 결심을 하게 되었다는 것이다. 결판을 내자는 남편의 협박이 빗발친다는 것이다. 결혼 초부터 가자고 했지만 부인은 종교에 별 마음이 없어서 안 가고 있었는데, 남편의 생각은 가까운 교회에 가서 신앙 생활하다가 신앙이 좀 자라면 서서히 데리고 갈 생각으로 교회에 출석하라고 본인 스스로 권했고 이제 때가 되어서 데리고 가려 하니 말을 도무지 듣지 않는 것이 문제의 원인이 된 것 같았다.

부인과 아이들의 신앙이 깊어질수록 마음이 점점 불안해진 남편이 더욱 심하게 협박하면서 최후의 통첩을 해왔다는 것이다. 그러니 남편을 한번 만나주었으면 하는 부탁이었다.

그의 남편은 일반 대학을 나온 엘리트 기사였고 노조 협회에 회장까지 역임한 말 잘하고 대가 차기로 소문난 사람이라고 한다. 그리고 J대통령 재임 시에는 손수 서류를 작성해서 청와대까지 가서 허락을 받아 개인택시 제도를 만들어 낸 유능하고 실력 있는 사람이기도 하다. 무엇이든 한다면 하는 강력한 추진력과 지혜를 가진 사람이라고 설명해 주었다.

기도하면서 만날 준비를 해 보겠다고 약속을 하고 헤어졌다. 그날부터 기도 제목이 한 가지 더 늘어난 셈이었다.

"능력의 하나님! 권능의 하나님! 그의 남편은 실력으로나 힘으로나 막강한 사람이라고 합니다. 주님 제가 꼭 이일에 더구나 부부 이혼문제에 끼어들어야만 합니까?"

종교문제가 해결되지 않아서 이혼한다고 하는데, 남의 가정사에 끼어들었다가는 뼈도 못 추릴 것만 같았다. 기도하면서 이 일에 대해서는 상관하지 않고 빠지고 싶은 마음이 간절했다. 그러나 한편 하나님의 뜻이라면 하나님의 때를 기다리는 것밖에 도리가 없지 않은가?

몇 주간의 기도 시간이 흐른 어느 날, H 집사님한테 전화를 넣었다. 언제 시간이 좋겠냐고 시간을 정하라는 제안을 했다. 집사님은 자기 남편의 시간표를 자세히 일러주었다. 매일 정한 시간에 점심 식사를 꼭 집에 와서 한다는 것이다. 절대로 외식하는 법이 없다는 것이다. 그러면 어느 날이든지 준비가 되면 점심시간에 맞춰서 가겠다는 약속을 했다.

"그때, 점심시간에 잠깐 틈을 타서 짧게 만나자!"

이것이 나의 첫 번째 작전이었다. 길면 말 잘하는 사람에게 뒤말릴 염려가 있었기 때문이다. 며칠 뒤 남편이 점심 식사하러 들어올 무렵 조금 일찍 심방을 갔다. 그런데 아무리 기다려도 안 들어온다. 기다리는 시간이 길어지니 마음이 점점 불안해지기 시작했다.

지금 이 순간 나는 무엇을 해야 하는가? 그래, 얼른 예배를 드리고 빠져나가자! 엄습해 오는 무거운 기운 같은 것을 모면하고 싶은 마음과 빨리 여기를 떠나야 한다고 결정하니 갑자기 마음이 급해졌다.

"우리끼리 예배드립시다." 하고 성경을 읽고 설교를 막 시작하려는데 굵은 목소리가 들린다.

"거기 꼭 내 같은 놈이 있네요."하고 남편이 들어온다. 나는 너무 놀란 나머지 말을 이어 설교를 할 수가 없었다. 말문이 탁 막혀 버렸다. 부인에게서 들은 남편에 대한 예비지식이 날 얼게 했다. 망부석처럼 앉아 있노라니까 "하던 설교를 계속하세요."하고 옆에 와서 앉는다.

가슴이 떨려서 도저히 설교가 나오지 않는다. 성경 박사라고 들었는데, 더구나 17살 때부터 문선명 밑에서 신앙생활을 했다고 하니, 반발심 때문에 책잡을 꼬투리를 만들어 나를 물고 늘어질 것이 뻔했다.

그러나 한편으로는 야무진 결심을 속으로 해본다. 이미 엎질러진 물인 것을, 설교시간만큼은 말할 특권이 주어진 내 시간이 아닌가? 할 말은 지금 하자 결심하고 잠시 복잡했던 머리를 정리하고 설교를 시작했다. 들었던 남편에 대한 성격으로는 예배시간에 뒤집어엎을 수도 있었는데 끝까지 조용히 참아 주었다. 아니 예배를 정중하게 드리고 있다.

예배를 무사히 마쳤다. 방해하지 않은 것만으로도 가슴을 쓸어내릴 일이었다. 나의 속마음은 진정이 안 된다. 그런데 H 집사님 남편은 나를 안심이라도 시키려는 것 같은 차분한 목소리로

"내가 아는 성경은 세계적이고, 통틀어, 이 모든 것인데 비해 장로교는 구체적이고 개인에게 적용되는 말씀이네요"

하면서 느긋하게 질문을 한다. 그렇게 질문하기 시작한 것이 점심 식사도 안 하고 일하러 가지도 않고 4시간을 앉아서 성경에 대한 질문 공세를 펼치고 있다. 나는 걱정돼서

"식사하셔야지요. 일하러 가셔야지요." 했더니

"모처럼 말 상대를 만났는데 어디를 갑니까? 계속합시다."

이런저런 여러 가지 차이점을 토론하느라 많은 시간이 지나갔다.

나는 이제 일어서야 하겠기에 마지막으로 탄식하는 말투로

"아무리 얘기를 많이 하면 뭐합니까? 달걀로 바위 치기 격이지요"

이런 식의 얘기로는 도무지 전도할 수 없는 상대라서 나만 상하겠다는 탄식이었다.

"바위가 깨질지 누가 압니까?"

뜻밖의 응수에 내심 놀랍기도 하고 전도의 가능성도 보이면서, 오히려 남편이 내게 힘을 실어 주는 격이 되고 말았다.

"바위가 깨지도록 기도해도 되겠습니까?"

그는 흔쾌히 승낙했고 나는 그 후로 열심히 기도했다.

"바위가 깨지게 해 주옵소서"

그 남편을 위해서 기도한 지 한 달도되기 전에 그 남편은 환한 미소를 머금고 자녀들과 함께 부인과 나란히 교회에 출석했다. 사람의 생각으로는 불가능했지만 하나님의 능력으로는 바위가 깨져 버리고 말았다.

큰 광풍으로 인한 풍랑을 맞아 두려워하던 제자들이 생각났다.

"선생님이여 우리의 죽게 된 것을 돌아보지 아니 하시나이까 하니 예수께서 깨어 바람을 꾸짖으시며 바다더러 이르시되 잠잠하라 고요하라 하시니 바람이 그치고 아주 잔잔하여지더라 이에 제자들에게 이르시되 어찌하여 이렇게 무서워하느냐 너희가 어찌 믿음이 없느냐 하시니 저희가 심히 두려워하여 서로 말하되 저가 뉘기에 바람과 바다라도 순종하는고 하였더라" [마4:38하-41]

때론 우리는 보이는 환경과 조건과 문제들이 너무 커서, 보이지 않는 하나님의 능력과 믿음의 역사를 놓치고 만다. 또한 상대방의 마음 상태까지 미리 파악해서 주눅 들 필요는 없다는 것이다. 우리는 무능함과 나약함의 자리에 그냥 있어야 하고, 하나님을 하나님의 자리에 높여드리는 것이 우리의 할 일이다. 믿음의 눈으로, 능력의 하나님을 바라보는 것이 우리의 할 일이다. 우리의 생각으로 우리의 지식으로 하나님의 능력을 제한하지 말아야 한다. 이것이 믿음이다.

그럼 혹 떼면
될 것 아닙니까

"악인은 그의 길을, 불의한 자는 그의 생각을 버리고 여호와께로 돌아오라 그리하면 그가 긍휼히 여기시리라 우리 하나님께로 돌아오라 그가 너그럽게 용서하시리라" [사55:7-8]

"여호와께서 시온의 포로를 돌려보내실 때에 우리는 꿈꾸는 것 같았도다 그 때에는 우리 입에는 웃음이 가득하고 우리 혀에는 찬양이 찼었도다 그 때에 뭇 나라 가운데에서 말하기를 여호와께서 그들을 위하여 큰일을 행하셨다 하였도다 여호와께서 우리를 위하여 큰일을 행하셨으니 우리는 기쁘도다" [시126:1-3]

아들딸 팔 남매나 둔 할머니 집사님이 있었다. 그 할머니 성격이 유별나서 어느 자식 하나 받아 주는 사람 없어 갈 곳 없는 외톨이 신세가 되었다. 그 누구도 자기 어머니의 성격을 감당할 만한 자식이 없었던 것이다. 할머니 집사님은 믿음으로 평생을 살았다고 한다. 남편은 안수 집사였고, 장녀는 목사님 사모님이시고, 전도사님이신 신학생 아들이 있고, 집사 직분을 가진 굵직굵직한 아들들, 며느리, 손자 손녀들도 수두룩하게 있었다. 그런데 어느 곳 하나 발붙일 곳이 없는 외로운 처지이셨다.

우리 집으로 모시고 왔으나 보살펴 드릴 여력이 없었다. 그래서 우리가 사는 Y원 주방에서 일하도록 주선해 드렸다. 잠도 Y원 애들과 같이 주무셨다. 그래서 옆에서 한 마당을 쓰면서 살게 되었다. 나에게는 유일한 기도 동지가 되었다.

사람들은 20살 이상 차이 나는 할머니 집사님은 아기 같고, 나는 엄마 같다고들 했다. 왜냐면 해지면 문밖에 나와서 나를 기다리는 것이 어느덧 할머니의 낙이 되어버렸다고 한다.

나는 아침 일찍 출발해서 버스를 타고 개척지 마을로 가서 황무지와 같은 곳에서, 10시간 이상씩 걷고 또 걸으면서 전도하고, 심방 하다가 해가 넘어가야 지친 몸으로 집으로 돌아오곤 했기 때문에 늘 목을 빼고 기다리는 것이 습관처럼 되었다고 한다.

한 발자국도 더 떼놓을 수 없을 정도로 피곤했고, 온종일 말을 많이 해서 입속이 말라붙어 침도 삼킬 수 없는 상태로 돌아오지만, 할머니 집사님은 하루의 일을 마치고 나면 일삼아 오기만을 기다리다가, 먼발치에서 모습이 보이면 뛰어나와 맞으면서 종일 있었던 일들, 그리고 기도한 내용을 전해 주기에 여념이 없었다. 좋은 일보다 나빴던 일이 더 많은 얘기로 한참씩 붙들려 있었다. 어린아이같이 응석까지 부리면서 어느 때는 눈물을 흘리면서, 어느 때는 화를 내면서 사정 이야기를 하는 할머니 집사님에게 등을 토닥여 주면서 위로의 말을 아끼지 않았다.

그때가 하루 중에 유일하게 만날 시간이었고 위로받는 시간이었다. 이렇게 길에서서 위로를 하고 나면 다음은 내가 위로받을 차례이다.

"사모님 오늘은 전도하러 가서 문전 박대받지 않았지요? 내가 종일 문전 박대 받지 않고 전도 잘하게 해 달라고 기도했습니다."

"오늘은 우리 사모님 예뻐 보이게 해 달라고 기도했습니다. 오늘은 환영받았지요?"

"오늘은 굶지 않았지요? 내가 배고프지 않게 해 달라고 기도했습니다."

"오늘은 전도 많이 했지요? 성령 충만하게 해 달라고 기도했습니다."

"오늘은 피곤하지 않았지요? 새 힘 달라고 기도했습니다."

날마다 이렇게 종일토록 기도했노라고 보고하면서 자기의 기도대로 되었을 것이라고 장담한다. 그런 말들은 피곤함에 지친 내게는 비타민이 되었다. 하루의 피로가 확 풀리는 것 같았다. 위로되었고 눈물이 나올 정도로 고마웠다. 두 손을 마주 잡고 서로에게 위로하고 잠시 헤어진다. 그리고 밤에는 철야기도하는 데 동행한다. 그동안 혼자 철야기도를 했지만 이제는 한 사람이 늘었다. 늘 뒤에 저만큼 앉아서, 내가 기도하는 것을 많이 돕고 있었다. 그 기도의 힘으로 내가 잘 버티면서 기도의 자리를 지탱했는지도 모른다.

그 날도 집 앞에 나와서 먼발치를 내다보면서 나를 기다리고 있었다. 할 얘기들이 너무나 많은 표정이었다. 시무룩하게 얼굴에 어두운 그림자가 짙게 깃들여 있고, 눈은 울어서 부어 있었다.

"집사님! 무슨 일입니까? 누가 우리 집사님을 울렸습니까?" 했더니 더 서럽게 우신다.

"왜요? 말씀해 보세요."

"사모님 저 분하고 억울합니다. 사람들이 우리를 보고 숙덕거립니다. 나를 보고 욕하는 것은 참을 수 있지만 사모님까지 핍박하는 것은 참을 수 없습니다."

"그래 뭐라고 하던가요? 어른이 돼 가지고 아기같이 울긴 왜 울어요?"

"우리를 보고 무식하게 믿는다구요. 맨날 교회 가서 울기만 한다구요, 지혜롭게 믿지, 무식하게, 바보같이 믿는다구요. 그리고 죄를 얼마나 지었기에 아직도 울고 회개만 하느냐구요. 잘못 믿는 거래요. 철야기도는 하면서, 은혜 받았다면서, 남의 병은 고치면서 그 혹이나 떼지 왜 혹은 붙여 놓느냐구요. 우리가 덕이 안 된대요. 자기들 신앙생활에 방해가 된대요."

우리의 바보 같은 믿음을 늘 부끄럽게 여기며 눈총을 주던 사람들이, 결국 할머니의 심기를 매우 건드려 놓은 모양이다. 그 할머니의 감정과 상관없이 나는 기발한 생각이 번개같이 머리를 스치고 지나갔다. 나는 미소를 지으면서 물었다.

"그럼 나도 한 가지 물어봅시다. 그 혹은 언제부터 생겼습니까? 상처받을까 싶어서 물어보지 못했는데 말이 나왔으니 물어봐도 되겠지요?"

입술 옆 볼에 도토리 크기의 혹이 처음 만났을 때부터 있었다. 그러나 묻기가 민망해서 모른 척했었다. 그 혹은 30년 전에 우연히 생기더니 점점 자라났다는 것이다. 지금은 자라지는 않는 것 같다고 한다.

"그럼 혹 떼면 될 것 아닙니까?"

"사모님 난 주사도 못 맞고, 수술비도 없습니다."

"우리 기도해서 혹 뗍시다. 더러우면 출세하라는 말이 있지 않습니까? 이참에 하나님께서 혹을 떼 주실 모양입니다. 본인 앞에서 충격 주고, 상처 주었다면, 아마도 하나님께서 혹이 생기게 하신 이유가 있을 것 아닙니까? 하나님 영광 받으실 혹인지 누가 압니까? 우리 요셉 같이 일러바치기 선수, 고자질 선수 합시다."

"사모니---임!"

걱정된다는 듯, 괜한 소릴 해서 문제만 더 만드는 것 아니냐는 듯, 근심이 더욱 커져서 할머니는 불편한 마음으로 숙소로 가버렸다. 불편한 심기를 더욱 내가 건드린 모양이다. 나에게까지 삐치셨는지 모습이 보이지 않는다. 말 없는 며칠이 지났다. 그러던 어느 날 아침 집으로 찾아왔다.

"사모님 수술하기로 결심했습니다. 큰딸이 주선해서 수술비를 준다고 병원에 예약한답니다."

자기 딴은 문제를 해결할 방책을 찾느라 고민하다가 자녀들까지 동원해서 의논 끝에 내놓은 해결 방법이었다. 속으로 크게 실망을 했다. 날 때부터 소경 된 사람을 보고 주님께서

"그에게서 하나님의 하시는 일을 나타내고자 하심이니라." [요9:3]

이 말씀 구절이 생각났다. 칼을 대서 혹을 떼어 버리면 하나님 하시는 일을 보지 못하게 되는 것이 아닌가. 기껏 같이 기도하자고 약속해 놓고, 사람의 계획을 세우다니.

나는 화난 소리로 "마음대로 하세요."하고 방으로 들어와 버렸다. 본인의 믿음대로 하겠지 라고 생각했다. 그리고 침묵 가운데 또 며칠이 지났다.

"사모님 수술 안 하기로 했습니다."

"왜요?"

"내가 주사 못 맞는 것 알지 않습니까? 사람들 하는 소리에 감정이 격해서 수술하려고 생각했지만, 사실은 사모님이 말려 주실 줄 알았는데 맘대로 하라는 말씀에 오기가 났습니다. 나만 웃기는 꼴이 되었습니다."

나는 속으로 진작 그렇게 결심을 했어야지. '흔들리기는 왜 흔들려 가지구.' 하며 나는 빙그레 웃었다.

"그럼 오늘 저녁부터 기도 시작하는 겁니다."

달력에 빨간 색연필로 동그라미표시를 해 놓고, 둘이서만 아는 비밀이라고 약속

하고 기도하기 시작했다. 하나님께서 어떤 방법으로 혹을 떼실지, 시간은 얼마나 걸릴지 참으로 궁금하지 않을 수 없었다. 할머니는 밤새도록 철야기도를 하고도 일어났다가 다시 앉아서 또 기도한다.

"뭘 꼭 일어섰다가 다시 앉아 기도를 합니까?"

"다른 게 아니고 자꾸 혹 기도를 잊어버리잖아요."

처음에는 나도 그랬다. 우리는 둘이서 의미 있는 미소를 지으면서 헤어지곤 했다.

"오늘도 파이팅!" 우리는 기도하고 있다는 의미로 그렇게 서로 눈으로 말하고 헤어지곤 했다.

몇 달이 지난 어느 날 할머니 집사님과 같은 방을 쓰는 아이 말숙(정박아 당시 17세)이가 꿈을 꾸었다고 우리 집으로 뛰어와서 꿈 얘기를 해주고 다시 뛰어간다. 꿈에 할머니 혹이 떨어져 나갔다는 것이다. 혹 기도는 아무에게도 알리지 않은 비밀이었는데! 저 아이가 다 떠들잖아, 어쩌지? 그러나 우리는 여전히 혹 기도는 진행 중이었다. 나는 가끔 할머니에게 물었다.

"집사님! 조짐이 있습니까?"

"아니요." 또 며칠 뒤

"집사님! 조짐이 있습니까?"

"아니요."

"집사님! 절대로 손은 대지 마세요. 혀로도 건들지 말구요. 평소같이 하세요."

엘리야가 갈멜산 꼭대기로 올라가서 비 오기를 기도하면서 사환을 일곱 번까지 다시 보내어 구름의 흔적이 있는가를 살핀 것과 같이 혹의 조짐을 묻고 또 물었다. 며칠이 지났을까 집사님이 찾아왔다. 손도 안 댔는데 혹이 물렁해졌다는 것이다. 사실 겉에서 보기에는 도토리만큼 크지만 입안에는 밤톨만큼 크다는 것이다. 그것이 돌처럼 딱딱했는데 혼자서 물렁해졌다는 것이다.

"절대로 혀를 대거나 손을 대거나 하지 마세요."

다시 한 번 다짐해 두었다. 하나님께서 행하시는 일을 보기 위함이었다. 그런데 나는 궁금한 것이 또 있었다.

"하나님께서 그 혹을 입안으로 터트릴 것인지? 밖으로 터지게 하실 것인지? 안으로 터지면 그 입에 더러운 피고름이…. 아! 아니지 내가 괜한 고민을 하다니, 하나님께서 가장 적절한 방법으로 수술하시겠지?"

그러면서 둘이서 재미있게 속닥거리면서 의미 있는 웃음을 웃고 헤어졌다.

그러던 어느 날 아침 일찍 말숙(정박아)이가 뛰어 왔다. 할머니가 나를 오라고 한다는 것이다. 본인이 올 것이지 이 바쁜 아침 시간에 나를 왜 부르나 생각하면서도 나는 뛰어가고 있었다. 할머니 집사님은 거두절미하고 설명하기에 여념이 없었다. 본인도 모르게 혹이 저절로 터져서 액체가 나와서 베개를 온통 적시고 바닥까지 흘러내렸다는 것이다. 철야기도를 같이 했고 새벽에 헤어졌는데, 그동안 잠깐 잠이 들었었는데, 꼭 바늘구멍만큼 밖으로 구멍이 뚫려서 그리로 명주실 같이 가는 고름이 흘러나왔던 것이다. 누가 손도 대지 않았는데! 할머니는 기도하기는 했어도 정말 터지다니 놀랍고 두렵고 떨리더라는 것이다.

"어찌 내게 이런 일이"

할머니는 급히 큰딸에게 혹이 터졌다고 빨리 와 보라고 연락을 해서 당장 뛰어와서, 딸과 함께 흘러내리는 고름을 온종일 짜냈는데 화장지 몇 두루마리가 모자랄 정도로 많은 양의 피고름이 나왔다는 것이다. 짜면 짤수록 비지 같은 고름과 피가 섞여 엄청 많이 쏟아져 나왔다는 것이다. 억지로 짜니 구멍이 훨씬 커져 있었다. 얼굴에 흉터가 남으면 어쩌나 했다. 잔여 고름이 다 나올 때까지는 일주일 이상 걸렸다. 그리고 한 주일 뒤에는 딱지가 앉았다. 그 딱지가 저절로 떨어지기까지는 손대지 말라고 당부를 했다. 딱지가 저절로 떨어질 때까지 기다렸다. 그러다가 딱지가 떨어지니 흔적도 없이 깨끗해졌다. 바늘구멍만큼의 흔적도 없이 완벽했다.

할렐루야!! 하나님께서 직접 하신 수술은 아프지도 않았고, 흉터도 없이 깨끗하게 30년 전의 모습으로 되돌려 놓으셨다. 전능하신 하나님께서 작은 자의 부르짖음에 관심을 가지시고, 귀를 기울여 들으시고 응답하셨다. 친히 그 손으로 수술하셨다. 너무너무 감사해서 할머니와 나는 두 손을 꼭 잡았다. 감동의 전율이 강하게 우리를 감전시켰다. 물 떠온 하인만 아는(요2:9) 비밀스러움을 우리는 공유 했다.

"할렐루야! 주님 홀로 영광 받으시옵소서."

본인과 가족들의 기쁨도 말할 수 없었다. 할머니는 감동과 감격을 주체할 수가 없어, 이 사실을 나누고 싶어 했다.

"내가 어찌 입을 다물고 있겠습니까?"

할머니는 교회 앞에서 하나님의 살아 계심을 나타내기 위해 스스로 간증하겠다고 나섰다. 도저히 이 사실을 숨길 수가 없다는 것이다. 나 같은 무지렁이가 교회 앞에서 하나님의 살아 계심을 나타낸다는 그 자체가 영광이라고 기쁨을 감추지 못했다.

필요악이라는 말이 있다. 하나님의 자녀들은 위기의 상황을 축복의 기회로 삼는 믿음이 필요하다. 도저히 인간의 힘으로 해결할 수 없는 극한 상황이라면 겸손히 무릎을 꿇어야 한다. 하나님 앞에 온전한 투항이 이루어질 때 비로소 하나님이 보이기 시작한다. 하나님께서 일하실 수 있도록 완전히 맡겨 드리게 된다. 내가 포기해야 하나님께서 시작하신다. 하나님 판단하심의 저울에 자신이 달려있음을 보게 된다.

물을 떠서 항아리를 채우듯 기도의 양을 채우라고 하신다. 기다리는 동안 밴댕이 속을 넓혀주시고, 풀무와 도가니를 동원하셔서 정화하신다. 그리고 육적인 저급한 사랑의 수준을, 영적인 하나님 수준으로 끌어올리신다. 보다 높은 하늘의 것을 소망하도록 만드신다.

찬송가와 성경만 읽을 수 있는 집사님

아들 하나만 잘 키우면 된다는 생각으로 장남을 온갖 정성을 다해 키운 할머니 집사님이 우리 교회에 등록하셨다. 남편과 출가한 아들딸들이 있으며 아직 출가하지 못한 아들, 딸들도 있었다. 맏아들이 장가들어 손자 손녀를 보았지만 부모의 기대에 미치지 못하여, 장남에 대한 불만을 안고 이사 온 것으로 짐작된다. 부모와 자식 간의 갈등으로 잠시 딸 집 가까운 곳에 머물러 있었다. 마음이 허망해서 마음 둘 곳이 없다면서 심방을 따라 다니면 어떻겠냐는 제안을 해왔다. 그럼 동행해 보겠노라고 하고 헤어졌다.

다음날 S 집사님은 일찍 교회에 와서 나를 기다리고 있었다. 아마도 결심을 단단히 한 것 같았다. 그래서 같이 심방 길에 나섰다. 첫 번째 방문한 집은 전도하려고 뜸을 들이던 집이었다. 이 전도대상자는 평소에는 교회 나오기를 거절하면서 나를 문밖으로 쫓아내기에 급급했던 사람이었다. 그런데 그날은 여느 날과 달리 방으로 들어오라고 하더니 자기의 사정 이야기를 길게 했다. 나는 시간을 할애해서 그 사정을 귀 기울여 다 들어 주었다. 그런데 그는 교회 출석은 뒤로 미룬다. 사모님은 좋지만 교회 나가는 것은 좀 생각해 봐야 하겠다는 것이다.

"예수 믿는 사람 믿을 수 없다"라며 한사코 결심을 거부한다.

"왜? 예수 믿는 사람에게 돈이라도 떼였습니까?" 지나가는 말로 했더니 그제야 정색을 하면서

"맞아요, 예수 믿는 사람이라 믿었는데 돈 떼먹고 도망갔습니다."

"그 돈 거저 빌려 주었습니까?"

"은행보다 이자 많이 준다기에……."

"욕심이 판단력을 잃게 만들었네요. 돈 떼먹은 사람과, 정당하지 못한 욕심을 부린 두 분이 합작해서 죄를 저질렀습니다. 본인도 회개할 것 있지요?"

그랬더니 그 전도 대상자는 '맞다'라면서 고개를 숙인다. 자기의 욕심 때문에 돈을 떼였다고, 잘못되었다고 한다. 그래서 다시 주저앉아 전도했다.

"사람이 하는 일은 그렇게 어리석고 미련합니다. 아는 사람이고 믿을 만한 사람이기에 돈을 빌려준 것 아닙니까? 아무리 착한 사람같이 보여도 믿을 사람은 없습니다. 결국은 돈 잃고, 사람 잃고, 남은 것은 상처밖에 없지 않습니까? 어리석은 게 사람입니다. 믿는 도끼에 발등 찍히는 것 한 번으로 족합니다. 돈 떼인 상처 때문에 예수님 믿는 것 포기한다면 그것은 엄청난 지옥형벌입니다. 돈 주고도 살 수 없는 생명을 포기하는 것입니다. 이것은 돈 떼인 것보다 더욱더 어리석은 일입니다. 자신이 먼저 회개하고 예수님 믿고 주님이 주시는 힘으로 그를 용서해야 합니다. 그래야 깊은 마음의 상처와 속박에서 자유 할 수 있습니다. 그래야 삽니다. 용서 못하고 사는 지금의 삶이 아마도 지옥일 것입니다. 하나님께 맡기면, 그 사람의 잘못은 하나님께서 판단하실 것입니다."

옆에 가만히 앉아 듣고 있던 S 집사님이 펑! 하고 울음보를 터트린다.

"돈 떼인 사람이 회개하라는 말 처음 들었습니다. 그렇게 되는 것입니까? 내가 회개해야 하는 것입니까? 나도 예수 믿는 사람에게 돈 떼였습니다. 피가 마릅니다. 밤에 잠도 못 잡니다만 내색도 못 하고 죽도록 돈 떼먹은 사람을 저주하고 있습니다. 그런데 듣고 보니 내 욕심이 지나쳤던 것 같습니다. 제가 회개하겠습니다."

우리는 다 같이 회개 기도를 하고 헤어졌다.

그다음 집으로 심방을 갔다. 그 집에는 고부간의 갈등이 심하다고 한다. 다 듣고 난 S 집사는 또 자기가 회개하고 나섰다.

"우리 집에도 부모 자식 간의 갈등이 이만저만이 아닙니다. 장남만 잘 키워 공부시켜 놓으면 동생들을 잘 돌보아 공부까지 시켜 줄 것이라는 착각을 하고 장남 공부시키는 데 혈안이 되어 온갖 투자를 했었습니다. 가정교사까지 데려서 공부를 시켰고, 누릴 수 있는 혜택을 다 누리도록 특별대우를 하면서 키웠습니다. 장가들고 자식을 낳으니 제 아내, 제 자식밖에 모르는 사람이 되었습니다. 자녀를 차별해서 키운 것이 죄라는 것을 몰랐습니다. 그렇게 생각한 자신의 무지함을 회개합니다. 나는 죄인입니다."

또 다음 집으로 심방을 갔다. 그 집은 자녀의 결혼 문제를 고민하는 집이었다. 한쪽 집안에서 목숨 걸고 반대하는 결혼인데 진행해야 하는가? 포기해야 하는가? 하는 문제였다. 그러나 나는 진행과 포기 이전에 하나님께 먼저 기도해야 한다고 제안했다. 하나님의 선하신 손길을 기대하면서 기도하는 것이 우선순위라고 권면했다.

"하나님께 먼저 기도하면 우리가 상상할 수 없는 기적 같은 해결책을 허락하십니다. 우리는 믿음으로 기도하고, 하나님께서는 기적을 이루시고, 얼마나 쉬운 방법입니까?"

S 집사님 또 자신도 그런 문제를 지금 안고 있다며 쌍둥이 아들 중 한 명이 자신의 사윗감인데 그쪽에서는 쌍둥이 아들이니 한쪽에도 신붓감을 만들어서 한날한시에 결혼해야 한다는 것이고, 이쪽에서는 딸이 과년하니 결혼 대상자가 있는 쪽이 먼저 결혼하는 것이 옳다는 것이 이쪽의 주장이라고 했다. 그러나 신랑 집에서는 그럴 수 없다고 완강히 거절하는 처지라 그 결혼 허락을 받지 못하고 있어 고민이라고 했다.

"그럼 나도 하나님께 기도 먼저 해야되는 것입니까? 오늘부터 철야기도 하겠습니다. 이렇게 심방 따라다니면서 내가 회개하는 것은 처음입니다. 오늘 심방은 꼭 나를 위한 심방이었던 것 같습니다. 나를 거울로 본 것 같습니다. 감사합니다."

마치 자신의 문제를 그들의 입술을 통해서 듣게 되었다고, 몹시 부끄러웠다며 심방 내내 회개하고 다녔다. 또 오늘 저녁부터는 반드시 철야기도를 하겠다는 결심을 굳혔다. 그리고 스스로 흥분한다. 수십 년 교회를 다녔고, 집사라면서 자녀들의 문제를 가지고 회개하거나 철야기도 한 번도 해 본 적이 없어 정말 하나님께 부끄럽다며 기도할 것을 또 다짐하면서 헤어졌다.

S 집사님은 결심대로 그 날부터 철야기도를 드리기 시작했다. 그런데 그 집사님은 지금 당장 먹고사는 문제도 시급했다. 영감님도 아직 살아 계시는데, 모든 재산

을 정리해서 장남에게 다 넘겨주었다고 한다. 자신들의 노후를 책임져 줄 줄 알았는데 그것마저 수포가 되고, 지금의 현실은 입에 풀칠하는 것이 급선무였다. 그래서 그는 남모르게 파출부 일을 시작했다.

그러던 어느 날, 오후 늦은 시간이다. 그 날도 심방을 마치고 집으로 돌아오는 나의 발걸음은 천근만근 무거웠다. 거의 초주검 상태였다. 피곤에 절어 다리가 후들거렸다. 입은 침도 삼키기 어려울 정도로 메말라 있었다. 그런데 집에 들어서자마자 해운대 병원에 입원했으니 빨리 와 달라는 급한 전화가 걸려왔다.

"왜요? 누가 아파요?"

"교통사고입니다."

짤막한 답변을 하고는 전화가 끊겼다. S 집사님이 교통사고로 입원했다고 한다. 나는 내려놓았던 가방을 다시 메고 병원으로 달려갔다.

"사모님! 나, 사고 났습니다. 이 일을 어찌합니까? 지금 이러고 있을 때가 아닙니다. 일도 해야 하고, 교회 가서 기도도 해야 하는데요"

"염려하지 마세요. 여기가 기도원이라고 생각하세요. 하나님께서 얼마나 급하셨으면 일하러 못 가게 막으시고 이곳에 눕혀 놓았겠습니까? 다른 식구들은 하나님께서 먹이실 것입니다. 오늘부터 여기가 기도원입니다. 아무 염려 말고 기도만 하세요. 하나님 만날 장소입니다. 해결해야 할 일들이 얼마나 많습니까? 마음 느긋하게 생각해야 합니다. 졸갑증(조급증) 내지 마세요. 그런데 얼마나 다쳤답니까? 병원에 얼마나 입원해야 한답니까?"

"사모님! 두 달이랍니다. 갈비뼈가 3개 부러졌답니다."

하고 이불을 걷어 보이는 데 온 등에 반깁스를 하고 있었다.

"어쩌다가요?"

"일하러 갔다가 오는 길에 버스에서 내리다가 발을 헛디뎌 떨어졌습니다."

"S 집사님 회개 거리 또 생겼습니다. 집사님 기도 제목이 많아 기도시키시는데 불신자의 돈까지 이용하셔서 병원비를 충당하게 하시니 하나님께서 참으로 사랑하시는 것 같습니다."

"이제 어찌하면 되겠습니까?"

"뭘 어찌합니까? 버스 회사에 미안하면 빨리 낫고, 빨리 퇴원하는 것이 버스 회사를 돕는 일이 아니겠습니까? 퇴원하기 전에 응답 다 받고, 모든 문제 해결하고 나와야지요!"

"그럼, 여기에서 금식하고 침대에서 철야기도를 해도 되겠습니까?"

"결심이 서는 대로 하세요."

S 집사님은 온 등에 깁스하고 침대에 누워서 침대를 잡고 큰 소리로 기도하기 시작했다. 그런데 병원에서는 소동이 벌어졌다. 60세가 다 된 할머니가 먹지도 않고 기도만 하고 있다고. 그러나 병원 원장님은 달랐다. 예수 잘 믿는 사람들은, 아프지도 않은데 병원에 입원해서 환자인 체 돈 뜯어내는 나쁜 사람 없다며, 크게 배려를 해 줘서 병실을 아예 독실로 옮겨 주더라는 것이다. 기도 많이 해서 빨리 나으라고 위로까지 해주더라는 것이다. 그러나 병원 직원들은 S 집사님의 하루 한 끼씩 금식하는 것을 또 문제 삼았기 때문에 급기야는

"그럼 내기합시다. 내가 금식하고 기도해서 퇴원 날짜보다 빨리 건강해서 퇴원하게 되면 어쩔랍니까?" 하는 수 없이 병원 측에서도 더 이상 상관 안 하고 물러섰다고 한다.

나는 여전히 이집 저집 심방 하고 전도하느라 낮 시간은 낼 수가 없어서 해 넘어갈 무렵에야 겨우 병원에 들르곤 했다. 그런데 S 집사님 손힘을 보니, 병원에 입원하지 않은 나보다 더 강해져 있었다. 나는 지친 몸으로 환자를 위한 기도를 하니 진액이 다 빠지고 입이 말라, 얼른 기도를 끝내지만, S 집사님은 내 손을 꼭 잡고 나를 위해 기도를 해주는데 내가 오히려 큰 위로와 힘을 얻는다. 침대에 누운 채로 나를 위한 기도를 얼마나 열심히, 얼마나 세밀하게 해 주는지 나는 하루의 피곤을 그곳에서 확 풀고 돌아오곤 했다. 이렇게 심방 가서 오히려 위로를 받고, 충전해서 돌아오는 일은 극히 드문 일이었다.

병원에서의 이런 기도의 사투를 벌인지 달포가 지났다. 결국은 큰 아들 내외가 찾아와서 무릎 꿇고 사죄하면서 눈물로 용서를 구했다. 화해가 이루어진 것이다. 이어서 그 쌍둥이 사윗감 집에서 결혼 승낙 통고를 받았다는 소식도 전해졌다. 또

있다. S 집사님은 은사를 많이 받았다. 특히 학교 다닌 적이 없는 집사님이 찬송가 책을 보면서 부르게 되었고, 성경을 읽게 되었다는 것이다. 어찌 된 일인지 글을 한 번도 배운 적이 없고, 글씨를 쓴 적이 없는 집사님이 그냥 글이 읽어지더라는 것이다. 그리고 또 다른 은사도 받았다. 꿈에 금 열쇠도 받았다는 것이다. S 집사님 상쾌한 기분으로 찬송이 절로 튀어나온다는 것이다.

퇴원도 앞당겨 일찍 했다. 깁스도 풀고 짓누르던 모든 문제도 다 해결되었다. 마음을 압박하던 그 돈 떼먹은 사람도 그만 용서해 버렸다는 것이다. 용서라는 것이 이렇게 기분 좋은 일이라는 것을 처음 알았다며, 해방감이 그를 자유롭게 했다. 솟구치는 기쁨이, 그를 자꾸 찬송하게 한다는 것이다.

문제는 한 가지뿐

"너희는 여호와를 만날 만한 때에 찾으라. 가까이 계실 때에 그를 부르라." [사55:6]

멀리 시골에서 아들, 딸, 며느리, 손자, 손녀를 거느리고 이사 온 지 얼마 안 되는 할머니 집사님이 있었다. 심방을 받았으면 좋겠다는 전갈이 왔다. 목사님에게 의논해서 가겠다고 약속을 했다. 연세 많은 집사님이 문밖에서 기다리고 서 계셨다.

"무슨 일입니까?" 꽤 급한 일인 것 같았다.

"들어가서 이야기합시다. 우리 큰아들 문제입니다."

큰아들의 직업은 배(외항선)를 타고 바다에서 일하는 사람이다. 그런데 어쩌다가 배에서 동료직원들과 싸움이 벌어져서 감정이 격한 나머지 음료수 캔을 하나 던진 것이 상대방의 이마에 맞아 여러 바늘 꿰매는 수술을 했고, 그 일로 그의 가족들에게 고소를 당했다는 것이다.

이제 재판을 받게 되면 직장도 퇴직해야 하고, 벌금도 내야 하는데, 벌금을 못 내면 꼼짝없이 감옥 생활을 해야 하는데, 처자식하고 벌써 두 달째 생활비조차 나오지 않는다는 것이다. 그동안 해결하려고 딸(당사자의 여동생)과 가족들이 이리저리 방책을 찾아 헤매고 있었고 다방면으로 노력을 했는데 길이 보이지 않는다는 것이다.

"이 일을 어쩐답디어?"

울면서 탄식하는 소리는 구구절절 마음을 안타깝게 만들었다. 옆에서 듣고 있던 딸이 해결책이 있다고 했다. 그런데 딸의 해결책이란 것을 들어보니 실타래 엉킨 것 같이 복잡해서 이해가 잘되지 않는 해결책이었다. 구구한 그 해결책이 더 오리무중 더 깊은 늪으로 빠지게 하는, 함정 같은 해결책 같았다. 높은 사람과 힘쓸 만한 사람을 만나서 돈으로 무마시키려는 세상 사람들이 선택하는 해결계획이었다.

첫째는 돈이 많이 들어가는 약점이 있다. 그리고 꼭 해결된다는 보장도 없는 방책이다. 돈으로 무마해보려는 방책이 맘에 들지 않았다. 그리고 지금까지 두어 달 동안 노력해온 방법이 아닌가? 또 그 방법대로 다시 시도하려면 뭐 하려고 나를 부른단 말인가? 하기야 그 집 딸은 믿지 않는 불신자이니 그런 방책을 계획하느라 지칠 만큼 동분서주해온 터이다. 할머니 집사님은 발을 동동 구르면서 걱정이 태산 같았다. 오전 시간이 훌쩍 넘어갔다. 잠시 모든 말들을 중단하고 예배를 드렸다. 조용히 하나님의 지혜를 간구하는 기도를 드렸다. 예배가 끝나자마자 나는

"복잡할 것 없네요. '문제는 한 가지뿐'입니다. 아들이 조건 없이 풀려나면 되는 것 아닙니까? 이 한 가지 기도 제목만 가지고 기도합시다."

"누가 그걸 모른답디어? 그 한 가지가 쉽지 않은 문제라서 문제지."

아들이 일을 저질렀으니 교도소엘 가거나 벌금을 물어야 하고, 직장도 잘리게 되고, 가족들은 생활비가 없어서 어렵게 되고, 가족들이 이리저리 방책을 세워보지만(위 높은 분들을 설득) 돈이 없이는 아무것도 해결될 기미도 보이지 않고, 복잡하고 야단난 일이었다. 그런 현실적인 문제를 뛰어넘은, 나의 기도 제목은 너무나 간단하고 짧으니 불안해하는 것 당연한 일이다.

"하여튼 그 제목 한 가지만 가지고 기도합시다. 아들 하나만 조건 없이 풀려나면 만사가 다 해결되는 것 아닙니까?"

다시 알아듣게 설명을 하고 같이 철야기도하기로 약속하고 헤어졌다. 밤에 교회에서 만나자고 다시 다짐했다. 가족들이 그동안 겪은 일들이 너무 힘들다 보니 간단한 기도 제목이 영 내키지 않는 모양이다.

며칠 뒤에 그 집사님이 또 집 앞에 나와 나를 기다리고 있었다. 반색하는 표정은 며칠 전 그 표정이 아니었다. 환하게 밝아졌다. 어찌 되었느냐고 물었더니 잘 해결되었다는 것이다. 한국에서 소환해서 국내로 들어오는 비행기를 타고 오는 중인데 배에서 집으로 먼저 연락이 왔다는 것이다. 고소한 가족들이 고소를 취하해 줘서 한국에 도착하자마자 다시 비행기를 타고 배로 출발했다는 것이다. 직장에 다시

복귀하게 된 것이다.

"거 보세요. 하나님의 방법은 아주 간단하고 쉽지 않습니까? 축하합니다. 하나님께서 해결해 주신 것입니다."

뜻하지 않은 풍랑이 그 가정을 삼킬 듯이 몰아쳤지만 이제는 평정을 찾았다. 그 한 가지가 해결되니 실타래 엉키듯 복잡한 문제들은 어디로인지 삽시간에 다 사라지고 말았다.

사람들은 신앙생활을 한다고 하지만 정작 구할 만할 때 하나님 앞에 구하지 않는다. 복잡하게 만들어서 꼼짝달싹 못 하게 옭아매는 것이 마귀의 함정이다. 그 함정에 빠지면 하나님께 구하는 것은 까맣게 잊어버린다. 좌절하게 하고, 절망하게 만드는 것이 마귀의 작전이다. 마귀는 더 큰 사건의 올무를 계속 만들어 낸다. 더 큰 올무로 꽁꽁 묶어 버린다. 마치 덫에 걸린 새가 파드득파드득 날아 보려고 하면 할수록 덫은 점점 더 조여들어 통째로 삼키듯이.

예수님께서 십자가에 달리실 때 바로 그 곁에 강도 두 사람이 예수님과 아주 가까이에 있었다. 이 얼마나 좋은 기회였겠는가? 그러나 그런 상황에서조차 구원을 받지 못한 사람이 있다. 그 한 편 강도는 예수님을 조롱하며 비난했다. 아무것도 구하지 않았다.

"달린 행악자중 하나는 비방하여 가로되 네가 그리스도가 아니냐 너와 우리를 구원하라"[눅23:39] 하면서 끝내 예수님의 구원을 인정하지 않았다. 그러나 한 편 강도는 예수님께 자신의 영혼을 부탁했다.

"예수여 당신의 나라에 임하실 때에 나를 생각하소서" [눅23:42]

하나님 나라에 임하실 때 기억해 달라고 구했다. 그는 구원을 받았다.

거지 소경에게 많은 사람이 꾸짖어 잠잠하라고 말렸지만, 예수님께 더욱 심히 소리 지르면서 구원을 요청한 소경 거지 '바 디매오'는 소원대로 눈을 떠서 보게 되었다.

"네 믿음이 너를 구원하였느니라 하시니" [막10:52]

1517년 마르틴 루터는 비텐베르크 교회 문에 95개 조항의 "개혁선언문"을 붙여 의도하지 않은 종교개혁의 선두 주자가 되었다. 당시 평범했던 그가 어떻게 절대 권력의 교황 세력과 맞설 수 있었겠는가? 루터는 그것은 바로 기도였다고 말한다.

"만일 내가 새벽에 세 시간 이상을 기도하지 않았다면 그날의 승리는 마귀에게 돌아갔을 것이다. 나에게는 너무나 할 일이 많았다. 그러나 날마다 세 시간 이상 기도하는 것보다 더 중요한 일은 없었다. 그 기도가 모든 일을 지탱해 나가게 하는 힘이 되었다."라고 회고했다. 루터는 바쁠수록 더 많이 기도했다고 한다.

딸의 첫 돌날이
거사일

"환난 날에 나를 부르라 내가 너를 건지리니 네가 나를 영화롭게 하리로다." [시50:15]

"그러나 내가 나 된 것은 하나님의 은혜로 된 것이니 내게 주신 그의 은혜가 헛되지 아니하여 내가 모든 사도보다 더 많이 수고하였으나 내가 한 것이 아니요 오직 나와 함께 하신 하나님의 은혜로라" [고전15:10]

서울 명문대 출신 부부가 이사 와서 우리 교회에 등록했다. 아파트 전도하다 만난 집이었다. 그런데 그 가정의 분위기는 아주 이색적이었다. 지나칠 정도로 검소한 가구 하며, 옷차림하며, 보통 신혼부부의 가정과는 사뭇 다르다. 나중에 알게 된 사실인데 이 신혼부부는 같은 고향 출신이라고 한다. 3년간 교제 후 어렵사리 결혼에 성공한 부부인데, 이들은 특수한 배경을 안고 결혼을 했다고 한다.

남편의 집안은 소도시지만 운수업과 슈퍼마켓을 하였고, 부인의 가정은 그야말로 가난한 교육자 집안이었다고 한다. 더군다나 이 양가는 윗대 할아버지 대에 남편 집안과 재산권에 법적 다툼이 있었던 터라 이 두 가문은 서로 인사도 하지 않고 말도 하지 않는 철천지(철저한) 앙숙 집안이었다고 한다. 마치 로미오와 줄리엣을 연상케 하는 가정사를 안고 있었다.

아내는 서울에서 사립대학을 다니긴 했지만 아르바이트로 학비 조달을 했고, 결혼할 때도 기본적인 것만 해서 조촐한 결혼식을 올렸다고 한다. 더구나 이들 부부 사이에는 운동권과 비운동권의 이념적인 문제까지 있었다. 시댁 어른들은 명문대 출신의 아들에 대한 기대와 프라이드가 대단했었다.

결혼할 때도 많은 물질적인 보상을 원하셨지만 위에서 언급한 상황이었으므로 자식 이기는 부모 없다고, 마지못해 허락은 했지만 늘 시부모의 마음에 차지 않는,

미운 오리 새끼의 처지였다. 막내며느리에 대한 섭섭함은 그들의 언어 행동에서 늘 나타났다. 이 젊은 새댁은 이러한 환경 속에서 나날이 무미건조하고 냉소적인 마음을 가지고 힘겹게 살고 있었으나 끈질긴 전도를 통하여 우리 교회에 등록하게 된 것이다.

우리는 이 가정을 우리 교회에 적응시키려고 몹시 노력을 아끼지 않았다. 밤새워 많은 기도를 퍼부었다. 자주자주 심방 가고 성경공부 팀에 초청도 하고.

그런데 어느 날 그 검소한 부인이 책을 한 보따리 들고 우리 집을 방문하였다.

"이 책이 무슨 책인지 아십니까? 나는 이 책 때문에 이혼할 생각을 하고 있습니다." 하는 서두를 꺼내면서 사정 이야기를 하기 시작했다. 자신의 남편은 지하 서클 멤버들 중에서 대학 졸업을 하여 취직을 한 유일한 사람이었다는 것이다.

이 책은 그 당시 많은 대학생이 유신헌법을 반대하는 분위기에서 그들 정신 훈련과 이념화를 위해 만들어진 책이라 한다. 이 책은 주로 기독교에서 반대하는 유물론에 입각한 마르크시즘에 관한 서적들이었으며 금서로 지정되었다고 한다.

남편이 취직한 회사는 외국회사여서 일반 국내회사보다 급여를 2배 가까이 받았지만 매월 일정액을 직장을 구할 수도 없는 멤버들의 생활비 지원금(25%)으로 조달되고 있는 형편이었고, 남편은 가정보다는 대학 시절 함께 했던 이념 서클 멤버들을 더 마음에 두고 돌보고 있었다고 한다.

그 당시 이념서클의 문화는 일반인이 생각하고 함께 녹아들 수 있는 분위기가 아니었다는 것이다. 그리고 자신은 유일하게 커플 멤버가 아니라서 이방인 취급까지 받는다고 한다. 나는 검소한 부인에게 반문했다.

"그런 것을 알고 결혼하지 않았습니까? 그런데 왜 이제 와서 이혼하려고 합니까?"

"교제할 때는 일대일로 만났기 때문에 전혀 몰랐습니다. 다음 달이 딸의 첫돌인데, 그 모임 장소를 우리 집으로 정했답니다. 저는 그 서클이 우리 집에서 모이는 것도 싫고, 돌날 오는 것은 더욱더 싫습니다. 교인들과 함께 돌 예배를 드리면서, 축복받고 싶습니다."

"그들이 누구인지는 아십니까? 그리고 왜 모인답니까?"

"누구인지 왜 모이는지는 잘 모릅니다. 그 서클의 단단한 결속력과 여러 가지 앞으로의 일들을 논의할 거라는 것밖에 모릅니다. 그리고 복잡한 한 가지 문제가 더 있습니다. 시부모님께서는 당신들의 기대를 채워주지 못한 며느리가 못마땅한데 자손도 첫딸을 낳았으니 당신의 아들을 위해서라도 다음에는 꼭 손자를 봐야 한다고 음식을 차리고 우상에게 빌고 또 그것을 먹으라고 합니다. 이번에도 오시면 그렇게 하실 것입니다."

"이혼은 나중에 해도 늦지 않습니다. 우선 이 문제를 가지고 우리 같이 기도합시다. 기도도 해보지 않고 포기하겠습니까? 하나님께서 하나님 방법으로 해결해 주실 것을 믿고 우리 믿음으로 기도합시다. 아직 한 달가량의 시간이 있으니 이렇게 기도하는 것이 어떻겠습니까? 나는 교회에서 철야를 할 것이니, 시간을 정해서 같이 기도하는 것입니다. 그리고 전 구역원에게 이 기도 제목을 알려도 된다면, 기도 제목을 알리고 동참시키겠습니다."

"예! 그렇게 해주세요." 어떤 망설임도 없이 결심한다.

"그럼 아침 10시로 정합니다. 아침 10시에는 청소를 하든지, 설거지하든지, 버스 안에 있든지, 무슨 일을 하든지 간에 중단하고, 우리 다 같은 기도 제목으로 기도하는 것입니다. 같은 시간에 같은 기도 제목으로 합심 기도를 하는 것입니다. 기도 제목은 세 가지입니다.

첫 번째 기도 제목은 지하 서클 모임입니다. 딸애의 돌날 내 집에서 모이는 그 어떤 모임일지라도 실패하고, 흩어지게 하는 기도입니다.

두 번째 기도 제목은 시부모님 문제입니다. 예수님 믿는 집이니, 음식 차려놓고 우상에게 비는 것을 하지 못하도록 하나님께서 막아달라는 기도입니다. 그리고 세 번째 기도 제목은 남편입니다. 학교 다닐 때 활동했던 지하 서클에서 빠져나오는 것입니다. 남편을 지배하고 있는 정신적, 이성적 사고체계가 마르크시즘이 아니라 하나님의 말씀으로 돌아오게 해달라는 것입니다. 예수 그리스도를 믿음으로 영접하고 구원받게 해달라는 기도입니다."

이렇게 우리는 약속을 했고, 이 기도의 계획이 성공할 것을 간절히 하나님께 기도드리고 헤어졌다.

아기 돌날까지 그 한 달 동안의 여유는 우리로 하여금 기도의 불이 활활 타오르게 하기에 충분했다.

개인에게는 회개의 역사가 이루어졌다. 성령님께서 도우시는 것을 기도 중에 느낄 수가 있었다. 나는 열심히 철야기도를 했고, 날마다 구역원들도 아침 10시에 동시적으로 각각의 집에서 합심 기도에 동참했다.

드디어 아기 돌날이 되었다. 돌날이 하필 주일이라서 그 집에 가볼 수도 없고, 사정을 알아볼 수도 없었다. 아무런 연락도 없어서 온종일 가슴 졸이면서 소식을 기다렸다. 그러면서도 기도는 쉬지 않았다. 일할 때도, 걸을 때조차도 지속적인 기도를 하고 있었다. 그 날은 엄청 긴 하루였다. 그런데 월요일 아침에 일찍 밝은 목소리의 전화가 걸려왔다.

"사모님 축하합니다. 우리가 승리했습니다. 자세한 이야기는 만나서 하고요. 오늘 저녁에 정식으로 우리 집에서 돌 예배드립니다. 구역원들만 초빙하면 낮 시간도 괜찮겠지만 믿지 않는 남편들 초빙하느라 저녁 시간으로 정했습니다. 목사님하고 꼭 같이 오시고요 돌 예배 설교도 부탁합니다."

하필 목사님은 서울로 출타할 선약이 돼 있어서 참석을 못 하겠다고 양해를 구했다.

"그러면 사모님께서 설교를 준비해서 오세요."

나는 대타로 설교 부탁을 받고 보니 마음이 덜덜 떨린다. 더구나 전도 대상자들인 남편들도 다 초빙했다는데 갑자기 말씀준비를 하라고 하니, 어쩔 수 없는 일이다. 정성을 다해서 설교 준비를 할 수밖에 없었다.

시간에 맞추어 작은 선물을 준비해서 방문했다. 벌써 집에는 방이 꽉 차도록 구역원들과 믿지 않는 각각의 남편들이 모여 있었다. 말 그대로 잔치 분위기였다.

익숙하지 못한 나로서는 얼굴이 달아오르고 등줄기에 땀이 흘러내릴 정도로 긴장하고 있었다. 내 속마음과는 다르게 풍성하고, 은혜로운 예배 분위기였다. 남편들을 전도하기 위한 노력이 뜨거웠다는 것을 엿볼 수 있었다. 방안의 열기와 분위기가 그러했다.

한 달 이상 기도한 그 결과는 말할 나위도 없이 완벽한 우리의 승리였다. 하나님께서는 영적 전쟁 준비를 열심히 한 우리에게 손을 들어 주셨다.

80여 명이 모일 그 이념 서클 모임은 다 뿔뿔이 흩어지고 두서너 명 왔지만 정작 안주인은 식사 준비에 여념이 없고, 아기 아빠는 보채는 아기 달래느라 밖에서 서성거리고, 두서너 명은 밥을 먹는 대로 바쁘다면서 빨리 돌아갔다는 것이다. 제대로 은밀한 이야기도 하지 못한 채, 첫 번째 기도 제목은 그렇게 시시하게 힘 안 들이고 승리를 얻었다.

두 번째 기도 제목은 하나님 크신 손으로 시부모님의 입을 막아 주신 것 같았다. 분위기에 눌려 말 한마디도 못 하고 음식 차려놓고 비는 것도 못하고 횅하니 고향으로 가셨다는 것이다.

세 번째 기도 제목이다. 우리가 예상하기는 오늘 돌맞이 아빠가 제일 전도하기 힘든 대상이라고 생각했었다. 그러나 이번에 이 일을 겪으면서 느낀 점이 많아서, 많은 남편 가운데 제일 먼저 믿기로 결심했으며, 그다음 주일날 바로 교회에 나와 서둘러 등록을 했다.

교회에 등록함과 동시에 하나님의 말씀이 들어가니 점차 사고가 바뀌어 지하 서클과의 관계도 자연히 정리되었다고 한다.

"할렐루야! 모든 영광을 주님께 돌려 드립니다."

저절로 찬양이 터져 나온다. 하나님께서 직접 개입하셔서 이루심을 우리의 눈으로 확인할 수 있었다. 이들 부부의 신앙생활은 이제부터 아름답게 그 역사가 펼쳐질 것을 기대한다. 하나님께서 무한하신 사랑으로 앞날들을 간섭하시고 축복해 주실 것을 믿어 마지않는다.

이 젊은 부인은 성경공부 모임을 통해서 믿음이 남다르게 성장했다. 같이 기도했고, 같이 봉사했다. 몇 년 만에 집사로 세움을 받았다.

그 후 몇 년 안 되어서 젊은 여전도회 초대 회장이 되었다. 아는 것만큼 보인다고 했던가? 일을 찾아서 착실하게 교회를 잘 섬겼다.

교회 내에 있는 젊은 인력들을 동원해서 언양에 있는 정신 지체 고아원을 위해서 주 일 회씩 교육 봉사 팀을 만들어, 여러 가지 교육 프로그램을 알차게 준비해서 섬겼다. 섬김을 받는 고아원 원장님께서는 진정한 봉사가 무엇인지를 알게 하는 팀이라고 우리 교회 봉사 팀에 대하여 칭찬을 아끼지 않았다. 이런 봉사 팀이 한

팀만 더 있었으면 하고 늘 아쉬워했다. J 집사님 가족이 타 지역으로 이사하기까지는 이 교육 봉사 팀은 지속되었다.

그 후에도 젊은 여전도회 팀은 기도하는 가운데 새로운 사업계획을 세워나갔다. 우리 교회가 작은 개척교회였지만 한국교회에서는 최초로 여성대학을 시작했다. 지역 사회를 향해 교회가 손을 내밀었다.

교회와 지역 여성들의 의식을 깨우고, 전도의 문을 활짝 열고자 이 젊은 집사를 중심으로, 30여 년 전에 이미 시도했다. 전국에서 가장 유명하신 강사님들을 초빙했다. 초청받은 어떤 강사님은 서울에 있는 큰 교회들이 엄두도 내지 못 하는 일을 지방의 작은 교회에서 시도한 것에 대해 엄청난 찬사를 보내면서 강사비도 사양했다.

여전도회가 시작한 여성대학은 지역 사회의 모든 여성분을 초빙해서 그야말로 대성황을 이룬 교회의 초청 잔치였으며 큰 행사였다. 한 주간 동안의 모든 프로그램과 강사님들의 인기는 대단했었다. 300여 명의 지역 여성분들의 열기도 대단했다. 우리의 여성대학 행사는 몇 년 동안 지속이 되었다.

이렇게 호흡 맞춰 삼사 년간 역동적으로 즐겁게 잘 봉사했지만, 남편의 사업 관계로 서울로 훌쩍 이사를 가버렸다. 그들 부부의 빈자리가 너무 커서 한동안 휘청거렸다. 그러나 한편으로 하나님의 계획하심이 있을 것이라는 믿음으로 섭섭함을 달래보았다. 아쉬움만 남은 그 자리를 메우느라 또 열심히 전도했고, 양육했고, 훈련 시켰다.

서울로 이사는 했지만 지구촌 한 울타리 안의 돌봐야 하는 소중한 기도의 가족들이다. 지금도 어려운 일이 있을 때마다 기도 제목을 나누며 하나님께 합심 기도를 하는 기도의 동역자이다. 하나님께서 사랑의 줄로 매어주신 기도의 동역자!

죽을병이 걸린 아줌마

"예수께서 들으시고 그들에게 이르시되 건강한 자에게는 의사가 쓸 데 없고 병든 자에게라야 쓸 데 있느니라. 나는 의인을 부르러 온 것이 아니요 죄인을 부르러 왔노라 하시니라" [막 2:17]

별로 크지도 않은 마을을 날마다 누비고 다니니 사람들은 나를 보고 공인이라고 부른다. 어떤 사람은 매일 그 시간에 그곳을 지나간다고 시계라고 말한다. 나는 마을 사람들에 의해 불리는 이름들이 다양하다는 것을 잘 알고 있다. 그리고 신자이든 불신자이든 간에 으레 모든 사람의 사정들을 일러준다.

이웃 사람 중 누군가가 죽을병에 걸린 아줌마가 지금 혼자 누워있다고 가보라고 귀띔해 준다. 그리고 그 집 남편의 성격이 별나서 아무도 건드리지도 못하는 사람이니 조심하라는 당부까지 해준다. 그 집 남편과 마주치면 어떤 봉변을 당할지 모르니 알아서 눈치껏 행동하라는 것이었다.

사람들이 가르쳐 주는 집으로 찾아가서 문을 두드렸다. 대답이 없어서 문을 열고 그냥 들어갔다. 어두컴컴한 방에는 체구가 작고 깡마른 젊은 아줌마가 혼자 누워 앓고 있었다. 옆으로 가까이 가서 손을 잡고
"예수님 능력으로는 살 수 있습니다. 하나님께서는 능하지 못함이 없으신 분이십니다."

그리고는 원하든 원치 않든 간에 환자를 위해 기도를 간절히 해 주고 나왔다. 며칠 후 이웃 사람들이 지나가는 나를 붙들고 그가 살아났으니 다시 한번 가 봐달라고 한다. 뜻밖에도 그 젊은 아줌마는 방안을 정리하고 일어나 앉아 있었다. 깡마른

아줌마는 믿기로 마음먹었다며 교회 출석할 것을 결심했다.

결심한 그 날이 바로 금요일이었다. 오늘은 금요 철야 예배가 있는 날이라고 알리고 교회로 초청했다. 죽다 살아난 Y 씨는 약속된 시간에 교회로 출석했다. 예배를 마치고 난 뒤에는 각 사람의 기도 제목을 나누고 곧바로 통성기도로 들어갔다.

통성기도 시간에는 늘 하던 대로 큰소리로 기도하기 시작했다. 그리고 바쁜 사람들은 자유롭게 나가도록 미리 당부해 놓았다. 사방에서 기도 소리가 요란했다. 여름밤 논에서 나는 개구리 울음소리보다 더 와글와글했다.

기도의 열기가 절정에 달했을 때였다. 누군가 밖에서 교회 문을 와장창 열어젖히고 안으로 뛰어드는 발걸음 소리가 났다. 소리에 항상 민감한 나는 이 심상치 않은 소리에 본능적으로 교인을 보호하려는 행동을 순간적으로 취하게 된다. 눈을 떴을 때는 술 취한 걸음으로 들어서는 작은 체구의 한 남자의 그림자가 이미 교회 안으로 들어섰을 때였다. 말릴 겨를도 없이 그 남자는 교회 의자 위를 신발을 신은 채로 이리저리 건너다니면서 누군가를 찾고 있었다. 그는 두말할 나위도 없이 오늘 처음으로 예배에 참석한 죽어가던 Y 씨의 남편이라는 것을 직감할 수 있었다.

희미한 불빛만으로는 다 엎드려 통성으로 기도 중인 교인 중에 자신의 부인을 찾는다는 것은 거의 불가능한 일이었다. 자기 부인을 찾지 못한 그는 일단 교회 마당으로 물러선다. 나도 얼른 따라 나갔다.

"내 마누라 ○○○ 내놔" 하고 자신의 마누라 이름을 부르면서 내놓으라고 호통을 친다. 나는 한두 번 겪는 일이 아니므로 목소리 톤을 낮추어서

"조용히 데리고 간다면 찾아 주겠습니다."

"예 약속합니다."

그래서 나는 다시 교회 안으로 들어가서 Y 씨를 불러냈다. 재촉해서 등을 밀어 보냈다. 혼자 보내는 것이 영 마음이 놓이지 않아 먼발치에서 눈치채지 못하게 집까지 따라갔다. 별일 없이 집에까지 들어가서 조용히 불 끄는 것을 보고 교회로 돌아왔다.

Y 씨는 첫날 첫 시간에, 그것도 그 짧은 시간에 방언의 은사를 받았다. 한참 기도에 불이 붙는 것 같았지만 남편의 등장으로 인해 집으로 갈 수밖에 없었지만, 하늘 문 여시고 위로부터 주시는 큰 은혜로 하나님 살아 계심을 확실히 체험하게 되었다. 이렇게 그의 신앙생활은 시작되었다.

죽어가는 사람 하나님께서 살려주셨지만 하나님에 대한 신뢰가 없는 그의 남편은 날이 갈수록 핍박이 점점 심해져 간다는 것이었다. 아이들 주일학교 가는 것도 방해하고, 사사건건 횡포를 부려서 신앙 생활하기가 심히 고달프다고 한다.

한참 핍박이 심할 즈음 그 집의 큰아들이 피부병에 걸렸다. 아무리 병원에 가서 치료해도 차도가 없다고 심방 와 달라는 연락을 받았다. 어린아이가 몇 번만 참석한 예배였지만 신앙이 자라고 있음이 눈에 보였다. 나는 아이를 보고

"하나님께 기도하면, 하나님께서 이 피부병을 고쳐주실 것이라고 믿니?"

"예 믿습니다."

군인 같이 큰 소리로 우렁차게 대답을 한다. 그래서 아이의 마음에 믿음이 있는 것을 보고, 온몸을 어루만지면서 기도를 간절히 해 주고 나왔다. 그리고 어려움이 있더라도 신앙생활 잘해야 한다는 당부도 잊지 않았다. 씩씩하게 확신에 찬 대답을 한 그 아들은 피부병이 깨끗이 나았다. 후로는 더욱 열심히 엄마랑 같이 신앙생활을 했다.

그런데 문제는 그 남편이다. 집안에서 자기 혼자 외톨이가 된 것이다. 예수 믿기 때문이라면서 아이들을 보고 편 가르기 질문을 한다든지, 안 하던 행동을 이것저것 시도한다는 것이다. 불교 달력을 일부러 구해다가 교회 달력을 떼고 그 자리에 붙여놓는다든가, 아이들을 보고 아빠보다 예수가 더 좋으냐고 묻는다든가, 문제를 만들어서 부인과 아들들을 심히 괴롭게 한다는 것이다.

며칠 전 그 가족은 교회와 좀 더 가까운 곳으로 이사를 했다. 남편이 없는 시간을 틈타서 몰래 이사예배를 드리기로 약속이 되어있었다.

하이타이(세제) 한 봉지를 사서 뒤로 숨기고, 고양이 걸음으로 남편이 방에 있을 것을 대비해서 살짝 부엌으로 들어갔다. 부엌으로 들어서던 나는 화들짝 놀라서 발길이 바닥에 딱 붙은 것 같았다. 그 남편이 부엌에서 무엇을 고치고 있다가 눈이

서로 마주쳤기 때문이다. 도둑질하다가 들켜도 그렇게 무안하지는 않았을 것이다. 무섭다는 소리만 들었지 실상은 누군지는 모르고 있었다. 지난번 교회에서도 어두워서 얼굴은 자세히 못 보았던 터다. 정작 딱 마주치니 너무 놀라서 돌같이 온몸이 굳어져 버렸다. 들었던 소문 때문에 선입견을 품고 있었기 때문이다.

내가 너무나 기절할 듯이 놀라 발을 움직이지 못하는 것을 본 남편이 오히려 여유가 있는 표정이었다. 버럭 소리를 지르거나, 내쫓길 생각을 했던 나였지만, 약간 웃는 얼굴을 보자 나도 용기가 생겼다. 속으로 내가 뭐 죄지었나? 다부진 마음으로 여유를 가지고 자세히 그 호랑이 남편을 살펴보니 집안 공사 때문에 한두 번 안면이 있는 얼굴이었다. 나는 비로소 굳은 얼굴을 풀고 여유롭게 말을 걸었다.

"무섭다는 소문이 났기에 누구신가 했더니 우리 어디서 한번 뵌 것 같은데, 안면이 있지 않나요?"

"아, 예 안녕하세요." 하고 그쪽에서도 인사를 한다. 방 안에 있던 부인은 민망해서 어쩔 줄을 모르고 당황해서 얼굴빛이 하얗게 질려 있었다. 우리가 남편 없을 때 시간을 맞춘다는 약속이 그만 남편하고 정면으로 부딪치고 만 것이다. 그 남편은 우리가 예배를 드릴 수 있도록 하던 일을 멈추고 자리를 피해서 슬쩍 나가 버렸다. 몰래 드리려던 이사예배를 남편의 도움으로 당당하게 드리게 되었다. 예배드리는 내내 마음이 흐뭇했다. 이렇게 핍박과 반 협조를 받으면서 그 가족들은 신앙생활을 이어갔다. 하나님의 축복으로 그 아들은 주일학교와 학생회를 거쳐 신앙이 성숙했고 대학은 신학교에 들어가서 목사의 길을 가기 위한 준비를 하고 있다고 한다.

그 어머니 Y 씨는 구역장 사역을 똑소리 나게 잘했으며, 몇 년 후에는 아예 전도인으로 열심히 교회를 섬기게 되었다. 남편의 마음은 조금씩 교회와 가까워지는 것을 느낀다. 처음엔 그렇게도 완강하게 반대했지만 후에는 점진적으로 말이 달라진다는 것이다.

"나 보고 가잔 소리만 하지 마" 하더니 이제는 친구들 모임에서 자기 부인이 교회 집사라는 것과 전도인이라는 것을 자랑하고 다닌다는 것이다.

이제는 부인과 자녀들이 예수 믿는 일에 일등 공신이 되어서 모든 일에 협력해 준다는 것이다. 멀지 않아 좋은 신자가 될 것도 기대하면서 기도하고 있다.

우리는 불고기 축하파티

"네가 진리 안에서 행한다 하니 내가 심히 기뻐하노라 내가 내 자녀들이 진리 안에서 행한다 함을 듣는 것보다 더 기쁜 일이 없도다." [요삼2-3]

교회 가까이 이사를 왔다며 젊은 여자 한 분이 등록했다. 주일이 지나고 바로 심방을 갔다. 남편은 출근했고, 젊은 부인은 어린 두 아들하고 집에 있었다. 애들 장난감들이 방안 가득히 널려 있어 발 들여놓을 틈이 없다. 미안해서인지 묻지도 않는 변명을 한다. 다리가 아프다고. 뻗정다리가 되어서 치우지를 못했다는 것이다.

결혼 후 시집살이하면서 시어머니와의 갈등이 심했다고 한다. 문밖에서 시어머니 들어오는 소리만 들어도 간이 덜커덩 내려앉은 것같이 무거웠다는 것이다. 시댁 식구들은 서울에서 아주 큰 교회에 출석하는 믿음이 좋은 집안이라고 한다.

권사님이신 시어머니 때문에 억지로 교회를 다녔다는 것이 그의 불만이었다. 즐거움으로 신앙생활 하는 것이 아니라 성화에 못 이겨 억지로 신앙생활을 하다 보니 모든 일에 불평이 많고, 자유롭지 못하다는 고백이었다. 몸도 뻣뻣하고, 마음도 뻣뻣하고, 신앙도 뻣뻣하고, 게다가 고등학교 때까지만 해도 학생회장까지 하면서 신실한 믿음을 유지하던 아들의 장래를 이 며느리가 들어와서 다 망쳤다는 시어머니의 주장이 제일 못마땅하다는 것이다.

지금은 교회 출석을 도무지 하지 않는 남편이 삐딱 선을 타고 있으니 모든 것이 믿지 않는 처녀와 연애하고 결혼했기 때문이라는 원망을 들을 때마다 마음이 천근만근 무겁기만 하다고 한다.

남편의 직장 때문에 부산으로 이사는 왔으나, 자신도 세상 한 발, 교회 한 발, 양다리 걸친 생활을 지속하는 중이라고 한다. 듣고 보니 복에 겨운 하소연 같았다. 대부분의 가정은 예수 믿는다고 핍박받는 가정들이었기 때문이다. 예수 잘 믿으라는 말에 스트레스를 받아서 뻗정다리가 되었다니. 예수를 잘 믿어야 되는 이 가정에도 많은 문제가 산재해 있다는 것을 알게 되었다.

젊은 새댁이 무릎을 구부릴 수가 없어서 청소를 못 하고 있으니 무릎을 위한 기도가 우선이었다. 나는 방바닥에 있는 아이들의 장난감들을 대강 정리하고 예배드릴 공간을 마련했다. 그리고 간절한 마음으로 기도를 하고 나왔다. 그 주간에 한 번 더 심방을 가서 다리가 유연해진 것을 보고, 물어보았더니 믿음이 없는 소리만 하고 있다.

"무릎이 기도해서 나았는지 병원에서 치료를 받아서 나았는지 모르지만 무릎이 구부려진다."는 것이 그의 아리송한 대답이다. 그리고 이어서

"내가 병원으로 가야 할지, 교회로 가야 할지 잘 모르겠습니다." 하면서 자기의 갈등을 고백한다. 그래서

"그런 고민 가운데 있다면 병원을 가든지, 하나님께 영광을 돌리든지, 양단간 결단을 내리세요."하고 단호하게 말해주었다. 그러고는

"형편이 되면 철야기도를 하러 나오세요."라고 지나가는 말로 슬쩍 권면하고 나왔다. 그가 철야기도에 참석하리라고는 생각 못 했다.

그런데 그 날 밤 이제 갓 등록한 초신자가 철야기도를 하겠다고 교회를 찾아온 것이다. 교회에 오긴 했지만 기도는 할 줄 모르고, 찬송가를 펼쳐놓고 밤새도록 일장부터 부르기 시작한다.

그런 행동은 그 날 뿐만 아니라 매일 계속되었다. 불을 켜놓고, 찬송가를 펴들고 한 장 한 장 소리 내서 부른다. 지속해서 부르는 소리가 다른 사람들이 기도하는 데 방해가 된다는 것 생각하지 않는다. 기도하는 사람들은 방해가 된다고 불평하는 사람들이 점점 더 많아졌다.

"우리도 처음에는 기도 못 하는 초보였습니다. 우리가 그 영혼이 은혜받을 기회를 빼앗을 수는 없습니다."

먼저 믿은 신자들이 양보해 달라고 요구했다.

"불평하기 전에 지원 사격(돕는 기도)을 해야지요."

갑자기 나타난 왕초보, 미운 오리 새끼(?) 때문에 졸던 사람들도 소리 내서 기도를 안 할 수가 없게 되었다. 너그러운 마음과 돕는 기도의 힘이 그가 기도의 자리를 계속 지킬 수 있도록 만들었다.

그는 낙심하지 않고 매일 지속해서 철야기도회에 참석했고, 그렇게 일주일 이주일 흘러가는 동안 점차 기도하게 되었고 은혜를 체험하게 되었다. 또 방언의 은사도 받았다. 기도문도 활짝 열렸다. 심방을 갔더니

"저 지금 서울 가야 합니다."하면서 무슨 급한 일이나 있는 듯 서두른다.

"서울은 왜 가는데요? 집안에 무슨 급한 일이 생겼습니까?"

"저 은혜 받았잖아요. 시어머니께서 제일 기뻐하실 것입니다. 이 사실을 알려드려야지요."

그때 마침 DDD 전화(장거리 직통 전화)가 신설되었을 때였다.

"그러지 말고 전신전화국으로 갑시다. 백 원짜리 동전 한 움큼만 준비하면 충분합니다. 좀 있으면 추석인데 서울은 추석에 가구요"

우리는 같이 전신전화국으로 갔다.

나는 그의 시어머니와 통화하는 동안에 계속 동전을 넣고 있었다. 시어머니와는 처음으로 눈물 어린 가슴 뿌듯한 통화를 했다고 한다. 맘에 안 드는 며느리가 부산에서 은혜를 받았다는 소식에 너무너무 기뻐하셨다는 것이다. 자기 아들도 잘 부탁한다고 위로까지 해 주고, 너는 해낼 수 있다고 용기도 북돋우어 주었다고 한다. 모처럼의 시어머니의 지지해 주는 응원에 힘을 얻고, 기쁨이 충만했다.

그제야 P 씨는 남에게 말 못 할 고민이 한 가지 더 있다고 털어놓는다. 남편이 외도하는 것 같은데, 심증은 있는데, 물증이 없다는 것이다. 남편은 대학 때 소문난 연애 커플이었고, 시집에서 반대가 심한 결혼을 했다는 것이다. 그런데 지금은 다른 여자를 살짝살짝 만나고 다닌다고 생각하니 잠이 안 온다고 한다. 그래서 철야 기도하기로 결심했다는 것이다.

우리는 "하나님께서 영의 눈을 열어주셔서 남편의 영적인 모습까지 보여 달라"는 기도 제목을 나누고 같이 기도하기로 약속했다. 그런데 하나님께서 우리의 기

도를 들으시고 응답해 주셨다. 남편의 영적인 모습을 보여주시더라는 것이다.

"왜 남편이 교회 가는 것 곱게 안보고, 철야기도 하는 것 반대하는지 그 이유를 이제야 알겠습니다."

"하나님께서 무슨 말씀하시던가요?"

"예! 사실은요, 기도하다가 꿈을 꾸었습니다. 도둑놈 같은 깡패 7명이 둘러서 있는데 남편은 그들 가운데 무릎을 꿇고 쩔쩔매면서 시키는 대로 굽실거리는 모습이 영락없는 깡패들의 노예였습니다. 주먹질하면서 협박하는 장면이었습니다. 협박하니 마귀에게 질질 끌려 다니면서 마귀가 시키는 대로 하지 않습니까?"

이 장면을 본 부인은 지금까지 미워하던 마음이 없어지고, 불쌍한 마음이 생겨서 많이 울고 기도했다는 것이다. 그러니 교회 가는 것, 철야기도하는 것을 반대하고, 집안의 가세는 더욱더 기울고, 공포 분위기에 온 가족들은 떨고 있다는 것이다.

"이제부터는 남편이 악의 소굴에서 자유를 얻도록 기도해야 됩니다. 반드시 죄악은 끊어내야지요. 스스로는 못 빠져나옵니다."

"어떻게요? 방도를 모릅니다."

"우리 합심해서 기도합시다. 마귀의 노예가 되어서 끌려 다니는 남편을 불쌍히 여기는 마음으로, 하나님의 능력의 손으로 구원하시기를 기도해야 합니다. 하나님의 자녀들에게 마귀를 제어할 권세를 주셨습니다. 우리는 영적인 싸움을 해야 합니다. 십자가의 보혈은 우리가 주장할 가장 강력한 무기이며, 힘이며, 승리의 원천입니다. 두려워하지 마시기를 바랍니다. 악의 소굴에서 건져 내는 것이 하나님의 뜻이며 우리의 사명입니다. 우리는 반드시 이깁니다."

"그렇게 말해주시니 힘이 납니다."

이제부터 우리는 목적이 확실한 기도에 도전할 수 있게 되었다. 적의 실태를 파악하고 대적하는 것은 승산이 있는 전쟁임이 틀림없다. 지피지기면 백전백승, 우리가 기도하게 되면 마귀의 실체를 알게 되고, 마귀는 들키면 도망가는 것이 하나님의 각본이다.

그의 남편은 서울에서 대학을 졸업하고 좋은 직장에 다니는, 훤칠한 키에 미모까지 갖춘 엘리트였다. 그런데 그 남편은 인품이나 외모에 걸맞지 않게 나에게만은 적을 대하듯 경계심을 늦추지 않는다. 어쩌다가 나를 길에서 마주치면 콧방귀를 핑핑거리면서, 대놓고 사람을 무시하기가 일쑤다. 부인이 어쩌다 신앙적인 소리를 할라치면

"누가 코치했는데, 니(너희) 교회 사모님이지?"하면서 나를 걸고넘어진다는 것이다.

나도 가만히 보고 있을 수만은 없는 일이다. 호랑이를 잡으려면 호랑이 굴로 들어가야 하는 법이다. 점심 식사를 집에 와서 한다기에 점심 식사 시간에 맞춰서 미리 집에 가서 앉아 있었다. 남편이 식사시간에 맞추어 들어오기에 일어나서 인사를 했더니, 아예 무시해서 못 들은 것으로 치부하고 없는 사람으로 취급한다. 밥상을 받아 혼자서 먹기 시작하기에 보고 있는 사람이 민망해서

"빈 인사라도 식사했습니까? 라 던지, 아니면 식사같이 합시다. 라는 인사 정도는 하는 것이 손님에 대한 예절 아닙니까?"

"아! 예! 식사합시다."

하고는 부리나케 식사를 마치고 나가버린다. 나간 뒤에 우리는 예배를 드리고 기도 제목을 나누었다.

"보셨지요? 저런 남편을 전도하려면 뭐라고 기도해야 하는 걸까요?"

부인의 질문에 나는

"콧대를 납작하게 해달라고 기도합시다."

부인에게 그렇게 기도 제목을 알려주고 나왔다. 그날 저녁부터 우리가 기도하기 시작한 기도 제목은

"하나님 아버지 그 남편 교만이 하늘을 찌릅니다. 하나님 믿는 사람이라고 무시합니다. 콧대를 납작하게 해 주옵소서. 그래야 그 방탕 생활 정리하고 하나님 앞에 나올 것 아닙니까?"

몇 달 동안은 조용했다. 우리 둘은 그 콧대를 위한 기도를 지속해서 하고 있었다. 그러던 어느 날 급한 연락이 왔다. 대학 병원에 그 남편이 수술하고 누워있으니 심방 오라는 전화였다.

"어디 아프다는 소리 안 했잖아요? 건장한 젊은 분이 갑자기 어디를 수술했습니까?"

"사모님, 코 수술했습니다. 한쪽 코는 했는데 며칠 후 다른 한쪽도 해야 한답니다. 축농증이랍니다. 코 수술은 입천장을 뒤집어서 하는 수술인데 아기 낳는 것보다 더 아프답니다."

"전에 그런 증세가 있었습니까?"

"아니요 급성이랍니다."

나는 과일 캔 한 상자를 사 들고 여유를 부리면서 병실로 들어갔다. 침대에 누운 환자는 나를 보더니 다 포기했다는 듯이 한숨을 푹 내쉬면서

"맘대로 하세요." 하고 고개를 돌린다.

그래서 나는 승리의 웃음을 함빡 머금고

"맘대로 하려고 왔습니다."라고 큰소리쳤다.

속으로 이제는 도망갈 수도 없고, 무시할 수도 없고, 코를 수술했으니 콧방귀도 뀔 수 없고, 내가 하는 기도를 꼼짝 못 하고 들을 수밖에 없다는 사실에 나는 절로 웃음이 나왔다. 그러나 그 남편은 다 맡긴다는 마음으로 항복을 통보했다. 주변 환자들에게 양해를 구하고, 처음으로 환자를 잡고, 맘껏 눈물의 기도를 드렸다.

"하나님의 그 풍성하신 사랑의 손길이, 그가 돌이켜 회개하고 이 모든 형편에서 구원을 받을 수 있도록, 하나님과 화해의 계기가 될 수 있도록……."

그리고 그 부인과 함께 밖으로 나왔다. 둘이서 양손을 꼭 잡고 미묘한 웃음을 웃지 않을 수 없었다. 나는 그것이 궁금했다.

"왜 하필 축농증이지요?"

"사모님 우리의 기도 제목이 콧대잖아요. 콧대 기도했잖아요? 우리 이대로 헤어질 수 없지요. 남포동으로 갑시다. 불고깃집에 가서 축하파티 해야지요. 우리의 승리를 위한 파티요"

우리는 하나님께서 우리의 기도를 들으시고 응답하신 것에 대한 승리의 기쁨을 나누면서 불고깃집에 가서 불고기를 실컷 먹고, 옷에 밴 불고기 냄새를 털고, 헤어졌다.

기도하면서 2차 계획을 또 세웠다. 학벌 좋아하고, 여자를 무시하니, 우리 교회에서 명문대 출신, 또래 남자 성도 2명에게 도움을 요청했다. 전도 대상자인데 병문안 좀 가달라고. 가서 할 말도 소상히 일러 주었다. 병문안 가서 명문대 출신이라는 것을 강하게 어필하고, 좋은 이웃이 되겠다는 강조와 함께 퇴원하면 교회 출석을 반드시 시키도록 확실한 다짐을 받아오라고 당부했다. 그들, 차출된 두 남자 성도는 모두 S대 출신이다. 그중 한 명은 기도 힘으로 교회 등록한 사람이고, 다른 한 분도 같은 학교 치대를 나온 군의관 출신이었다.

"사모님, 염려하지 마세요. 확실하게 하고 오겠습니다."

그들은 정말로 확실하게 교회에 출석할 것을 약속받아 왔다. 치과 의사는 교회 출석하면 한평생 스케일링은 공짜로 봉사하겠다는 약속도 잊지 않았다. 퇴원 후 그는 S대 출신인 남자들 손에 의해서 전도 받았다는 자부심을 가지고 교회에 등록했다. 기분 좋은 만남이었고, 기분 좋은 신앙생활을 시작할 수 있었다.

그 남편은 달라졌다. 모든 불신앙적인 사생활을 정리했고, 직장생활도 신실하게 하면서 신앙생활에 푹 빠지니, 즐거움과 기쁨이 얼굴에 넘쳐났다. 아! 이런 것이 신앙생활이구나! 할 정도로.

그러나 그 기쁨의 시간은 잠시였다. 직장에서 서울로 발령이 났다는 것이다. 너무 빠른 이별의 소식에 아쉬움이 앞선다. 이곳에서 좀 더 신앙 훈련을 받았어야 했는데……. 우리는 하나님의 뜻에 모든 것을 맡기고 눈물로 헤어졌다.

서울 시댁에 들어가서 시부모님과 함께 살면서 신앙생활 즐겁게 잘한다는 소식을 종종 전해 주었다. 몇 년 후 그 남편은 사천 명 모이는 부모님 교회에서 집사 직분을 받았다고 한다. 직분을 받던 날 가장 먼저 우리 집으로 전화를 했다며 소식을 전해 주었다. P 집사님은 울면서

"사모님, 기뻐해 주세요. 우리 남편이 집사가 되었습니다. 그러나 부산에서 집사가 되어야 했는데, 죄송합니다. 부산에서는 십일조 생활도 옳게 못 했었는데, 지금은 십일조 생활도 잘하고 있습니다. 서울 오시면 꼭 연락해 주세요. 감사합니다."

가슴 뿌듯한 소식이었다. 내가 전도한 사람들이 주안에서 신앙생활 잘한다는 소

식 외에 더 기쁜 소식이 어디 있겠는가? 남편의 변화에 대해서 자주자주 신앙 보고를 해주었다.

어느 때인가 우리 교회가 어려움이 있다는 소식을 들었다며, 주일 오후에 서울에서 여기까지 비행기 타고 날라 왔다고 하면서 그들 내외가 교회에 불쑥 나타났다. 너무 반갑고 기쁜 나머지 양팔을 벌려 그들을 얼싸안았다. 그 남편은

"누가 우리 목사님과 사모님을 힘들게 하는데요? 제가 가만히 안 있을 겁니다."
하면서 우리가 있으니 힘내시라고 잔뜩 위로를 해주고 바로 서울로 올라갔다. 교회가 어려울 때 나타나서 얼굴 보여 주는 것이 그렇게 큰 위로가 되는 줄 몰랐다.

그들의 품 안에 두 아들은 예쁘게 장성했다. 하루는 심방 하다가 교회에 들렀더니 교회 직원이 마침 잘됐다면서, 운동모자를 눌러 쓴 한 청년이 우리를 찾아왔다면서, 그 청년에게로 안내했다. 나는 얼굴을 알아보려고 애쓰면서 물었다.
"누구시더라…."
"사모님 서울로 이사 간 P 집사의 아들입니다. 그때는 너무 어려서 우리 집에서 교회까지 그렇게 먼 것 같았는데 오늘 와서 걸어 봤더니 5분도 안 걸리는 거리네요. 군대 가기 전에 어릴 때 살던 곳, 그리고 교회 가는 길을, 내가 걸었던 발자취를 밟으면서 꼭 걸어보고 싶었습니다. 감회가 새롭습니다."
뜻밖의 방문사는 P 집사의 둘째 아들이었다. 그의 방문이 고맙고 대견했다. 이런 믿음의 사람들을 만날 때마다 우리는 힘을 얻곤 한다. 어느새 대학생이 되고, 군대에 가게 되었다니. 주님 안에서 신앙생활 잘하는 모습이 흐뭇했다. 그리고 어린 시절을 밟으러 찾아온 발길도 고마웠다. 식사도 대접하지 못하고 얼떨결에 보냈지만 한동안 잔잔한 전율이 가슴에서 사라지지 않는다.

여섯 살짜리와
기도 약속

우리 교회에 등록한 지 얼마 되지 않은 젊은 집사님 댁으로 심방을 갔다. 오자마자 주일학교를 예쁘게 잘 섬기는 S 집사님은 늘 심방 하는 나를 극진히 대했다. 집사님은 그 남편이 신앙생활 잘 하기를 바라는 마음이 간절한 사람이었다. 교회에 나올 수 있도록 기도해 달라는 부탁을 받은 터였다.

부모님들이 잘 믿는 독실한 기독교 가정이며 형님 되는 분은 목사님이시고 부산에서 목회하고 있다고 한다. 많은 형제 중에 막내아들인 남편이 지금은 믿지 않는다며, 시간이 없어서 교회 출석을 못 하는 것이 문제라면 문제라고 한다. 그래서 "어떻게 하면 주일날 남편이 쉴 수 있겠습니까?"라고 물었다. 왜냐면 남편을 전도하려고 아무리 기도해도 주일날 회사에 출근하니 기회가 없다는 것이다. 그래서 쉴 방법을 묻는 것이었다. 집사님은 나름대로 해결책을 내놓는다.

"내 차(남편은 컨테이너를 운전하는 기사였다)를 사서 회사에 넣으면 돼요. 그러면 자유롭지요"

"차를 사려면 돈이 얼마나 드는데요?"

"중고차가 6천만 원 정도이구요. 새 차는 1억이 넘어요."

"그러면 차 살 수 있도록 기도합시다." 했더니 답답한 소리 한다는 식으로

"우리는 지금 3백만 원짜리 반 지하 월 셋집에 살고 있어요. 말도 안 되는 소리 하지 마세요!"

집사님은 자기들 형편에 도저히 가망이 없다고 딱 잘라 말한다.

그 형편을 모르는 사람은 나와 그 집 어린아이들뿐이다. 그래서 우리 옆에 여섯

살짜리 아들과 네 살짜리 딸애가 앉아 있다는 것을 의식하고, 나는 아들에게 말을 걸었다.

"엄마는 믿음이 없어서 안 되겠다." 그리고 다시 아들에게

"기도하면 하나님께서 차 주실 줄 믿니?"하고 질문하자 아들은

"네!" 하고 깜짝 놀랄 정도로 우렁찬 소리로 대답한다.

"그럼! 엄마는 빼고 우리끼리 하나님께 기도할래? 우리 약속하자." 아들은 나의 진지한 말에 고개를 끄덕이기에 다시 구체적인 약속을 했다.

"하루에 다섯 번씩 기도하는 거야. 자고 일어나서 한 번(손가락 한 개 꼽고), 아침밥 먹을 때 한 번(손가락 두 개 꼽고), 점심 먹을 때 한 번(손가락 세 개 꼽고), 저녁 먹을 때 한 번(손가락 네 개 꼽고), 그리고 잘 때 한 번(손가락 다섯 개 꼽고), 이렇게 매일 다섯 번씩 기도하는 거야.

기도할 때, '우리 아빠 큰 차 사게 해 주세요. 우리 아빠 예수님 믿게 해주세요. 그리고 우리 아빠 장로님 되게 해 주세요.' 하고 기도하는 거야 알았지? 그리고 아빠가 계실 때는 큰 소리로 울면서 기도해야 해! 약속한다."

이렇게 기도할 것을 아이와 손가락 걸고, 도장 찍고, 카피까지 하면서 굳게 약속했다. 옆에 놀고 있던 4살짜리 딸에게도 같은 약속을 했다. S 집사님은 철없는 아이들하고 그런 약속을 한다고 영 못마땅한 표정이다.

나는 늘 그랬듯이 그 날 밤도 교회로 가서 하나님 앞에 엎드렸다. 그 집에 반드시 차를 사야 하기 때문이었다. 만일 응답받지 못한다면 한 가족의 신앙생활에 큰 상처가 될 것이기 때문에 반드시 응답을 받아야만 했다. 믿지 않는 남편은 전도의 기회가 될 것이고, 아이에게는 평생 잊지 못할 신앙의 체험이 될 것이다. 그리고 그 가정은 물질적으로 큰 복을 받을 좋은 기회가 될 것이다.

"너희는 두려워 말고 가만히 서서 여호와께서 오늘날 너희를 위하여 행하시는 구원을 보라."
[출14:13]

"여호와께서 너희를 위하여 싸우시리니 너희는 가만히 있을지니라." [출14:14]

우리는 다만 기도할 뿐이다. 구원을 행하시는 이는 하나님이시기 때문이다. 철야기도는 날마다 계속되었다. 그리고 어느 날 심방 가서 조짐을 살폈다.

"애들 기도 잘 하고 있습니까?"

"예! 애가 어찌나 사모님하고의 약속을 잘 지키는지. 자기 아빠 앞에서는 눈물을 뚝뚝 흘리면서 기도하고 있습니다. 어른들이 감동을 받습니다."

"저 아이가 진짠가?"

의아할 정도로 진지한 기도를 약속대로 하고 있다는 것이다. 중간 소식을 듣고 나는 뛸 듯이 기뻤다.

그러나 그들 부부는 기도하는 아들을 바라보면서 심각한 고민에 빠졌다고 한다. 뜯어말릴 수도 없고 합세할 수도 없고. 뜯어말리자니 아이의 기도가 너무 진지해서 성령님의 인도를 받는 것 같고, 같이 기도하자니 엄마의 믿음(현실적으로 불가능한 일)이 따르지 않고, 그리고 이 어린 아들이 응답을 받지 못한다면 평생 예수님을 믿지 않을 것 같고, 만일 응답을 받는다면 엄마가 되어서 믿음 없는 것이 자식 앞에 부끄럽겠고. 고민에 고민을 거듭하다가, 온 식구(어른들 포함)들이 아이들을 도와 같이 기도하기로 결심했다는 것이다.

요즈음은 합심해서 열심히 온 가족이 기도하고 있다고 한다. 들으면서 왈칵 솟구치는 눈물을 감출 수가 없었다. '혼자가 아니구나! 성령님께서 이렇게 일하고 계시구나!'

아이와 약속하고 기도한 지 두어 달쯤 지났을 때였다. 주일날 교회에 S 집사님이 보이질 않는다. 주일학교 교사들에게 알아봤더니, 아이들도 주일학교에 출석하지 않았다고 한다. 온 가족이 몽땅 결석한 것이다.

가슴이 철렁 내려앉는다. 어린아이들하고 약속한 것 때문에 집안에 시험 든 것은 아닌가? 아니면 부부 싸움이라도 한 것인가? 나는 도둑질하다 들킨 것같이 가슴이 쿵쾅거렸다. 도리질하면서 그럴 사람들은 아니겠지? 예배드리는 시간 내내 그 가족들을 걱정하고 있었다. 하루 종일 일이 손에 잡히지 않아 허둥대고 있었다.

저녁때가 되어서야 전화가 걸려왔다. 온 가족이 여수에 있다는 것이다. 일단은 손으로 가슴을 쓸어내리면서

"여수에는 웬일로 갔습니까?"

"자세한 것은 가서 말씀드리기로 하구요. 나쁜 소식은 아닙니다. 좋은 일로 왔습

니다.”

하여튼 좋은 일이라고만 하니 믿고 기다리는 수밖에 없었다. 그 가족들이 부산에 와서야 그 좋은 소식을 들을 수 있었다. 온 가족이 합심 기도하는 중에 느닷없이 고향에서 연락이 왔다는 것이다. 곗돈 탄 것이 있으니 돈 필요하면 갖다 쓰라고, 그래서 달려갔다는 것이다. 고향에 갔다 온 경위와 보고를 받고서야 마음이 놓였고, 기쁨을 감추지 못했다.

며칠 후 이들 부부는 고향에서 가져온 돈으로 선금을 주고 중고 컨테이너를 한 대 샀다는 것이다. 차를 끌어다 골목 앞에 세워 놓았으니, 내일 새벽예배 마치고 개업예배를 드려 달라는 부탁이다. 차가 나가기 전에 먼저 예배를 드리겠다는 것이다.

그리고 재치 있게, 남편에게 성경책을 개업선물로 사달라는 부탁까지 해왔다. 새벽 기도를 마치고 S 집사님 부탁대로 미리 준비한 성경책을 한 권 들고 집 앞으로 갔다. 아직도 어두컴컴한 골목길에 커다란 컨테이너 한 대가 길게 덩치 자랑을 하면서 서 있었다. S 집사님은 눈물 어린 목소리로

“세워둔 커다란 차를 보니 너무 감사해서 앞에서부터 뒤로, 뒤에서부터 앞으로, 손바닥으로 차를 만지면서 ‘이게 꿈인가? 이것이 정말 우리 차란 말인가’ 하면서 돌다가 눈물이 나와서 엉엉 울었습니다. 다음 주일부터는 남편이 교회에 출석하기로 결심했습니다. 성경책은 우리 남편 손에 직접 들려주세요.”

우리는 그 새벽에 높은 컨테이너 운전대에 앉아 개업예배를 드렸다. 남편은 약속대로 교회에 출석했다. 막내라서 그런지 가까이 대하고 보니 너무 장난기가 넘치는 사랑스러운 분이었다. 교회 출석을 하기 시작하니, 그동안 어찌 참았던가 할 정도로 모범적이고, 신실했다. 섬기고 봉사하는 일에도 아주 열심이었다. 순종하고 충성하는 모습을 바라보노라면 “참 예쁘다.” 하는 생각이 든다. 그동안 저렇게 하고 싶어서 어찌 참았을까? 속으로 생각하곤 했다. 하나님의 축복하심으로 사업이 크게 확장되었다. 몇 년 후에는 커다란 컨테이너를 몇 대 더 샀다.

교회에서 귀한 직분도 주셨다. 몇 년의 집사 직분을 통해서 축복을 받았고 장로도 되게 하셨다. 여섯 살짜리 어린 아들과 손가락 걸고 약속했던 기도 제목이 오늘날 다 이루어진 것이다. 아니 우리에게 소원을 주신 이가 하나님이셨다. 하나님의

뜻이 우리의 기도 제목이 된 것이다.

멀리 이사를 해서 몇 년 동안 소식이 끊어졌었다. 어느 날 다른 교회 행사차 갔었는데 거기에서 우연히 집사님을 만났다. 손가락 걸고 약속했던 그 아들은 지금 장성해서 작곡을 전공해서 하나님 앞에 쓰임 받고 있으며, 귀엽고 똑똑한 딸은 좋은 대학을 졸업하고 선교사로 활동하고 있다는 반가운 소식을 전해 주었다.

정말 아름다운 신앙의 가족이다. 지금도 생각하면 가슴 뿌듯하다. 가만히 서서 여호와께서 오늘날 행하시는 일을 보라 하신 약속대로 우리에게 하나님의 행하신 일을 보게 하셨다. 할렐루야!

꼭 남편을 닮아야

시골에서 이사 온 젊은 부인을 만났다. 우리 교회 집사님 집으로 세 들어온 부부였다. 요리를 매우 잘한다고 한다. 혼자의 생각이지만 아마도 큰 식당을 운영했던 것 같다. 모든 사물에 대해서도 보는 눈이 예리하며, 세상 물정에 대해서도 박식하다. 이제 막 전도 받아서 믿기로 작정한 초신자인데, 믿기로 작정하자마자 기도 제목을 한 보따리 끌어 앉고 교회로 찾아왔다.

결혼한 지 15년이 넘도록 아이를 갖지 못해서 시댁의 성화가 이만저만이 아니라고 한다. 시댁에서는 아이를 가지기 위해 첩을 데리라고 남편을 볶아댄다고 한다. 하나님을 알지 못하는 불신자 집안이고, 유교 사상에 깊이 젖은 사람들이니 그렇게 하는 것이 당연하다며 시댁에서 불호령이 떨어졌다는 것이다.

괴로운 남편은 날마다 술이 만취해서 인사불성으로 귀가하기가 일쑤이고, 심지어는 집에 들어오지 않는 일도 다반사라고 한다. 그럴 때마다 부부 싸움으로 이어지고.

보다 못한 주인집 여 집사님이 이사 온 지 얼마 안 되는 옆방을 찾아가서 전도했다는 것이다. "예수 믿으면 아기를 낳을 수 있다."라고. 주인 집사님의 이런 전도의 말에 귀가 번쩍 뜨인 이 젊은 부인은 당장 그 전도의 말을 받아들여 교회에 따라 나와 등록을 하고 출석하기 시작했다.

처음부터 아기 때문에 전도를 받았으니 교회 출석하는 첫날부터 교회는 단단히 걸린 셈이다. 아기만 주면 시키는 대로 다 할 것이라고 막무가내로 덤빈다.

전도한 사람은 따로 있는데 아기는 내게 내놓으라고 하니 처음에는 뭐 이런 경우가 있나 생각했지만 정신을 차리고, 무슨 방도를 세워야 하지 않겠는가? 나는 기도하면서 많이 울었다. 어떻게 이런 일을 감당하라고, 그런 말도 안 되는 말로 전도를 하였는지.

"전도는 그렇게 했지만 해결책은 하나님께서 주세요! 하나님의 지혜와 하나님의 능력 아니면 이 일을 해결할 방법이 없지 않습니까?"

이 초신자는 수시로 교회에 와서, 나를 보고 임신하게 해달라고 생떼를 쓰곤 한다. 그러나 이 문제는 내 소관이 아닌 것 같은데…. 그 집 부부가 해결할 문제 아닌가? 내가 하나님이라도 된단 말인가? 그러나 하나님께서 이 기도 제목을 내게 숙제로 주셨다면? 무슨 기도를 어찌 드려야 하나? 아기만은 꼭 자신이 낳아야 하겠다는 것이 그 초신자의 굳은 결심이었다. 나도 녹록치 않은 어려운 숙제를 안겨 주어야 하겠다고 야무진 결심을 했다. 그래서 그 집을 찾아가서

"그러면 철야기도 같이 하렵니까? 기도 제목 있는 사람들 모여서 밤새워서 하는 기도가 있는데, 그리고 금식 기도라는 것도 있는데 해 보렵니까? 십일조라고, 하나님께 바치는 헌물이 있는데 하시겠습니까? 수입의 십 분의 일을 교회에 바치는 것입니다."

초신자의 마음이 너무나 조급한 나머지 시키면 무엇이든 다하겠다는 것이다. 예배에 한두 번 참석한 초신자가 할 수 있겠느냐는 질문에 아기만 준다면 다 할 수 있다고 굳게 결심하고, 다짐까지 하며 약속한다. 밤에 교회에서 만나기로 약속하고 헤어졌다.

기도할 줄도 모르고 아직 신앙이 무엇인지조차 모르고 성경도 모르는 영적 어린아이와 같은 신자가 그날부터 금식을 시작했다. 철야기도에도 참석했다. 하나님께 매어 달린다. 자기의 소원을 들어 달라고.

그런데 이 초신자는 성격이 어찌나 급한지 기다릴 줄을 모른다. 중간중간 볶아대는 것이다. 자신은 내가 제안한 모든 것을 다 지켰다며, 매달 임신에 실패할 때

마다 아기 낳으면 쓰려고 준비해 두었던 기저귀 감을 내어놓고 날 보고 가져가라고 한다. 기저귓감이 내가 왜 필요한가? 어느 때는 기저귀를 빨 빨랫비누를 한 상자 준비했다가 임신이 아니면 실망해서 우리 집으로 가지고 온다.

"이젠 이것 필요 없어요. 사모님 쓰세요."하고 놓고 가기도 했다. 또 어느 때는 금식 성미를 들고 와서 "이것 하나님께 바칩니다."라고 한다. 나는 이렇게 외치고 싶었다. "비누, 쌀, 기저귀 감 필요 없으니 이 기도 제목 없었던 거로 하자"고. 상처 받을 것을 염려하여 속으로만 생각하고 말은 하지 못했다.

하루는 볶아대는 초신자에게 궁여지책으로 인내심에 관해 설명했다.

"임신해도 10달은 기다려야 태어나는 법, 어찌 이렇게 조급하단 말입니까? 그리고 아기는 그 집 부부가 만들어야 하는 것 아닙니까? 물론 하나님께서 태의 문을 여셔야 되는 것이지만요."

이렇게 호된 말은 해서 보냈지만 걱정이 안 되는 것은 아니다. 하나님께서 정말 그 부인을 통해서 아기를 주실지, 아니면 다른 방법(시댁에서 원하는 남편이 다른 여자를 통해서)으로 주실지, 아니면 숨겨진 특별하신 하나님의 방법이 계신지를 혼자 고민하면서 기도를 하고 있었다. 하나님께서 허락하실 방법을 내가 안다면 이렇게 날마다 볶이지도 않았을 것이다. 정말 난처한 일이다. 대신 아기를 낳아 줄 수도 없는 일, 내가 도울 수 있는 일은 기도밖에 없질 않은가?

그렇게 볶이는 많은 날이 지나간 어느 날 하나님께서 꿈으로 응답하셨다. 이제 막 걸음마를 뗄 정도의 아기를 내 품에 안겨주신다. 그래서 내가 받아 안았다. 나는 심방 가서 눈치를 살피면서 조심스럽게 말을 꺼냈다.

"하나님께서 본인이 낳지 않은 아주 특별하신 방법으로 아기를 주신다면 어찌하겠습니까? 돌 정도 된 아기인데" 했더니 안 들은 것으로 하겠다고 펄쩍 뛴다. 반드시 내 속으로 낳아야 한다고 딱 잘라 말한다.

그 후로는 둘이 서로 말을 아꼈다. 거의 1년 가까이 철야와 금식 기도는 계속되었다. 하루는 조금 늦게 철야기도 하러 교회로 갔더니 사람은 보이지 않는데 통곡하는 소리만 들린다. 의자 밑쪽을 두루 살폈더니, 저쪽 구석 땅바닥(교회 시멘트 바닥)에서 무릎을 꿇고 통곡을 하고 있었다. 내가 들어온 줄도 모르고. 나는 조금 떨어진 곳에 자리를 잡고 앉아서 돕는 기도를 하고 있었다. 새벽 예배를 마친 후, 초신자는 내게 "아침에 심방 해 달라"는 부탁을 하고 곧 돌아서서 가 버린다.

아침 이른 시간에 그 집을 방문했다.

"사모님, 난 이제 아기 달라는 기도 못 합니다. 사모님도 하지 마세요."

"왜요? 임신이라도 했습니까?"

"아니요. 난 아기를 가질 자격이 없는 죄인입니다. 하나님께 아기를 달라고 할 수 없는 죄인인 것을 이제야 깨달았습니다. 자격이 없습니다." 하면서 하염없이 눈물을 흘린다. 그는 얼마 후 무거운 침묵을 깨고 입을 열었다.

"옛날에 지금의 남편과 연애 시절에 임신해서 혼전이라 임신중절수술을 받았습니다. 그런데 어제 하나님께서 그것을 깨닫게 해 주셨습니다. 내가 살인 죄인이라는 것입니다. 그것도 토막 살인자라는 것입니다. 그런 내가 무슨 아기 가질 자격이 있겠습니까?"

나는 속으로 얼마나 감사했는지 모른다. 그는 막무가내로 아기만을 달라고 기도하다가, 하나님을 만났으며, 그의 음성을 들은 것이다. 하나님 앞에서 자신의 영적인 모습을 보게 하신 것이다. 더 이상 무슨 말이 필요하랴. 깨달은 한마디 말을 들으니 이제는 해결이 되겠다 하는 생각이 들어 안도의 숨을 내쉬었다.

그리고 또 몇 달의 세월이 흘렀다. 심방을 갔더니 풀이 많이 죽어 있었다. 이제는 겸손하게 이야기를 꺼낸다. 전에 내가 이야기했던 것을 상기시키면서

"하나님께서 특별한 방법으로 아기를 주신다면 조건이 있습니다. 반드시 남자 아기여야 하고, 반 곱슬머리여야 하고, 이마가 튀어나와야 합니다. 꼭 남편을 닮아야 합니다."

아기는 어디에 있는지도 모르는데 이런 조건을 붙이다니 참으로 기막힐 노릇이다. 그러나 나는 죄인인 양

"예 알겠습니다. 그 기도 제목(3가지 조건) 가지고 기도하겠습니다. 같이 기도합시다. 그래, 꼭 남편을 닮아야지요"

하나님께서 하실 일이니 아무리 어려운 조건인들 무슨 상관이겠는가? 날마다 철야를 하면서 기도를 했다. 남편 닮은 아기를 달라고.

그런데 이 초신자는 얼마 지나지 않아 또 낙심하고 만다. 아무런 응답도 없이 흘러가는 세월을 원망하면서 몇 주 동안 교회 출석을 안 하는 것이다. 자신으로서는 인내의 한계인 것 같았다. 신경이 쓰여서 찾아갔더니 자기를 좀 내버려 두라는 것이다. 조금 방황하다가 돌아오겠지 라고 내심 걱정하고 기다리고 있었다. 계속 무심할 수가 없어서 가끔 집으로 방문했지만 만나지 못했다.

그런데 하루는 길에서 축 늘어진 상태로 걸어오고 있는 그와 마주쳤다. 아무 말도 없이 집으로 따라 들어갔다. 앉자마자 하소연을 늘어놓는다. 두어 달 동안 교회 출석 대신에, 누가 버리는 아기 있는가 하고 산부인과를 구석구석 찾아다녔다고 한다. 더 이상 그 짓도 못하겠다고, 포기했다고 한다.

"이 어리석은 사람아, 하나님께서 하나님 방법으로 아기를 주신다고 했지, 산부인과에서 버린 아기를 주워 오랬어요? 아기 받을 준비나 하고 기다리세요. 열 달 동안 엄마 될 준비를 하란 말입니다."

큰소리는 했지만 내심 걱정이 된다.

"하나님! 기도 중에 보여 주신 그 아기를 어디에서 찾아야 합니까? 어디를 가야 하나님 예비하신 아기를 만날 수 있겠습니까?"

괜한 말을 해서 나의 고민은 더욱 가중되고 심각해졌다. 하나님 앞에서 날마다 기도하면서 울고 또 울었다. 그 아기가 있는 곳을 가르쳐 달라고.

그러던 어느 날 하나님께서 때가 되었는지 기도 중에 "H 양친회"라는 말을 내 입 속에 넣어 주셨다. 그 말이 내 입에서 계속 맴돌고 있다.

이튿날 날이 밝자 서둘러 애들을 학교에 보내고 시간을 마련해서 114에 전화를 했다. 그리고 전화번호와 위치를 적어서 본인들에게 쪽지를 건네주고 남편과 둘이서 가보라고 하고 집으로 돌아왔다.

나는 종일, 걸을 때나 앉을 때나 설 때나 그 일이 머릿속에서 떠나지 않아 가슴 졸이면서 하나님 인도해 주실 것을 기도하면서 지냈다.

그 날 그의 남편은 직장에 하루 휴가를 내고, 둘이서 적어준 주소지로 찾아갔다는 것이다. 직원의 안내를 받아 아기들 방을 둘러보다가 둘이서 감전된 사람들처럼, 발이 땅에 붙은 것 같아서 움직일 수가 없었다고 한다. 너무 놀라 눈을 의심할 정도였다고 한다. 수없이 기도하고 또 했던 그 아기, 세 가지 조건이 붙은 그 아기, 돌이 다 된 남자아기, 머리가 곱슬머리이며, 앞이마가 튀어나와 한눈에 봐도 남편을 닮은 아기, 누가 뭐라 해도 이 아기는 우리 아기임이 틀림없다는 생각이 들더라는 것이다. 하나님 예비하신 아기라는 것이 믿어지더라는 것이다. 2~3일 전에 들어온 아기라고 하는데 하나님께서 준비해 주신 자신들의 아기였다는 확신이 들더라는 것이다. 응답으로 받은 선물이었다.

서둘러서 입양 절차를 마치고 아기를 데리고 왔다. 시댁(불신자)과 친척들에게는 남편이 밖에서 낳아 온 아기라고 소문을 냈다고 한다. 나는 설렘과 기쁨과 감사, 말로 표현할 수 없는 감동으로 하나님께 영광과 감사기도를 올려 드렸다. 이제는 좀 홀가분한 기분으로 한 짐은 덜었다고 생각했지만 그것도 잠시뿐이었다.

이 왕초보 엄마의 성화는 계속되었다. 아기 키우는데 서툴러서 정말 난처한 일들이 많이 발생했다. 아기가 아프면 병원으로 가는 것이 아니라 아기를 업고 우리 집으로 뛰어온다. 작은 일이라도 생기면 연락이 온다. 빨리 와 보라고. 두렵고 떨리고, 어찌해야 할지 난감한 일들이 한둘이 아니었다. 기도할 때보다 더 힘든 사건들이 많이 벌어지는 것이다. 그럼에도 불구하고 아기는 이 초보 부모 밑에서 잘 먹고, 잘 자고, 잘 자라주었다.

엄마로서의 적응 기간이 지난 후 어디론가 이사를 했다. 아기가 자라는 모습을 보고 싶었지만, 그들은 오래전부터 미국에 사는 친척들이 비자신청을 해 놓은 상태여서 어차피 떠날 사람들이었다. 그 후 몇 년 만에 이민 갔다는 소식과 아들도 잘 성장해서 공부 잘하고 있다는 소식을 풍문으로 들었을 뿐이다.

사도행전의 역사가 일어날 것입니다

갑자기 교회를 은퇴하고 무료한 시간이 흘러갔다. 하나님께서 일감을 주시지 않으면 아무것도 할 수 없다. 하나님 앞에서 계획 같은 것은 한 번도 세운 적이 없었다. 하나님의 생각은 높으시며, 크시며, 위대하시며, 완전하시기 때문이다. 내 계획 같은 것은 쓰레기에 불과하다고 생각했기 때문인지도 모른다. 그저 사용만 하실 수 있도록 늘 대기 상태였다. 부르시면 곧 달려갈 5분 대기조에 지나지 않는다.

요즈음은 낯선 환경이 주마다 충격적으로 펼쳐진다. 딱히 정해진 교회가 없으니 교회를 정하는 일이 퍽이나 힘든 일이다. 낯선 교회에 얹혀 예배드리는 일이 왜 그리 눈치가 보이는지 모르겠다. 부끄럽고, 어색하고, 민망하고, 우리 목사님도 평생 강대상이 자신의 자리라 생각하고 살았는데, 이제는 갑자기 주일마다 예배드릴 곳을 찾아다녀야만 하는 불편한 환경이 된 것이다.

주일 아침마다 갈 데가 없다는 것이 얼마나 씁쓸한 일인가? 더구나 낯선 교회에 출석하게 되면 가는 교회마다 담임 목사님들은 눈여겨 우리를 바라보면서 때로는 "장로님이시죠?" 어느 교회에서는 "집사님" 또 어느 교회에서는 "목사님" 또 어느 교회에서는 "사장님", 나를 보고는 권사님, 집사님, 이렇게 교회마다 직분이 바뀌는 환경을 겪어야 했다. 새로운 환경에 엉거주춤 적응이 잘 안 된다.

개척해서 28년간 늘 그 자리에 앉았던 기도의 자리를 갑자기 빼앗긴 허전함과 이제는 마음 놓고 기도할 나만의 기도 자리가 없어졌다는 상실감이 나를 슬프게 만들었다.

낯선 교회에서의 새벽기도는 늘 움츠린 기도를 하게 되고, 혼자 남기를 기다리는 형편이 답답하고 야속하기도 하다. 더부살이 몇 년에 남는 것은 본향을 향하는 그리움뿐이라더니. 떠돌이 나그네 인생임을 지금 더 처절하게 실감하면서 그래도 얼마 남지 않은 우리의 여정을 가야만 한다.

그 무렵 나와는 신학교 동기생이신 목사님으로 필리핀에서 선교하시는 K 목사님이 우리 집에 인사차 오셨다. 무슨 이야기 끝에 이가 아프다고 했더니, 잘 아는 선교사님이 있는데, 지금은 집에서 환자를 돌보는 수준의 사설 치과라면서 소개를 해 주겠다고 했다. 가르쳐 주는 대로 약도를 보고 찾아갔다.

아파트 살림방을 개방해서 어려운 교인들을 많이 돌봐주는 의료 선교사님이었다. 러시아에서 치과의사 자격증을 받은 선교사로서 그 기술을 따를 자가 없는 능력 있는 분이라고 소개를 받았다. 필리핀에서도 많은 선교사를 도와 협력 선교하신 실력 있는 분이라고 한다. 방안에는 잠시 앉아 있어도 저절로 주변이 파악된다.

치과 선교사님은 대단한 언변과 활동적인 기질을 가진 분인 것 같아 보였다. 방안에는 많은 사람이 차례를 기다리고 있었고, 치료 중에도 여느 치과 병원과는 달리, 방 안의 사람들은 심심찮은 이야기들로 떠들썩하다.

오고 가는 대화들이 상당히 친숙한 분들이라는 것을 곧 알 수 있었다. 그런데 그 대화 속에는 선교사님들, 목사님들 이야기가 주로 많았다. 심지어는 내가 알만한 목사님들의 이름도 오고 가는 것이다. 좋은 얘기들도 있었지만 듣기 거북한 내용도 오갔다. 영 그대로 일어설 수는 없다는 생각까지도 하게 되었다.

소개하는 선교사님이 나를 누구라고 소개했는지는 잘 모르지만 의사분도 대강 알고 있다는 눈치이다. 나는 마지막 순서였으므로 혼자 남았다.

치료를 받은 후 의사 내외분이 자기 집만의 특별한 차를 대접할 것이라고 붙들기에 "잘 됐다"라고 생각하면서 눌러앉았다. 정말 그 차는 다른 곳에서는 맛볼 수 없는 귀하고 값비싼 녹차였다. 작은 가방 속에 빽빽하게 준비된 녹차의 여러 종류의 재료들이 고급스럽게 보였다. 진짜로 값비싼 녹차라고 한다.

마시고 또 마시고 온몸이 찬기가 가시고 훈훈해지는 느낌을 받았다. 혈액 순환이 잘되는 맛있고 향이 은은한 아주 차원이 높은 녹차라는 것을 문외한인 나도 느낄 정도였다.

환자들을 다 보내고 오붓하게 선교사 내외분과만이 마시는 차는 남달랐다. 그래서 내가 눌러앉은 속생각을 떠올리면서 "아까 하던 이야기를 계속하도록" 촉구했다. 그들은 내가 아는 목사님들을 많이 알고 계셨고, 그 내용도 나보다 훨씬 정보가 많았고, 또 수준 있게 분석 평가하는 것이었다.

그 대화 중에 아프리카 카메룬 선교사님에 대해서 궁금하던 차에 더 자세히 듣고 싶어서 캐물었다. 그런데 별로 협조적인 발언은 아니다. 비판 반, 걱정 반이다.

우리 교단에서 가신 K 목사님의 실정에 대해 상세한 설명을 부탁했다. 한국에서 떠날 때 약속한 선교비는 딱 입에 풀칠할 정도밖에 받지 못하고 있으며, 할 일이 없으니 밤마다 철야 하면서 울기만 하고 있다는 것이다.

그리고 그 지역에서 사용하는 프랑스말도 할 줄 모르는 선교사 내외가 개인 전도한다고 열심히 전도지 들고 전도하러 나간다는 것이다. 그 전도방법은 17세기 전도방법으로 아주 무식한 방법이라고 질타를 한다.

"선교사를 그런 식으로 파송하면 되겠습니까?" 하면서 날카로운 화살을 내게로 겨냥한다. 우리 교단 선교사가 합동 측 선교 센타 구석방 한 칸 얻어서 고생 많이 하고 신세를 지고 있다는 것이다.

"그 교단은 도대체 뭐 하는 곳이냐?"고 야단이다. 사실상 지금 교단에서의 선교사 파송은 다른 교단과 같은 수준의 지원은 어림도 없는 노릇이다.

이야기의 핵심은 가메룬에 간 신교사 내외분은 아무것도 없는 상태에서 기도만 하고 있다는 것이다. 나는 용기를 내서 대꾸했다.

"그럼 됐네요. 기도하면 이루시는 이는 하나님 아니십니까?" 했더니

"교단도 교단이지만 무턱대고 아무런 계획도 없이, 아무런 준비도 없이, 가라는 응답받았다고 덜렁 짐 싸 가지고 가는 것이 무슨 선교사랍니까?"

"그럼 그것 같이 확실한 선교사가 어디 있습니까? 걱정하지 마세요. 틀림없이 '사도행전의 역사'가 일어날 것입니다."

나는 그 치과 선교사의 비판 소리에 한 수 더 떠서 이렇게 자신만만하게 큰소리치고 집으로 돌아왔다. 그러나 내심 걱정이 안 되는 것은 아니었다. 감정에 격해서 큰소리를 치고 온 내 말에 대한 걱정이 앞선다. 혼자서 열심히 기도하다가 카메룬

선교사님에게 메일을 썼다.

이곳 치과 의사의 집에서 이런 사정이 있어서 내가 그곳에(카메룬) "사도행전의 역사"가 일어날 것이라고 했으니, 반드시 그곳에서 "사도행전의 역사"가 일어나야 합니다. "같은 기도 제목을 가지고 기도해 주세요."

나는 카메룬에서 반드시 "사도행전의 역사"가 일어나야만 했다. 저들의 생각과 비판이 허사가 되고, 하나님의 승리를 봐야만 했기 때문이다. 나의 입술의 열매를 보고 싶었다. 지체없이 카메룬에서 이메일로 답장이 왔다.

"걱정하지 마세요. '사도행전의 역사'가 반드시 일어나도록 기도하겠습니다. 감사합니다. 힘을 얻었습니다. 우리 내외는 그 편지 읽고 감동 많이 받았습니다."

나도 더욱 힘을 얻어 카메룬 선교지에서 반드시, 빠른 시일 내에 "사도행전의 역사"가 일어나도록 기도를 하고 또 했다.

K 선교사님 내외분은 불어를 할 줄 모른다. 준비는 못하고 갔지만 조금씩 배운 짧은 불어 실력으로 주 닷새씩 쉬지 않고 그 나라 사람들에게 전도지를 들고 개인 전도를 한다는 소식이었다. 그리고 밤에는 할 일도 없고, 돈이 없으니 일도 없고, 밤새도록 둘이서 철야기도만 하고 있다는 소식이다.

정석이다. 이것이야말로 선교사, 전도자가 가야 하는 바른길이 아닌가? 하나님만 의지하는 믿음, 하나님만 바라보는 이 믿음, 이것이 바로 사도행전의 역사를 이루어나 갈, 사도의 발자취를 그대로 답습하고 있는 것 아니겠는가? 이 분들이야말로 선교사 자격이 있는 분들이라고 손뼉 치며 응원을 아끼지 않았다.

두 분 선교사 내외분도 나의 응원의 메일을 받을 때마다 기뻐했으며 용기를 얻는다고 늘 감사의 메일을 보내왔다. 내가 보내는 메일 내용은, 새벽마다 선교사님 내외분을 위해서 기도할 때 내 입술을 열어 기도한 내용을 주로 썼다.

그런데 그분들은 그 내용이 너무 좋아서 힘이 나고 용기가 생긴다고, 늘 기다려진다고, 자신들도 은혜를 많이 받는다고 답장이 온다. 그리고 혼자 보기 아깝다고 또 다른 선교사님들에게도 나누었다는 것이다. 그리고 수요일 밤 예배에는 그 내용으로 설교를 한다는 것이다.

이렇게 몇 달 동안의 흥분된 시간이 흘렀다. 그런데 카메룬으로부터 기쁘고 반가운 소식이 메일을 통해서 왔다. 그것은 "사도행전의 역사"가 시작되었다는 것이다.

"기쁜 소식 전합니다." 하면서 보낸 메일의 내용은 이러했다. 개인 전도하다가 어느 여자들만 사는 집에 들어갔는데 두 딸과 사는 과부였다는 것이다. 그 과부는 원주민 추장의 부인으로 열병을 앓고 있었는데 선교사님은 사실 병 고치는 은사도 없었고, 병 기도를 해 본 적도 없었지만 왠지 이 추장 부인의 열병이 꼭, 반드시 나아야 한다는 생각이 들어서 열심히 그 부인을 붙들고 정말로 간절히 부르짖고 기도를 했다는 것이다.

기도할 때는 유창한 한국말로 그야말로 심혈을 기울여 기도하면서 부르짖었다고 한다. 그런데 놀랍게도 그 부인은 열병이 떠나가고 치료가 되는 기적이 일어났다는 것이다.

그 부인은 남편으로부터 물려받은 땅 300평을 주겠다고 약속을 했다는 것이다. 남편이 죽을 때 어느 선교사가 교회를 짓는다든가, 학교를 짓는다면 이 땅을 기증하라고 유언을 남겼다는 것이다.

이것을 얻었으니 이제는 천군만마를 얻은 듯 한국으로 보고를 해 온 것이다. 나도 이 벅찬 가슴을 억제할 길이 없었다. 그렇게 무시당하던 선교사님이 기어이 기적을 일구고 말았다.

나는 그 치과 선교사님 댁을 안 갈 수가 없었다. 그 날도 치과 선교사님 댁에는 여전히 환자들로 꽉 차 있었다. 이 기쁜 소식을 전해야만 했기 때문에 끝까지 기다렸다. 손님들이 다 가기를 기다렸다가 선교사님과 사모님만 남았을 때 입을 열었다.

"카메룬에 '사도행전'의 역사가 일어났습니다." 하고 좀 억양에 힘을 주면서 이야기를 꺼냈다. 그 치과 선교사님 내외분은 저녁 먹고 가라고 나를 붙들었다. 준비한 저녁을 맛있게 먹으면서 진지하게 땅 300평 기증받은 이야기를 들려주었다. 성질 급한 치과 선교사님은 곧바로 아는 사람들에게 전화를 열심히 걸고 있다.

"우리 카메룬에 교회를 지읍시다." 하고 몇 군데 더 전화한다.

"그곳에 교회 짓는데 얼마나 든답니까?"

"천만 원이면 된답니다."

나는 속으로 '빠르기도 하네. 금방 천만 원을 어떻게?.' 이렇게 혼자 생각하고 있는데 벌써 전화상의 약속은 끝난 것 같았다. 치과 선교사님은 얼굴에 만족한 미소를 지으면서

"카메룬에 교회 짓습니다." 하고 자신 있게 선포한다. 할렐루야! 친하게 지내던 여집사님을 통해서 200만 원, 잘 아는 권사님을 통해서 300만 원이 교회 건축비로 약속을 당장 받아 낸 모양이다.

그리고 얼마 후에는 치과 선교사님 자신이 몸 담고 있는 치과 원장님을 통해서 300만 원(이 액수는 정확하지 않음) 그리고 자신이 보태서 1,000만 원이 넘는 헌금이 카메룬으로 급하게 붙어졌다는 것이다.

그 후에도 계속해서 연락을 주고받은 것으로 알고 있다. 그리고 카메룬에는 아담하고 예쁜 오콜라 감사교회가 세워졌다. 첫 번째 교회가 세워진 것이다. 이 오콜라 감사교회는 카메룬 선교의 모체 교회가 되었다.

선교사님 부부는 변함없이 철야기도를 지속한다고 했고, 개인 전도도 지속해서 매일 한다는 소식이었다. 그리고 전도의 열매를 많이 맺고 있다는 보고도 늘 전해 주었다. 교회 입당 예배 드릴 때는 300여 명의 원주민들이 참여한 가운데 아주 은혜롭고, 성대한 마을 행사로 치러졌다는 보고와 함께 동영상도 보내왔다.

그다음 행사로는 덩치 큰 흑인들 60명이 하얀 가운을 입고 첫 번째로 세례를 받았고, 앞으로 성경공부하고 세례받을 사람은 더 많다는 보고를 보내왔다. 매주 집회에 참석하는 성도 수가 200명이 넘으며 저녁 예배는 축제 분위기로서 출석을 부르고 성경 암송으로 화답하고, 마치 우리나라 초대(50~60년대) 교회들을 연상케 하는 재미있는 목회를 하고 있다는 소식을 동영상과 함께 보내왔다.

지금도 주 3~4일 개인전도는 이어지고 있으며 철야기도도 이어지고 있다고 한다. 그리고 다음 해에는 "○○○본부"에서 교회를 지어주었고, 그다음 해에는 땀을 뻘뻘 흘리면서 아침 내내 멀리서 걸어와서 예배드리는 원주민을 위하여 어느 여집사님 한 분이 교회를 지어주어서 교회가 3개로 늘어났다는 보고였다. 그리고 작년 연말쯤 선교사님 내외분이 한국에 나왔을 때

"한 해에 한 개씩 일곱 개의 지교회를 짓게 해 달라고 기도했었는데 올해는 아직

교회를 짓지 못했습니다.” 하고 올해 안에 교회 짓는 기도 부탁을 받았었는데, 한 달 앞두고 생각지도 않은 먼 나라 “캐나다”에서 세계 선교대회에 참석하라는 초청과 함께 비행기 왕복 티켓과 숙식 제공까지 하겠다는 내용을 보내왔다는 것이다. 그리고 미리 오면 구경까지 시켜 주겠다고 해서 갔는데 너무나 융숭한 대접과 나이아가라 폭포까지도 구경하고 왔노라고.

“우리가 이런 대접을 받아도 됩니까?” 하면서 하나님 축복하심에 감격해 한다. 이 모든 것은 기도 덕분이라면서 부산에 오시면 꼭 우리 부부를 초빙해서 식사를 대접하곤 한다.

모처럼 신선한 감동을 주는 선교 보고에 가슴 뭉클하게 눈물이 솟구친다. 하나님께서 일하셨음을 인하여 감사하고 또 감사하지 않을 수 없었다. 외국에서 고생하신 선교사님들 오시면 늘 대접하느라 여념이 없지만, 카메룬 선교사님만은 우리를 꼭 대접하겠다고 하신다.

이번에도 “캐나다”에서 1,800만 원이 송금되어 교회를 하나 더 짓고 나왔다고 한다. 카메룬에서 또 메일이 왔다. 사진과 함께 “캐나다” 한인 교회에서 청년 대학생 7명이 카메룬에 와서 19일간 사역을 했다는 선교 소식이다. 그중 한 학생은 졸업 후 2년간을 카메룬에서 봉사하겠다고 약속을 했고, 한 여대생은 졸업 후 간호사로 카메룬에 와서 선교하겠다고 결심을 했다고 한다.

이들 단기 선교팀은 오콜라감사교회, 콜로토모교회, 엘리고포-모교회등 지 교회들을 돌면서 한 주간씩 어린이 성경학교, 장년부 부흥회를 하고 성도 심방, 밀림 지역 전도까지 그리고 마지막 날엔 전 어린이를 포함한 성도들이 마을 전도 행진도 하면서 빡빡한 일정을 마치고 귀국했다고 한다. 선교사 부부는 처음 오콜라 감사교회를 세우고 한국에 왔을 때

“지금도 사도행전의 역사가 일어나고 있습니까?” 하고 물었더니,

“예, 우리는 계속해서 사도행전 29장을 몸으로 쓰고 있습니다.”라고 대답했다. 사도행전의 역사는 우리 주님 오실 때까지 전 세계 곳곳에서 선교사님들을 통해서, 몸 바쳐 충성하는 주의 종들을 통해서 계속 쓰이리라 믿는다.

그럴 리가 없어요

전화벨이 울려서 "여보세요?"하고 전화를 받았더니, 아주 멀리서 들리는 듯 힘없는 목소리로 "목사님 계십니까?" 한다.

"아니요." 했더니 성급하게 달그락하고 전화를 끊어버린다. 그 후에도 몇 번이나 같은 목소리의 전화가 걸려왔다.

내가 전화 앞에만 있는 것도 아니고 바쁘게 일하다가 전화를 받을 때도 많은데 이렇게 예절 없이 전화를 끊는 그 사람은 누구인가? 말없이 전화를 끊는 그 주인공이 누구인지 궁금했다. 며칠 후 또 따르릉 하고 전화가 걸려왔다.

"여보세요" 그 힘없는 목소리의 주인공이다.

"누구세요?"

"목사님 계십니까?"

"안 계신데요." 이번에도 그냥 끊으려 한다. 나는 얼른

"그런데 누구세요? 혹시 나도 아는 사람 아닙니까?" 하고 물었더니 그제야

"아! 예 필리핀에 있는 ○○입니다."

"그럼 나도 아는 목사님이네요. 아는 척 인사쯤 해도 되는 것 아닙니까? 전화했으면 받는 사람이 누구라는 것은 알고 있을 텐데요? 무슨 일로 여러 번 전화했습니까?"

"아! 많이 어려워서요."

말끝을 흐리면서 전화를 끊는다.

나는 답답하기도 하고 조금은 화도 나고 해서 교회에 가서 기도하면서 많이 울었다.

"하나님 저렇게 힘없고 대책 없는 목사님이 무슨 선교를 한답니까?"

나중에 들은 이야기인데 목사 안수를 받자마자 이혼하고 딸은 엄마가 맡아서 한국에 남고, 아들은 아빠가 맡아서 필리핀으로 데려가고, 이렇게 따로따로 산다는 것이다. 요즈음 사람들은 간 큰 사람들이 많다더니 목사님들도 이혼하는구나! 하는 생각이 들었다.

잠시 잊고 있었지만 몇 년 전 우리가 연산동 작은 개척교회에 가서 봉사한 적이 있었다. 바로 그 전화의 주인공인 목사님이 개척하는 교회였다는 것을 생각해 냈다.

교회에 아직 주일학교가 없다고 해서, 우리 교회 새 가족팀이 갔었다. 그때 처음으로 가까이 보았는데 그 얼굴엔 평화가 없고 화난 것 같은 표정이었다. 우리 새 가족팀이 교회 앞 어린이 놀이터에서 풍선과 선물을 준비해서 나누어 주고, 선생님들 여남은 명이 서서 율동을 하면서 주일학교 아이들을 전도해서 모았다. 그리고 아이들 간식과 교육 교제 일체를 준비했다.

이제 처음으로 주일학교를 창설하는 첫날이기도 해서, 필수로 아이들에게 담임목사로서 설교해 달라고 부탁을 했는데, 설교 부탁하는 우리가 무엇을 크게 실수나 한 것처럼 화를 내는 것 같았다. 우리가 여름성경학교를 하는 내내 눈치를 보도록 만들었다.

개척교회 섬기러 가서 정말 즐겁게 기쁨으로만 봉사한 것은 아니었다. 좀 불편은 했지만 사정이 있을 것이라 짐작만 하고 이해하려고 노력했었다. 그 사모님은 얼른 보기에는 사람 좋아 보였다. 개척교회 하면서 주변 사람들 음식 봉사도 하면서 전도에 헌신하고 있었다.

그러나 가난에 찌든, 힘겨운 삶을 영위해 가고 있음을 보았다. 그 힘든 삶이 그들 부부를 갈라놓은 것인가 해서 깊은 애잔함도 내 마음속에 있었다. 그러나 본인이 아니고야 어찌 그 내용을 알 수 있겠는가. 다만 기도할 뿐이다. 이혼까지 했다는 소식에 더욱 안타까운 생각이 들어 하나님께 부르짖으며 기도했다.

"하나님 어쩌자고 한국도 아닌 필리핀까지 가게 하시고 그곳에서 굶어 죽게 만드십니까? 한국에서 선교비를 보내지 않으면 어찌 선교한답니까? 심히 어렵답니다. 이혼도 했답니다. 불쌍히 여겨 주옵소서. 도와주옵소서."

하염없는 눈물의 기도를 드리고 있었다. 그런데 하나님께서
"내가 그를 사랑하노라." 하시는 것이다. 나는 깜짝 놀랐다.
"하나님께서 사랑하시는 목사님이시니 하나님께서 직접 붙들고 사용하시겠지요? 그곳의 절박한 사정을 설마 하나님께서 모르시는 것은 아니겠지요?" 하고 기도를 다시 드렸다.

나는 필리핀 목사님 전화번호도 모르고, 메일 주소도 모른다. 생각 끝에 망설이다가 교단 수첩에 이메일 주소가 있으리라 생각해서 수첩을 뒤졌다.

"전화해 주셔서 감사합니다. 제게 일거리를 주신 하나님께 감사를 드립니다. 전화를 끊고 마음에 거룩한 부담감을 하나님께서 안겨 주셔서 기도하고 있습니다. 저는 기도하면서 왠지 기쁨이 충만합니다. 제가 이렇게 기뻐해도 되는지 모르겠습니다. 하나님께서 이 말씀으로 위로하십니다.

"우리가 사방으로 우겨 쌈을 당하여도 싸이지 아니하며 답답한 일을 당하여도 낙심하지 아니하며 핍박을 받아도 버린바 되지 아니하며 거꾸러뜨림을 당하여도 망하지 아니하고" [고후 4:8-9]

혼자가 아니라는 것을 기억하시기 바랍니다. 인간은 다 떠날 수도 있고 배신할 수도 있고 외면할 수도 있지만, 오직 하나님 한 분만은 변함도 없으시고, 못난 것을 탓하지도 않으시며, 나무라시지도 않으십니다.
나빴던 지난날들은 오늘을 만들기 위한 하나님의 특별하신 계획이시며 홀로 든든히 서게 하시는 하나님의 뜻인 줄 압니다. 지금의 그 자리에서 마구간의 구유같이 하늘만 열려있으니 하늘에 계시는 능력의 하나님, 권능의 하나님, 섭리 가운데 인도하시는 하나님, 세밀하게 응답하시는 그 하나님만을 바라보라고, 하시는 하나님의 음성인 줄 아시기를 바랍니다.

…중략…

오늘도 주님밖에 없는 줄 알고 오직 주님께만 기도하시는 목사님 되시기를 바랍니다. 한없는 은총이 함께하시기를 기원합니다. 그리고 하나님께서 '목사님을 사랑하신답니다.'"

긴 내용의 메일을 보냈다. 얼마 후 선교사님에게서 답장이 왔다.
"그럴 리가 없어요." 하고 단호하게 부인한다. 하나님께서 자기를 사랑하실 리가 없다는 것이다. 그러니까 결론적으로 사랑받을 만한 조건이 아무것도 없다는

것이다. 누구나 사랑받을 조건이 없는 것은 마찬가지다.

"목사님! 하나님 앞에서는 자격 없는 그것이 바로 사랑받을 자격인 것입니다." 라고 또 메일을 보냈다.

그렇다 우리가 사랑받을 어떤 조건이 있어서 우리를 사랑하시고, 독생자 외아들을 대속물로 내어 주신 것이 아니질 않은가? 조건 없이 사랑하셨고, 지금도 아무런 조건과 자격이 없음에도 불구하고 사랑하고 계시질 않는가?

필리핀 ○○선교사님은 3년 동안 현지인과 똑같이 생활하면서 당근과 오이를 먹으면서 살아왔다고 한다. 그런 어려운 가운데에서도 돕는 손길이 있어 어느 여 집사님의 도움으로 현지에 땅 700평을 싼 가격에 임대를 받았다는 것이다.

그 후에도 계속해서 메일을 썼고 전화 통화도 했다. 그러나 여전히 소망이 없고, 병약(고소 공포증, 패쇄 공포증, 공황장애)하고, 앞길이 막막하고, 길은 보이지 않고.

우리 부부는 교회 은퇴 후 2년여 동안 교단 개척교회를 순회하면서 예배를 드렸다. 매주일 약도를 보면서 낯선 길을 찾아가는 교회는, 우리 목사님이 평소에 가보고 싶었던 제자들의 교회다.

3년째 되는 해에는 이제는 정착하고 싶다고 하나님께 하소연했다. 새벽기도도 눈치 보여서, 이제는 눈치 보지 않고 자유롭게 기도할 수 있는 장소를 달라는 소원을 드렸나. 그런데 하나님께서 아수 기이한 방법으로 눈치 보지 않아도 되는 집 앞 아주 가까운 교회를 교단 교회로 바꾸어주셨다. 이제는 눈치 보지 않고 조금 늦은 시간에 가서 마음껏 부르짖고 기도할 수 있도록 나의 작은 소원을 들어주셨다.

그리고 물금에 있는 노인 요양원 교회를 출석하게 되면서 임시정착을 했다. 매주 정한 교회를 향해 달려갈 수 있다는 것이 이렇게 마음 편한 일인 줄을 다시 한번 더 깨닫게 되었다. 주일날 항상 달려갈 수 있는 내 교회, 그 자리가 그립고 복되다는 것을 다시 되돌아보게 했다.

그날도 나는 물금에서 주일 예배를 마치고, 오후 시간에는 직원들 성경공부를 하는 중이었다. 그때 필리핀 선교사님을 소개하면서 기도 제목으로 내놓았다.

"세상에 이렇게 대책이 없는 선교사님이 계십니다. 내놓을 것이라곤 아무것도 없는 선교사입니다. 무능하고, 병들고, 가난하고, 특별히 잘하는 것도 없는 그런 선교사 한 명이 지금 필리핀에서 죽도록 고생하고 있답니다. 그 목사님은 형제도 피붙이도 없답니다. 몇 년 전에 이혼도 했답니다.

지금은 아들과 단둘이 살고 있고, 선교비도 지원받지 못하고. 자기 아버지가 직업군인이셨는데 은퇴 후 홀로 병들어 병원에 입원 중이시며, 무녀독남인 선교사님은 그 아버지의 입원비를 제외한 연금 일부로 지금까지 3~4년을 버텼답니다. 그런데 그 아버지마저 얼마 전에 돌아가시고, 이제는 그 연금의 일부도 끊어진 상태랍니다. 지금의 생활은 필리핀 현지인들의 최저의 생활을 하고 있답니다.

그런데 다행히도 땅 700평을 임대로 얻을 수 있었답니다. 그곳에 교회를 세우고 어린이 교육에 헌신하고자 한답니다. 제가 기도하면서 마음이 몹시 아팠습니다. 기도 부탁드립니다.”

나의기도 부탁을 받은 P 권사님(원장님 사모님)이 관심을 가지고 더 상세한 것을 물어왔다.

“교회 지으려면 돈이 얼마나 든답니까?”

“예, 한 2천만 원이면 짓는다고 들었습니다만.”

“사모님 제가 몇 년 전 빚잔치를 하면서 하나님께 갚지 못한 빚이 있습니다. 하나님께 빚 갚을 때가 된 것 같습니다. 내가 빚을 내서라도 교회를 짓겠습니다.”

P 권사님은 그 자리에서 결심을 했다. 나는 감동에 벅차 가슴이 먹먹해졌다. 하나님의 섭리하심에 감사했고, 이때를 위하여 예비하시고 준비하심에 더욱 감사 했다.

얼마 후 이천만 원의 돈이 필리핀으로 보내졌고 2007년 초에 급하게 교회를 짓게 되었다. 물론 감동을 한 요양원 교회 직원 몇 명도 건축헌금을 조금씩 동참했다고 들었다.

한국교회와 같은 그런 규모의 건물은 아니지만 햇빛과 비를 막아 줄 지붕과 바람을 막아 줄 벽이 있고, 밤을 밝힐 전기가 있고, 앉을 의자가 준비된 교회를 짓게 되었다. 과일나무와 꽃을 심을 수 있는 마당도 있었다.

그해 여름 우리 후원하신 원장님 내외분과 필리핀 뽀락 브니엘 교회를 방문했다. 입당 예배 행사차 초빙을 받아서 방문했다. 그 지역은 10년 전 화산(1991년 엥겔

레스의 클락 지역에서 터진 피나투보 화산)이 터진 지역이었다. 화산재로 온통 뒤덮인 땅은 풀 한 포기 나지 않는 황폐한 땅이 되어버렸지만, 10여 년이 지난 오늘날 화산재를 뚫고 어디서인지 모르지만, 풀이 돋고 나무가 자라나고 있었다. 참으로 신기한 일이었다.

죽음의 땅인 줄 알았는데 심지도 않고, 뿌리지도 않았는데, 생명이 돋아나는 것을 보면서 하나님께서 행하시는 자연의 섭리와 오묘하심에 가슴이 뭉클거렸다.

사람들이 하나씩 둘씩 모여들어 마을을 형성해 나가고 있었다. 마을이라야 화산재를 재료로 만든 벽돌 몇 장 쌓아 올린 벽과 키 큰 갈대를 베어 얹은 지붕, 겨우 은신할 수 있는 방, 냄비 한두 개가 살림의 전부인 정말로 열악한 살림을 꾸리고 있는 빈민촌이었다.

작은 웅덩이를 파고 그곳에 거의 구정물 수준의 고이는 물로 식수를 대신하는 비참한 모습들이었다. 어린이들은 학교도 갈 수 없고, 끼닛거리도 없고, 수십 리씩 걸어가서 낮 동안 쓰레기장을 뒤져 한두 개의 빈 깡통을 주워 모아 팔아서 연명하는 가난한 동네였다.

비가 오면 화산재 때문에 발이 푹푹 빠지고 햇빛이 나면 폭삭폭삭 먼지가 뽀얗게 피어오르는 곳이었다.

선교사님은 우리 일행을 교인 집으로 심방 차 안내를 했다. 그리고 아직 믿지 않는 불신자들을 찾아 전도지를 나누면서 같이 전도를 했다.

마치 우리나라 전쟁 폐허를 방불하는 동네들을 방문했다. 가난과 굶주림을 보면서 우리의 40~50년 전의 모습을 그려보았다. 많은 나라가 우리나라에 선교사님들을 파송했고, 우리에게 복음과 함께 물질로 지원해 주지 않았다면 우리가 지금 어떻게 일어설 수 있었을까?

지금 우리는 하나님 앞에서 섬김을 받았으니 우리도 섬겨야 하는 복음에 빚진 자들이다. 사랑을 받아 본 사람만이 사랑할 줄도 안다고 했다. 우리가 그 사랑 받았으니 우리도 저들에게 복음을 전하는 것이 우리가 사는 길이요 받은 사랑의 빚을 갚는 길이라는 것을 더욱 절실하게 느끼면서 발길을 돌렸다.

돌아와서도 지울 수 없이 눈에 선한 것은, 수많은 어린아이의 초롱초롱한 눈망

울들이었다. 집마다 아이들은 주렁주렁 많지만 교육환경이 열악하여 배움의 혜택을 받지 못하고, 배불리 먹을 권리도 상실한 상태의 아이들이 기억 속에서 되살아나곤 한다.

선교사님은 그들의 절친한 이웃이 되어주었다. 우리가 방문할 때는 빵과 전도지를 동시에 들고 들어갔다. 주일에는 쌀과 기타 우리가 가져간 선교 물품들을 공급했다.

P 권사님도 같은 마음으로 가슴 아프셨는지, 그곳에 교육관을 지으면 어떻겠냐고 제안했다. 1년 후 어려운 가운데 또 빚을 내서 필리핀으로 보내서 교육관을 짓게 되었다.

그리고 유치원을 개설해서 원복을 입힌 어린아이들의 행사 장면의 사진들을 메일을 통해서 볼 수 있었다. 지금도 원장님 내외분은 힘겹도록 선교비를 계속 지원해 주시고, 기도로 후원해 주신다. 이 장을 통해서 감사의 말씀을 전하고 싶다.

"하나님 홀로 영광 받으시옵소서!" 주께서 섭리 가운데 이루신 하나님의 작품 필리핀 뽀락 브니엘교회가 많은 어린아이 그리고 많은 영혼이 구원받을 수 있는 구원의 통로가 되기를 바란다. 뽀락 브니엘교회는 보다 능력 있는 구원의 방주로서 해야 할 역할과 복의 기관의 역할을 감당하기를 바란다.

또한 좋은 교육환경을 만들어 나가기를 진심으로 바란다. 하나님의 축복하심이 넘치기를 바란다. 그 교회에서 자란 어린아이들은 장차 성장해서 그 나라, 그 사회에서 지도자가 되고, 그 교회의 장로가 되고, 권사가 되어 하나님 나라가 그 땅에 이루어지며, 복 받는 교회, 복 받는 나라가 되길 진심으로 기도드린다.

망해도 세상과 타협하지 않는 사람들

"사람이 마음으로 자기의 길을 계획할지라도 그의 걸음을 인도하시는 이는 여호와시니라"
[잠16:9]

하나님의 자녀가 정직히 행했는데도 불구하고 실패와 고통의 길로 인도하셨다면, 반드시 하나님의 뜻이 있다. 주님 안에서 새로운 피조물로 다시 태어나게 하실 뿐 아니라, 결국은 하나님의 뜻을 행하는 도구로 사용하신다.

한국 사람들이 모여 사는 곳은 지구촌 어느 곳이든지 교회가 세워진다는 말이 있다. 한국사람 망하든지, 흥하든지, 있는 그곳이 교회가 된다. 이것은 매우 흥미로운 이야기이며, 가슴 뿌듯한 이야기이며, 한국 기독교 역사에 길이 남을 자랑스러운 일이기도 하다.

IMF 기간에도 독일로 기계를 수출했던 기계제조 회사를 경영했던 부부를 소개하고자 한다. 참고로 남편 되시는 Y 집사님은 한국에서 제조 기계(원심 분리기)의 최고 권위자이다.

이들 부부는 우리 교회에서 신앙의 첫발을 드려 놓은 셈이다. 남편도 우리의 그룹 기도를 통해서 전도를 받았다. 믿음 생활에 발을 들여놓은 후, 교회에서 배운 대로, 성경공부 한 대로, 신앙양심대로 살기를 원했고, 또 그렇게 실천하고자 노력하는 부부였다. 회사 경영하는 데도 신앙양심대로 운영하고, 신앙양심대로 세금을 낸 모범적인 케이스다.

다른 이들이 보면 바보 같다. 융통성이 없다. 할 정도로 세상과 타협하지 않았다. 세속적인 방법은 다 내려놓았다. 오직 하나님의 말씀은 어떠한가에 관심을 기울였다. 신앙의 정석을 완고하게 고집하는, 하나님 보시기에는 참 아름다운 부부였다.

이들 부부가 운영하는 회사도 IMF의 거센 태풍권 안에 있었다. 장기적인 불황이 회사를 피해 가지는 않았다. 특히 기계 분야에서는 거의 모든 회사가 다 넘어가는 판국이었고, 설비투자를 받을 수 없어 재정적으로 도무지 버틸 수가 없는 형편이 되고 말았다.

이미 2년을 정직하게 적자 세무신고를 한 상태였고, 더 이상 회사를 경영할 수 없을 정도로 코너에 몰렸다. 분식회계에 대한 유혹을 받았지만 "세상을 두려워하지 말라"는 하나님의 음성을 듣고, 결심했다. 용기를 내서 3년 연속 적자 세무신고를 했다. 제1금융권에서 대출회수에 들어갔고, 결국은 회사정리절차에 들어가고 말았다고 한다.

나는 늘 그 집사님 가정과는 기도로 연결되어 있었으므로 이런 상태에서 연일 나를 올라오라고 재촉했다. 참고로 이들 부부는 우리 교회에서 신앙 생활하다가 몇 년 못 되어 H 지역으로 이사를 했고, 거기에서 공장을 세우고 기계제조 회사를 경영하고 있었다.

회사 경영에 대해서는 아무것도 모르는 나에게 급하니 와 달라는 부탁이 빗발치듯했다. 그래서 회사를 방문하려고 간단한 짐을 챙겨서 기차역에 갔지만 때마침 여름 휴가철이라 기차표가 다 매진된 상태였다. 버스 길도 없다. 하나님께서 가는 길을 막으시는구나 생각하고 어쩔 수 없어 가는 것을 포기하고 집으로 돌아왔다.

그리고 몇 달을 그 가정을 위해 기도하면서 기다리다가 주님께서 허락하시는 날 그 집사님 공장을 방문했다. 공장을 크게 지었다는 소식은 들었지만 직접 방문해서 눈으로 보는 것은 처음이었다.

공장에 들어가자마자 아래 이 층으로 두루 다니면서 기도를 했다. 벽을 쓰다듬으면서, 기둥을 잡고, 기도했다. 이 회사를 이 부부가 어떻게 일구어낸 노력의 산물인가? 손때 묻은 정든 일터, 더구나 하나님의 사업으로 생각하고 정말 정직하게, 하나님 뜻대로 운영하려고 그렇게 노력했는데. 나는 사무실의 모든 집기를 붙들고 기도하면서 울었다.

그러나 하나님께서 가져가시겠다면, 손 털 수밖에 없는 노릇이다. 그저 순종할 수밖에 할 수 있는 일은 아무것도 없다. 내려놓을 준비를 하는 것이 이들 부부가 할 일인 것 같았다.

"주님께서 선하신 뜻대로 행하시옵소서."

직원들과 같이 밥을 먹으면서도 기도는 쉬지 않았다. 식사 후 우리는 하나님 앞에 눈물로 예배를 드렸다. 하나님 뜻에 합당하게 처리해 주실 줄을 믿고 집으로(부산) 돌아왔다.

하나님께 부르짖는 기도는 계속 이어졌다. 이들 부부는 늘 구체적인 보고를 잊지 않았다. 들으면서 기도에 기도를 거듭했다. 결국은 회사를 강제중단하고, 공장 문을 내리고, 직원들을 해체 시켰다는 말을 들었다.

이들 부부는 평소 회사를 경영하면서도 항상 현금거래만 하는 경영을 한 터라 어음은 발행하지 않아서 부도는 내지 않았고, 당시 IMF 시절이라 큰 규모인 제조회사의 매매 거래란 쉬운 일이 아니었지만, 부르짖는 기도와 하나님의 크신 은혜로 공장이 팔려서 순조롭게 회사가 잘 정리되었다는 소식을 듣고 안도할 수 있었다.

그 후 얼마 되지 않았는데 북아프리카로 떠난다는 소식을 전해왔다. 갑작스러운 소식에 놀랐지만 이들 부부에게 하나님의 선하신 인도하심이 있었던 같았다. 그곳에 이미 자리 잡고 있던 지인이 여러 번 오라고 했지만, 거절하다가 마지막에 하나님께서 "가라" 하시는 음성을 듣고 2주 만에 살림을 정리하고 훌쩍 떠났다고 한다. 신중하지 못한 결정을 했을까 노심초사했지만, 떠나겠다는 결정이 내려지면 지체하지 않는 성격이 또 그들 부부이기도 하다.

하지만 이들 부부도 왜 계산이 없었겠는가? 타국에 가서 자신들의 경험과 지식을 동원하면 짧은 시간 내에 거금을 손에 쥘 수 있겠다는 계산 같은 것. 그런 생각을 안 했다면 거짓말일 것이다.

그러나 이들의 계산과 하나님의 계획과는 사뭇 달랐다. 가끔 걸려오는 국제전화 목소리를 통하여 그곳의 삶을 엿볼 수가 있었다. 소식을 들을 때마다 가슴 아픈 사연들이 구구절절 얼마나 많은지 엎드려 기도할 때마다 통곡하며 울게 했다.

"형편과 사정을 익히 아시는 아버지여 불쌍히 여겨 주옵소서. 그 고통스러운 환경에서 건져주옵소서. 저들에게 견딜 수 있는 믿음을 주옵소서. 새 능력과 권능으로 덧입혀 주옵소서."

이들 부부는 이억 만리타국에 도착하는 순간부터 눈 앞에 펼쳐지는 현실은 충격, 또 충격적인 것들뿐이었다고 한다. 이른 아침 첫새벽부터 들어야 하는 꾸란송 (이슬람 종교 음악 "낭창"과 기도소리 "아잔") 소리, 시간이라는 개념조차 없는 무슬림 국가에서 언제까지라는 약속도 없는 긴 기다림뿐인 건조한 삶이, 그들의 숨통을 조이고 있었다.

만리타국에서 숨통이 터지기를 기다리는 그 몇 년간의 삶은 참으로 고달픈 하루하루의 연속이었고, 영적 전쟁터였다고 한다. 가지고 간 적은 돈은 지인에 의해 사기를 당하고, 조금의 생활비는 대가 지급으로 거의 바닥이 나고, 궁여지책으로 한국인 학생 하숙까지 맡아 했지만 이것 역시 순탄하지 못했다. 그곳 생활을 버티자니 정신적으로나 육체적으로나 고생이 얼마나 심했겠는가? 타국에서 사기를 당해 재판까지 하게 되었다고 한다. "반드시 이겨야 한다."는 절박한 기도 부탁이었다.
세월은 좀 흘렀지만 재판에서 승리하던 날 우리는 기쁨의 순간을 전화로 나누면서 눈물을 흘렸다. 최후에 수단으로 꿍쳐놓았던 몇 푼의 여비조차 하숙생에게 홀랑 도둑을 맞았다고 한다. 충격적인 문화와 환경들은 그야말로 이들 부부를 파란만장한 고된 삶의 늪으로 밀어 넣었다.

그런 가운데 그들이 할 수 있는 일은, 성경을 읽는 것과 예배를 드리는 일이었다. 인간을 죄에서 구원하시기 위해서 하나님이 인간의 모습으로 세상에 오신 우리 주님께서 말구유에 누우셨음의 의미를 조금이나마 터득하게 되었으리라 믿는다.
구유는 위에만 열려있는 것같이, 이들 부부에게도 사방이 꽉꽉 막혔지만 위로, 즉 하늘과는 열려있었다. 이 열린 한 길이 오직 숨 쉴 통로였다.

그런 중에도 한국인 노동자들을 한 사람씩 만나면서, 그들을 집으로 초빙했다. 오는 사람들을 대접도 하면서 섬겼다고 한다. 그들을 통해 객지의 서러움을 자연스럽게 듣는 계기가 되었고, 들어주고 상담한 것이 전도의 기회가 되었고, 그들과 성경을 읽으면서 은혜를 공유하게 된 것이 교회의 시작이 된 것이다.

하루는 그 부인 되시는 J 집사가 견딜 수 없는 고통을 호소하며 주님께 눈물로 기도를 드렸더니 주께서 말씀하시기를 "사람은 누구나 부유하고 즐거울 때는 쉽게 찬양을 할 수 있지만, 하박국의 말씀처럼, 육신적으로는 실패의 연속인 것 같고, 아무것도 의지할 것이 없을 그때, 주님을 의지하고, 찬양할 수 있는 믿음이 진정한 믿음"이라고 일깨워주시더라는 것이다. 그래서 큰 힘을 다시 얻곤 했다고 한다.

이렇게 어렵다는 소식은 이메일과 전화로 늘 기도 제목으로 나누었기 때문에 소상히 하나님께 아뢸 수가 있었다. 그럴 때마다 교회로 달려가서 부르짖고 기도했다. 3년 동안 많은 메일을 주고받았다.

이메일은 저들 집사님 내외분에게 버팀목이었고, 하나님의 말씀을 굳게 붙잡을 수 있는 믿음의 근거가 되었다고 한다.

믿음의 눈으로 현실을 직시하면서 하나님 앞에서 훈련받는 일이 그들의 일이었다. 그 어려운 가운데서도 혼자가 아니라는 위안을 받을 수 있어, 메일이 늘 기다려진다고 한다. 한국에서 보내지는 기도 소식은 영적 충전을 받아 새 힘을 얻을 수 있어 늘 고맙다고 했다.

고비 고비 많은 역경을 극복할 수 있었던 것은 역시 하나님 말씀의 능력이었다. 기약 없는 타국생활에서 이들 부부는 하나님 앞에 예배드리는 것과 성경 말씀이 유일한 위로요, 힘이었다.

성경공부를 하면서 먼저 자신이 영의 양식을 풍성히 공급받았을 뿐만 아니라, 다른 사람들을 일으켜 세우는 일들을 감당할 수 있었다고 한다. 결국은 삶을 공유하므로, 그도 살고 나도 살고, 함께 사는 기적을 순간순간 체험하도록, 성령님의 인도하심의 손길을 느끼게 하셨다는 것이다.

나는 그들 부부를 위한 기도를 끊임없이 했다. 그리고 내 입술을 통해서 하나님께 기도한 내용을 써서 메일로 보냈다. 우리는 자주자주 메일을 서로 주고받으면서, 나누었던 기도 제목들이 응답받을 때마다 춤을 출 것 같은 감동의 기쁨을 나누곤 했다. 하나님께서는 저들에게 숨이 끊어지지 않을 만큼, 목숨만을 보존만 할 만큼 호된 훈련을 가하셨고, 오직 하나님만 바라보도록 만드셨다.

그러는 동안에 남편 되시는 Y 집사님도 신앙이 부쩍 자라났다. 그리고 부인되시는 J 집사님도 그곳에서 하나님께서 맡기신 사역을 잘 감당하고 있었다. 남자들도 잘 배우지 못하는 "아랍어"를 배워서 관공서, 은행 일을 보고 다니니 현지인들에게까지 주목을 받는 타국인이 되었다고 한다.

어쨌든 타국에서 믿는 몇 가족을 만나게 된 것도 하나님의 은혜였다. 그리고 외로운 한인 가족들을 전도해서 자기 집에서 섬기면서, 이미 교회가 세워져 가고 있었던 같다. 더욱 감사한 일은 외국인 여자분들, 특히 일본인을 비롯한 아시아권 여자 분들과 성경공부를 하게 된 것이라고 한다. 이렇게 말도 통하지 않는 곳에서, 작은 것부터 순종하면서, 하나님의 은총의 손길만은 기다리고 또 기다렸다.

그동안 믿음으로 연결된 사람들과 얼마나 열심히 기도하였던가? 그 기다림은 또 얼마나 뼈를 깎는 인내의 날들이었던가? 드디어 3년 만에 낭보가 들려왔다. 진출한 중소기업이 처음으로 단독으로 공사를 수주하는 쾌거를 올렸다는 기쁜 소식을 전해왔다. 그 당시 그 나라에는 우리나라 대기업들이 거의 진출해있었고, 그 대기업회사 밑에서 하청이나 부수적인 일을 하는 것이 고작이었지만, 그 나라 정유회사 신설 공사는 유럽에서 독식하다시피 했는데, 진출한 지 3년 만에 당당히 단독 수주했으니 대기업 직원들도 놀라는 것은 당연했을 것이다.

하지만 지나고 생각하니 하나님께서 그 집사님 부부를 그곳으로 보낸 이유는 돈을 벌게 하려는 목적이 아니라 특별하신 하나님만의 뜻과 계획이 있으셨던 것 같다. 그들은 고급 인력이며 엘리트 부부였다. 몇 나라들의 언어에 자유로운 편이었다. 그곳에서도 한국사회에 들어가기보다는 늘 외국인과 교제를 하게 하셨고, 인간의 생각과 예측을 벗어나, 주님의 뜻에 사용되는 하나님의 도구였음을 종종 체험하게 하셨다.

어느 날 그날도 이들 부부는 외로움을 달랠 겸 바닷가에 나갔었는데, 그곳에서 한 부부를 만나게 되었다고 한다. 접근해온 부부는 대만인의 아내와 결혼한 한국계 캐나다인이었다고 한다. 그 당시 집사님 부부는 대만사람들과 아주 친숙하게 지내고 있던 터라 그 부인과 대만사람들을 연결해주는 일을 했으므로 더욱 가까이 지내는 사이가 되었다고 한다.

그즈음 네다섯 가정이 늘 집사님 가정에 모여 함께 예배를 드리고 있었다. 그들은 아주 작은 소리로 찬양을 해야 했고, 조용조용 소모임 성경공부를 해야만 했다. 엄격하게 말하면 무슬림 국가에서는 불법적인 행위였기 때문이다.

그러나 유럽 국가 중에서도 특히 한때 해가 지지 않고 영적 대부흥을 경험한 영국 (영국은 예배처소를 A 정부로부터 합법적으로 얻기 위하여 15년 전부터 기도했다고 함) 그리스 정교, 로마 가톨릭은 외교적인 차원에서 당당히 A 국 정부로부터 예배를 마음껏 드릴 수 있는 교회 건물을 지정받아 은혜롭게 예배를 드리고 있다는 소식을 이들 부부는 접하게 된다.

그래서 이 집사님 부부는 바닷가에서 만났던 한국계 캐나디안 (참고로 그는 캐나다 외교관이었다고 한다.)을 통하여 영국 성공회 목사와 장로들을 만날 기회를 얻었다.

이들 부부는 그들을 만나 교회 공간을 같이 쓸 수 있는지를 물었더니 흔쾌히 허락하더라는 것이다. 허락은 받았지만 할당받은 건물은 수십 년 방치된 건물로, 건물 자체가 너무 퇴락하여 도저히 예배를 드릴 수가 없는 형편이었다.

때마침 수주한 공사를 수행하려고 한국에서 들어온 선발대 직원들이 있었다. 그 직원들의 적극적인 도움으로 건물 보수와 페인트를 칠하고 나니 아주 아늑한 예배 장소가 되었다. 이렇게 마련된 예배 장소에서 첫 번째 예배를 드리게 되었다. 그 기쁨과 감사는 말로 표현할 수 없는 감동 그 자체였다. 이제는 A 정부로부터 허락받은 건물에서 마음껏 예배드릴 수 있는, 그 아무의 제재도 받지 않는 요새지에서 찬양과 예배를 드릴 수 있게 된 것이다. 교회 이름은 그 나라 수도 이름을 따서 지었다고 한다.

입당예배를 드릴 때 가고 싶었지만, 그 나라는 출입이 자유롭지 않아 비자 신청을 접고(비자 불가능 상태였음), 축하 메시지를 보내는 것으로 내 마음을 대신했다.

"할렐루야! 한인 교회를 계획하시고 축복하신 하나님께 감사와 찬양과 경배를 돌려드립니다. 하나님 홀로 영광 받으시옵소서.

먼저 예배 처소를 마련하여 입당하게 된 것을 축하합니다.

"울며 씨를 뿌리러 나가는 자는 정녕 기쁨으로 그 단을 가지고 돌아오리라" [시 126:6] 하신 말씀대로 눈물을 심었더니 이 같은 기쁨을 거두게 됨을 감사합니다.

"온 땅이여 여호와께 즐거이 부를 찌어다. 기쁨으로 여호와를 섬기며 노래하면서 그 앞에 나아 갈 찌어다. 여호와가 우리 하나님이신 줄 너희가 알찌어다 그는 우리를 지으신 자시요 우리는 그의 것이니 그의 백성이요 그의 기르시는 양이로다. 감사함으로 그 문에 들어가며 찬송함으로 그 궁정에 들어가서 그에게 감사하며 그 이름을 송축할 찌어다. 대저 여호와는 선하시니 그 인자하심이 영원하고 그 성실하심이 대대에 미치리로다." [시100:1-5]

첫째, 오늘의 이 기쁨은 한국교회 교인들의 끊임없는 눈물의 기도와 구성원들의 순종함이 이루어낸 열매로 알고 축하드립니다.

둘째, A 교회는 구원의 도피성으로 세우심을 믿고 축하를 드립니다. A 교회는 앞으로 많은 영적 치열한 전쟁이 있을 것입니다. 그럴 때마다 솔로몬의 성전의 복을 받아 누구든지, 어떤 문제든지 가지고 와서 부르짖을 때 응답받는 교회로 세워주셨음을 믿고 축하를 드립니다.

셋째, A 교회에 속하여 있는 권속이 된 여러분들을 하나님께서 동역자로 세우셨습니다. 초대교회에 12 사도를 세우시고 일곱 집사를 세우셔서 전 세계를 공략하심같이 A 국 전역에 뻗어 나갈 믿음의 뿌리로 여러분들을 세우심을 축하드립니다. A 교회 여러분들은 교회를 든든히 세우며 말씀대로 살아서 세상을 변화시킬 능력을 회복하고 모든 교회의 모델이 되어 하나님의 축복을 누리는 교회 되시길 바랍니다.

사도행전 29장을 몸으로 써 내려가는 A 교회 모든 성도가 될 것을 믿고 축하드립니다. (2009.06.04.)"

이것은 A국 한인들을 위한 교회 입당식에 축하한 내용이다.

"어려운 환경과 문화적 충격 속에서 하나님만 바라고 나아감으로 이렇게 아름다운 행사를 보게 하신 하나님께 감사를 드립니다."

3년 후 집사님 부부는 한국으로 귀국하였다. 아랍 국가들의 혁명이 할퀴고 지나간 상처는 크지만, 아직도 집사님 부부가 세운 한인 교회에서는 별 탈 없이 예배를 드리고 있다는 기쁜 소식이다.

우리는 우리의 삶이 어둡고 힘들다고 여길 때도 그 가운데 하나님께서는 우리를 향하신 계획으로 그 뜻을 이루어 가시는 것을 보게 하신다. 전능하신 하나님께서 무슬림 국가에서 날마다 합법적인 예배처소를 위해서 기도하게 하시고, 이미 15년 전에 영국 교인(성공회)들을 통해서 잉태 기도를 하게 하신 세밀하심이 있으셨으므로 A 교회는 든든히 서게 되었다.

"공의의 열매는 화평이요 공의의 결과는 영원한 평안과 안전이라 내 백성이 화평한 집과 안전한 거처와 조용히 쉬는 곳에 있으려니와" [사32:17-18]

아랍의 봄이라는 재스민 혁명이 아랍 전역을 휩쓸 때, 반군과 A 국 정부군과 전쟁이 일어나기 얼마 전 집사님 부부는 하나님께서 그곳에 허락하신 기간이 다 찼음을 알고, 갑자기 한국으로 귀국시키셨다. 공사현장은 한국 본사 직원들에게 다 물려주고 귀국한 것이다.

지금 돌이켜보면 때에 맞춘 극적인 탈출을 하게 하신 셈이다. 하나님께서 그들 부부를 그렇게 쓰셨다. 아직도 A 국은 어지럽고, 불안하여 그곳에 거주하던 한인들은 거의 본국으로 귀국하였지만 얼마 전 그곳으로부터 보내온 소식에 의하면 남아 있는 몇몇 한인들은 집사님 부부가 세운 한인 교회에서 매주 예배를 드리고 있다는 소식이다. 요새와 같이 건재해 있다는 기쁜 소식이다. 할렐루야!

기도는
영근다

밭 뚝 교회

처음 개척 예배를 드린 곳은 작은 방 두 개를 털어서 만든 공간이었다. 한 울타리 안에는 방 한 칸 부엌 한 칸씩 붙은 셋방들이 촘촘히 들어찬 다세대 주택이었다. 우리가 예배드리는 것을 셋방 사람들이 어찌나 반대하는지 일곱, 여덟 가정의 수도세를 몽땅 물기도 하고, 모든 다세대의 어려운 일들을 맡아서 처리하면서 양해를 구하기도 했다. 그러나 월세는 온전히 내고 주일 하루, 그리고 수요일 저녁에 한 번밖에 사용하지 않는데, 전기세는 전체의 절반을 물어야 했다. 그럼에도 불구하고 주일학교 아이들이 오는 것은 절대 반대였다. 어린이들은 절대로 용납할 수 없다는 것이다.

70년대 후반, 그때는 집마다 어린이들이 많았다. 너무 많아 좁은 방에는 수용이 불가능하기도 했다. 많은 아이가 떠들썩하니 좁은 마당을 휩쓸고 다니니 이제는 대문을 아예 닫아걸고 못 들어오게 한다. 100여 명 가까이 몰려오는 이 아이들을 어찌 감당하랴! 할 수 없이 들판으로 데리고 나갔다.

밭둑에 돌들을 한 개씩 놓고 엉덩이를 붙이게 해서 옹기종기 둘러앉았다. 거기에서는 마음껏 찬송도 부를 수 있고 율동도 할 수 있어서 좋았다. 아직 돕는 교사도 없고, 예배드리는 형식도 잘 모르는 아이들이었다. 그래도 아이들은 진지했다. 이렇게 몰려오는 아이들에게 돌아갈 때는 "라면땅" 한 봉지씩 들려 보내는 것이 고작이었다. 그때는 그것도 귀했고 아이들이 많이 오기 때문에 한 상자가 모자랐다. 비가 오는 날이면 모두 우산을 쓰고 밭둑에 쪼그리고 앉아서 예배를 드리곤 했다.

그런 밭둑 주일학교라도 마땅히 갈 곳 없는 아이들에게는 인기가 대단했다. 전도하다 보면 골목마다 "샘 예!" 하면서 아이들이 우르르 몰려온다. 속으로 이 천하보다 귀한 생명들, 나의 보물들 하면서 달라붙는 아이들을 안고 기뻐했다. 장차 하나님 나라의 일꾼들, 생각하면 어깨가 으쓱해진다.

재송동 지역에서 제일 먼저 복음을 거부하지 않고 받아들인 고맙고 대견한 아이들이다. 어떤 아이들은 "사 샘 예!" 한다. 교회에서 사람들이 듣고 "사씨도 있나?" 하고 심각하게 묻는 바람에 한바탕 웃은 적도 있다.

아는 사람만 안다. 어떤 부모는 말썽부리는 아이를 데리고 와서 "교회에 입학시키려면 학비가 얼마나 듭니까?" 하고 묻는 사람도 있었다. 입학금도 학비도 없으니 맡겨 주시면 정성껏 지도해 보겠다고 했더니 너무나 고마운 일을 하는 곳이 교회라고 아이를 맡기겠다고 약속을 했다. 그리고 주일이 되자 부모가 아이들 손을 잡고 밭둑 교회로 데리고 와서 맡기고 간다. 가면서 당부한다.

"우리 아이, 사람 좀 만들어 주이소."

어려운 가운데 시작한 교회지만 교회교육만큼은 시대에 앞서가는 첨단의 교육 혜택을 아이들에게 제공하고 싶었다. 세상에 물들지 않은 분리된 하나님 나라 거룩한 백성들이 있는 곳이 바로 천국이다. 비록 힘들고 어려워도 소금과 빛의 사명을 감당하는 교회가 되고 싶었다. 아직 교회 건물은 없지만. 그럼에도 불구하고 밭둑 교회는 성장했다. 그러나 그 밭둑 교회가 여름 태풍과 겨울의 추위에는 취약했다.

우리는 고사리 같은 손을 모으고 "지붕이 있는 넓은 예배당을 주세요." 아이들과 같이 기도를 드렸다. 그러던 어느 날 우리를 파송한 본 교회에서 우리에게 작은 액수의 퇴직금이 지급되었다. 그것을 근거로 해서 60여 평의 작은 땅을 계약할 수 있었다. 계약금 수준의 액수였다. 땅은 거의 들판이었고 야산이었다. 진달래가 즐비하게 피고, 작은 소나무들이 있는 그야말로 차도 다닐 수 없는 산 중턱이었고, 오솔길밖에 없는 곳이었다. 우리가 계약한 땅은 산 아랫부분에 위치한 비교적 반듯한 땅이다.

산 아래쪽에 뒷골이라고 부르는 작은 옛날 마을이 하나 있었다. 뒷골은 송씨와 정씨 문중 재실이 있고 문중 사람들이 자리 잡고 있어서 복음을 자유롭게 전할 수가 없어서, 많은 어려움을 겪었다. 동네 청년들을 전도해 오면 문중에서 쫓겨나는 경우도 종종 있었다. 명절 때 제사음식을 거부하는 청년들은 거의 우리 집으로 몰려오곤 했었다.

이런 마을의 분위기에서 계약한 교회 부지 땅을 측량하게 되었다. 동네 사람들이 몰려와서 방해할 것 같아서 여자인 내가 혼자서 갔다. 교회 지을 땅이라는 것을 말은 안 했지만 소문을 들었는지 구획정리 사무실에서 여럿이 떼를 지어 몰려 나와 있었다. 그들은 정씨 문중의 사람들이었다. 동네 사람들도 약속이나 한 것처럼 몰려와서 그들과 합세했다. 분위기로 봐서 이들은 교회 땅 측량을 방해할 목적으로 모인 듯했다. 나는 모르는 척 측량하는 것을 묵묵히 지켜보고 있었다.

측량하는 도중에 어느 남자가 큰소리로

"교회 짓기만 해봐라. 다 때려 뿌울 것이다." 하고 외친다.

소리소문없이 측량을 시도했지만 이들은 미리 직감하고 몰려와서 버티고 서 있다가, 이제 방해를 시작하는 것이다. 일부러 큰소리를 지르는 것은 교회 짓지 말라는 위협이었다. 낯선 남자들이지만 우리는 이 땅에 뿌리를 내릴 교회를 지어야 하는 입장이다. 그러니 기가 죽어서야 되겠는가? 죄지은 것도 아닌데. 그래서 나도 뒤질세라 허공에 대고 큰소리로 응수했다.

"교회를 뿌우면 망합니다." 그것은 교회를 짓는다는 대답이다.

아까 그 남자가 또 소리친다.

"내가 망하면 이보다 더 망하겠나."

그래서 또 나도 큰 소리로

"얼마나 망했는지 모르지만 지금보다 훨씬 더 망할 수 있다."

그때 내 나이 삼십 대 후반의 젊은 나이였다. 우르르 몰려왔던 20여 명의 남자들은 슬슬 떠나기 시작했다. 그 후에도 교회 짓는다고 대놓고 방해는 못 했지만 틈만 있으면 해코지를 해 왔다.

건축하는 도중에 여름방학이 되었다. 아직 기둥과 지붕만 있고 벽과 문이 없는 건물에서 여름성경학교를 할 수밖에 없었다. 지금은 미국에 가 있는 A 집사는 우리 교회 첫 번째 주일학교 부장이었다. 여름성경학교를 개최하면서 아이들은 많고, 마이크 소리는 크고 하니 동네 사람들이 몰려와서 시끄럽다고 시비를 걸어왔다. 구획정리 사무소 사람들이 합세해서 방해를 해왔다. 떼로 몰려와서 시비를 걸었으나 부장 집사님이나, 전도사님도 굽히지 않았다. 젊은 혈기에 대항해서 겁준 다고 발차기 한번 휘두른 것이 하필 나이 지긋한 구획정리 사무소 소장의 가슴을 차 버렸다. 즉시 경찰에 고발되었다. 여름성경학교는 중단될지도 모를 난처한 위기에 처했다.

부장 선생님과 S 전도사님은 경찰에 조사를 받게 되면 며칠 못 나올 것이라고 아예 집에서 세면도구를 간단하게 준비해왔다. 할 수 없이 담임 교역자인 남편 목사님이 교회 책임자로서 수박 한 개 사 들고 소장 집을 찾아갔다. 정중하게 마당에서 큰절을 올리면서 사과를 했다. 마침 그 아들이 브니엘 학교 출신이었으나 안면박대하고 큰 소리로 "야! 이 목사 새끼야 나한테 한번 맞아 볼래?"하면서 마구 욕하면서 달려들었다는 것이다. 소장이며 피해 당사자인 아버지가 나서서 자기의 아들을 나무라면서 선생님께 무슨 버릇이냐면서

"내가 나이를 헛먹은 탓입니다. 나도 공직생활을 한 몸인데 이 나이에 맞고 경찰에 고소한다는 자체가 부끄러운 일입니다. 고소를 취하할 것이니 돌아가십시오. 다시는 그런 소란이 일어나지 않도록 조심하겠습니다."

오히려 맞은 당사자가 고소를 취하한다고 하니 그 아들이 가만히 있지 않는다. "왜 아버지 잘못이냐?" 하면서 분을 못 참고 소리를 지르는 것이었다. 처음에는 경찰에 구속이 되는 한이 있어도 사과는 못 한다던 부장 선생님과 전도사님도 가서 사과하는 것으로 일단은 마무리가 되었다. 동물 세계에서도 영역 싸움을 하는 것 같이, 우리도 교회를 세우면서 반드시 겪어야 할 영적인 영역 싸움 같은 것일 것이리라 생각했다. 반대하는 세력들과 싸움을 보면서, 결코 영적 전쟁도 쉽지 않다는 것을 암시하는 것 같았다. 그러는 중에도 여름성경학교는 계획대로 진행했고 잘 마쳤다.

그때 그 시절의 주일학교 아이들은 상상을 초월할 정도로 가난했고, 배가 고팠고, 보호받지 못했고, 대우도 받지 못했지만 믿음만은 누구 못지않게 강했다. 주일학교도 계속 성장해 가고 있었다.

지금쯤은 그 아이들이 신앙으로 잘 성장했을 것이라고 기대해 본다. 그리고 하나님을 기쁘시게 하여드릴 것도 의심하지 않는다. 지금쯤은 모두 결혼을 했을 것

이고. 주일학교 자녀들을 앞에 두고 있을 연배가 되었다고 생각한다.

가끔은 멀리서, 아이들의 엄마 혹은 아빠가 되었다는 소식을 듣기도 한다. 가슴 뿌듯한 일이다. 그들은 자신들의 자녀들에게 밭둑 주일학교를 추억하면서 자녀들에게 옛날을 회고할 것이다.

우리 교회 첫 번째 주일학교 부장 집사님은 지금 미국에서 장로님으로 교회를 잘 섬기고 있다. 몇 년 전에 다니러 왔었다. 옛날 그 어려웠던 주일학교 시절을 추억하면서 미국교회 교인들에게 이번에 가면 그 추억의 교회를 들러서 잊지 못할 "전봇대 라면을 꼭 먹고 오겠다."라는 약속을 하고 왔다는 것이다. 그런데 몰라보게 성장한 교회, 그리고 특히 현대판 부엌 시설, 풍성하게 차린 점심 밥상에 그만 불만을 토로한다.

"사모님 나는 그 옛날 '전봇대라면'을 먹고 싶어서 왔는데 실망입니다."

"별걸 다 그리워합니다. 그때 나는 아궁이에 들어갔다 나온 검둥 강아지였어요. 연탄불에 온 교인이 먹을 라면을 삶으려니 빨리 끓진 않고, 교인들은 기다리고 있고, 화력이 좋으라고 나무 조각들을 올려 태워서 끓이면 그을음에, 연기에 온통 눈물범벅이었지요."

그런데 모두 그 라면이 그렇게 맛이 있었다고 추억한다. 혼자서 5년 동안 삶았는데 교회를 짓고 집사님들이 세워지면서 라면 삶는 일을 졸업했다.

어린 시절 추억의 발자취를 더듬으러 오는 주일학교 출신들도 종종 있다. 가난했던 시절을 추억하고, 밭둑 주일학교를 회상하면서 추억의 길을 걸어 보려고 왔다고 한다.

하루는 경기도에 살고 있다면서 전화가 걸려왔다. 누구냐고 물었더니 지독하게 가난해서 끼닛거리가 없을 때면 목사님이 쌀독에 쌀을 부어 줘서 먹고 살았다는, 홀어머니에 유복자까지 6남매 키우던 그 집 아들이란다.

"우리 어머니 조선자씨를 알고 있지요? 6남매 중 셋째 아들입니다."

"알다마다요. 지금도 생각날 때마다 기도하고 있습니다."라고 했더니 결혼을 해서 아이들이 두 명인데 지금 신앙생활 잘하고 있고 자녀들도 주일학교 잘 다니고 있다면서, 큰딸이

"아빠! 아빠도 주일학교 다녔어? 옛날 주일학교 시절을 이야기해줘"하고 볶아대더라는 것이다. 그래서

"추억이 많이 있지! 그러나 눈물 어린 추억밖에 없어서" 했더니 딸이 그곳엘 한 번 가보고 싶다고, 아빠의 주일학교 추억이 담긴 그 교회를 가보고 싶다고 졸라서 방학이 되면 온 가족이 한번 갈 테니 자신에 관한 이야기를 자기 가족들에게 소상히 얘기해달라는 부탁을 했었다. 형편이 여의치 못해서 아직 오지는 못했지만, 아니 혹시 왔다가 우리가 없어서 그냥 돌아갔는지도 모르겠다. 추억은 다 아름답고 그리운 것인가 보다. 비록 아픈 추억일지라도 잊지 못하는 것을 보면.

요즈음 많은 생각을 하게 된다. 물질의 부요가 반드시 능사는 아니라는 생각이 든다. 부유하기 때문에 가족과 인간관계에서 애잔한 사랑과 추억을 잃게 된다. 과학 문명이 발달할수록 영적으로 잃는 것들은 더 많고, 약화한다는 생각이 드니 말이다. 교회들이 비대해질수록 영적 허약체질로 내리 닿고 있는 것 같아 안타까운 부분도 없지 않다.

작심삼일

개척교회 목사는 다방면에 팔방미인이 되어야 한다. 청소하는 일에서부터 온갖 일을 하게 되고, 많은 사람과도 부딪치게 된다. 얻으러 오는 사람들은 교회 가면 빈손으로 보내지 않는다는 소문 때문에 날마다 수십 명씩 문을 두드린다. 문 두드리는 사람들은 진짜 거지인지, 진짜 노숙자인지를 모르겠다.

한 가지 확실한 것은 감사하게 여기는 사람은 별로 없는 것 같이 보였다. 너무 당당하게 시비를 걸고, 불손하게, 오히려 큰소리치면서 받아간다. 그러할지라도 우리는 빈손으로 돌려보내지 않으려는 마음으로 열심히 준비한다. 그들의 몫으로 준비된 봉투는 수십 개씩 되지만 날마다 턱없이 부족하다. 단 솥에 물 붓기다. 어쩌다 찾아온 손님과 이야기라도 하고 있으면 때는 이때다 싶어서인지 손님 앞에서는 더욱 횡포를 부리면서 망신을 주려 든다. 우리들의 정성껏 준비하는 배려는 무산되고 오히려 악한으로 오해를 받는 일이 다반사다.

전도하는 일과 설교 하는 일에 몰두할 수가 없는 형편이 되어버린다. 관리인이라도 있으면 어려움을 반으로 줄일 수도 있을 것인데 그리고 청소하는 문제와 식사 문제도 해결이 될 것인데 그럴 형편이 되지 않으니 이 모든 일은 목사 가족의 몫이다.

이렇게 절실한 때에 맞추어 옛날에 안면이 좀 있는 J 집사님이 찾아 왔다. 자기를 무임 사찰(관리인)로 써달라는 것이다. 부인은 재봉틀로 헌 옷을 꿰매주는 "헌 옷 수선집"을 하고 있고, 자신은 화장실 내지 부엌의 모든 잡다한 일들을 수리하는 수리공 일을 한다는 것이다.

그래서 교회에서 사례는 안 주어도 상관없고 방 한 칸이면 된다고 급하게 이사를 오겠다는 것이다. 그리고 주일날 교인들 밥하는 것도 자진해서 책임지겠다고 했다. 우리 형편에 딱 알맞은 일꾼이라고 여겨졌다. 자기 자신이 그런저런 약속을 하고 급하게 교회에 딸린 작은 방으로 이사를 왔다. 그러나 그들은 내심 불편한 점이 많았던 것 같았다.

자신들의 급한 사정 때문에 우리 편에서는 오히려 아무것도 묻지 않고 이사하게 했던 것인데, 어느 날부터인가, 예배시간에 밖의 마당에서 유아(그때는 유아실이 없었음)들을 돌보면서 예배를 제대로 드리지 못하는 젊은 여 집사님들을 붙들고 큰 소리로 떠들어, 예배를 방해하며, 험담하기를 시작했다. 눈살 찌푸릴 일들이 매번 일어났지만 참았다. 여전히 예배시간에 마당이 시끄러워서 유아 부모들을 예배당 안으로 들여보내고 내가 유아들을 맡아서 돌보면서, 마당 분위기의 어수선함을 단속했다.

그러나 순간순간 J 집사님의 불평 행위는 그칠 줄을 모른다. 이제는 교인 누구라도 보이면 붙들고 서서 장황한 이야기를 시작한다. 자기는 사찰비를 받기로 하고 이 교회로 왔는데 한 푼도 안 준다고 거짓말을 한다. 결국은 담임목사님이 거짓말쟁이라는 말이었다. 그래서 나도 참말인가 해서, 집에 와서 눈치를 보면서 남편에게 넌지시 물어봤다. 난무하게 퍼진 소문의 말들을 참말인지를 확인해야 했다.

"당신도 알다시피 우리 교회가 형편이 못되어서 사찰 두지 못하고 있는데 자청해서 무임으로 방 한 칸만 주면 오겠다고, 먹는 것은 둘이 벌어 먹고살겠다고 해서 오라 했소. 그리고 교회 방에서 살고 있으니 주일날 하루 밥은 하겠다고 자기 입으로 스스로 약속한 것이지"

남편의 말을 듣고 보니 스스로 함정을 파고 있었다. 그날부터 나는 하나님께 기도하기 시작했다. 사찰 집사의 행위에 대해 일러바치는 기도를.

"하나님 아버지 사찰 집사의 입을 좀 막아 주세요. 도무지 교회가 조용할 날이 없습니다. 우리 목사님은 자기와의 약속을 신실하게 다 지켰는데도 불구하고 날마다 악인이 되어가고 있습니다. 하나님께서 이 일에 개입하셔서 친히 해결해 주옵소서."

나는 그 사찰 집사에 대해 처음부터 궁금하지만 본인이 자청하지 않는 한 묻지는 않았다. 그런데 들리는 소리는, 날마다 마당에 서서 교인들 보고 Y에 있는 큰 교회에서 사찰 집사를 했다고 큰소리 뻥뻥 치면서 잘난 척한다는 것이다. 그 교회에 있을 때는 대우도 좋았다면서, 이런 작은 교회에 와서 고생할 사람이 아니라고 강조한다는 것이다. 그래서 나는 결심을 하고 조용한 시간에 말을 걸었다.

"왜 Y에 있는 큰 교회에서 나왔는데요? 거기 그냥 계실 걸 그랬습니다. 그랬으면 대우도 좋고 편했을 텐데요?"

J집사 본인에게 들었던 파다한 소문에 대해 넌지시 물어보았다.

"예 그곳에 있을 때 편안했지요."

J 집사는 그때의 이야기를 시작했다. 그런데 그의 말은 들을수록 더욱 기막힌 내용이 터져 나왔다. 자기 부인과 그 교회 목사님과는 깊은 친분이 있는 관계로 그 교회에 사찰 일을 했는데, 사건은 부활절 예배를 마친 뒤에 터졌다는 것이다.

한 주일이 지나고 주일 예배가 가까워져 오는데 부활절 장식과 현수막이 그대로 방치된 것을 담임 목사님이 보시고, 층계를 내려가시다 사찰 집사님을 보시고 저거 빨리 떼고 정리하라고 지시를 했다는 것이다. 그런데 사찰인 자신이 오히려 "사무실 직원들이 안 하고 왜 나를 시키느냐"고 큰소리를 쳤더니 그 목사님이 혈압이 올라 계단에서 쓰러져 구급차에 실려 병원에 입원했다는 것이다.

담임 목사님이 병원에 입원한 틈을 타서 D 교회 장로들이 의논해서 자기를 쫓아냈다는 것이다. 목사님이 계셨으면 절대로 자기를 쫓아내지 못했을 것이라고 분개하고 있다. 아직도 자신이 무엇을 잘못했는지 모르고 있다. 듣는 내가 분개해서

"나 같아도 쫓아냈겠습니다. 억울하다고 생각하십니까? 그런 말을 하나도 부끄럽지 않게 말하면서 억울해할 수 있습니까? 집사님 그 혈기가 여러 명 잡겠습니다. 혈기를 죽이세요. 뭐가 잘못됐는지 모르세요? 그 습관 고치려면 인간의 힘으로는 안 됩니다. 같이 금식하면서 기도하면 제가 도와드리겠습니다."

그래서 같이 금식하기로 굳게 약속을 하고 헤어졌다. 한 이틀 조용하기에 금식을 잘 하고 있겠거니 생각했다. 나도 금식기도를 하고 있었다. 그런데 금식 시작한 지 삼 일째 되는 날 작은 가방 하나를 메고 나를 찾아 왔다.

"사모님이나 피곤한 예수 믿으세요. 나는 편한 예수 믿을 랍니다"

J 집사는 가족은 그냥 두고 어디론가 사라졌다. 그의 결심은 작심삼일이었다. 조용했던 그 이틀간도 금식했는지 의심스러울 정도였다. 무슨 일이든지 삼 일을 넘기지 못하는 인내 박약이다. 그 부인도 자기 남편의 습관과 성격을 모를 리가 없다. 미안해서 몸 둘 바를 몰라 하며, 이번에는 기대했었다는 눈치였다.

두어 달 안 보이더니 홀연히 나타났다.
J 집사는 우리 집에 찾아와서 무릎을 꿇고
"피곤한 예수 믿으려고 다시 왔습니다. 절 용서해 주시고 다시 받아 주이소!"
그래서 어여삐 여겨 "열심히 잘 하이소."하고 응원해 주었다.
그 결심은 삼 일만에 또 깨졌다.

사찰 집사님을 위해 기도하는 중인데도 불구하고 사건을 날마다 터뜨리고 있었다. 본인 자신이 일들을 꾸미고 다니기에 분주하다. 목사님 기도실에 들어와서 매일 다른 말로 말을 바꿔가면서 심히 번거롭게 한다는 것이다. 그저께는 나가겠다고, 다른 교회에서 방 두 칸 주고 사찰비도 많이 준다는데 어찌할까요? 어제는 와서 이사 날짜를 잡아 놓고 며칠 후에 이사 갑니다. 했다가, 오늘은 또 나를 붙잡아 주면 여기에 있겠다고 흥정을 하고…….

그 사찰 집사를 오리고 한다는 교회는 우리 교회와는 가까운 교회로 직선거리 500m도 안 되는 이웃교회였다. 더구나 같은 교단은 아니지만 그 교회 목사님은 우리 목사님과 신학교 동기생이기도 하다. 그 교회에 가서는 그 목사님과도 날마다 다른 말로 흥정하고…. 그래서 두 목사님은 속으로 불편해도 겉으로 표시도 못하고 끙끙 앓고 있는 형편이었다. 양쪽 교회 목사님들의 고민을 안 이상 가만히 있을 수는 없었다. 하나님께 다시 기도하기 시작했다.
"하나님 제게 지혜를 주옵소서. 가장 최선의 지혜를, 양쪽 교회가 상처받지 않는 방법, 양쪽 교회 목사님들이 불편하지 않은 방법, 그리고 그 사찰 집사의 농간을 처리할 방법도 알려 주세요."

얼마 후 하나님께서 지혜를 주셨다. 일단은 우리 목사님에게 그 사찰 집사의 일을 내게 맡겨 달라고 부탁했다. 매일 찾아와서 번거롭게 하니 이제는 찾아오면 내게 맡겼으니 그리로 가라고, 내게 보내 달라고, 상처받지 않게 해결할 것이라고 했다. 우리 목사님은 부탁대로 사찰 집사를 내게 보냈다. 나를 찾아온 J 집사에게 나는 준비된 말을 했다.

"집사님 좋은 교회로 이사 간다면서요? 대우도 좋고, 방도 두 칸 주신다면서요? 이사 날짜도 잡았다면서요?"

"예 내일 모래입니다."

"그럼 예정대로 그날 이사하는 것으로 알겠습니다."

그리고 나는 바로 이사 간다는 이웃교회 목사님을 찾아갔다. 뜻밖이라는 듯 사무실로 안내를 했다. 다른 아무도 없어서 문을 열어놓고 말을 시작했다.

"가까운 곳에 계시면서 자주 왕래하지 못해서 죄송합니다. 다름이 아니라 우리 교회 사찰 집사님을 이곳으로 모신다구요? 방도 두 칸 내 주신다구요? 사찰비도 넉넉하게 주신다면서요? 모레 이사한다구요? 이사 날짜 잡혔다 하니 두말 안 하겠습니다. 보내드리겠습니다." 했더니, 목사님 많이 당황해하시면서

"무슨 소릴 하시는 것입니까? 그 사찰 집사님이 그 교회에서 사찰 사례 배로 준다고 붙든다고 하던데요. 우리는 이사 오라 한 적도 없고, 이사 날짜 잡은 적도 없습니다. 그리고 방 두 칸 준다는 약속도 한 적 없구요."

"아! 그렇습니까? 그러면 만난 적은 있습니까? 이곳에 찾아온 적은 있지요? 그리고 말을 주고받은 적은 있지 않습니까? 이럴 줄 알았습니다. 양쪽으로 다니면서 농간 부릴 줄 알았습니다.

양쪽 교회 목사님들 모르는 사이도 아니고, 전화 한 통이면 될 것을, 그리고 10분이면 걸어올 수도 있는 거리인데 어찌 자존심만 세우면서, 사찰한테 두 목사님이 시달리고만 계십니까? 양쪽 목사님 사이에서 농간 부리는 것을 보고만 계십니까? 서로 오해의 골만 깊어지게 말입니다.

속는 것도 죄입니다. 속아 줘서 상대방이 죄짓게 만드는 것 회개해야 하는 것 아닙니까?"

그랬다. 이것은 한 사람의 인격이 무너지느냐 세움을 받느냐, 하는 문제이다. 암팡지게 수술해서 도려내야 하는 부분이다. 그는 자기가 정한 액수를 뜯어내려고

양쪽 목사님들에게 이리저리 농간을 부린 것이다. 오라 하는 것도 거짓말이고, 붙들었다는 말도 거짓말이고, 배로 사례비를 준다는 말도 모두 거짓말이었다.

그러나 이제 어쩌겠는가? 본인의 입으로 내뱉은 말에 대한 책임을 그는 스스로 져야 한다. 교회가 시끄럽고 복잡해서 본인 입으로 이사 가기로 약속한 날에 이사를 보낼 수밖에 없었다.

J 집사는 이사한 지 몇 달 후 자기가 잘못되었다고 다시 받아 달라고 찾아 왔다. 그래서 이웃교회끼리 그렇게 할 수는 없다고, 그 교회로 가서 충성스러운 일꾼이 되라고, 단호하게 돌려보냈다.

그런저런 불안전한 행동거지를 보면서 기도가 많이 필요한 인물이라는 것을 염두에 두고 있었다. 특히 그는 입버릇처럼 나는 신학교를 가야 하는 몸이라고 강조했던 터라 더더구나 충성스럽게 자기의 직무를 잘 감당해야 한다고 타일렀다. 만일 잘 못 한다는 말이 들리면 나는 따라다니면서 인격을 다듬는 일에 가차 없이 칼질하겠다는 다그침도 했다. 그렇게 무섭게 말은 했지만 늘 눈물의 기도를 끊지 않고 있었다. 그의 인격이 변화되어서 정말 좋은 주의 종이 되기를 위해서.

그 후 또 몇 달이 지나서인가 교회로 다시 찾아 왔다. 정말로 그 교회를 떠난다고, 다른 곳에 일자리가 생겨서 이제는 정말로 잘해 볼 것이라고 다짐한다. 이제는 믿어도 될 것이라고 장담까지 한다. 새로 가기로 약속된 교회 역시 동기생 목사님이 섬기는 교회였다. 나중에 들었지만 그 교회에서는 사찰 집사님 어디에서 이렇게 좋은 분을 모시고 왔느냐고 교회 안에서 칭찬이 자자하다는 소문을 들었다.

그래서 그는 자기 교회 담임목사님에게 대답해 드렸다고 한다.

"나를 위해 따라다니면서 기도해 주시는 어떤 사모님 때문에 이렇게 사람 노릇을 하게 되었다"라고.

J 집사님을 오랜 후에 만났을 때는 옛일을 스스럼없이 얘기할 수 있는 사이가 되었다. 진심 어린 감사의 말을 전할 수 있는 사이가 되었다. 본인 스스로가 앞으로도 많이 달라진 모습을 지켜봐 달라고 자신 있는 결심을 했다. 그렇게 다짐하는 말을 들으면서, 나는 그의 변화된 모습에 감격하고 있었다. 그리고 신학교에서 열심히 공부도 하고 있다고, 좋은 일꾼이 되고 싶다고.

가장 생각나는 제자

나는 꿈 많은 학창 생활을 시골에서 보냈다. 그때 담임을 맡아 주셨던 두 분 은사 선생님을 나는 평생 잊을 수가 없는 분들이셨다. 한 분은 나를 학교에 다닐 수 있게 배려해 주신 선생님이시다. 서울에서 대학을 막 졸업하고 첫 임지를 받아 오신 선생님이시라 시골을 정말 모르는 풋풋한 총각 선생님이셨다.

이 선생님은 호미를 뭐에 쓰는 물건이냐고 물었고 쌀 나무는 어떻게 생겼냐고 물어서 우리 교실은 떠나갈 듯 폭소를 터트리게 했던 서울 토박이 선생님이셨다. 우리 시골 학생들이 보기에는 너무나 엉뚱한 질문을 번번이 했다. 그러나 수학만큼은 성실하게 가르치셨으므로 아주 인기가 좋으신 선생님이셨다.

그리고 또 한 분 선생님은 중년 부인이셨던 국어 선생님은 키가 작지만 실력이 있는 분이셨다. 남편분과 자녀 남매를 두고 있는 다복한 분으로 기억된다. 많은 사람이 시골에서 썩기엔 아까운 선생님이라고들 했다. 명성만큼이나 잘 가르치셨다. 그리고 가끔 자작시를 지어서 읽어 주면 사춘기인 우리는 그야말로 넋이 나가고 만다. 시의 내용 보다 그 선생님이 너무 멋지게 보였다. 수업시간에 애들이 피곤하여 졸고 있으면(시골은 학생들이 집에서 공부하는 시간보다는 노동하는 시간이 많아 졸기가 일쑤다.) 웃기는 유머로 깨우기도 하셨다.

수학여행 때는 사부(선생님의 남편분을 우리는 그렇게 불렀다.)께서 따라와서 O. 헨리의 "마지막 잎새"를 밤을 홀딱 새우면서 들려주기도 했다. 국어 선생님이시라 칠판 글씨가 어찌나 달필이신지 학생들이 국어 시간에는 칠판 글씨를 따라 그리느라 정신이 없을 정도였다. 우리는 국어 시간에는 국어 선생님 글씨체를 닮고, 수학 시간에는 수학 선생님 글씨체를 닮았다.

그동안 그리워하던 은사 분들에게 연락 한번 변변하게 못 하고 25여 년이란 세월이 훌쩍 가버렸다. 고향 부모님을 통해서 가끔 소식을 전해 들었을 뿐이었다. 편지 한 장 쓰지는 못했지만 내가 할 수 있는 최선의 선물은 선생님을 위한 기도뿐이라고 생각했다. 두 분 선생님을 위해서 새벽마다 기도했다. 그리워질수록 더욱더 기도를 많이 했다. 인간의 도리를 못하고 산 것 같아 미안하고 죄송스러웠다.

그러던 어느 날 청주라면서 전화 한 통이 걸려왔다. 내가 늘 그리워하면서 기도하던 그 국어 선생님이셨다.

"내가 자네를 얼마나 보고 싶어 하는지 알아?"

선생님의 첫마디 셨다.

"나 며칠 후에 전국 교육감 모임이 있어 부산에 가는데 만날 수 있을까?"

전화 받는 내 손이 덜덜 떨린다. 가슴이 벌렁거려 말을 할 수가 없었다. 나는 변변히 인사도 못 하고 있다가 고작 한다는 말이

"어떻게 제 전화번호를 아셨습니까?" 꿈을 꾸고 있는 것 같았다.

"말도 말게. 자네 전화번호 알려고 장거리 전화를 7번이나 했네. 수학 선생님에게 묻고, 수학 선생님은 시골 자네 집 옆 우체국에 묻고, 또 우체국에서는 자네 집에 전화해서 묻고, 그리고 우체국에서는 또 수학 선생님에게 연락해주고 수학 선생님은 내게 일러주고, 난 지금 자네에게 전화하고,"

"선생님, 감사합니다. 시간 맞추어 기차역에 나가겠습니다." 하고 전화를 끊었다. 선생님을 모시려니 괜한 걱정이 앞선다. 집이 좁아서 어디에서 주무시게 할 것인가? 식사는 어떻게 할 것인가? 엎치락뒤치락 도무지 잠이 오질 않는다.

기차역에 조금 일찍 나가 기다렸다. 한눈에 딱 알아볼 수 있었다. 달려가서 선생님 품에 안겼다. 학창 시절로 돌아간 것 같은 착각을 하면서.

"선생님은 옛날이나 지금이나 변하지 않으셨습니다. 맛있는 것 사드리겠습니다."

"무슨 소릴 하는 거야! 집으로 가야지 사는 모습도 보고, 우리 모임은 내일인데 내 사랑하는 제자 보려고 보디가드(남자 고등학교 선생님들) 두 명 다 떼버리고 혼자 왔는 걸, 내일 가면 돼."

"선생님 우리 집이 너무 누추해서 하룻밤 지내시기 불편하실 텐데요."

"편하게 자려 했으면 전화도 안 했지, 호텔에 예약한 것도 다 취소하고 왔거든."

소박한 저녁상을 차렸다. 그러나 개의치 않고 얼마나 맛있게 잡숫는지 그저 고맙기만 했다.

우리 목사님은 들어오더니 자기 마누라의 은사 선생님이라고 엎드려 큰절을 올린다. 설거지를 대강하고 선생님과 마주 앉았다.

그동안 밀린 얘기, 기도한 얘기 하며, 예수님에 관한 얘기, 그리고 믿으면 구원받는 얘기, 밤을 홀랑 새우면서 계속해서 전도했다. 나는 20년 이상 기도하면서 누구를 통해서든지 복음을 들을 기회를 달라고 기도했는데, 하나님께서는 선생님을 우리 집까지 보내 주셨다. 내가 직접 전도하게 하시니 이 얼마나 감사한 일인가? 선생님 역시

"네가 그렇게 기도를 많이 해 놓으니 부산 간다고 하니 마치 소풍 가는 아이처럼 가슴이 설레던데, 내 사랑하는 제자를 꼭 만나야 한다는 생각뿐이었단다. 나는 중학교 선생부터 고등학교 교장까지 수십 년 동안 수만 명의 제자가 있으나 자네는 내가 가장 잊을 수 없는 수제자였어. 이제 보니 이유를 알 것 같다." 하시면서 눈물을 글썽이면서 내 손을 잡으셨다. 가서 꼭 교회를 갈 것이니 염려하지 말라고, 그리고 좋은 신자가 되겠다고 다짐하셨다. 자기를 위한 기도를 계속하라는 부탁까지 잊지 않으셨다.

"선생님 저는 진실하게 살려고 최선을 다했습니다. 앞으로도 최선을 다해서 살려고 노력할 것입니다."

다음 날 아침 서둘러서 선생님을 모시고 보수동 유스호스텔로 갔다. 거기에는 남자 선생님들(전국에서 모인 교육감들) 수십 명이 마당에 운집해 있었다. 기다리기나 한 것처럼 모여 있던 선생님들이 모세의 홍해같이 양쪽으로 쫙 갈라서서 가운데 길을 열어놓았다. 그리고 선생님을 그 가운데로 지나가게 했다.

선생님은 내 손을 잡아 이끄셨다. 함께 그 가운데 길로 갈 수밖에 없었다. 걸으면서 선생님은 잊지 않고

"나의 가장 사랑하는 제자, 자랑스러운 제자"라고 줄 서 있는 모든 선생님에게 일일이 소개를 하신다. 그 길은 내가 지나갈 길이 아니라서 부끄럽기도 하고, 은사

선생님이 자랑스럽기도 했다. 수십 명의 고등학교 선생님들의 환영 박수를 받으면서 홍일점이신 여성 교육감, 은사이신 선생님과 입장을 했다. 그 후 선생님은 그 좋은 필적으로 내게 가끔 편지를 보내주셨다. 신앙생활 잘하고 있노라고. 교회 열심히 출석하고 있노라고.

그리고 수학 선생님도 편지를 보내 왔다. 그 수학 선생님은 너무 젊어서 그런지 편지 제목을 '이희우 여사'라고 써서 남편에게 많은 놀림을 받기도 했다. 남편은 나를 부를 때마다 "어이 이 여사" 하고 불렀다. 그러나 그 놀림이 듣기 싫지만은 않았다.

늘 마음속에 국어 선생님이 돌아가시기 전에 한 번 찾아뵙기를 원했지만 마음뿐이었다. 이미 나를 기다리지 않고 천국 가셨다는 소문도 들었다. 지금은 수학 선생님께서 병들어 몸져누우셨다고 하는데도 가서 뵙지 못하고 있다. 살아 계실 때 시간을 내려고 지금도 벼르고 있다. 혹 돌아가셨을지도 모르는데…….

○○○은
그 교회 교인 아니야

"우리의 씨름은 혈과 육에 대한 것이 아니요 정사와 권세와 이 어두움의 세상 주관자들과 하늘에 있는 악의 영들에게 대함이라." [엡6:12]

우리 교회에 출석하고 있는 H 집사님이 이웃의 딱한 사정을 일러주었다. 자기 옆집에 사는 젊은 아줌마가 병들었는데 얼마 전 입원했던 병원에서 삼일밖에 못 산다는 사형선고와 함께 퇴원 조처를 했다는 것이다. 그래서 그 남편은 서둘러 장례준비를 하고 있다는 것이다.

들으면서 속으로 참 안됐다고 생각했다. 다음 순간 "그래서 나보고 어쩌라고?" 하는 생각이 번개같이 스치고 지나갔다. 그러는 다음 순간 한 깨달음이 마음을 흔들어댄다. 귀에 들리게 하신 이가 하나님이시라면 지금부터 나는 무엇을 해야 하는가에 고민을 갖게 되었다. 걸어가면서 기도하면서 심방 하면서도 머릿속에서 그 이야기가 떠나지 않고 맴돌고 있다. 그 H 집사님의 옆집 문제가 어느 순간 내 마음속으로 들어와 버린 것이다. 하나님께서 내게 맡기신 일이라면, 그 할 일에 대하여 고민하게 했다.

막상 그 집을 방문해 보려고 마음먹어 보았으나 그 집을 열고 들어가는 일도, 그 아줌마를 만나는 일이 그리 쉽지만은 않을 것이라는 생각이 들었다. 왜냐면 이 젊은 아줌마 ○○○씨는 전도하면서 몇 번 만나 본 적이 있는 사람이었다.

그때 전도지를 손에 들려준 적이 있었는데, 그는 전도지를 한사코 받지 않고 오히려 내게 화를 내면서 "교회가 싫어서, 십자가 종탑을 피해서 가까운 길을 두고 늘 먼 길로 돌아다닌다."라고 자기의 고충을 내게 털어놓은 사람이었다. 본인이 그렇게 교회를 싫어하는데 어찌 문을 열고 들어가서 다시 전도를 시도해 볼 수 있겠는가. 힘들 것으로 생각하면서도 빼놓지 않고 열심히 기도하고 있었다. 감동을 주시는 날이 그 날이라고 생각했다. 죽기 전에 복음을 전하지 않으면 그 책임을 하나님께서 내게 물으실 것만 같았다.

나는 어느덧 그 집 대문 밖에 서 있는 나를 발견했다. 안을 살짝 엿보니 안은 조용했고 문은 나를 환영이라도 하는 듯이 열려있었다. 대문을 통과하고 보니 현관문도 열려있었다. 현관으로 들어서니 방문도 열려있었다. 허락도 없이 열린 방 안으로 들어갔다. 홀로 몸져누워있는 여자분은 정말 가련하기 그지없는 모습이었다.

그는 스스로 똑똑한 사람이라고 생각하는 사람이었다. 옛날에는 인물도 좋았고, 좋은 직장에서 돈도 많이 벌어서 꽤 많은 현금과 부동산을 가지고 있는 사람이라고 자신을 소개하기도 했었다. 그러나 오늘 홀로 누워있는 이 모습은 앙상한 뼈와 가죽밖에 없는 몰골이 아닌가? 들어가니 눈인사를 하면서 아는 체를 했다. 일어나겠다고 해서 겨우 일으켜 벽에 기대어 앉혔더니, 이번에는 무릎이 붙어 있어 펴지질 않는다. 앉은뱅이가 된 것이다. 너무너무 아파서 쪼그리다 보니 그렇게 두 무릎이 굳어져 버렸다고 한다.

오랜 투병 생활로 누워만 있었던 것 같다. 죽을 날만 기다린다고, 자기에게는 먹고 살아날 음식이 세상에는 아무것도 존재하지 않는다고 하소연한다. 병원에서도 먹고 병이 나을 약도 전혀 없고, 주사도 없다는 진단을 받았다고 한다. 살 수 있는 가망성은 실오라기만큼도 없는 것이 그의 현실이라고 한다.

어디가 제일 아프냐고 물었더니 머리와 가슴이라고 하면서 가슴을 열어 보인다. 가슴에는 큰 파스들을 다닥다닥 붙여놓은 상태였다. 그리고 손톱으로 할퀸 자국들이 수두룩하다. 본인이 너무 가슴이 답답하고 숨을 쉴 수가 없어서 가슴을 쥐어뜯는다는 것이다.

교회를 싫어하고, 십자가 종탑을 싫어한다고 했는데 기도해도 되겠느냐고 물었더니 해 달라고 간곡한 부탁까지 한다. 파스들을 떼 내고 손을 대고 간절히 기도를 드렸다. 그 젊은 여자분은 심령이 너무나 강퍅했다. 감정은 메말라 있었다. 수년 동안 눈물 한 방울 흘려보지 못했다고 한다. 아무리 슬픈 장면을 봐도 절대로 감동되지 않고 눈물이 나오지 않는다고 한다. 그의 남편은 큰 체육관을 운영하는 유도선수라고 한다. 나는 속으로 유도선수라면서 부인의 발이 이 지경이 되도록 놔두었단 말인가? 하는 원망 비슷한 섭섭한 마음이 울컥 올라온다.

뼈가 부서질 것 같아서 힘을 빼고 살살 만지면서 기도를 드렸다. 나오면서 보니 언제 왔는지 부엌에 여동생이라는 분이 있었다. 소리를 내지 않고 조용조용 설거지며 청소를 하고 있었다. 그래서 채소 미음을 끓여 한 숟가락부터 서서히 늘려 먹일 것을 권하고 집으로 돌아왔다.

들었을 때 보다, 보고나니 더 마음이 아팠다. 불쌍한 마음과 인생에 대한 연민 같은 것이 밤새도록 나를 울게 했다. 그 육신은 죽더라도 영혼은 하나님을 영접하고 하나님 품에 안겨야 할 텐데, 하나님의 부르심에 응답할 기회는 땅에 있을 때, 정신이 온전할 때뿐인데. 그 영혼의 상태는 온통 마귀들의 소굴로, 저들에게 점령당하고 있었다. 그것들을 물리칠 힘이 본인에게는 없었던 것이다.

이제 죽음의 문턱에서 겨우 나의 손을 잡은 것이다. 아마도 지푸라기라도 잡는 심정으로 잡았을 것이 분명하다. 이제는 그렇게 미워하던 교회 십자가가, 예수 그리스도의 보혈이 그에게 생명의 빛으로, 구원의 도구로 강하게 역사하실 줄을 기대해 본다.

며칠 후에 옆에 사는 H 집사님이 또 연락을 했다. 다시 와 달라는 부탁을 받았다는 것이다. 그 젊은 아줌마, ○○○씨는 아직도 죽지 않았다는 전갈이다. 사흘밖에 못 산다는 선고를 받았었는데 그 사흘이 지났는데도 아직 살아 있다는 말이다. 동생이 정성껏 끓인 미음을 조금씩 먹고는, 아직도 살아 있다는 것이다. 처음에는 한 숟가락, 그다음에는 반 공기, 그리고 한 공기 그렇게 늘려나갔는데 이제는 밥도 한 공기 먹을 수 있다고 한다. 그렇게 펴지지 않던 다리가 펴졌고, 가슴을 쥐어뜯게 하던 가슴 답답함도 사라지고 이제는 파스를 붙이지 않아도 숨을 쉴 수 있게 되었다고 한다.

그래서 기도를 한 번 더 해달라는 부탁을 해 왔다는 것이다. 나는 연락을 받고 기쁜 마음에 한걸음에 달려갔다. 아줌마는 앉아서 나를 기다리고 있었다. 그날은 정식으로 예배를 드렸다.

"너무 고마웠습니다. 이제 몸을 추스르는 대로 예배에 참석하겠습니다."

그렇게 미워하던 십자가 종탑을 이제는 생명줄로 잡은 것이다. 예배드리기를 그리워하는 것이다. 예수 그리스도를 영접한, 하나님의 자녀가 된 첫 번째 징조다. 처음으로 그 가정에서 진정한 마음을 담은 예배를 드렸다. 그리고 나는

"몸조리 잘하세요. 너무 서둘지 말고 조심하시기 바랍니다." 당부하고 그날은 헤어졌다.

그런데 내게는 또 다른 복병이 숨어 있었다. 생각하지도 못했던 심각한 다른 문제가 터졌다. 자기 부인이 이렇게 정신을 차리게 되고 살살 살아났으면 고마워해야 하는 것이 인지상정인데 ○○○씨의 남편 반응은 너무나 뜻밖이었다.

불과 며칠 전만 해도 장례식 준비하던 사람들이 아니었던가? 세 든 사람들도 내보내고, 장의사 차도 예약하고, 일가친척들에게도 장례식 준비를 시켜놓은 상태였는데, 조금 먹을 수 있게 되고, 기력이 회복되어, 살아나는 기미가 보이니 교회에서 손대지 못하게 강압해서 막고, 다른 짓(무당 굿)을 하려고 준비한다는 소식을 듣게 되었다.

처음 소개했던 H 집사님에게서 급한 전화가 다시 걸려왔다.

"빨리 피하세요. ○○○씨 남편이 지금 사택으로 올라가고 있습니다."

화가 나서 우리 집을 박살 내 버리겠다고 뛰어나갔다고, 빨리 피하라는 것이다. 일이 급하게 생겼다. 이 상황이 너무 당혹스러웠다. 우리 집까지는 그리 멀지 않은 거리이다. 당시 우리 집은 지붕에서 건너뛸 수 있도록 연결된 연립주택인지라 우리 가족들을 옥상으로 등 밀어 피신시켰다. 계단 밑으로 내려가다가는 그 사람과 마주칠 것이니까! 그리고 나는 혼자서 ○○○씨 남편을 맞을 마음의 준비를 하고, 현관문의 빗장을 풀어놓고 기다리고 있었다.

조금 후에 헐레벌떡 뛰는 소리와 함께 현관문을 발로 박차는 요란한 소리가 들렸다. 그는 밖에 서서 "동네 사람들아 다 들으라." 하는 식으로 욕설을 퍼붓는 것이다. 대한민국에 욕이 그렇게 많은 줄 그때 처음 알았다. 온갖 상스러운 욕설이 한참 동안 계속되었다. 너무 무안하고, 부끄럽고, 또 전도의 길이 막히는 것이 안타까워 가슴 졸였다.

그래도 마음을 다잡고 기도하기 시작했다. 다닥다닥 붙은 이웃집들을 의식하지 않을 수 없었다.

"하나님 저 소리가 하나도 이웃집 사람들에게 들리지 않게 해 주세요. 하나님 크신 손으로 저들의 귀를 다 막아 주세요. 지금 무슨 일이 일어나고 있는지를 모르게 해 주세요"

그리고 가슴을 진정하고 밖의 소리가 잠잠해질 때를 기다렸다가

"문 열려 있습니다."하고 문을 열었다. 될 수 있는 한 차분한 목소리로

"들어오세요. 하실 말씀이 있으십니까?" 들어오기를 권했더니, 더 많은 욕을 퍼붓고 돌아서 가려다가 아무 말도 안 하는 나에게 생각 난 듯 휙 돌아서면서

"한 번만 더 우리 집에 오면 우리 도장(체육관)에 사범 30명을 데리고 와서 부일 교회 다 뿌울(부셔버린다) 것이다. 가만히 둘 줄 아나!" 하고서 헐레벌떡 숨을 몰아쉬면서 나가버린다. 나는 얼떨결에 당했지만 왜 그런 욕을 먹어야 하는지 잘 몰랐다. 단순히 전도했다는 이유이겠거니 생각했다.

나중에 들으니 그 남편이 자기 부인의 상태가 조금 호전이 되어 살아날 기미가 보이니 서둘러서 무당을 데려다 굿을 하려고 준비 중이라고 한다.

그의 남편도 배울 만큼 배운 사람이고, 국가 공무원직에서 은퇴한 지 얼마 안 되는 분이라 의외라고 생각했다. 가족들과 무당굿 하기로 결정하고 나니 교회에서 드나드는 것이 꽤나 신경 쓰인 모양이다. 나를 떼 내려는 작전을 그런 식으로 했다. 그리고는 자기들 방식대로 몇십만 원을 드려 굿판을 벌였다는 것이다.

며칠 후 남편이 없을 시간에 살짝 들려 봤더니 ○○○씨는 들어오라고 오히려 반갑게 맞아들인다. 내가 방에 앉자마자 온갖 하소연을 늘어놓는다. 남편이 우리 집에 와서 부렸던 행패에 대해서는 전혀 모르고 있는 눈치였다.

그는 굿하던 날 장정 등에 업혀서 강제로 산으로 끌려갔다는 것이다. 정신을 차리고 보니 낯선 산속이었고, 그 산속에서 굿판이 한창 벌어지고 있었다고 한다. 이러다가는 자기가 옛날같이 가슴을 쥐어뜯게 될 답답함을 다시 겪게 될 것 같고, 그 지긋지긋한 마귀의 올무에 질질 끌려다닐 것 같다는 생각이 들자 마음이 급해졌다는 것이다.

동생들을 오라고 손짓해서 부르고, 동생들에게 부탁해서 양옆에서 껴 잡고 자기를 부축해서 일으켜 세워달라고, 그리고 자기를 제물 차려놓은 상 옆으로 데려가 달라고 부탁했다. 가까이 가서는 있는 힘껏 제물 차려놓은 상을 발로 걷어차서 산 밑으로 밀어버렸다는 것이다. 그로 인해 굿판은 중단되고 장정들의 등에 강제로 업혀 다시 집으로 돌아왔다는 것이다. 이야기하는 동안 본인도 신기한 듯

"내가 어디에서 그런 힘이 났는지 모르겠습니다." 하면서 스스로 대견하게 여기고 있었다. 그는 얘기하는 내내 승리했다는 기쁨을 감추지 못했다. 나는 들으면서 용감했다. 기특했다. 잘했다고, 믿음의 힘이었다고 위로해 주었다. 그리고 하나님께서 주신 지혜였다고 덧붙였다. 믿음으로 용감하게 자기의 신앙을 쟁취한 것이다.

그 후로는 남편이 출근할 때 현관 앞 신발장에 큰 글씨로 "잡인 금지"라고 써 붙이고 나가는 것이다. 나를 겨냥해서 붙이는 것이다. 그러나 나는 그 종이쪽지 때문에 그 집에 못 들어가는 일은 없었다. 항상 그 종이를 떼고 들어갔다. 그는 반겨 맞아 주었고 우리는 마음을 다하여 감격 어린 예배를 드렸다. 우리의 절절한 마음을 하나님께서도 아실 것이다.

며칠 후에는 교회에 출석할 수가 있을 정도로 그는 회복되었다. 부축해서 교회에 출석을 시켰다. 그러나 오래 가지 못했다.

이번에는 온천장에 있는 ○○병원에 강제로 입원을 시켰다는 것이다. 아마도 나와 격리를 시키기 위한 방편이었는지 모른다. 그러나 병원에 입원한 환자가 나만 찾으니까 남편은 할 수 없이 병원 주변에 있는 교회에 연락해서 목사님을 부르고, 권사님들을 불러서 기도 부탁을 하고 있다고 한다. 그때마다 환자는 한사코 그들을 거부하고

"사모님을 부르면 될 것이지, 왜 다른 사람들을 불러서 번거롭게 하느냐? 나는 사모님을 불러야 산다."라고 고집을 부리니 그 남편이 난처했던 모양이다. 부인의 간절한 부탁이지만, 며칠 전 내게 퍼부어 댄 욕설 하며, 잡인 금지 쪽지 하며, 거기에다 환자를 업고 산에까지 가서 굿한 것 하며, 양심상 내게 심방 와 달라는 부탁은 도무지 할 수가 없었던 모양이다.

자정에 평소와 같이 교회에 기도하러 가려고 막 나서려는데 전화가 걸려왔다.

그 남편이다. 그는 매우 성난 목소리로

"○○○는 그 교회 교인 아니냐?" 큰소리로 한마디 하고는 전화를 일방적으로 끊어버린다. 나는 가슴이 터질 듯이 방망이질을 한다. 다리가 후들거렸다. 또 무슨 엄청난 사건이 생길 것인지. 다리에 힘이 풀려 걸음이 걸어지지 않는다. 그런데

"내일 아침 병원에 심방 가야겠소."

우리 목사님 차분한 목소리로 내게 넌지시 한마디 한다. 심방 와 달라는 나름의 부탁 방식이었다. 나도 만만치는 않다.

"내가 병원 가면 그 남편이 나를 창문 밖으로 날려버릴걸요."

지난번 그 남편이 우리 집에 와서 퍼부었던 말이 생각나서 한마디 말대꾸를 하고는 교회로 향했다.

"하나님 그 입을 막아 주지 않으시면 저는 심방 못 갑니다. 우리 교회 다 부서집니다. 사범 30명을 동원해서 우리 교회 다 부순답니다."

새벽녘에 하나님께서 응답해주셨다. 심방 가도 된다는 응답이다. 하나님이 손수 그 늑대 같은 입을 붕대로 꼭꼭 감아 봉해주셨다. 다시는 나를 물어뜯지 못하도록. 하나님께서 이 일에 함께하심을 믿고 용기를 내서 아침 일찍 병원으로 달려갔다. ○○○씨는 나를 보더니 소맷자락을 있는 힘을 다해 붙잡고 늘어진다. 나중에 봤더니 온 팔뚝에 군데군데 멍이 퍼렇게 들어있었다. 반갑다는 표현이리라.

"사모님 내가 병원에 입원한 것 몰랐습니까? 왜 이제 왔습니까? 나 혼자 두면 어쩌라구요. 천국 가는 길 가르쳐 줘야지요."

환자의 우는 소리와 나의 기도 소리가 너무나 컸던 모양이다. 병원에서 소란이 벌어졌다. 의사, 간호사들이 우르르 달려왔다. 무슨 일이 일어났느냐고? 사람이 죽은 줄 알았다며, 우리는 민망해서 그냥 기도하는 중이라고만 했다. 기도를 끝내고 나니 그는 산소 호흡기를 떼어달라고 요청했다. 이제는 숨을 쉴 수 있겠다고 말했다. 우리는 둘 다 그 남편의 존재를 거의 의식하지 못하고 있었다. 언제부터인지 모르지만 옆에서 이 광경을 모두 지켜보고 있는 남편을 발견하고 놀랐다. 또 무슨 해코지를 할지 몰라서이다. 그러나 그 남편은 전과 다르게 차분한 모습으로 이번에는 예절을 지켰다.

"드시지요." 하면서 캔을 한 개 따서 두 손으로 받쳐 들고 권한다. 하나님께서 응답하신 대로 그 입을 막아 주셔서 순한 양같이 되어버렸다. 며칠 전 우리 집에 와서 문을 발로 차고 갖은 욕을 해대던 그 모습과는 사뭇 달랐다. 그 날 이후로는 병원 방문이 수월해졌다. 이 기회를 타서 남편과 자녀들에게 전도하기를 권했다. 지금 속히 하라고 독촉했다.

"나의 마지막 소원이라고, 유언이라고, 꼭 예수 믿고 천국에서 만나자고." 이렇게 해서 남편과 자녀들을 자기 본인 입으로 전도하게 했다.

그 가정의 영적 전쟁은 일단락되었다. ○○○씨가 마귀의 소굴에서 벗어나서 승리할 수 있었던 것은 하나님의 계획이셨고 은혜였다. 그는 하나님 앞에 자녀의 특권을 선포했고, 믿음으로 말미암아 하나님께 당당히 나아감을 얻었다. (엡3:12)

퇴원 후 처음에는 양팔을 껴잡고 겨우 걸었지만 예배드리는 횟수가 늘어가므로 혼자서도 걸을 수 있을 정도로 회복이 되었다. 일상생활에 지장이 없을 정도로, 가사도 할 수 있을 정도로 자유로워졌다. 전도 받은 남편은 매주 열심히 참석했고 구역예배까지 꼭꼭 챙기는 착실한 신자가 되었다.

안심하고 온 가족이 신앙생활을 하게 되었을 무렵 ○○○씨는 홀연히 하늘나라로 부름을 받았다. 거의 9시간 동안을 환자 옆을 지키며, 찬송과 말씀과 기도하면서 그의 임종을 지켰다. 이유는 잘 모르겠지만 가족들은 밖에서 방으로 들어오지 못하며 두려워했다. 남편은 법적인 어떤 문제 때문에 증인이 필요해서 나를 불러들인 것 같았다.

어찌했던 그의 마지막 가는 길을 찬송하면서, 기도하면서 보낼 수 있었고, 그렇게 마무리했다. "아직 나이 젊었고, 자녀들도 어린데, 좀 더 살아서 자녀들의 성장하는 모습을 보았더라면……." 하는 인간적인 아쉬움도 있었다. 그는 마지막 남은 모든 힘을 소진할 정도로 믿음을 지키려 애썼다. 장례식도 교회장으로 치러졌다.

그렇게 보낸 후에 교회에서 철야기도 하는 중에 영적인 그의 모습을 보게 하셨다. 그는 따로 자기 집을 짓는 것이 아니라 자기 집을 내 집 벽에 붙여 작은 집을 짓고 있었다. 나는 따로 집을 지으라고 권하였으나 계속해서 그렇게 짓고 있었다. 내 집 벽에 붙여서.

확실한 것은 그가 예수 그리스도를 믿음으로 구원을 받았다는 구원의 확신이다. 십자가의 보혈을 의지하여 죄 사함을 받은 것이다. 하늘 생명록에 그 이름이 기록되었다는 사실이 가슴 벅찬 일이다. 그 기쁨과 감동은 어찌 나 한 사람뿐이겠는가? 하늘에서 한 영혼이 입성하는 것을 우리 주님께서 기뻐 환영하실 것이며, 그는 영원히 그곳에서 안식할 것이리라.

늘 노래 선교단과 화투판

개척교회를 하게 되면 주변 사람들과의 유대 관계를 잘해야 한다는 것은 잘 알고 있는 사실이다. 그러기에 우리 교회는 시작하면서부터 이웃들을 섬겼다. 동회의 협조를 얻어 소년, 소녀 가장들을 도왔고, 경찰서, 파출소에 협조를 받아 출옥한 전과자들을 넘겨받아 감화하는 일을 했다. 독거노인들의 김장과 연탄을 장만해서 겨울나기를 도와 드리는 봉사를 했다.

그리고 성탄절과 설날과 추석에는 의례 과일 상자나 고기 근이라도 나누어 드렸다. 해마다 감사절에는 떡을, 성탄절에는 빵을, 그리고 맥추절에는 보리빵을 교인 수보다 배로 준비해서 주변 사람들을 넉넉하게 섬겼다. 그리고 노숙자들에게 목욕비를 제공하고 점심 식사 대접을 해왔다. 이렇게 찾아서 이웃을 섬기는 일에 정성을 기울였다.

그럼에도 불구하고 교회 주변의 불신자들은 교회 입구를 가로막고 날마다 방해의 울타리를 좁혀왔다.

"우리가 이렇게 해도 교회에서 설마 어쩌겠느냐? 이 성현 군자 같은 목사가 우리에게 어쩌랴! 싸우면 자기들 망신이지!" 하는 식이다. 자기들은 몸으로 교회를 향해서 대적하고, 우리는 영적 싸움이니 너그러움으로 저들의 심기를 건드리지 않으려고 무척이나 참고 양보하는 중이었다.

무리가 주일이면 들마루를 갖다 교회 벽에 바짝 대놓고 화투판, 술판을 벌인다. 교인들이 교회로 들어오려면 눈살을 찌푸리기 일쑤이고 보니 이 거북한 광경을 늘 보고 겪어야 하는 우리로서는 한심하기 그지없다. 그러면서도 무슨 죄인이나 된 것처럼 아무 말도 못 하고 피해 다니고. 날이 밝으면 늘 우리 목사님이 직접 빗자루를 들고 동네 사람들이 어질러 놓은 담배꽁초와 술병들과 개똥과 온갖 쓰레기들을 한 대야씩 쓸어서 처리해야만 했다. 심지어는 교회 안 계단에까지 와서 똥을 싸고 간다. 새벽기도 때는 계단에 똥이 있는가를 늘 살피면서 조심해서 걸어야 했다. 이런 사건들은 늘 우리를 긴장되게 만들었다.

더욱 심한 것은 연탄재를 교회 마당에다 던진다. 더더욱 심한 것은 사람 똥을 비닐에 한 보따리씩 싸서 교회 입구에 던져 놓는다. 새벽 캄캄할 때 문으로 막 들어서면 밟히는 장소에. 몇 달씩 그런 일들이 지속하는데도 묵묵히 청소만 하고 있었다. 아무 말도, 아무 대꾸도 하지 않고, 몰래몰래 하는데 누구한테 말을 하며 누구한테 대꾸하겠는가? 마을 사람들은 딱히 누구라고 지목하지는 못해도 여하튼 줄기차게 방해를 하고 있었다.

그러던 어느 주일날이었다. 그날은 특히 "늘 노래 선교단"을 초빙한 날이었다. 오후 예배에 참석하려고 잰 걸음으로 교회 앞에 도착했다. 안에서는 벌써 찬송 소리가 확성기를 타고 밖에까지 크게 울려 퍼지고 있었다.

그러나 방해자들은 들마루를 교회 입구에 바짝 대놓고, 여차하면 시비를 붙을 만반의 준비를 하는 것 같았다. 외부로 보기에는 그냥 여남은 명이 모여 있는 그런 분위기였다. 몇 명은 화투판을 벌이고 몇 명은 구경하느라 둘러서 있는 예사로운 광경이었다.

손님들을 초빙해 놓고 이게 무슨 망신스러운 광경이란 말인가? 저 방해하는 불신자들의 화투판을 무엇으로 막는단 말인가? 왜 교회는 말을 안 하고 참아야 하는가? 참는 것만이 미덕인가? 최선인가? 이것이 전도의 길이라도 되는가? 해결책은 전혀 없는가? 참는 것만이 능사인가? 안절부절 왔다 갔다 하면서 해결책에 대해 골몰하고 있었다. 교회 마당을 지나 좁은 길을 걸으면서 이리저리 궁리하다가 하나님께 지혜를 달라고 기도하기 시작했다.

"하나님 단번에 저 방해자들이 망신당하고 물러설 묘책을 주세요. 예배 시작하기 전에 저자들을 해체시켜야 합니다."

생각다 못해 우리 목사님의 눈치 보러 이 층으로 올라갔더니 역시 대답은
"손대지 말라"였다. 또 마당에서 왔다 갔다 서성거리면서 급한 전보 기도를 하

나님께 올리고 있었다.

"하나님 단번에 저 대적자들이 망신당하고 물러설 묘책을 주세요."

그런데 하나님께서 급한 전보 기도를 들으셨다.

"네 가방 안에 전도지가 있지 않으냐?" 해서 용기를 냈다. 전도지를 꺼내 들었다. 그리고 화투판을 서서 구경하는 사람들을 먼저 공략했다. 전도지를 돌리면서

"오늘 교회 안에서 좋은 행사가 있습니다. 한 발자국만 떼면 교회당입니다. 들어오세요. 예수 믿고 구원받으세요."

정중하게 교회 안으로 초대했다. 그들은 의외라는 표정으로 우물쭈물하더니, 서로 쳐다보면서 묘한 웃음을 짓더니 한 명씩 실실 웃으면서 도망치기 시작했다. 나는 계속해서 화투 치는 사람들을 겨냥해서 화투판을 벌이고 있는 화투 위에 전도지를 올려놓았다.

"교회 앞에까지 오셨으니 들어갑시다. 오늘 교회에 좋은 행사가 있습니다."

그들은 잘못하다가는 교회 안에 들어가서 예수 믿게 되겠다는 불길한 생각이 들어서인지 들마루를 들고 얼른 도망가 버렸다. 일부러 떠들고 구경하던 사람들도, 앉아서 화투를 치면서 예배를 방해하던 사람들도 한 방에 청소하고 말았다. 교인들은 속이 시원하다며 어떻게 그렇게 깨끗하게 소리 소문 없이 보낼 수 있었느냐고 그 비결이 무엇이냐고 물었다.

"쉽지요. 전도했어요."

방해할 음모를 가지고 왔다는 것이 들통나니까 얼른 도망친 것이다. 그 방해자들은 다시는 들마루를 들고 와서 화투판, 술판을 벌이지는 못했지만 밤중에 똥자루를 마당 한가운데 던져 버린다든가, 쓰레기를 던지는 일, 연탄재를 버리는 일들은 지속해서 했다.

그다음 저들은 또 다른 계략을 꾸미고 있었다. 교회를 향해서 세를 자꾸 올려 내라는 번거로움으로 괴롭혔다. 교회 땅은 좁고 밟고 다닐 마당은 없고, 가시덤불이 뒤엉킨 돌자갈 산골 땅이 교회 입구 빈 땅이었다. 청년들과 같이 사람이 다닐 수 있게 고르고 그리로 밟고 지나다녔다. 그랬더니 교회 바로 앞에 사는 그 땅임자의 사촌이 나타나서 세를 내라고 한다. 처음에는 일 년에 20만 원을 내라고 했다. 개척

교회에서 당장 20만 원을 마련하는 것은 힘든 일이었다. 얼마의 독촉을 받은 터라 겨우 마련해서 세를 냈다.

그리고 일 년이 지났다. 이번에는 배로 내놓으라고 한다. 그리고 그 사촌은 계속해서 지속해서 교회에 와서 빚 독촉하듯이 독촉을 하고 있다. 주변 사람들 보기에도, 교인들 보기에도 민망한 일이다. 우리 목사님이 마치 남의 돈을 떼먹은 사람인 양 사람들 앞에서 들으라고 큰 소리로 돈 안 준다며 창피를 주곤 한다. 교회 목사를 망신시킬 구실을 찾아낸 것이다. 주변 사람들 역시 교회를 향해서 해코지할 작전을 꾸미고, 건수를 찾아내고, 기회를 엿본다. 저들의 횡포가 날로 심해지니 이번에도 하나님께 저들의 행위를 일러바칠 수밖에 없었다.

"하나님! 교회 앞에 빈 땅 밟고 다닌다고 세를 배로 내라고 합니다. 낼 돈도 없는데, 날마다 와서 독촉하고, 동네 사람들에게 들으라고 망신을 줍니다. 사람들 보기에도 창피하구요. 전도의 길이 막힐까 봐 어쩌지도 못하고 당하고만 있습니다. 하나님께서 명쾌한 해결방법을 가르쳐 주세요. 하나님의 이름에 누가 될까 두렵습니다. 전도하러 다니면 가난한 교회라고 손가락질합니다. 하나님만 하실 수 있는 해결방법을 제게 살짝 알려주세요."

기도했으니 해결해 주실 줄 믿고, 회계 집사님에게 일 년분 20만 원을 달라고 내가 해결해 보겠다고 큰소리를 쳤다. 그 20만 원을 받아서 가방에 넣고 다녔다. 그리고 교회로 우리 목사님을 찾아오면 나에게 돈 주어놨다고, 그쪽에서 받으라고, 이 일을 내게 미루라고 귀띔해두었다.

마을로 두루 다니면서 전도하다가 그 땅임자 사촌을 만났다. 돈을 달라고 하기에 "예 여기 있습니다."하고 봉투를 꺼내 들었다.

"얼마입니까?"

"20만 원입니다."

"안 됩니다. 배로 내세요."

"가시덤불 쓸모없는 돌산을 우리가 골랐잖아요. 예쁘게 반듯한 땅 만들었으면 우리가 수고한 것 아닙니까? 그리고 그 땅에 우리가 집을 지었습니까? 농사를 지었습니까? 장사했습니까? 고르게 땅 만들어서 밟고 다니면 나중에 땅값 올라갈 일만 남았지요.”

“그래도 안 됩니다.”

“예 알았습니다. 언제라도 필요하시면 찾아가세요. 제 가방에 항상 들어있습니다.”라고 말하고 헤어졌다.

며칠이 지났다. 전도하러 다니다가 골목에서 또 마주쳤다. 평상에 대여섯 명의 친구분과 술좌석을 벌이고 있었다. 여러 명의 친구 앞에서 나를 망신줄 양으로 큰 소리로 나를 불러 세운다.

“아, 그것 드릴까요?”하고 나는 가방을 열었다. 그랬더니 그 액수로는 절대 안 된다고 손을 내젓는다. 그 친구분이 나를 보고 묻는다.

“싸움은 말리고 흥정은 붙이라고 했는데 무슨 사연인가 말해보시오”

그래서 지나온 자초지종을 이야기했더니 친구분들 내 편을 들어서

“거 사정이 딱한 것 같은데 당신이야 사촌 누나한테 줄 것도 아니고 당신 용돈 쓰려고 하는 짓 아닌가? 걱정하지 말고 내놓고 가시소. 우리가 해결해 줄 테니!”

그래서 망신당할 뻔했다가 오히려 역전승을 거두고 돌아왔다. 오면서 괜스레 발걸음이 가볍다. 걷는 내내 이번에도 하나님께서 하나님 방법으로 해결해 주신 것에 감사하면서 입에서는 찬송이 자꾸 흘러나온다.

가짜 목사 채권 장사

개척 당시에 우리 교회에서 성경공부 팀을 개설했다. 주변 작은 교회를 목회하거나 개척하는 목사님들을 위한 성경공부였다. 수요일마다 성경공부도 하고 식사 대접도 해 드리는 우리 목사님(남편)이 개설한 설교공부 팀이었다.

어느 날 성경공부를 마치고 식사 대접을 해야 하는데, 우리 목사님이 피치 못할 사정으로, 식사 접대하는 일을 내게 맡기고 나가셨다. 나는 갑작스러운 이 임무가 영 어색했다. 일고여덟 명의 젊은 목사님들 사이에 접대 명목으로 여자 혼자 앉아 있으려니 마음이 불편하고 거북했다. 처음 뵙는 목사님들이라 낯도 설고 해서 식사 시중만 들고, 식사 후 설거지며 뒤치다꺼리 때문에 구석에 없는 듯이 조용히 앉아 있었다.

목사님들은 내 존재에 대해서는 별로 신경 쓰지 않고 모두 두 번째 가라면 서러울 만큼 당당한 무용담들로 꽃을 피운다. 처음에는 듣지 않았지만 이야기가 길어지기에, 목사님들의 대화는 주로 어떤 내용일까, 하는 궁금한 생각이 들었다. 궁금증이 드는 순간 대화의 내용이 귀에 쏙 들어오기 시작한다. 그중에 한 목사님이 자랑스럽게 말을 꺼낸다.

"그 철야기도 하는 집사들, 권사들 골치 아프데이."

감당이 안 된다는 눈치다. 다른 목사님이 이 말을 받아서

"은사! 그거 맛 배기로 쬐끔 봤으면 됐제, 발로 꾹 밟아 줘야 해! 그래야만 고개를 쳐들지 못 하지" 하면서 나의 존재를 망각하고 신나게 주거니 받거니 은사에 대한 자신의 입장들을 털어놓는다. 이런 대화가 오가는 모임이 목사님들의 설교공부 팀이라는 것이 죄스러웠다. 아무리 새내기 목회자들이라 어리고 경험이 없다 하더라

도 이런 것은 아닌 것 같았다. 그래서 나는 조심스럽게 대화에 끼어들었다.

"제가 이야기 하나 해도 되겠습니까?"

"아! 예 하세요."

모든 목사님이 이구동성으로 말 자리를 내어 주었다.

"저는요 교회 가까운 곳에 집 얻을 형편이 못되어 해운대에서 살고 있습니다. 집 주변에 놀리고 있는 텃밭 작은 것이 있었습니다. 가을에 퇴비를 모아 거름을 좀 해 두었습니다. 그리고 봄에 시장에서 상추씨를 사다가 뿌렸습니다. 생전 처음으로 뿌린 씨라 골고루 뿌리지 못해서 엉망으로 뿌려졌다는 것을 싹들이 솟아나면서 알게 되었습니다. 어떤 곳엔 많이 무더기로 뿌려졌고, 어떤 곳엔 드물게 뿌려졌습니다. 며칠이 지나니 그 작은 씨들은 큰 흙덩이를 이고 싹이 수북하게 솟아났습니다. 너무나 엄청난 생명체의 힘에 대해서 거듭 감탄하고 있었습니다. 날마다 오며 가며 자라나는 모습을 바라보노라니 너무나 신기했습니다.

상추들의 자라는 모습을 보면서 하나님의 자연 섭리를 깨닫게 되었습니다. 땅은 정직하다더니 씨가 자랄 조건이 되니까 생명이 이렇게 쑥쑥 자라나는구나! 이것이 자연법칙이고, 하나님의 공식이었습니다. 조밀한 것은 솎아 주고, 드문 곳에는 솎은 것을 심어 주었습니다. 이것들이 나중에는 큰 상추로 변했습니다. 두 포기만 해도 우리 식구들이 다 먹고도 남을 정도로 풍성했습니다.

그런데 흙덩이를 이고 나온 생명체를 보고 세상 구경 맛 배기로 했으니, 이제 그만 죽어도 된다 하고 발로 꾹꾹 밟아 뭉개는 농부가 어디 있습니까? 밥상에까지 올라가 주인을 기쁘게 하는 것이 상추의 사명 아닙니까? 주인의 기쁨이 되기까지 돕는 게 농부의 할 일이구요."

이야기하는 동안에 식사는 끝났고 목사님들은 서둘러 자기들의 곳으로 흩어졌다. 그런데 그 다음 수요일도 그다음 수요일도 조용하니 아무 소식이 들리지 않았다. 의아한 생각이 들어서 "성경공부 안 해요?"하고 물어봤더니 우리 목사님 성난 소리로

"당신 그 뭐라고 했기에, 목사님들이 성경 공부하러 아무도 오지 않잖아!"

나는 가슴이 철렁했으나 다음 순간 웃으면서 대구했다.

"그냥 상추 심어서 쌈 싸 먹었던 이야기밖에 한 것이 없는데요."

얼마간은 조용한 것 같았다. 그런데 자꾸 가짜목사 소문이 퍼지기 시작했다. 나중에 안 일이지만 발로 꾹 밟겠다던 그 목사님은 가짜 목사였다고 한다. 신학교 공부한다고 거짓말해서 자기 교회 권사님 딸하고 결혼했고, 신학교 간다고 권사님에게 등록금만 받아가고 신학교는 입학도 안 했고, 연수가 차니까 졸업했다고 거짓말해서 축하 선물 받고, 또 얼마 후 목사 안수받았다고 거짓말해서 축하 양복 얻어 입고, 교회에서도 월급 받아가면서 목사행세를 하고, 교인들을 돌봤으니 그 얼마나 가짜의 굴레가 무겁고 힘들었겠는가?

가짜 목사이니 그런 말을 할 수밖에 없었을 것이다. 상추 심어 먹었던 이야기 때문에 성경공부 팀이 깨졌다면 가슴 아픈 일이 아닐 수 없다. 찔림을 받을 사람은 찔림을 받아야 하고, 회개할 사람은 회개해야 한다고 생각한다. 얼마 후에 또 소문을 들으니 그 교회가 발칵 뒤집혔다고 한다. 소문은 꼬리에 꼬리를 물었다. 언젠가는 터질 문제였고, 이제 터진 것이었다.

그리고 몇 년이 지났다. 남의 험담 삼 일이라더니 그 일을 까맣게 잊고 살던 어느 날 혼자 심방 가는 도중에 좁은 길에서 그 가짜 목사를 만났다. 정면으로 딱 마주쳤다. "채권삽니다."를 외치다가 코앞에서 마주친 것이다. 그는 얼른 얼굴을 돌리고 쏜살같이 사라진다. 낡은 가방 하나를 들고, 나는 얼른 뛰어가서

"목사님 아니세요?" 했다. 그러나 벌써 구부러진 골목으로 사라져 보이지 않았다. 자기 교회 동네인 이곳에서 채권 장사를 하는 것을 보면 완전한 회개를 했을 것이라는 생각도 든다. 다 털어 내놓고 나면 마음만은 편하겠지?

그렇다. 베일은 언젠가 벗어질 날이 온다. 거짓말은 언젠가 들통이 난다. 거짓말은 크고 화려하다. 그러나 진실은 단순하고, 소박하다. 자기 자신을 사랑한다면 베일은 빨리 벗겨내는 것이 상책이다. 무거운 짐은 하나님 앞에 내려놓아야 한다. 찬송가에 이런 가사가 있다.

"무거운 짐을 나 홀로 지고 견디다 못해 쓰러질 때 불쌍히 여겨 날 구해줄 이 은혜의 주님 오직 예수" [통:363, 개정:337]

이런 이야기를 책에서 읽었다. 웰즈(H.G. Wells)는 '대주교의 죽음'이란 단편을 썼다. 대주교는 날마다 습관처럼 그날 저녁에도 성당에서 기도를 시작했다. 늘 똑같은 기도를 반복하는 것뿐이었다. 그래서 그 날도 언제나 시작하는 기도문처럼 "오전능하신 하나님 아버지."하고 기도를 시작했다. 그 순간 하늘에서 "오냐, 무슨 일이냐?"(Yes, What is it?) 하는 소리가 들렸다. 이 소리를 듣자 대주교는 심장마비를 일으켜 죽었다는 이야기이다. 이 단편은 우리의 신앙의 허를 풍자적으로 날카롭게 꼬집는다.

대주교는 평생을 기도해 왔는데 그 기도를 정말 듣고 있는 하나님이 있고, 그 기도가 정말 응답 되리라고는 한 번도 생각해 보지 못한 것이다. 그래서 정작 대답을 듣자 너무 놀라 쓰러진 것이다.

'성령 안 받고 목사질 하라'하는 것이 미국에서는 가장 큰 욕이라고 한다. 가짜 노릇을 하는 것은 무거운 짐이다. 차라리 "채권삽니다." 하는 것이 훨씬 마음 편했을 것이다. 무거운 짐을 주님께 내려놓았을 때, 주님의 사유하심의 은총이 얼마나 크고 위대하신지를 체험했을 것이고, 진짜가 얼마나 쉽고 가벼운지를 알았을 것이라고 되씹어 본다.

수사반장

그 날도 쉴 틈 없이 바쁜 날이었다. 해가 넘어가고 어둑어둑해질 무렵이었다. 우리 교회에 출석하는 법대생이 나를 만나자고 상담 요청을 했다. 표정을 보니 매우 심각한 일 같았다. 같이 활동하는 동료의 일이라며 자신도 잘은 모르지만, 그 청년이 지금 심각한 어려움에 부닥쳐 있는 것 같다며 한번 만나서 알아보는 것이 좋겠다는 부탁이었다. 그렇다면 한번 만나보겠다고 약속을 하고 헤어졌다. 그날 밤 기도시간에 겸손히 주님 앞에 무릎을 꿇었다.

"주님 그 청년이 무슨 심각한 일이 일어났는지는 알 수 없습니다만, 제가 그 일을 맡아야 하는 것입니까? 만일 이 일을 제 손에 붙이신다면 제게 용기와 지혜와 해결할 길을 열어주옵소서. 이 일에 함께하여 주시고 축복해 주옵소서. 잘 처리하여 마무리되도록 도와주옵소서. 주님의 축복하심을 믿고 내일 만나러 갑니다. 오직 주님의 선하신 뜻을 행하는 도구로 사용하여 주옵소서. 주님의 방법으로 인도해 주옵소서."

이 청년은 고향에서 고등학교를 졸업하자마자 직장을 구하러 부산으로 왔다. 힘들게 주일을 지킬 수 있는 직장에 들어가게 되었다. 주일을 지킬 수 있는 좋은 직장에 들어간 것은 행운이었다고 주변 모든 사람이 기뻐했고, 본인도 직장생활을 잘하고 있는 신실한 청년이었다.

나는 그 청년의 퇴근 시간에 맞추어서 오후 늦게 집에 들렀다. 그가 묵고 있는 그의 언니 집은 그리 넉넉하지는 못했지만 다복한 가정이었다. 아직 동생은 퇴근 전이었고, 함께 사는 언니가 먼저 조심스레 말을 꺼냈다. 그의 언니는 사건의 전말들을 허심탄회하게 이야기해주었다.

동생이 직장에서 돌아오는 으슥한 골목길에서 강도를 만나, 한 달간 직장에서 받은 월급을 갈취당하고, 신고하지 못하도록 칼로 위협하고, 성폭행까지 당했다는 것이다. 이 강도는 이제 월급날도 알고, 직장도 알고, 이름도 알고, 집골목도 알고 있으니 두려워서 도무지 밖을 나갈 수가 없다는 것이다.

그 무렵 우리 동네는 무서운 소문들이 난무하던 터였다. 해가 떨어지기 전에 모두 애들을 불러들이고 문 닫아걸고 들어앉을 정도로 어두움의 세력들이 짙게 깔려 있을 때였다.

많은 여교사가 월급봉투 빼앗기고, 성폭행당하고…. 그런 소문들이 사흘이 멀다 하고 일어났었다. 그뿐만 아니었다. 이런저런 잡다한 방법으로 돈을 빼앗긴 사건들의 즐비한 소문들이 하루가 멀다 하고 들렸다. 어떤 가게 주인은 물건 1~2만 원짜리 배달 신청하고서, 잔돈이 없다며 100만 원짜리 수표를 가지고 있으니 잔돈 계산해서 가지고 오라고 해 놓고 거스름돈 몇십만 원 몽땅 빼앗기고 물건도 갈취당했다고 한다.

밤에 기도하러 나갈 때면 두려운 생각들로 머리카락이 쭈뼛해진다. 교회 가는 길도 만만치 않은 비포장 어두운 골목길이었다. 길목 후미진 곳에서는 깡패들의 싸우는 소리가 가끔 들리기도 했다. 때리는 소리며, 맞는 신음에 더욱더 몸을 움츠러들게 한다. 이렇게 경찰서 바로 옆에서 경찰들에게 보라는 듯이 하룻저녁에도 몇 건씩 그런 사건들이 일어나는 우범지역이라니 아이러니한 일이 아닐 수 없다.

그런데 경찰서는 뭐 하는 곳이냐? 흥분한 주민들은 두려운 표시로 한 마디씩 원성을 높이기도 한다. 그런저런 소문들 때문에 젊은 여자들은 더구나 문밖출입에 제한을 받아야 했고, 어쩔 수 없이 늦게 귀가하는 학생들은 부모가 버스정류장에 나가서 데리고 들어와야 했다.

이렇게 전전긍긍하던 터에 결국은 우리 교회에서도 이런 일을 당하고 만 것이다.

나는 온몸에 힘이 쏙 빠지는 것 같았다. 가슴이 방망이질하고 다리가 후들거려 일어설 수가 없었다. 어깨 쪽지가 축 늘어져 내려앉는다. 나는 어떤 말로 위로를 해야 할지 할 말을 잃었다. 적당한 단어가 생각나지 않았다. 가족들은 보복이 두려워서 경찰에 신고도 못 한다는 것이다. 다음날 나는 용감하게 경찰서 민원실에 들렀다.

"경찰서 턱밑이 우범 지역이라니 말도 안 됩니다. 흉악범들이 경찰서 동네에서 경찰을 우롱하고 있는데 경찰들은 몸조심만 하고 있을 것입니까?"

"우리도 처자식이 있습니다. 그리고 고발은 접수되지 않습니다. 본인이 직접 와서 신고해야 접수가 됩니다."

한 건도 신고된 사건이 없다며, 대책이 없다는 것이다. 경찰들의 안일한 방관에 울분이 터져 교회로 와서 밤새도록 울었다.

"하나님, 가정주부들도 신고 못 하고, 아가씨들도 신고 못 하고, 경찰서에서는 고발은 접수되지 않는다고 하고, 신고해야만 지시가 내려진다고 하니 경찰들이 너무 안일한 생각만 하고 몸만 사리는 것 아닙니까? 어찌해야 이 일이 해결되어 모든 주민이 안심하고 평안하게 살 수 있겠습니까?"

밤새도록 기도하고 아침에 다시 경찰서로 갔다.

"오늘도 여전히 아무 방책도 없는 것입니까? 신고하러 올 사람 아무도 없습니다."

담당 경찰관이 심각한 고민 끝에 한 가지 방책이 있다면서 나에게 제안했다.

"장소를 교회로 옮겨서 신고를 받으면 어떨까요?"

"범인을 잡을 방안은요? 잡아야 주민들이 발 뻗고 잠잘 수 있지 않습니까?"

그러나 신고만 받고 잡을 뾰족한 방도는 없다는 것이 경찰의 입장이었다. 고민 끝에 교회를 임시 수사본부로 정하고 경찰관이 교회로 오고, 신고인도 어렵사리 교회로 오게 해서 신고서류만 받아갔다. 그렇다고 어떤 구체적인 대책이 있는 것도 아니다. 그리고 며칠이 지났다.

나는 그 범인을 반드시 잡아야 한다는 생각뿐이었다. 밤길을 마음 놓고 다닐 수 있고, 주민들이 편안하게 살 수 있는 길은 범인을 잡는 것밖에는 무슨 방도가 있겠는가? 그래서 하나님께 범인 잡을 방법을 달라는 기도를 드리기 시작했다. 실패 없이 범인을 꼭 잡을 하나님의 작전을 나에게 알려 달라고 기도하기 시작했다. 하나님의 방법으로 범인을 잡을 작전을 주시면 반드시 범인을 잡겠다는 것이 나의 야심 찬 결심이기도 했다.

경찰도 손 놓고 있는 판에 아직은 젊고, 여자인 내가 흉악강도범을 잡겠다고 하나님께 떼쓰듯 울고 앉아 있으니 말이다. 밤거리를 다닐 수가 없는 세상이 되었으니 교회에서 기도해도 집으로 갈 사람들은 일찍, 일찍 서둘러서 보내고, 나머지 사람들은 문을 꼭꼭 잠글 수밖에 없었다. 나머지 사람들은 대부분 힘없는 여자들뿐이었다.

그런데 하나님께서는 힘없이 울고만 있는 나약한 여자의 기도를 외면하지 않으셨다. 범인 잡을 방도와 작전을 마련해 주셨다.

그 피해 가족들을 두 번째 만났다. 하나님의 작전으로 범인을 잡을 방안을 구체적으로 지시하기 위함이었다. 우리의 작전상 디데이는 청년의 월급날이었다. 그날 틀림없이 또 나타날 것으로 예상했기 때문이다. 디데이 전까지는 날마다 버스정류장에 언니와 형부가 나가서 기다렸다가 데리고 집으로 들어가게 했다. 그리고 디데이에는 가족이 버스정류장에 데리러 가지 않고 전화기 옆에서 대기하고 있는 것이 작전이었다.

본인은 버스정류장에 노착했을 때 만일 그 범인이 기다리고 있으면 거기에서 내리지 말고 한 정거장 더 가서 다음 정류장에서 내리도록 미리 약속해 놓았다. 그리고 거기에서 공중전화 박스에서 집으로 전화 연락을 하고, 집에서는 나에게 전화 연락을 하도록 조처를 해 놓았다.

핸드폰이 없던 시절이라 면밀한 작전 계획을 세웠고, 일일이 찾아다니면서 협조를 구했다. 위치상으로는 경찰서가 더 가깝지만 뜨뜻미지근한 경찰서보다는 파출소에 협조를 구하는 것이 낫겠다는 생각을 해서 거리가 좀 멀긴 하지만 파출소로 찾아가서 소장님을 만나 나의 범인 잡을 작전을 얘기하고, 범인 잡을 계획에 협조해달라는 부탁을 했다.

내가 파출소로 전화를 하면 출두할 경찰관들은 오토바이를 타고 현장까지 가면 범인이 도망할 우려가 있으니 버스정류장 근처 100m 떨어진 곳에 오토바이를 놓고, 걸어가서 범인을 잡을 것을 부탁했다. 버스정류장에 범인이 있다는 확인되는 즉시 파출소로 전화를 해서 인상착의를 말해 줄 터이니 무조건 체포하라고 작전 지시를 했다. 소장님은 알겠다고 경찰들에게 단단히 지시해 놓겠다고 약속을 했다.

계획한 그 날이 왔다. 월급 타는 날이다. 파출소도 나도 아가씨 집에도 모두 긴장했고 대기 상태가 되었다. 떨리는 마음으로 집에서 전화를 기다리고 있는데 전화벨이 울린다. 전화기를 잡는 내 손이 덜덜덜 떨린다. 아니나 다를까 그 범인이 버스정류장에 나타났다는 것이다.

키가 크고 몸집이 장대하고 검은 가죽 잠바에 검은 바지에 검은 모자를 눌러쓰고 기다리고 있다는 것이다.

아가씨는 그 버스정류장에서 내리지 않고 한 정류장 더 가서 내렸고 공중전화 박스에서 집으로 전화를 해서 알렸다. 집에서는 내게 전화로 알려왔다. 나도 파출소로 전화를 해서 다시 지시했다. 오토바이 소리가 들리지 않게 버스 정류소 멀리 떨어진 곳에 세우고 혹시 범인이 칼을 들고 있을지 모르니 대비해서 범인 잡을 때 사용할 수 있는 간단한 무기를 가지고 가라고 했다.

버스정류장에 기대 서 있는 키가 크고 장대한 청년, 검은 가죽 잠바에 검은 바지, 검은 모자를 눌러 쓴 그가 범인이니까 무조건 체포하라고 했다. 숨 막히고 긴장된 얼마의 시간이 흘렀다. 결과를 기다리는 시간이 얼마나 길게 느껴지던지. 얼마 후 파출소 소장이 파출소로 나와 달라는 연락이 왔다. 나는 혹시나 해서 앞집에 사는 Y 집사의 남편 경찰관에게 부탁해서, 같이 파출소까지 동행했다.

그렇게 세밀하게 작전 명령을 내렸음에도 불구하고 범인을 놓쳤다는 보고였다. 듣고 보니 실패할 수밖에 없는 형편이었다. 파출소에서는 경험이 없는 신출 전경 두 명을 내보낸 것이 문제였고, 두 번째 실패 원인은 전경들에게 범인을 보고 급습해서 체포하라고 했는데 경험 없는 어린 전경인지라 범인 앞에 가서 "불심검문입니다." 했더니 범인이 재빨리 알아차리고 도망치더라는 것이다. 그러나 젊은 전경들이라 뛰어가서 잠바를 붙들고 늘어지면서 심한 몸싸움 끝에 범인이 칼을 빼서 휘둘러 한 명이 찔렸고, 범인은 급한 나머지 벗겨진 잠바를 놓고 도망을 쳤다는 것이다. 다친 전경은 병원에 입원 중이라고 그동안의 사건 경위를 설명했다.

"전경이 많이 다쳤습니까?"

팔을 찔렸고 몸에도 상처를 입었다는 것이다. 다행히 깊은 상처는 없다고 한다. 주민이 범인 잡는 데 앞장서서 협조했는데 놓치고 말았다면서 소장님은 너무나 미안해했다. 그래도 얻은 수확이 많다고 스스로 위로로 삼는다.

범인의 잠바는 범인의 신분을 말해주는 온갖 증거물들이 있었다. 지갑에는 주민등록증이 있었고 그날 몇 건의 절도 행각도 드러났다. 빼앗은 월급봉투가 대여섯 개 있었고 현금이 50여만 원이나 들어있다고 책상 위에 죽 펼쳐 놓고 보여 준다.

소장님은 범인 놓친 것을 새삼 사과하면서 그날 밤에 바로 작업을 해서 주민등록증 사진을 4만 장을 복사해서 동래, 해운대 전 지역에 배포해서 반드시 범인을 잡겠다고 다짐을 거듭한다.

그 범인은 전과가 9범이나 되는 흉악범 리스트에 오른 경찰관들이 골치 아프게 여기는 상습 가정파괴범이었다고 한다. 그 일이 아니더라도 반드시 잡아야 하는 범인이라고 한다. 이번에 잡히면 영영 세상 구경을 못 하게 될 것이라고 오히려 소장님이 벼르고 있는 형편이었다.

얼마 후에 그 범인을 놓치는 바람에 파출소 소장은 면직을 당했고 새로 부임한 파출소 소장에게 이 일이 인계되었다. 새 소장님이 인사차 우리 집에 들렀다. 후로도 새 소장님은 우리 집에 수시로 드나들면서, 아니면 전화로 그날그날의 상황을 보고해주었다. 새 소장님은 나를 보고 수사반장이라고 불렀다.

두어 달이 지났을까 소장님은 범인이 잡혔다고, 신문에 났다고, 신문을 한 장 들고 찾아 왔다. 그리고 얼마 후에는 재판 결과까지 보고해주었다. 용감한 시민이 협조해 주어서 고맙다고, 마음 놓고 살 수 있는 밝고 행복한 사회를 만들어 보겠다는 다짐을 했다.

이런 일로 인해 우리 동네 파출소는 우리 교회와 많은 일을 함께 해결하는 협조 기관이 되었다. 교인들의 어려운 문제들에, 주민 문제에 관심을 가지고 대민봉사에 주력을 기울여 주었다. 나도 스스럼없이 자주 들리는 곳이 되었다.

　　사람들은 나를 보고 젊은 여자가 겁도 없이 무슨 일에든지 덤빈다면서 핀잔을 주지만 나에게는 하나님께서 주신 사명이 있었다. "네 이웃을 사랑하라" 하셨고, "양 떼를 돌보라"고하신 명령을 충성스럽게 지켰을 뿐이다. 주님께서는 기도할 때마다 들어주셨고, 앞장서서 우리의 문제를 해결해 주셨다. 지역 주민들은 모두 나의기도 영역 안에 있는 전도 대상자들이다.

진짜 장로 되세요

"너희는 너희 아비 마귀에게서 났으니 너희 아비의 욕심을 너희도 행하고자 하느니라 저는 처음부터 살인한 자요 진리가 그 속에 없으므로 진리에 서지 못하고 거짓을 말할 때마다 제 것으로 말하나니 이는 저가 거짓말쟁이요 거짓의 아비가 되었음이니라" [요8:44]

새벽예배를 마치고 예배에 참석한 성도들을 위해 한 사람씩 이름을 부르면서 기도하고 있었다. 그런데 한 여집사님을 위한 기도를 하는데 입에서 거듭 '그가 하려고 계획하는 일을 막아라.'라고 하신다. 집으로 가려다가 그 집사님이 나오기를 밖에서 기다렸다. 그런데 다른 여집사님들이 나오면서 밖에 서 있는 나를 향해 물어본다.

"Y 집사님 무슨 일이 있습니까?"

"그러게 나도 그래서 기다리고 있는데……."

"사모님, '가짜'라고 쓴 종이를 Y 집사님 이마에 붙여 주던데요?"

또 다른 집사님들도 나오면서 그 집사님을 위한 기도를 하게 되더라는 것이다. 하나님께서 같은 시간에 같은 기도를 우리 모두에게 하게 하셨다면 분명히 하나님의 뜻이 있을 것으로 생각했다. 우리는 모두 어두컴컴한 새벽에 Y 집사님이 나오기를 기다렸다.

"Y 집사님 오늘 무슨 일 있습니까? 오늘 무엇을 하려던 참이었습니까? 누구를 만나기로 약속했습니까?"하고 다급한 질문 공세를 했더니 한참 망설이다가

"어떤 장로님이 금침 놓는 법을 배우면 돈벌이가 좋다 해서 배우는 값으로 100만 원을 며칠 전에 지급했습니다. 그런데 오늘 2차로 또 100만 원을 받으러 온다고 했습니다."

그 돈이 재료비와 배우는 값이라고 한다.

"그래서 침놓는 법은 배웠습니까? 금침은 받았습니까? 오늘 몇 시에 만나기로 했습니까?"

"아니요 아직 재료도 못 받았고, 배우지도 못했습니다."

"그런데 또 100만 원을 요구한답니까? 그렇게 돈벌이가 좋으면 본인이 해서 돈을 벌지 집사님에게 그 기술을 왜 가르쳐 주겠습니까? 또 돈만 요청하는 것 보면 집사님이 속고 있는 것이 틀림없습니다. 확실한 것은 하나님께서 가짜라고 했습니다. 그리고 그 일을 막으라고 하셨습니다."

Y 집사님은 어떻게 알고 그런 말 하느냐고 가당찮다는 어조로 오히려 화를 내는 것이다.

"그 장로님 참 좋은 장로님이시고 속일 사람은 절대 아닙니다."

순진한 Y 집사님은 그를 진짜 장로라고 철석같이 믿고 있다. 가짜라고 아무리 말해도 들으려 하지 않는다. 그리고 그 일에 우리가 끼어드는 것조차 싫어하는 눈치였다. 그러나 하나님께서 간섭하라 하셨으니 어쩔 수 없이 나의 계획에 협조해 달라고 강경하게 부탁했다.

"어쨌든 오늘 집에 오거든 돈을 주지 말고, 내가 도착할 때까지 절대로 보내지 말고 붙들어 놓으세요. 집사님 할 일은 그것뿐입니다."

강하게 명령하듯 부탁해놓고, 빨리 집으로 달려와서 아침 식사를 준비하는데 영일이 손에 잡히지 않는다. 일하면서, 기도하면서, 하나님의 지혜를 내 머릿속에 넣어 달라고. 아이들을 모두 학교에 보내고, 나는 서둘러 우리 지역에서 한방병원을 운영하는 잘 아는 한의사 장로님에게 전화했다.

"가짜 침쟁이가 우리 교회 순진한 여집사를 꼬여 돈을 뜯어내고 있습니다. 어떻게 처리하는 것이 정당한 일인지 모르겠습니다. 현명하신 조언 부탁합니다."

"무엇을 도와드릴까요?" 하면서 계획을 말하라고 한다.

"제가 그 가짜 침쟁이를 붙들고 시간을 끌고 있을 테니 관할 파출소에 연락해서 경찰관이 급습해서 범인을 잡게 해 주세요."

약속하고 부지런히 그 집사님 댁으로 갔다. 그 가짜 침쟁이는 이미 집사님 집에 와서 보따리를 풀고 진지한 이야기를 하고 있었다. 나는 너무 급하게 뛰어간 터라 대문 밖에서 한숨을 돌리고, 놀러 온 것 같이 슬쩍 들어가서 이야기하는 사이에 끼어들어 이것저것 물어보았더니 눈치 빠른 이 가짜 침쟁이는 나 보고 형사 아니냐고, 형사 같은 질문을 한다며 재빠르게 펼쳐 놓았던 침과 약간의 재료들을 봉투에 챙기고 밖으로 뛰어 나가버린다. 경찰차는 아직 도착도 하지 않았는데! 그래서 다급한 나머지 나도 밖으로 급히 뛰어나가는데 경찰차가 이미 와서 대기하고 있었다.

"지금 뛰어나간 그 사람 잡으세요."하고 경찰관에게 소리 질렀다. 경찰관 두 명이 따라가서 그 가짜 침쟁이를 잡아 차에 실었다. 그리고 우리도 뒤따라오라고 손짓하고 경찰차는 가버렸다.

나는 Y 집사님 보고 같이 파출소로 가자고 했더니 안 가겠다고 고집을 피운다. 정작 사기당한 본인은 이 일의 심각성을 모른다.

"그 사람 진짜 장로 맞는데요. 난 안 갑니다. 장로님한테 미안해서 못갑니다. 장로님한테 이렇게 하면 안 됩니다."

오히려 내가 잘못된 판단을 해서 일이 꼬이게 됐다고 원망하면서 화를 버럭 낸다. 순진한 집사님을 달래면서

"말대로 진짜 장로라면 집사님이 가야 풀려납니다. 장로님을 위해서라도 갑시다."

사정사정해서 억지로 버스에 태워 파출소로 향했다. 피출소에는 한의사 장로님도 도착해있었다. 우리가 도착하자 취조를 시작했다. 경찰이 먼저 내게 묻는다.

"이 사람을 어찌하면 좋겠습니까?"

"신고는 제가 했습니다만, 사기를 당한 사람도 우리 교회 집사님이고, 전화해 협조해 주신 분도 장로님이시고, 사기 친분도 가짜지만 장로라고 하고, 믿는 사람들끼리이니 지금부터는 진실을 말하고 나와의 약속을 신실하게 지키면 이 모든 일은 없던 것으로 하겠습니다."

진실을 말하고, 돈을 돌려준다면, 전과는 면하게 해 주겠다고, 없었던 일로 하겠다고 말했지만, Y 집사님은 파출소에서도 끝까지 "장로님 맞다"라고 우기고 있다. 우리가 잘못하는 것이라고.

그러니 경찰들이 Y 집사님에게

"이렇게 한심하니 사기를 당하지요. 이런 식으로는 저런 사람들 다뤄지지 않습니다."

하면서 경찰들이 나서서 무서운 말로 집사님 보는 앞에서 취조 하기 시작하였다. 우선 주민등록증을 확인하고 어느 교회 장로냐고 물어 경찰들이 그 교회에 전화해서 알아보려고 하니까, 그제야 다급하게 자기가 가짜 침쟁이고 가짜 장로 행세를 했다고 실토를 한다.

경찰들에게 무릎을 꿇고 비굴하리만큼 손이 발이 되도록 싹싹 빌고 있다. 살려 달라고 애원한다. 그 모습이 얼마나 보기가 민망하던지 죄짓다가 들킨 말로가 이렇게 비참하구나 하는 것을 새삼 느꼈다.

범인이 경찰 앞에서 그렇게 실토하는 것을 처음 보는 나도 영 낯설었지만, 그렇게 눈앞에서 본인의 실토를 듣고도 Y 집사님은 가짜가 아니고 진짜라고 우긴다.

주민등록증으로 확인해 보니 이 가짜 장로의 집은 전라남도 여수 쪽이고, 자기 부인이 "쪼께"믿는 교인, 즉 교회 몇 번 출석한 정도에 지나지 않는 신자라고 한다. 본인은 그 교회 가본 적도 없다고 한다. 가지고 간 돈 돌려주면 없었던 일로 하겠다고 했으나 그 큰돈이 갑자기 어디에서 나온단 말인가? 자기 부인이 사는 집에는 전화도 없어 연락도 안 된다고 한다.

경찰관들이 부인이 다닌다는 교회로 연락을 했다. 경찰관이 직접 목사님에게 이 사정 이야기를 하는데 어찌나 마음이 아프던지, 목회자가 무슨 죄가 있다고. 그러나 경찰관은 단호하게

"오늘 해지기 전에 해결되지 않으면 즉결 심판에 넘기겠다"라고 말한다. 그 목사님이 돈 마련해서 해지기 전에 부산에 도착하겠으니 넘기지 말아 달라고, 기다려 달라고 간절히 부탁하더라는 것이다. 그러니 어찌할 것인가를 묻는다. 기다리겠다고 약속을 했다.

우리는 꼼짝없이 파출소에서 기다려야 했다. 한의사 장로님은 경찰들에게 잘 해결해 달라고 부탁하고 먼저 병원으로 돌아갔다. 우리는 사기꾼 가짜 장로에게 점심을 사 먹이면서 온종일 여수에서 돈 가지고 오는 목사님을 기다렸다. 작은 시골 교회 목사님, 가난한 성도의 문제로 자신이 이 짐을 지고 먼 길 마다하지 아니하고

너덧 시간의 거리를 달려오시는 것. "이것이 참 목자의 심정이 아닌가?" 생각하면 중간에 이 일을 포기하고 싶은 마음이 울컥 일어났지만 꾹 참았다. 왜냐면 후일에 또 다른 피해자를 막아야 하고, 본인이 이 목사님의 노고의 모습을 보면서 뭘 느끼는 것이 있을 것이라는 마음과 회개할 기회를 주자는 생각에서였다.

저녁때가 다 돼서야 목사님이 헐레벌떡 도착하셨다. Y 집사님은 사기당한 돈 100만 원을 경찰관의 손을 통해서 건네받았다. 받고도 민망해서 어쩔 줄을 모른다. 아직도 가짜 장로, 가짜 침쟁이라는 것이 영 믿기지 않는 모양이다. 나는 그 가짜 장로에게 마지막으로

"이제 다시는 이 동네에 오지 말고, 고향에 가서 부인과 함께 착실하게 일해서 먹고 사세요. 그리고 신앙생활 잘해서 가짜 장로 말고 '진짜 장로' 되세요. 목사님의 은혜는 평생 잊지 마세요."라고 신신부탁했다.

목사님에게는

"정말 죄송합니다. 교인의 일이라고 수백 리 길을 한걸음에 달려오신 목사님께 정말 죄송스럽고, 존경합니다. 감사합니다. 될 수 있으면 이분과 같이 고향으로 동행하셨으면 합니다만…."

사람들 앞에서 망신을 당하게 해서라도 그의 가짜 행각을 이번으로 종결짓자는 심산에서였다.

이렇게 해서 사건은 일단락되었다. 가짜 침쟁이, 가짜 장로, 사기꾼이 잡혔다는 소문이 어떻게 퍼졌는지 우리 집으로 전화가 빗발치듯 걸려온다. 많은 교회에서 목사님들이 혹은 교인들이 확인 차 걸어온 전화였다.

"사기꾼, 가짜 장로 어떻게 잡았어요? 교회마다 돌아다니는 상습범이었습니다." 자기 교회 교인들 특히 여 집사들을 꼬여 이 같은 수법으로 많은 돈을 사기 당했는데, 잘했다고, 용감하게 잡아줘서 고맙다고, 응원의 박수들을 보내왔다.

내가 무슨
신자이기나 하냐

"너희가 참음은 징계를 받기 위함이라 하나님이 아들과 같이 너희를 대우하시나니 어찌 아비가 징계하지 않는 아들이 있으리요. 징계는 다 받는 것이거늘 너희에게 없으면 사생자요 친아들이 아니니라." [히12:7-8]

○○○ 병원이라면서 급한 전화가 걸려왔다. 9개월 된 딸아이가 입원했는데 아무리 약을 써도 효과가 없다는 것이다. 패혈증이라고는 하는데, 부산에서는 그래도 명성 있는 병원인데 병원 안에는 이 아기를 살릴 약을 찾지 못했다는 것이다. 병명을 찾아내지 못했으니 치료가 지연된다는 것이다.

전화를 받고 허둥지둥 병원으로 달려갔다. 아파트에 전도하다 만나서 교회로 인도된, 우리 교회 새로 등록한 교인 집이다. 부인만 교회에 출석하는 형편이고 남편은 아예 교회와는 거리가 먼 불신자인 줄 알았다. 왜냐면 그 부인이 남편의 눈치를 보면서 조심스럽게 교회에 출석하고 있었기 때문이었다.

병원에 가서는 내가 더 많이 놀랐다. 포대기를 열어 보이는 아기는 정말 비참할 정도로 양쪽 사타구니, 그리고 양쪽 겨드랑을 칼로 다 찢어 놓은 상태였다. 한 움큼밖에 안 되는 아기는 갈비뼈가 드러나 보였다. 숨만 헐떡이고 있는 아기를 차마 눈 뜨고 볼 수가 없었다. 병명이 확실치 않아 치료가 불가능하다는 것이다.

젊은 부부는 아기의 비참한 모습을 바라보고만 있으려니 가슴이 미어터질 듯 아프다며 가슴을 주먹으로 펑펑 두드린다.

"아기를 살릴 길은 없습니까? 이대로 죽는 것을 지켜봐야 합니까?"

아기 아빠의 다급한 질문이다. 사실 아기 아빠는 오늘 초면 인사를 한 터였다.

"한 가지 방법이 있습니다만."

"뭐든지 다 할게요."

"회개입니다. 하나님은 우리의 구원자이시며 대의사십니다. 무슨 일이든지 다 하실 수 있는 분이십니다. 하나님 말씀이 바로 처방입니다. 하나님께 무릎을 꿇는 방법밖에는 길이 없지 않습니까?" 하고 회개할 것을 권면했다. 그랬더니 이제야 자기들의 사정 이야기를 꺼낸다.

그 남편은 우리 동네로 이사 오기 전에는 교회 열심히 다닌 안수 집사라고 한다. 학생부에서 주일학교 교사도 하면서 충성을 했다고 하는데, 이 지역으로 이사 오면서부터 교회의 그 무거운 짐을 벗어버리고 처자식 먹여 살린다는 명목으로 직장 생활만 전념하기로 결심을 했다는 것이다. 그래서 부인만 우리 교회 출석하게 하고 본인은 아예 불신자같이 술자리에 가서 윗사람들의 비위도 맞추고, 동료들 간에 신뢰도도 높이고 이렇게 사는 것이 가정을 위한 최선의 길이라고 생각했다는 것이다.

나는 그 남편이 전혀 손톱도 안 들어가는 불신자인 줄 알고, 전도 대상자로 수첩에 기록해 놓고 열심히 기도하고 있었는데 이런 일이 일어난 것이다. 하나님께서 이렇게 빨리 응답해주신 것인가? 속으로는 전도의 기회를 주셨다고 감사하고 있었다. 아기를 위해서 철야기도 하겠다고 약속하고 헤어졌다.

다급한 아기 아빠는 그날 밤 병원 바닥에 무릎을 꿇었다고 한다. 신자였다는 것을 아무리 숨기려 해도, 불신자인 양 살려고 해도 하나님께서 찾아내시는 것을 어찌하랴!

"내가 주의 신을 떠나 어디로 가며 주의 앞에서 어디로 피하리이까 내가 하늘에 올라갈지라도 거기 계시며 음부에서 내 자리를 펼지라도 거기 계시나이다." [시139:7-8]

그는 탄식했다. 내가 무슨 집사냐? 내가 무슨 주일학교선생이냐? 내가 무슨 신자냐? 주일날 교회는커녕 세상일에 빠져 신자인 것을 숨기고 불신자인 양 처자식 먹여 살린다는 명분하에 분주하게 돌아다녔지. 이렇게 하는 것이 처자식 먹여 살리는 길인 줄 알고 큰소리만 치고 살았지, 교회 예배드리는 것, 봉사하는 것 이미 오래전에 졸업했고, 술자리에 앉는 것이 당연한 것으로 여겼지, 또 십일조는 얼마나 떼먹은 도둑놈이냐? 스스로 물으면서 밤새도록 가슴을 치며 눈물의 기도를 했다는 것이다.

그리고 주일이 되자 밀린 십일조 봉투를 들고 교회로 달려왔다. 아이의 생명보다 더 급한 일이 어디에 있겠는가? 그런데 그 아빠가 회개하고 결심하자, 의사의 처방이 떨어지고, 병원의 약으로 치료가 되기 시작하더라는 것이 그 아기 엄마의 간증이다. 아기는 무사히 치료받고 건강한 모습으로 퇴원했다.

그들 부부는 자녀의 아픔을 통해서 자신들의 영적 상태를 보게 된 것이다. 하나님의 마음도 헤아리게 된 것이다. 독생자를 죽는 데까지 내어놓으시고 죄인 된 나와 맞바꾼 하나님의 극진하신 사랑을 깨닫게 된 것이다. 사랑하기 때문에, 올곧은 신자가 되게 하려고 아픔을 허락하신 것이다. 이것이 예수님의 사랑의 방식인 것이다. 세상 풍습에 빠져서 사는 것 볼 수가 없다고, 회개하고 내 품으로 돌아오라고, 내 곁에서 행복하게 살라고.

"고난 당한 것이 내게 유익이라 이로 인하여 내가 주의 율례를 배우게 되었나이다." [시 119:71]

사람의 미련은 심한 아픔과 고난을 통과하지 않고는 벗겨지지 않는다. 죄악의 근성이 절대로 스스로 물러가지 않는다. 은을 일곱 번 연단하는 도가니 같이, 금을 연단하는 풀무같이 하나님 손으로 직접 다듬으시는 과정을 통과하지 않고는 순금이 되지 않고, 순은이 되지 않는다.

심한 고난과 환난과 고통이 사람의 인격을 정제시킨다. 하나님의 능력의 손으로 세공된 인격이야말로 빛나고 아름다운 법이다. 가만히 있어도 그리스도의 향기가 그 인품으로부터 풍겨 나온다.

고무신
거꾸로 신으란 말이가

"내가 여호와로 말미암아 크게 기뻐하며 내 영혼이 나의 하나님으로 말미암아 즐거워하리니 이는 그가 구원의 옷을 내게 입히시며 공의의 겉옷을 내게 더하심이 신랑이 사모를 쓰며 신부가 자기 보석으로 단장함 같게 하셨음이라." [사61:10]

"성령과 신부가 말씀하시기를 오라 하시는도다 듣는 자도 오라 할 것이요 목마른 자도 올 것이요 또 원하는 자는 값없이 생명수를 받으라 하시더라." [계22:17]

시골에서 모처럼 딸 집에 다니러 오신 할머니 한 분이 계셨다. 딸이 팔순이 넘으신 친정어머니의 영혼을 걱정하여 전도해 달라고 부탁을 해왔다. 연세도 있고, 문밖출입도 하지 못할 정도로 건강도 좋지 않은 상태라 한다. 딸들 집을 두루 방문하는 것은 이번이 아마도 마지막일지도 모른다는 생각에서라고 한다. 장녀인 집사님은 더욱 가슴이 미어진다. 새벽에 와서 엉엉 울면서 기도하는 모습이 한편 측은한 마음이 들었다. 그래서 도와줘야겠다는 생각이 들어, 만나 뵙겠다고 약속을 했다. 그러나 상황은 그리 좋지 않았다.

여러 차례 딸의 친구들이 방문해서 전도했던 터라 할머니는 귀찮게 자기를 괴롭히지 말라고, 미리부터 귀를 수건으로 틀어막고 돌아눕는다. 쉽사리 넘어갈 할머니가 아니었다. 복음을 들을 기회를 자신에게 허락하지 않는다. 늘그막에 팔자고칠 일 없다는 것이다. 가던 길을 조용히 가게 내버려두라는 것이다. 멀거니 등만 바라볼 수밖에 없었다. 이 상황을 어찌해야 하나? 집사님이 커피를 준비하려고 부엌으로 나간 뒤 혼자 남게 되자 나는 얼른 등 뒤에다 대고 말을 걸었다.

"할머니 부산 오실 때 서울 가는 차 탔습니까? 부산 가는 차 탔습니까?"
"그야 부산 가는 차를 탔지"

"만약에 서울 가는 차를 잘못 탔다면 어떻게 하실 겁니까?"

"그야 갈아타야지"

"맞습니다. 잘못 탔다면 내려서 갈아타야지요"

"그라믄 날 보고 고무신 거꾸로 신으란 말이가?" 하면서 벌떡 일어나 앉는다. 정색하면서 다시 묻는다. 자기는 평생 안 된다고, 지켜야 하는 정절이라고 생각했는데, 이게 된다는 말인가? 배신 아닌가? 하는 의아한 질문이다.

"그라믄 고무신 거꾸로 신어도 된단 말이가?"

오히려 나의 대답을 독촉한다.

"예, 잘못 탔다면 내려서 갈아타야지요. 갈아타야만 천국에 갈 수 있습니다. 땅에서 받은 멸시 천대 그 고통 어디에서 보상을 받으며 위로를 받겠습니까? 왜 영원토록 고통 받는 지옥으로 가려 합니까? 고무신 거꾸로 신으면 천국 갑니다. 다른 종교 믿는 지조는 안 지켜도 됩니다. 잘못된 지조 지키면 지옥 갑니다. 갈아타면 구원받습니다. 평생 지었던 죄도 용서받습니다. 기쁨도 있고, 평화도 있습니다. 눈물도 탄식도 없는 천국으로 가셔야지요!"

할머니는 그제야 이 귀찮은 방문객에게 안심한 듯 내 손을 꽉 붙잡는다. 꼭 그렇게 하겠다는 다짐 같았다. 할머니는 딸만 여섯 명을 낳았고, 아들을 낳지 못한 죄로 숨도 크게 쉬지 못하고 살아왔다고 한다.

시골에서 꽤 번창한 집안인지라 문중의 성화에 못 이겨 작은 부인을 들였다는 것이다.

아들을 낳은 작은 부인의 기세는 등등했고, 자신은 문중에서도 인정 못 받는 고통의 여생을 사셨기 때문에, 지금 예수님을 믿는다는 것은 문중에 큰 누 끼치는 일이요 배신자가 되는 것으로 생각했기 때문에 망설이는 것이었다.

그러나 지금 하나님의 손을 잡지 않는다면 더 이상 기회가 없는 줄 아셨는지 내 손을 꽉 잡은 할머니의 손은 힘이 있었다.

나는 그 힘의 근원이 성령님의 역사하심이라는 생각이 들면서 가슴 뿌듯한 감동의 전율을 느꼈다. 손을 잡은 채로 할머니를 위해 간절한 기도를 드렸다. 끝까지 믿음으로 승리하실 것을 약속했다. 마음속에 예수님의 십자가를 안고 가시도록 권면했으며, 영접 기도를 해 드렸다. 어떤 일이 있어도 꼭 잡으라고 부탁했다. "그러 마" 하고 단단히 약속을 해주셨다.

내일은 고향으로 돌아가기로 예정된 날이었다. 일찍 출발한다기에 시간 맞춰서 다시 방문했다. 등에 업혀서 대기해 놓은 차에 실려 고향으로 가셨다. 시골에 가서도 철옹성 같은 불신의 성을 뚫고 끝까지 이 믿음의 지조를 지키면서 천국의 길을 포기하지 않기를 위해 계속해서 기도하고 있었다.

며칠 후 시골에서 생명이 위급하다는 소식을 전해왔다. 목사님과 같이 급히 시골로 갔다.

마을 입구에 들어서니 눈에 들어오는 상황이 너무나 황당했다. 온 마을이 다 들리도록 확성기를 지붕 위에 달고 절에서나 들을 수 있는 염불 테이프를 틀어놓았다. 우리에게는 심한 거부감의 표시라는 생각이 들었다. 사립문 앞에는 우리가 들어가지 못하도록 덩치 있는 남자 몇 명이 우리의 앞을 막아선다. 그래도 우리 목사님은 정중하게

"어르신들은 친구의 부모가 위급하다는 소식 들으면 문안도 안 가십니까? 돌아가시기 전에 문안차 왔습니다."하고 말을 해도 대꾸도 없고, 길을 터 주지도 않고 버티고 서있다. 장정들을 몸으로 밀고 들어가려 하니 그제야 한 발자국 물러서면서 한마디 다짐을 한다.

"기도는 하지 마세요."라고 부탁하는 것이다.

목사가 왜 왔겠는가! 기도하러 왔지! 믿음을 포기하지 말라고 용기를 주려고 왔는데, 그런 말도 안 되는 부탁이 어디 있나! 속으로 생각하면서 아무 약속도, 아무 반응도 하지 않고 방으로 들어갔다.

우리 일행이 방으로 들어서는 것을 본 할머니는 내심 우리를 기다렸다는 듯 손을 들고 반기신다. 할머니의 손을 꼬옥 잡고 기도해 드렸다. 그랬더니 그 할머니 힘을 얻은 듯 생기가 돌면서 꿈을 꾸었다고 꿈 얘기를 시작한다.

꿈에 희고 광채 나는 옷을 땅에 끌리게 입은 어떤 사람이 자기를 맑은 물이 흐르는 곳으로 오라고 손짓하면서 따라오라고 하더니 앞장서서 가시더라는 것이다. 옆에는 냄새나는 구정물이 흐르고 있어 할머니 생각에 이왕이면 맑은 물이 흐르는

곳으로 가야겠다고 생각하고 흰옷 입은 사람의 뒤를 따라갔다는 것이다.

둘러앉아 이 말을 들은 모든 자녀와 우리는 모두 이구동성으로 잘하였다고 칭찬해 주었다. 생명이 경각에 있었지만 성령님께서 영의 눈을 열어 자기의 갈 길을 보게 하셨고, 하나님께서 인도하시고 계신 것을 확실히 알게 하셨다.

실로 짧은 시간에 일어난 신앙의 결심과 하나님의 개입하심과 인도하심의 과정을 볼 수 있었다. 이 할머니는 아무에게도 들키지 않게 고무신을 거꾸로 신은 것이다. 고무신 거꾸로 신을 결심이 그를 지옥 형벌에서 건짐을 받게 했고, 영원한 생명을 얻게 했고, 하늘 생명록에 그 이름이 기록되게 했으며, 천국 백성으로 입성하여 영원히 즐겁게 사는 특권을 허락받았다. 실로 놀라운 하나님의 구원계획에 영광의 박수를 올려드린다.

할머니의 천국 입성을 생각하면, 감격의 눈물이, 안도의 기쁨이, 흥분하게 만들었다. 단 한 번도 교회에는 출석하지 못했고 세례를 받지도 못했지만, 그 마음속에 천국 갈 소망을 간직했고, 예수 그리스도의 십자가를 붙들고 끝까지 승리할 힘을 하나님께서 공급하셨으리라.

며칠 후 돌아가셨다는 통보를 받고 또 시골로 달려갔다. 마을 입구에는 여전히 지붕 위에 설치한 확성기를 통해 염불 테이프 소리가 크게 울려 퍼지고 있었다. 이런 환경에서 장례식을 치러야 하는 것이 마음 불편했고, 못내 아쉽기도 했다.

그러나 저 칠흑 같은 어두움을 뚫고 영혼이 구원받은 그 승리의 환호성이 마음속으로 확성기보다 더 크게 울려 퍼지고 있었다. 문중 사람들도 이번에는 앞을 가로막지는 않았다. 그리고 그들은 자기들의 장례 문화대로 장례식이 진행되기를 원했다. 마땅히 만군의 여호와 하나님께 찬양 드리면서 영광 돌리는 천국 환송 예배를 드려야 하는 것인데…. 그러나 내심으로는

"주님의 승리이십니다. 주님의 계획은 차질이 없으십니다. 크신 하나님께 영광 돌려드립니다. 할렐루야!"라고 속으로 크게 외치고 있었다.

80년대 TV 광고 메시지 중에 이런 말이 생각난다. "순간의 선택이 10년을 좌우한다."라는 짧고도 명쾌한 한 마디는, 당시 냉장고 선전광고였다. 그렇다면 입시생이나 예비 신랑 신부에게는 "순간의 선택이 평생을 좌우한다."라고 붙일 수가 있

을 것이다.

나는 이번 일을 겪으면서 비록 인생의 막바지 기로에서 고민하다가 인간 편에서는 지조를 지키지 못한 배신자 같은 행위였으나, 하나님 앞에서, 할머니 믿음의 결심은 위대했다는 것을 깨달았다. 얽매인 모든 지옥 형벌의 줄을 끊어버리고 하얀 예복으로 새로 단장한 신부의 모습을 보는 것 같았다. 손을 잡고 이끄는 대로 따라가는 그 신부의 모습은 "순간의 선택이 영원한 생명을 좌우한다."라고 확실하게 말할 수 있게 되었다.

사람은 항상 선택의 기로에 서 있다. 그 선택은 성공을 의미하기도 하고 실패를 의미하기도 한다. 하나님께서 주신 자유의지를 너무나 잘 활용한 고무신 거꾸로 신은 결단은 일평생 중에 가장 탁월한 선택이라고 말할 수 있겠다.

회개하면 됩니다

"내 눈을 열어서 주의 법의 기이한 것을 보게 하소서" [시119:18]

"기도하여 가로되 여호와여 원컨대 저의 눈을 열어서 보게 하옵소서하니 여호와께서 그 사환의 눈을 여시매 저가 보니 불 말과 불 병거가 산에 가득하여 엘리사를 둘렀더라." [왕하6:17]

서울에서 이사 와서 우리 교회에 등록한 권사님 댁으로 심방을 갔다. 연세 높으신 내외분이 살고 계셨다. 자리를 잡고 앉자마자 권사님은

"어떻게 하면 기도를 잘할 수 있습니까? 이 교회 젊은 집사들은 초롱초롱하게 눈동자가 살아 있고, 기도도 잘하던데요?"

나는 얼른 권사님의 말을 받아서

"회개하면 됩니다."하고 예사로운 말로 대답을 했다. 권사님은

"난 회개할 것이 없는데요." 하고 스스럼없이 대답하신다.

"하나님께서도 그렇게 생각하실까요? 고린도 전서 4장 3~4절을 읽어 보세요. 하나님께서 보시는 내 모습은 어떤가를 묻는 기도를 해 보세요. 하나님의 평가를 받아 보세요. 하나님의 평가는 가장 절대적인 판단 기준입니다."

기도의 방법을 기대했던 권사님은

"그런 기도도 있습니까? 그런 기도는 해 본 적이 없습니다."

D 여고 출신이신, 연세 많은 교양 있는 권사님께서 능력 있는 기도 솜씨가 부러웠다며 자신도 그런 기도의 능력 얻기를 원한다고 소박한 소원을 말씀하신다. 권사님은 서울에서 4천 명 모이는 큰 교회의 수권사님이셨고, 부산으로 이사해서, 우리 교회에 등록한 지 얼마 안 되는 분이셨다.

서울에서는 심방 할 때면 늘 담임목사님 승용차 옆자리를 내드리는 각별한 사이

였다고 한다. 남편은 큰 회사의 사장님이셨고, 구정물에 손 한 번 담그지 않은 그야말로 잘나가는 안방마님이셨단다. 6남매를 모두 서울 일류 대학을 졸업시킨 자랑거리가 많으신 분이셨다.

그런 S 권사님이셨지만, 오늘은 조금 충격을 받으신 것 같았다. 그러나 이내 평정을 찾고 그 자리에서 40일 철야기도를 하겠다는 결심을 굳힌다. 매일 나를 따라 철야기도를 다니겠다는 것이었다. 40일을 철야하면서 아침 금식까지 하겠다고 금식 선포도 한다. 권면한 것도 아닌데 스스로 그렇게 결심을 한 것이다. 그리고는 매일 하루도 거르지 않고 약속한 대로, 결심한 대로 철야기도회에 참석했다.

40일이 끝나는 날 새벽이었다. 새벽예배를 마치고 집으로 가는 도중에 자기 집에 심방 와 달라는 부탁을 하고 헤어졌다.

아침에 서둘러 심방을 갔더니 약간 쉰 음성으로 인사를 하면서 반갑게 맞아 주었다. 그리고는 앉자마자 급하게 이야기부터 시작한다. 겸손하고 부드러운 음성으로, "하나님께서 보시는 자신의 영적인 모습"을 자신의 영의 눈을 열어 보여 주셨다는 것이다.

그는 기도 중에 꿈을 꾸었는데, 땅에서부터 하늘로 이어지는 끝이 보이지 않는 돌계단이 앞에 놓여있는데 아랫도리를 홀랑 벗은 두어 살 되어 보이는 어린아이가 맨발로 돌계단을 몇 칸 올라가다가 굴러떨어지고, 또 몇 칸 올라가다가 굴러떨어지고. 그런 모습을 보여 주시면서 그 꼬맹이가 자신의 모습이라고 일러주더라는 것이다. S 권사님은 그 모습이 도무지 자신의 모습으로 받아들일 수가 없어서

"내가 그렇게 열심히 드린 헌금은 아무것도 아니었습니까? 그리고 서울에서 사천 명 모이는 교회에서 수권사로 충성했습니다. 목사님을 섬겼고, 교회를 섬겼습니다. 헌금도 많이 했습니다. 그 헌신은 다 헛된 것이었습니까? 벌거벗은 꼬맹이라니요? 말도 안 됩니다. 다른 모습 보여 주세요. 이건 아니잖아요?"

아무리 부정을 해도, 울고 몸부림쳐도, 아무리 다른 좀 더 멋진 모습을 보여 달라고 해도 안 보여 주시더라는 것이다. 평소 너무 완벽하게 살아서 회개할 것이 없다던 권사님이 자신의 부끄러운 모습을 고백했다.

가난한 상태가 어떤 것인지를 이해 못 할 정도로 풍족하게 살아왔던 권사님이시다. 참모, 식모, 가정교사를 두고, 아기 보는 애들까지 두고, 6남매를 한 번도 등에 업고 키운 적이 없는 권사님이셨다. 그렇게 당당하고 멋지게 한평생을 인정받으면서, 존경받으면서 살아왔다는 것이다.

머리도 좋아서 공부도 잘했고, 필적이 좋으며, 붓글씨도 수준급이며, 더구나 남들이 부러워할 정도로 일본말에 능통해서 불려 다니면서 가르치는 일어 강사였다고 한다.

그러나 절대적인 하나님 앞에서는 어린아이같이 되고 말았다. 모든 바벨탑이 무너지고야 말았다. 비로소 자신의 영적인 모습을 보고 무너진 것이다. 하나님께서 그의 기도를 들으시고 응답하신 것이다.

이제부터는 하나님 앞에서 주님 기뻐하시는 일 하면서 살리라는 아름다운 신앙고백적인 다짐을 하면서 내 손을 꼭 잡는다. 따뜻하고 부드러운 손길이 권사님의 결심과 다짐의 뜻이 고스란히 나의 가슴으로 전달되는 것 같았다.

믿음으로 살아 보겠다는 결단이다. 손안에 쥔 것들을 다 포기하고 주님께 모든 주권을 내어 맡기는 변화된 삶을 살겠다는 결심이다. 믿음은 영혼에 대한 적극적인 긍정이다.

우리는 성경을 **"그리스도의 편지"** [고후3:3] 라고 한다. 그리고 이것은 **"심비**(마음판)**에 쓴 것"** [고후3:3]이라고 표현한다. 인생이라고 불리는 편지는 지금까지는 내가 써왔으나, 예수 그리스도를 나의 주님으로 고백한 뒤에는 나의 삶이 그리스도의 편지가 되어야 한다.

중국 선교사였던 허드슨 테일러(1832-1905)의 이야기를 읽은 적이 있다. 병원을 경영하던 어느 날 취사직원이 걱정하며 보고했다.

"마지막 쌀자루를 열었습니다." 테일러는

"마지막이란 말은 하지 마시오. 주님의 편지는 계속될 것입니다."라고 대답했다는 것이다. 그날 우편물 속에 50파운드 송금수표가 든 편지 한 장이 들어있었다. 테일러의 중국 선교 생활은 하루 건너만큼씩 절망의 벽에 부딪히는 괴로운 인생이었다고 한다. 그러나 그리스도의 편지는 중단되거나 폐지되지 않는다는 신념으로 살았으며 하루하루의 생명을 주님께 맡겼다. 그리스도를 정말 나의 주님으로 믿는다면 나의 생각, 나의 편지는 끝나야 하고, 이제 나의 생애는 그리스도가 쓰시는 편지가 되어야 한다.

역시! 우리 안의
아흔아홉 마리가 귀하군요

"진실로 너희에게 이르노니 만일 찾으면 길을 잃지 아니한 아흔아홉 마리보다 이것을 더 기뻐하리라 이와 같이 이 작은 자 중의 하나라도 잃는 것은 하늘에 계신 너희 아버지의 뜻이 아니니라" [마18:13-14]

"주 여호와께서 이같이 말씀하셨느니라 나 곧 내가 내 양을 찾고 찾되 목자가 양 가운데에 있는 날에 양이 흩어졌으면 그 떼를 찾는 것 같이 내가 내 양을 찾아서 흐리고 캄캄한 날에 그 흩어진 모든 곳에서 그것들을 건져 낼지라" [겔34:11-12]

자정이 다 되었다. 고3짜리 아들이 오면 밥을 챙겨주고 바로 철야를 가려고 준비하고 있었다. 그런데 이 시간에 전화가 걸려온다. 급한 전화인 것 같다. 누가 병원에 입원했나? 생명이 위독한가? 또 버스가 끊겨서 택시 타고 온다는 아들 전화인가? 차비를 준비하라고, 고3 아들이 가끔 그리 했다. 전화 받으러 가는 짧은 시간이었지만 많은 생각이 번개같이 스치고 지나간다. 가슴 서늘한 소식이 아니기를 기도하면서 수화기를 들었다.

전화를 건 사람은 거두절미하고
"○○병원인데 심방 올 수 있겠습니까?" 낯선 여자의 목소리였다.
"누구신지요?" 목소리 주인공을 확인하려고 나는 애쓰고 있었다.
"예 S 아파트에 사는 사람인데요. 며칠 전에 암 수술을 했는데 병원 측의 실수로 내일 아침 일찍 재수술해야 한답니다. 죽을 수도 있답니다. 환자가 심히 두려워합니다."
"우리 집 전화번호는 어떻게 아시고……?"
"사모님 우리 집에 전도하러 오셨지요? 주보를 보고 전화 드리는 것입니다."
"그런데 지금 고 3짜리 아들을 기다리던 중이라 아들이 들어오면 밥을 주고, 그

리고……" 하고 말을 하는데 말을 마치기도 전에

"역시! 우리 안의 아흔아홉 마리가 귀하군요!"하고 달그락하는 전화 끊는 소리가 크게 들린다. 갑자기 뒤통수를 한 대 얻어맞은 것 같이 멍해져서 끊긴 전화기를 그대로 들고 있었다.

"부탁하는 사람치고 성격이 고약하네."

그러나 멍하고 있을 때가 아니다. 하나님의 명령으로 알고, 허둥대는 마음으로 밥을 차려놓고, 옆에 쪽지를 써놓고 부리나케 택시를 타고 병원으로 달려갔다.

전화한 사람도 여자였고, 병실에 입원한 사람도 여자분이었다. 환자는 많이 두려워하는 눈치였다. 두 분이 어떤 사이냐고 물었더니 같이 한집에 사는 사람이라고만 대답했다. 나는 복잡하게 생각할 여유도 없이 전도하기 시작했다. 우선 수술 환자에게

"옛날, 어린 시절에 교회에 출석한 적이 있습니까? 혹시 주일학교 출신 아닙니까?" 했더니 차분하게

"예! 저는 외할머니하고 살았는데, 할머니가 예수님을 믿었습니다. 그래서 어릴 때 할머니를 따라 교회를 다녔습니다."

"그런데 지금은요?"

"교회 등지고 산 지 오래됐습니다. 아마 철들고부터……."

"죽으면 천국 갈 자신이 없는 모양이지요? 기도 부탁하는 걸 보니. 살고 싶습니까? 지금이라도 회개하면 하나님께서 용서해 주십니다. 용서받은 믿음은 두려움을 극복합니다. 수술도 잘할 수 있습니다. 지금 회개한다면 도와드리겠습니다. 결심하십시오. 예수님을 구주로 믿겠습니까? 지금까지의 모든 죄된 생활을 정리할 수 있습니까?"

그는 말없이 눈물을 주르르 흘리면서 고개를 끄덕여 믿겠다는 결심을 한다. 그리고 입술로 다짐한다. "잘 믿겠습니다."라고 말한다. 나는 이불을 걷고 환자의 수술 부위를 살펴보았다. 수술 부위를 넓은 가제로 가로 세로로 덮어 놓았다. 대수술하면서 다른 곳을 칼끝으로 상해를 입혔다고 들었다. 그 수술 부위에 손을 얹고 간절히 기도를 드렸다.

"자비와 긍휼이 한이 없으신 하나님 아버지, 두려워 떠는 한 영혼이 이제 모든 것 정리하고 하나님 앞에 나오기를 결심했습니다. 이 시간 구원의 확신을 주옵소서. 한 번만 더 살 소망을 주시옵소서. 이후로의 변화된 삶을 보여드릴 기회를 주옵소서. 능력의 손으로 어루만져 영육 간에 깨끗함을 주시고, 내일 아침 일찍 수술실에 들어간답니다.

살아 계신 아버지 하나님, 집도하는 의사의 손에만 맡기지 마시옵고 하나님께서 친히 능력의 손으로 수술하여 주옵소서. 건강하게 퇴원해서 신앙생활 잘 하는 복을 주옵소서. 천국을 소망하게 하옵소서."

간절히 눈물의 기도를 드렸다. 그리고 손으로 환자의 두 손을 꼭 잡고 위로해 주었다. 하나님께서 분명히 함께하실 것이고 직접 수술해 주실 것이라고, 용기를 내라고. 그리고 또 택시를 타고 교회로 왔다.

밤새도록 그 환자를 위해 기도를 드렸다. 수술이 성공하도록. 환자 대신 회개 기도도 드렸다. "죄가 죄 인지 알지 못하오니 용서해 주옵소서"하고.

다음 날 아침이 되었다. 서둘러서 수술이 마칠 때를 맞추어 성경책 한 권과 조금의 음료수를 사 들고 병문안을 갔다. 수술은 잘 끝났고 환자는 어제저녁과는 달리 얼굴에 생기가 돌았다. 환부에 손을 얹고 간절히 기도해 주고 돌아왔다.

그다음 날 또 병원을 찾았더니, 그는 민망해서인지 이제 살 것 같으니 그만 와도 된다고 퇴원하면 꼭 교회에 출석하겠노라고 약속을 했다.

나는 약속을 믿고 그 환자를 위한 기도를 빼지 않고 계속했다. 그러나 그들은 한 달이 지나도록 연락이 없다. 아파트 호수도 모르고 전화번호도 모르고 해서 궁금했지만, 약속을 지켜 줄 것을 굳게 믿고 교회 출석하기만을 기다리면서 기도는 계속하고 있었다.

어느 날, 아파트 앞을 지나가는데 아파트 앞에서 만난 입주민 중에 몇 명이 나에게 아는 척하면서 인사를 해온다. 모르는 사람들이라 조금은 어리둥절했다. 그들은 자기들의 이야기가 아니라, 자기들 옆집에 사는 사람들의 이야기를 들려주었다. 자궁암 수술한 그 사람들 퇴원해서 잘살고 있다는 소식이었다. 어찌 알았냐고 하니까 그 여자들이 사모님이 병원에까지 찾아와서 기도해 줘서 다 나았다고 떠들고 다니면서도 정작 교회는 나가지 않는다고 오히려 그 이웃 사람들이 분개하고 있었다.

어찌 됐든 궁금했던 소식을 이웃들을 통해서 들을 수 있었다. 오히려 주변 사람들이 '그 사람들 그래서 되겠냐?'고 흥분한다. 그래도 약속은 지키겠지 라며 또 며칠이 지나갔다.

원수는 외나무다리에서 만난다더니 그 환자분이 예쁜 강아지를 안고 산책하던 중에 길에서 딱 마주쳤다. 병원에서 볼 때보다 훨씬 아름다운 분이었다. 반갑게 인사를 했다. 그런데 그 여자는 대충 눈인사만 하고 도망을 친다. 나는 몇 발자국 빠른 걸음으로 따라가면서 큰 소리로 물었다.

"죄지었습니까?"

"예! 죄지었지요."

"무슨 죄를 지었습니까?"

"꼭 내 입으로 말해야 압니까?" 여자는 가던 길을 멈추어 섰다.

"당분간 교회 출석 못 하면 가만히 있기나 하지 왜 아파트에 소문을 퍼뜨립니까? 소문이 내 귀에도 들리던데요. 그리고 죄를 지었다면 내게 지은 것이 아니라 하나님께 지었습니다. 나와의 약속은 하나님 앞에서 한 약속이기 때문에 꼭 지킬 것을 기도하겠습니다." 했더니, 하는 말이

"교회 가려고 하니까 걸리는 것이 너무 많아서……. 소문 들어서 아시겠지만 우리의 사생활이 복잡해서 다 정리하고 가겠습니다. 시간이 좀 걸릴 것입니다."

"그 말은 병 다 낫고 병원에 가겠다는 말과 같습니다. 예수님께서도 병든 자라야 의원이 쓸 데 있다고 하셨습니다. 지금 그 모든 문제를 다 가지고 교회에 나와서 하나님 말씀 듣고, 말씀에 비추어 보아서 죄라면, 하나님께서 주시는 성령의 능력으로 정리해야 합니다. 그것이 최선이며, 가장 완전한 방법입니다."

길에서 만났기 때문에 길에서 잠깐 손을 잡고 간절한 마음으로 함께 기도드리고 헤어졌다. 그다음에도, 그다음에도 그들은 보이지 않았다. 전화 걸었던 그분의 말이 지금도 귀에 쟁쟁한데 그들은 아직도 우리 밖의 잃은 양인가.

사실은 그랬다. 우리 안의 아흔아홉 마리의 양을 귀하게 여김과 같이, 한 마리의

잃은 양도 똑같이 귀하게 보시는 하나님의 부르심 때문에 오늘도 신발이 닳도록 찾아다니고 있지 않은가?

저들은 스스로 잃은 양 행세를 하면서, 급하게 죽게 되었을 때는 말씀까지 동원하여 잃은 양 살려달라고 아우성치지만 급한 불을 끄고, 마음에 여유가 생기고 나면, 스스로 잃은 양이기를 추구하며, 잃은 양의 삶을 즐기면서 좀 더 자자, 좀 더 졸자라면서 미련함과 동거하기를 떨쳐내지 못한다.

이런 예화가 생각난다.

"한 여행자가 미국 북부지방을 여행하고 있었습니다. 어느 농장을 지나가는데 한 농부의 뒤를 수십 마리의 돼지들이 따르는 것을 보았습니다. 개가 따르는 것이 아니고 양들이 목자를 따르듯 농부의 뒤를 돼지들이 그냥 따르는 것이었습니다.

여행자는 하도 신기해서 사진을 찍었습니다. 그리고 어디로 가는지 뒤를 따라가 보았습니다. 그런데 놀랍게도 돼지 도살장으로 가는 것이었습니다.

돼지들은 아무런 저항 없이 그 농부를 따라 서슴없이 도살장 안으로 들어가서 차례로 죽임을 당하였습니다. 여행자는 하도 이상해서 그 농부에게 물었습니다.

"어떻게 돼지들이 도살장까지 저항 없이 따라 왔습니까?"

그때 농부는 들고 있던 바구니를 보이면서 말합니다.

"이 바구니 안에는 콩이 들어있어요. 걸어가면서 이 콩을 한 줌씩 떨어뜨리면 미련한 돼지는 떨어진 콩을 주워 먹으러 따라오는 것입니다. 자기가 죽을 줄도 모르고 따라왔으니 미련한 놈들이지요."

이 돼지들의 모습이 바로 예수님께서 말씀하시는 잃은 양들의 모습일 것이다. 예수님은 도살장으로 끌고 가는 농부가 아니라, 잃은 양을 찾아 헤매는 선한 목자로서, 길 잃어 방황하는 양들이 목자의 손에 이끌려 돌아오기를 기도하고 계신다.

하나님께서는 시대마다 주의 종들을 보내셔서 잃은 양을 찾아오게 하신다. 양은 순하긴 하지만 멍청해서 제 발로 제집을 찾아 스스로 돌아올 능력이 없기 때문이다.

길표를 세우며 우리 함께 가요

이 빠진 톱

　하루는 남편 목사님이 다 저녁이 되어서 집에 들어왔다. 기분 좋은 일이 있다고 얼굴에 쓰여 있었다. 늦은 저녁상을 받고 앉았다. 평소에 입이 무거워서 별말이 없는 분이지만 오늘은 조금 흥분한 어조로 먼저 말을 꺼냈다. 오늘 좋은 일꾼 한 명을 하나님께서 보내주신 것 같아서 기분이 좋다고 했다. 그 좋은 일꾼이라고 말하는 전도사님은 칼빈 신학을 졸업했고 50대 후반의 나이에, 혼자 살고 있는데, 차비 정도만 준다면 무임전도사로 열심히 전도하면서 개척교회를 돕겠다며 스스로 찾아온 여전도사라고 한다. 우리 교회 형편에 너무 딱 알맞은 전도사라며 식사하는 내내 그 기쁨을 감추지 못한다.

　들으면서 나는 머릿속이 갑자기 복잡해졌다. 마음에 짚이는 게 있어서였다. 그러나 집에 와서 교회 이야기를 하는 사람이 아닌데, 교회 일에 대해서 나에게 의논 같은 것은 더구나 하는 사람이 아니며 아예 침묵으로 일관하는 사람인데, 모처럼의 기분 좋은 이야기에 끼어들 수도 없고, 의견을 말할 수도 없었다. 그래서 나도 입을 굳게 다물고 말하지 않으려고 애쓰고 있는데 성령님의 감동하심인지 툭 말이 저절로 튀어나오고 말았다.

“혹시 권 전도사님 아니세요?”

“당신이 어찌 그 사람을 알고 있소? 나도 오늘 처음으로 만났는데.”

“그 사람 안 됩니다.”

“당신이 언제 교회 일에 간섭했다고 나서는 거야!”

　남편은 화가 나서 밖으로 나가버린다. 겁이 나서 밖에 나가서 찾아봤지만 보이지 않는다. 다시 버스를 타고 재송동에 있는 교회로 가 버린 것 같았다. 갈 곳은 그곳밖에 없으니 말이다. 나의 잘못으로 쫓아낸 것 같아서 내 마음이 심히 불편했다. 괜한 말을 했다는 후회 때문에 일이 손에 잡히지 않는다. 모처럼 한마디 했을 뿐인데 내 감정도 엉망이 되어버렸다. 나를 무시하는 소리라고 생각하니 그렇게 억울할 수가 없었다.

"그만한 일에 집을 나가다니, 평소에 말 안 하던 내가 그런 말을 했을 때는 그런 말을 하는 이유를 물어봤어야 하는 것 아닌가?"

나는 무거운 마음으로 내 기도의 자리로 발걸음을 옮겼다. 교회에 앉아 있어도 아까의 상처가 쉽게 가라앉지 않는다. 마음은 천근만근 무겁기만 하니, 엎드려 그냥 한없이 울었다. 그렇다. 나는 교회 일을 알려고 하지 않았다. 나는 스스로 알 자격도 간섭할 자격도 없다고 생각했다. 그저 주어진 일에 묵묵히 봉사하고 섬기는 것이 내가 할 일이다. 내 주제도 모르고 불쑥 그렇게 말하다니, 그 밤에 한없이 가슴 치며 나의 말에 대한 실수를 회개했다.

그럼에도 불구하고 그 권 전도사는 절대 안 되는 일이었다. 왜냐면 기도하면 할수록 회개하면 할수록 하나님께서 안 된다는 마음을 지속해서 주셨기 때문이다. 안 되는 이유는 있다. 전날 하나님께서 벌목할 때 쓰는 큰 톱(반달형의 서양식 톱)이 이가 군데군데 빠져있어 도저히 나무를 베지 못하는 톱을 보여 주시면서 권 전도사라고 하셨다. 그것이 무슨 뜻인지 당장은 몰랐었지만 기도하면서 깨달음을 주셨다. 톱은 톱인데 나무를 자를 수 없는 톱, 소리만 요란한 톱이다. 어쨌든 하나님께서 쓸 수 없는 망가진 톱이라고 하셨다.

우리 목사님도 처음으로 강력한 반대에 부딪히니 염두에 두었던지, 아니면 하나님께서 감동을 주셨는지는 모르겠지만 그 전도사님을 다른 교회로 보낼 결심을 굳힌 것 같았다. 그것도 아주 친한 친구 목사님 교회로. 소개 받은 목사님은 그렇지 않아도 그런 여 전도사님을 물색하고 있었다면서 자기 교회 조건에 딱 맞는 전도사라면서 사택과 넉넉한 사례비 드릴 것을 약속하고 이튿날 모시고 갔다고 한다.

그 후 두어 달이 지난 어느 날 소개 받은 교회 목사님에게서 전화가 걸려왔다. 그 전도사님 왜 당신 교회에서 모시지 않고 우리 교회로 소개를 했느냐고 따지듯이 묻더라고 한다. 솔직하기 그지없는 우리 목사님은 무심결에 '사실은, 우리 집사람이 너무 완강하게 반대해서…'라고 변명했다고 한다. 그런데 그 문제의 권 전도사님이 두어 달 동안 교회에서 많은 문제를 일으키고 감당이 안 되어서 내보냈다는 것이다. 이런 말도 안 되는 전도사를 소개했다고 심한 원망까지 들었다는 것이다.

그 전도사님을 내보낸 후에도 교회에 심각한 후유증이 꼬리를 물고 일어나 하는 수 없이 기독교 신문에 "전도사 모십니다."하고 청빙 광고를 냈다는 것이다. 그래서 아주 좋은 분 몇 명을 교회에 모셨다고 한다. 그 친구 목사님 일부러 전화해서 그중에 한 명을 뽑아 우리 교회에 소개할 터이니 써 보라고 하더라는 것이다. 별생각 없이 우리 목사님은 그렇게 하겠노라고, 고맙다는 인사까지 했다는 것이다. 그러나 나중에 안 일이지만 보복치고는 지독한 보복이었다.

우리 목사님은 내게 결정된 일이니 두말하지 말라고 먼저 다짐부터 했다. 그래서 나는 그 소개받은 전도사님에게는 별 관심 두지 않고, 다른 기도만을 했었다. 아예 기도 제목에서 빼 버렸다. 그러나 하나님께서 또 강력하게 막으셨다. 그는 교회를 산산조각을 낼 위험한 사람이라는 것이다. 하는 수 없이 남편 목사님에게 야단맞을 각오를 하고 "안 됩니다." 했다. 그랬더니 "당신 말대로라면 우리 교회에는 여 전도사님을 평생 못 모시겠네." 하면서 화를 버럭 내는 것이다.

그 소리에 눌려 그리고 매번 반대만 할 수도 없고 해서 입을 다물어 버리고 말았다. 그러나 두 번씩이나 하나님께서 반대하셨다면 이유가 있을 것 아닌가? 왜 깊이 생각을 못 한단 말인가? 열 번이라도 하나님께서 반대하신다면 열 번 다 안 되는 것 아닌가? 하나님께서 내게 보여 주신 그 C 전도사는 세상에 자연 이치대로 사는 사람이 아니었다.

세상 이치대로라면 농부들이 봄에 밭에 씨를 뿌리고 계절이 되면 거두는 것이지만 이 전도사님의 영적인 형편은 다르다. 씨를 뿌려야 하는 밭고랑에 사과를 묻고, 호박을 묻고, 쌀을 밭고랑에 심는 자이다. 이건 정신 나간 사람이 하는 짓이다. 뭔가 비정상적인 상태라는 말씀이 아닌가? 그리고 뭐! 자기가 슈퍼우먼이라도 된 것처럼 하늘에서 날아와서 교회 벽의 유리를 박살을 내는 것이다. 유리 파편이 온 교회에 가득하다는 말은 온 교회에 영향을 미치리라는 것이 하나님께서 안 되는 이

유셨다. 그러나 내 힘으로 막을 수 없는 일이요, 이미 모셨으니 이제는 교회에 덕과 유익이 되도록 기도하는 것이 나의 일이라 생각했다.

나는 여전히 해운대 폐허 같은 교회 바닥에 앉아서 기도만 하고 있었다. 그러나 두 달이 못 되어 염려하던 그 일들이 터지고야 말았다. C 전도사는 전도에는 관심이 없고 말만 만들어 내는 '트러블 메이커'라는 소문이 교회에 파다하게 퍼지기 시작했다.

우리 목사님은 결국 감당이 안 되니 나를 그 C 전도사와 같이 전도하라고 붙여 주었다. 목사님 명령이니 동행할 수밖에 없었다. 같이 아파트 전도를 나갔다. 그날 하루 아파트 한 채 돌았다. 벨을 눌러서 나오는 사람에게는 직접 주보와 전도지를 돌리면서 전도를 했다. 빈집에는 전도지를 현관문 틈으로 밀어 넣었다. C 전도사님은 그냥 따라만 다녔다. 가만히 서 있기만 했다.

그런데 그 이튿날 온 교회에 소문이 퍼졌다. 사모님이 자기를 혹사시켰다고, 자기는 통닭을 먹지 않으면 전도 못 하겠다고 소문을 냈다. 그리고 C 전도사는 며칠 안 되었는데도 정에 약한 교인들에게 벌써 돈을 빌리고 식사를 제공 받고 그리고 교인들에게는 온갖 말들을 해서 교회를 혼란하게 만들고 있었다.

나중에 안 일이지만 그 전도사는 지금 같이 사는 남편도 본 남편이 아니라고 한다. 남의 남자하고 사는 것이라고 하나. 자기 콤플렉스에 걸려 말하는 것이나 행동하는 것에 많은 문제를 달고 다녔다. 하나님께서 보여 주신대로 그 전도사님 때문에 교회는 어지러워졌다. 급기야는 권고 사직서를 받을 수밖에 없었다. 그러나 후폭풍은 갑절로 심했다. 풍랑은 마치 요나를 태운 배같이 많은 희생을 요구했고 교회는 오랫동안 침체상태에 빠져버렸다. 정상적인 기력을 찾을 때까지는 많은 시간과 고난의 대가를 지급해야만 했다.

이자도 안 주던 가베?

개척교회를 하다 보면 가지가지의 계층 사람들을 만나게 된다. 그중에서 뜯어먹으려고 달려드는 사람을 많이 만나게 된다. 처음에는 양이었는데, 여차하면 양의 탈을 벗고 본색을 드러낸다. 이리로 돌변하면 물고 뜯어 피투성이를 만들고서야 겨우 물러간다.

우리는 계속 당하면서도, 여러 번 찾아와서 졸라대면 마음 약한 우리는 꼼짝없이 그들의 계획을 들어주고 만다. 거듭 속아 넘어간다. 아무것도 가진 것이 없으면서 국회의원 출마라도 결심한 사람들같이 거의 헌신적인 수준으로 돌봐주다가 상처투성이가 되고, 얼얼한 가슴을 쓸어안고 아파한다. 모르고 당하는 것도 있지만, 알고 당하는 수가 더 많았다. 우리는 사기 치려고 작정하고 달려들면 피할 도리가 없는 약자이다.

곱게 늙으신 할머니 한 분이 우리 교회를 찾아 왔다. 미국에 계시는 명망 높으신 목사님(우리도 알고 있는)의 누님이라고 자기를 소개했다. 우리 교회 부근으로 이사를 왔고, 이곳에 뿌리를 내리겠다고 바로 등록도 했다. 아무 의심 없이 그 가족이 등록한 것에 대해 하나님께 감사를 드렸고 우리들도 아주 기뻐했다. 주일 지나고 바로 심방을 갔다. 잘 생기고 몸집도 좋은 아들도 같이 나와서 우리를 맞아 주었다. 재송 본동으로 이사를 왔는데 그 동네에서 비교적 크고, 넓은 집이었다. 그리고 가구들도 값지고 묵직한 것들이었다. 한눈에 봐도 옛날에 잘 살던 집이었다는 것을 알 수 있었다.

등록한 후 얼마 안 되어서 아들이 어렵게 취직을 했는데, 직장에 보증금을 걸어야 출근을 할 수 있다는 것이다. 개척교회 가난한 전도사를 찾아와서 자기들은 낮선 곳이라서 돈을 구할 수 없다고 보증금으로 낼 돈을 빌려 달라고 사정을 한다. 처지는 딱하지만 우리는 힘이 없다고 죄송하다고 입장을 밝혔다. 그러나 쉽사리 물러가지 않는다. 자기들이 알아보니 "딸라(고리대금) 이자 놀이"하는 집이 있는데 보증 없이는 돈을 빌려줄 수 없다고, 교회 전도사님이라도 모시고 오면 줄 수도 있다 한다고 몇 번이나 와서 졸라댄다.

코너에 몰린 마음 약한 우리 전도사님은 결국 "나 같은 것이 무엇인데, 나를 믿고 부탁하는데…."라며 매몰차게 거절하지 못한다. 늘 그런 식이었다. 덜렁덜렁 따라가서 보증을 서고 높은 사채 이자 돈을 챙겨 손에 쥐여주고 왔다.

그런데 한 달 후 돈놀이하는 아줌마가 우리 집으로 이자를 받으러 왔다. 나는 그런 사정을 알지 못했으므로 '우린 돈 쓴 적 없다.'라면서 잘못 찾아온 것이라고 말했다. 그러나 가슴이 콩닥콩닥 방망이질한다. 또 무슨 일을 저지른 것이 틀림없다는 생각이 들었기 때문이다. 늘 그런 식이었다.

아니나 다를까 몹시 어려운 사람이 있어서 딸라(사채) 빚을 내어 주었다는 것이다. 어렵기는 애들하고 땟거리가 없고, 학비가 없는 우리가 어렵지 잘 먹고 잘 사는 그 사람들이 어렵단 말인가? 그 사람들은 아들이 월급을 타면 한 달 만에 꼭 갚겠다고 약속을 했다는데 한 달이 지나도 아무런 소식이 없다.

우리 전도사님(남편)은 내게 '부끄러워서 교회 못 나온다고, 이 사실을 아는 척하지 말라'며 당부에 당부를 거듭했다. 이자 놀이하는 아줌마는 원금까지 갚으라고 우리 집에 와서 빚 독촉을 심하게 했다. 하루가 멀다고 찾아오니 견딜 수가 없었다.

그런데 어느 날인가부터 돈 받으러 오는 아줌마의 발걸음이 뚝 끊어졌다. 감사하게도 그 집에서 이자라도 주어서 입을 막았는가 보다 생각하고 안심하고 있었다. 그런데 우리 집에 두 달 치 생활비를 교회에서 안 준다. 확인해 봤더니 우리 집 전도사님이 두 달 치 사례비를 가불해 갔다는 것이다. 돈놀이 아줌마가 교회로 찾아와서 번거롭게 해서 그렇게 했다는 것이다.

그 돈놀이 아줌마를 길에서 만났다. 아줌마는 미안하다고 하면서 내 손을 잡고 쌀집으로 데리고 갔다. 쌀을 한 말 팔아서 머리에 이어 주는 것이다. '웬 쌀'이냐고 했더니 두 달 생활비를 자기가 다 가져갔으니, 전도사님 애들하고 굶는다는 소문을 들었다고 민망해했다. 그리고 그 불신자인 돈놀이 하는 아줌마가 흥분한 말투로 '당신들은 천사요.' 하면서 잠시 침을 삼키더니 '내가 그 할머니 가만두지 않겠다'라고 분개한다.

그 아줌마는 내가 우리 집과 교회를 오고 가는 길목에 살았기 때문에 어느덧 길에서 마주치면 인사 정도 하는 구면의 사람이 되어버렸다. 며칠 후에 또 만났다. 지난번보다 더 흥분해서 집 앞길에서 일부러 나를 기다리고 있었다. 만나자마자 큰 목소리로

"아 글쎄 내가 그 집에 이자 받으러 갔더니 자기들은 고깃국에 쌀밥 해서 먹고 있기에서, '이자 받으러 왔다'라고 했더니 '전도사님이 이자도 안 주던 가베?" 하면서 냉정하게 문을 닫더라는 것이다.

"어쩌면 그런 철면피 같은 사람을 교인이라고 합니까? 난 그런 사람들 때문에 예수 안 믿습니다."

이렇게 약자를 이용하는 사람들이 이 한 사람뿐이겠는가? 개척교회에서는 빈번히 일어나는 일이었다. 50대 후반의 어떤 중년 남자가 교회를 찾아 왔다. 자기는 공장을 하다가 망한 사람이라고 했다. 무정실에 콧구멍만 한 작은 단칸방에 부엌도 없이 연탄아궁이만 있는 곳에, 가족도 없이 혼자 살고 있었다. 할 일도 없고, 갈 곳도 없으니 교회 전도사님 앞에 와서 입의 혀 같이 굽실거리면서 심방도 따라다니고, 심부름도 해주고 했다. 나는 저 사람이 또 무슨 사기를 칠 것인가 해서 멀리하라고 했지만, 우리 전도사님은 워낙에 허리를 굽히고 재바르고 인상도 괜찮아서 그런 사람이 범죄형이 아니라고 굳게 믿는 것 같았다. 또 교인이 귀한 때라 옆에 두기를 원하는 것 같아 별말은 하지 않았다.

얼마 후에는 해운대 우리 집에를 들락거리기 시작했다. 온갖 친절로 비위를 맞추면서 사소한 일을 만들어 자주 들리곤 했다. 마음의 경계가 느슨해질 때쯤 전도사님 심부름으로 왔다면서 돈 빌릴 곳이 없느냐고 넌지시 묻는다.

"나도 갚을 길이 없으니 돈 안 빌려 씁니다"하고 돌려보냈다. 그러나 이틀이 멀다 하고 찾아와서 나를 괴롭히기 시작했다. 처음에는 홀리지 않으려고 거절하고 거절했지만, 온갖 미사여구와 연막작전을 펴는 바람에 더 이상 거절 못 할 정도의

코너에 몰리고 말았다. 끝까지 거절이라는 용기가 있어야 했지만 나도 역시 영웅 심리가 발동했는지, 웃는 낯에 침 못 뱉는다는 옛말이 하나도 틀리지 않는다. 내 코가 석 자인데, 듣다 보니 동정심이 유발하게 되고 내가 마치 돈을 빌리는 데 앞장서야 한다는 사명감까지 생기게 되었다.

그래서 본인이 요구하는 대로 이자 놀이(사채) 하는 사람 집에 함께 가주기만 하면 된다기에 그렇게 했다. '다만 따라만 가 준다면 자기를 살리는 길'이라 했다. 그런데 그 따라만 가준 그것이 보증이라는 올무에 나를 묶어 놓고, 도망갈 줄은 꿈에도 몰랐다.

그 날 밤 그 중년 남자는 야반도주했다. 나한테는 절대 전도사님에게 비밀 지켜 달라고 해 놓고, 우리 전도사님에게는 나에게 비밀 지켜 달라고 신신당부해 놓고 양쪽으로 돈 챙겨서 우리 집 이불까지 챙겨서 도망가고 말았다. 그 이불은 전도사님 교회에서 혼자 기도할 때 덮으라고 70년대 처음으로 생긴 캐시밀론 핑크색 누비이불이다. 곗돈으로 사서 교회에 갖다 놓은 지 일주일도 채 안 된 새 이불이다. 나는 앞으로 10개월을 이불값을 내야 하는데.

사람을 믿는다는 것은 이만큼 어리석은 짓이라는 것을, 뼈저리게 통감하게 되었다. 결과는 가정의 핍절로 가족들이 굶는 일만 남은 것이다. 가슴 치는 후회와 눈물의 회개만 남았다. 하나님 앞에서의 고된 훈련과 연단의 과정은 우리의 실수로 인해 끝이 보이지 않는다. 아픈 교훈을 통해 끊어야 했지만 거듭 같은 실수를 저지르고 만다. 교인이라는 이름은 우리의 최고 약점이다. 마귀는 늘 이 약점을 노린다. 마귀들의 통로로 사용하고 있다.

수많은 사건을 통해서, 사람이 사람의 어떤 문제를 해결해 준다는 것은 그 밑바닥에 영웅 심리 같은 자만심의 발동이라고 나는 결론을 내리기까지 했다. 철저하게 회개하고 다시는 그런 덫에 걸리지 않기를 결심했지만, 그 후에도 여러 번 그와 같은 덫에 걸리곤 했다. 우리는 그래서 더 많이 배고파야 했다. 더 길고 긴 연단의 과정을 학습해야만 했다. 둘 다 어리석음의 이끼를 강력하게 걷어 내는데 필요한 도구는 역시 뼈저린 아픔과 훈련과 연단과 배고픔뿐이었다.

하나님께서는 각자에게 삶을 허락하셨다. 그리고 영적 성장을 계획하시며 모두에게 성장을 촉구하신다. 하나님께서는 각자에게 훈련을 통해서 영적 성장을 직접 지도하신다.

기도하면서 회개하면서 깊이 깨달은 것은 '각자에게 시행하시는 하나님의 훈련 방법에 내가 끼어들면 안 된다는 것이다.' 물론 하나님의 감동하심으로 보내심을 받을 때는 순종해야만 할 것이지만, 어떻게 보면 돕고, 섬기는 일에 자칫 잘못하면 영적 성장의 방해자가 될 수도 있다는 것을 깨닫게 되었다. 그리고 미련하게 행동해서 그로 하여금 범죄 하게 하는 데 일조를 하게 되는 죄를 범하게 되므로 하나님 편에서 볼 때는 나의 행위가 월권일 수도 있다는 것이다. 그 사람으로 하여금 하나님의 사람이 되지 못하게 방해하는 일이 된다면 조심스럽게, 하나님의 명령에 의해 순종하는 것이 지혜로운 행동일 것이라는 것이다.

하나님 손으로 훈련하시고 연단하시는 것을 인간 편에서 가로 막아서서 방해한다면 그 사람의 영적 성장을 방해하는 일이며, 하나님의 작정을 방해하는 일이 되기도 한다는 것이다. 섬기는 것도, 봉사하는 것도, 돌보는 것도 꼭 하나님의 기준으로, 하나님의 뜻을 찾는 것이 가장 중요한 일일 것이다. 어쨌든 우리는 하나님의 수준으로 보는 안경을 끼고 세상을 볼 줄 알아야 한다. 사람은 어리석어서 이 어리석음이 하나님의 지혜 없이는 잘 벗겨지지 않는다. 나를 위해 준비된 말씀들이 생각났다.

"미련한 자를 곡물과 함께 절구에 넣고 공이로 찧을지라도 그의 미련은 벗어지지 아니하느니라." [잠27:22]

"심판은 거만한 자를 위하여 예비된 것이요, 채찍은 어리석은 자의 등을 위하여 예비된 것이니라." [잠19:29]

"개가 그 토한 것을 도로 먹는 것같이 미련한 자는 그 미련한 것을 거듭 행하느니라." [잠26:11]

"그것을 항상 네 마음에 새기며 네 목에 매라." [잠6:21]

상처와 후회의 마음에 채찍의 말씀으로 하나님께서 깊은 교훈을 주셨다. 다시는 어리석은 일에 끼어들지 않으려는 결심으로, 이 말씀을 수없이 읽고 가슴에 새기었다. 어리석어서 얽혔다면…….

"내 아들아 네가 만일 이웃을 위하여 담보하며 타인을 위하여 보증하였으면, 네 입의 말로 네가 얽혔으며 네 입의 말로 인하여 잡히게 되었느니라. … 네 눈으로 잠들게 하지 말며 눈꺼풀을 감기게 하지 말고, 노루가 사냥꾼의 손에서 벗어나는 것같이, 새가 그물 치는 자의 손에서 벗어나는 것같이 스스로 구원하라." [잠6:1-5]

"어리석은 자는 온갖 말을 믿으나 슬기로운 자는 그 행동을 삼가느니라, 지혜로운 자는 두려워하여 악을 떠나나 어리석은 자는 방자하여 스스로 믿느니라. 노하기를 속히 하는 자는 어리석은 일을 행하고 악한 계교를 꾀하는 자는 미움을 받느니라. 어리석은 자는 어리석음으로 기업을 삼아도 슬기로운 자는 지식으로 면류관을 삼느니라." [잠14:15-18]

후로는 우리 집에 경제원칙이라는 것이 세워졌다.

'있으면 정성껏 돕되 빌려주지 말고, 거저 주라. 성경이 금한 것이니 보증을 서지 말자.' 실로 많은 대가를 지급하면서 배운, 하나님 방식의 교훈을 목에 묵직하게 걸게 되었다.

양도둑

　우리 교회는 개척교회이긴 하지만 열심히 전도했던 터라 교인들의 수가 늘어갔다. 때에 맞춰서 여전도사님도 모셨다. 일도 잘하고 인품도 훌륭하신 분이라고 소개를 받았다. 일여 년 동안 열심히 전도하고 심방 하고 우리가 마음 놓을 만할 때 홀연 사표를 제출했다. 다른 큰 교회로 간다고 사표 낸 이유를 밝혔다. 그 교회의 사례비 제안이 마음에 들었던 모양이다.

　그러자 그를 따르던 많은 교인이 모두 그 전도사님을 따라간다는 소문이 돌았다. Y동 어느 큰 교회로 간다는 얘기는 입소문으로 들었지만, 우리 교회로서는 아무 대책을 세울 수가 없었다. 그냥 좋은 전도사님을 사례비를 올려 드릴 형편이 못되어 붙잡을 다른 명분도 없고 해서 속수무책 바라만 보고 있는 형편이었다. 그리고 교인들의 동요가 있을 것이라는 소문도 있고 해서 하나님께 기도만 하고 있었다.

　"개인적인 악한 욕심으로 교인들을 흔들지 못하도록, 그 크신 손으로 몸 된 교회를 보호해 주옵소서. 우리 교회를 지켜주옵소서."

　얼마간의 시간이 흘렀다. 교회가 어수선한 기운과 함께 어두운 그림자가 쓰나미같이 밀려들고 있었다. 그 어두운 그림자가 스치고 지나간 곳마다 교인들의 모습은 눈에 보이게 흔들리고 있었다. 가정마다 심방을 가면 말로는 표현은 할 수 없지만 묵직한 어두움이 짓누르고 있는 분위기였다. 그리고 여전도사님을 따라 Y동에 있는 큰 교회로 가겠다는 교인들이 C 집사를 중심으로 단합했다는 소문도 들렸다.

　소문의 가정들을 심방 해보면 이미 결정하고 마음의 문을 굳게 닫은 상태가 되어있었다. 하는 수 없이 교회에 엎드려 기도하는 것밖에 내게 무기가 무엇이겠는가? 하나님의 결정이 떨어지기만 기다리면서 저들의 행동을 자제해 달라는 기도,

더 이상 교회를 흔들지 말아 달라는 부탁 기도를 드릴 뿐이었다.

그런데 그들의 행동은 날로 대범해져 가고 있었다. 그 문제의 여전도사님은 자기가 섬기고 있던 교회 교인들을 심방 와서 날마다 꼬드기고 있다는 것이다.

'큰 교회에 등록하면 쌀을 줄 것이고, 매 주일 맛있는 비빔밥을 제공할 것이고 그리고 매주 차비도 챙겨준다는 약속을 하면서, 무엇하러 가난하고 작은 교회에서 고생하느냐.'라고. 일주일 내내 가가호호 심방 해서 개인적인 등록을 마치고 주일날 아침에는 차를 대기해 놓고 실어 나른다는 것이다.

어떤 교인은 심방 갔더니 '우리 집에도 와서 그렇게 하고 서면으로 등록을 하고 갔다'라는 것이다. 그렇게 흔들렸으면 다른 사람들처럼 입 꾹 다물고, 나를 문전 박대할 일이지 왜 나에게 고자질을 하느냐고 나는 정색을 하고 물었다. 그 집사님은 "사모님 이건 아닌 것 같습니다. 아무것도 모르는 우리가 봐도 교회가 큰 교회라고 이렇게 하면 안 되는 것 아닙니까? 전도사님도 자기가 몸담고 있던 교회에 이런 비겁하고 비양심적인 행동을 하면 안 되는 것 아닙니까? 또 그것을 받아들이는 교회가 있고, 목사님이 계신다는 게 부끄럽습니다.

저는 안 갈 것입니다. 내가 전도 받은 교회를 턱밑에 두고 어디를 갑니까? 우리 가정을 위해 눈물 많이 흘리신 것 알고 있습니다. 남편도 '그리 행동 할라믄 아예 교회 때려 치아라'고 호통을 쳤습니다. 정신이 번쩍 들었습니다. 우리가 정신을 차려야 한다는 것 깨달았습니다."라고 했다.

나는 어떤 결심을 굳혔다. 이제 때가 되었다고 생각했다.

"그럼 그 행동을 막을 작전에 협조하겠습니까?"

"예! 어찌하면 됩니까?"

"우리 함께 기도하면서 하나님께서 주시는 방법대로 마음 합하여 하나님의 뜻을 따르는 것입니다. 아직은 어떤 방법도 없습니다만, 하나님께서 허락하신 때에 협조해 주시면 됩니다." 다른 몇 명도 같은 생각을 하고 내게 귀띔해 주는 사람들에게 같은 약속을 했다. '하나님의 작전 명령이 떨어지면' 협조해 줄 것을 약속받고 헤어졌다.

그 전도사님과 단합한 사람들은 우리의 작전을 알지 못하고 계속해서 교인들 집에 돌아다니면서 양 사냥하듯 노략질을 해갔다. 교회는 어수선해지고, 자리는 휑하니 비어 있었다. 가슴이 아팠다.

이 가슴 아픈 상황에서도 낙심하지 않고, 지속해서 하나님의 지혜를 구하는 기도를 하고 있었다. 하나님의 지혜, 최선의 지혜, 세상 사람들 같이 싸우지 않고 아주 조용히, 단번에, 명쾌하게 해결할 수 있는 그런 지혜를 주실 것을, 하나님께 간청했다. 예수님 같았으면 이 일을 어떻게 처리하셨을까 하고 묻는 기도를 수없이, 다급하게 올려드렸다. 나는 교회를 떠날 수도 없고 잠들 수도 없고 다만 예수님의 지혜가 필요할 뿐이었다.

그러던 어느 날 하나님께서 한 가지 지혜로운 방법을 주셨다. 그래서 나는 나를 협조해 주겠다던 그 몇 명의 교인들에게 전화했다. 나를 협조해 줄 일이 생겼다고, 내가 제안하는 대로만 따라서 행동해주면 된다고. 그 방법은 아주 쉽고 간단한 일이었다.

Y동에 있는 큰 교회 목사님 댁의 전화번호를 일러주면서 각자 한 통씩의 전화만 해 주면 되는 일이라고 설명했다. 그다음은 내가 알아서 할 것이라고.

"쉽네요. 그것만 하면 됩니까?"

그래서 동시다발적으로 전화를 하되, 전화해서 할 말도 일러 주었다.

"○○교회 목사님이십니까? 나는 ○○교회집사입니다. 목사님 지금 그 교회에서 일어나는 일들을 알고 계십니까? 목사님은 양 도둑의 우두머리입니다. 수하에 사나운 사냥꾼을 두고 부리십니다."하고 대답은 필요 없으니 전화를 끊으라고 지시해 두었다. 그런 다음 마무리는 내가 하겠다고 약속을 했다.

교인들이 전화할 때를 기다렸다가 나도 연이어 전화했다.

"○○교회 교인입니다. 목사님께 날마다 실적 보고가 올라갈 것이니 모른다고 발뺌하시지는 않겠지요? 목사님의 지시사항이었습니까? 모르고 계셨다는 말씀은 안 듣겠습니다. 목사님은 양 사냥꾼과 공범자이십니다."

목사님은 말을 더듬으신다.

"아! 그, 그, 그것 알고는 있었습니다만 지시는 안 했는데…! 그, 그, 그러면 어떻게 하면 좋겠습니까? 이리로 온 교인들을 다 돌려보내겠습니다."

동시다발적인 전화에 당황하신 목사님은 일단은 모든 사건의 전말을 알고 있음을 스스로 인정했다.

"아니요. 이미 그리로 간 사람들 돌려보내라고 하지는 않겠습니다. 잘 양육해서 훌륭한 교인 만드시고, 천국 입성까지 책임지면 됩니다. 대신 약속을 해 주실 일이 있습니다. 첫째는 다시는 그 여전도사님 우리 교인들 집에 심방 보내지 말아 주세요. 전화 한 통도 안 됩니다. 단속해 주십시오. 둘째는 그 전도사님 다시는 우리 지역에 발 들여놓지 못하게 단속해 주십시오. 심방이나 대심방 때도 동행해서는 안 됩니다. 셋째 제가 다시 이런 일로 목사님께 전화하는 일은 없게 해 주십시오."

목사님은 꼭 그렇게 하겠다고 약속을 하셨고, 나는 그 결과를 기대하면서 전화를 끊었다. 다시는 그런 불미스러운 일들은 일어나지 않았다.

그런데 세월이 조금 지나자 이런저런 문제들이 발생한다는 소문이 들린다. 그곳으로 꼬임에 빠져서 넘어갔던 사람들이 신앙이 흔들리고 있다는 것이다. 거리 관계로 신앙생활이 제대로 이어지지 않는다는 것이다. 열정이 식고, 더러는 상처를 받고 낙심하고, 더러는 개인적인 환난을 당하고, 이런저런 불편사항들이 생기지만 부끄러워서 다시 본교회로 돌아오겠다는 말도 못 하고 끙끙 속앓이하고 있다는 소문이다.

그래서 용기를 내서 나갔던 교인들을 심방 하기로 결심했다. 속이야 어떠하든 겉으로는 나를 외면하고, 문전박대하는 집이 많았다. 그럼에도 불구하고 수습하기 시작했다. 그러나 그 일은 쉬운 일이 아니었다. 한 번 나갔다가, 낙심해서 다시 교회에 출석하는 데 까다로운 조건들을 붙였다.

내성이 생긴 것이다. 순수하지가 않았다. 하기야 삼청 교육대 출신이 회개하고 신학교 가서 목사가 되었다 할지라도 근성은 여전해서 옛 습관을 자주 기웃거리고, 슬쩍 저지르기도 한다. 깡패가 어느 날 갑자기 획기적인 회심을 했다고 해도, 목회 생활에서 순간순간 인간성이 튀어나오는 것을 보아온 터이다. 또 게으름이 몸에 밴 전도사는 비만 오면 꼼짝 못 하는 소금 가마니가 되는 안타까운 모습들도 보아왔다.

이런 말이 있다. '양반은 글 덕으로 살고 상놈은 발 덕으로 산다.' 나는 발 덕으로 사는 쪽을 택한 사람이다. 예수님께서 그렇게 모본을 보여 주셨고, 그렇게 사셨다. 우리는 주님의 제자이기 때문에 예수님의 행하신 모든 면면을 살피면서 그 발자국을 한 걸음 한 걸음 되짚으면서 따라야 한다고 생각하는 사람이다. 편하기를, 안일하기를, 많이 먹기를 애당초 포기해야 그 발자국을 포개 걸을 수 있을 것이니까.

진정한 용서는
하나님 주신 사랑으로

"나는 너희에게 이르노니 너희 원수를 사랑하며 너희를 박해하는 자를 위하여 기도하라 이같이 한즉 하늘에 계신 너희 아버지의 아들이 되리니 이는 하나님이 그 해를 악인과 선인에게 비추시며 비를 의로운 자와 불의한 자에게 내려 주심이라 너희가 너희를 사랑하는 자를 사랑하면 무슨 상이 있으리요 세리도 이같이 아니하느냐" [마5:44-46]

"사랑하는 자들아 우리가 서로 사랑하자 사랑은 하나님께 속한 것이니 사랑하는 자마다 하나님으로부터 나서 하나님을 알고/ 사랑하지 아니하는 자는 하나님을 알지 못하나니 이는 하나님은 사랑이심이라." [요일4:7-8]

Y동에서 문간방에 세 들어 살 때 한집에서 살던 새댁을 전도했다고 앞에 이야기했었다. 그 새댁은 우리가 개척지로 파송 받아 재송동으로 이사 온 지 얼마 안 되어 우리 이웃으로 이사를 왔다. 우리가 개척하고 있는 교회 가까운 곳으로 이사 온 것을 내 나름대로 판단했다. 자기를 전도한 사람 옆에서 더욱 신앙생활 잘해 보려는 결심이 아니겠는가? 그래서 늘 자주 드나들면서 신앙 성장을 위해 정성껏 이것저것 보살폈다. 세월이 흘러 우리 교회에도 교인 수가 늘어나게 되고 연수가 차서 새댁도 서리 집사로 임명을 받게 되었다.

그리고 그 나이 많은 남편도 사업의 자리를 잡아 갔다. 옛날에 사업을 하던 사람이어서인지, 이곳으로 이사 오면서 작게 사업을 시작했다. 전직이 건축업자였다며 땅을 여기저기 보러 다녔다. 새댁이 신앙생활 잘 하게 된 것이 너무 감사해서 사업이 번창하기를 열심히 기도드렸다.

그래서인지(본인의 말) 하나님께서 길을 열어주셔서 처음 작게 시작한 사업이었지만 무난하게 성장하고 있었다. 교회 부근에 작은 땅을 매입해서 연립주택을 지은 것이 불티나게 팔려 나갔다. 그래서 큰 부자는 아니지만 돈을 좀 벌게 된 것 같았다. 금방 큰 집을 얻어 이사했다는 소문이 돌았다. 그리고 자개농을 사고, 세탁기를 사들이고, 자가용도 샀다고 한다. 그리고 정신없이 옷도 사들인다는 소문이 돌았다.

C 집사는 어느덧 교만해지기 시작했다는 소문도 돌았다. 옛날 같으면 나를 오라고 연락을 했을 터인데 늘 다른 사람들을 통해서 빠르게 변하는 그 집의 소문들을 들어야 했다.

부자가 천국에 가는 것이 낙타가 바늘귀로 들어가기보다 어렵다고 예수님께서 하신 말씀이 생각나게 하는 대목이다. 옛날 일을 까마득하게 잊은 듯했다. 아니 몇 년 전 나에게 전도 받을 때의 모습은 간 곳이 없어졌다. 감추고 싶은 먼 옛날 일로 되어 버린 듯했다. 당시에 큰오빠의 올케언니가 찾아와서 나에게 은인이라고 그 은혜를 절대 잊어서는 안 된다고 그렇게 다짐을 했었는데 물질로 갚으라는 말이 아니다. 신앙생활 잘해서 복 받는 것이 갚는 길이라 생각했었다.

집 떠난 지 7년 만에 겨우 전도를 받아서 처음으로 교회를 갈 때 나는 한 없이 기뻤었다. 돌아온 탕자를 맞아들이는 부모의 마음 같았었다. 나는 흥분해서 마음이 들 떠 있는 상태였었다. 신앙생활 하는 데 걸림돌이 없도록 정리하는 일에 솔선했다. 그리고 교회에서 집사의 직분을 받을 수 있도록 다방면에 배려를 아끼지 않았다.

사업이 조금 잘되어 가니, 가난하게 사는 나를 볼 때 한심스러운 생각이 든 것 같았다. 멸시하고 싶어졌고, 무시하고 싶어졌을 것이다. 한없이 높아진 것 같은 자신을 과시한다는 것이다. 귀에 들어오는 소문이 그러했다. 모여 앉으면 나를 겨냥해서 경계하고, 욕하고, 무시하고, 판단하고. 자기의 과거의 치부가 교회에 드러나는 것을 두려워해서인지 나를 겨냥해서 불안해진 모양이다. 남의 비밀을 가지고 있는 것은 심히 불편한 일이다. 언제 어느 때 그것 때문에 곤란함을 겪을지 모르는 일이기 때문이다.

C 집사의 행동은 점점 갈수록 대범해져 갔다. 교회를 향해서도 일삼아 불평하고, 비난하고, 헐뜯는다고 한다. 그것뿐이 아니다. 자기 집안으로 교인들을 불러 모

아 화투판을 벌이고 맥주를 마신다는 소문도 돌았다. 심지어는 야동까지 난무하게 본다고 한다. 본 사람들의 얘기다. 사람들은 내 귀에 들려주면서 어떻게 해결해 보라 하지만, 내가 보지 않은 것을 어떻게 금할 수 있겠는가? 그리고 어떻게 교육을 할 수 있겠는가? 소문일 수도 있지 않은가?

집을 방문하려 해도 대문이 늘 잠겨 있어서 처음에는 외출 중인 줄 알았다. 집이 비어 있는 줄 알았는데 사람들이 또 귀띔해 주었다. 문을 잠그고 논다고. 그렇다고 문을 두드리면 벌써 방안은 정리될 텐데. 이리저리 궁리하면서 그 집 대문 앞에서 기도하고 돌아오고, 돌아오고 하면서 기회를 노리고 있었다. 현장을 보기 전에는 소문만으로는 손을 쓸 수가 없지 않은가? 현장 목격을 해야 사실인지, 아닌지, 파악할 것이고, 나무라든지, 고치든지 할 것이 아닌가?

내가 평소에 잘 쓰는 말이 있다. "칼을 갈자!" 영적인 칼을 갈자. 악한 대적자들과 싸울 준비 기도를 하는 것이다. 영적인 무장을 하는 것이다. 때와 기회는 하나님께서 주신다.

그러던 어느 날 그 집 앞을 지나가는데 대문이 열려있었다. 하나님께서 주신 기회라고 생각하고 마당으로 들어섰다. 뜰에는 수두룩하게 신발들이 보였다. 어림잡아 대여섯 켤레는 되는 듯했다. 소문이 사실과 다르지 않다는 것을 직감하면서 일부러 큰 소리로

"계십니까?" 하고 소리를 질렀다. 정리할 시간을 주기 위해서였다. 그랬더니 방안에서 와자지껄 부산하게 움직인다. 방안에서 어떤 소동이 벌어졌는지 짐작이 가는 대목이다. 얼마 후 벌겋게 홍조 띤 얼굴로 방문을 열었다. 모르는 척하고 방 안으로 들어갔다.

교인들 몇 명이 계면쩍은 얼굴로 나를 맞는다. 주변은 갑자기 치운 듯이 지저분한 분위기였다. 덮은 담요 밑으로 화투장이 보였다. 담요를 펴니 내기로 썼던 판돈도 나왔다. 여자들이 먹다 만 과자들이며, 빈 맥주병들이 방바닥에 즐비했다. 들킨 김에 대담하게 C 집사는 화투를 같이 치자고 권하기까지 한다. 이어서

"뭐 보리 물인데 어때요. 혼자 고상한 척하지 마시고. 쭉 한 잔?" 하면서 스스럼

없이 맥주까지 컵에 따라서 권하기까지 한다. 개구리 올챙이 시절 모른다더니 불과 몇 년 전의 일을 까맣게 잊고 세상 풍속에 깊이 빠져 가는 모습이 안타깝기 그지없었다. 어떻게 얻은 신앙이며 어떻게 얻은 지금의 축복인가? 자신만 세상에 빠지는 것이 아니라 신앙이 약한 교인들에게 나쁜 습관을 전염시키고 있었다.

"참 속담에 이르기를 개가 그 토하였던 것에 돌아가고 돼지가 씻었다가 더러운 구덩이에 도로 누웠다 하는 말이 저희에게 응하였도다" [벧후2:22]

하는 성경 말씀이 생각났다. 아끼며 돌보던 교인의 이런 모습을 보는 내 마음은 어떠했을까? 이 불편한 속내를 감출 수가 없어 편치 않은 마음으로 좀 나무라고 나왔다.

그는 앙심을 품고 교회를 불평하는 당을 짓고, 그 몇 명과 어울려 중상모략을 일삼아서 하고 다닌다는 소문이 퍼지기 시작했다. 그 중상모략이란 터무니없이 지어낸 얘기들로 나를 괴롭히기 시작했다. 세상 풍습대로 살고자 하는 타락한 본성이 이빨을 드러낸 것이다. 7년 전에 그렇게 행동할 수 있었던 죄의 본성이 지금도 여전히 그 세상 길로 돌아갈 수 있다는 자아가 심하게 요동치고 있었다. 본인인 내가 모르는 사건들이 날마다 일어나고 있었다. 내 나이 30대 후반의 젊은 나이였고, 아직 그리 많이 썩은 속이 아니어서 마음이 그리 너그럽지 못했다.

'그럴 수가 있나!' 하는 깊은 상처 때문에 밤잠을 잘 수가 없었다. 배신감과 괘씸한 마음이 도를 넘어 내가 나를 통제하기 힘들 지경에 빠졌다. 용납할 수가 없었다. 나는 이해해야 하고, 용서해야 하고, 화를 내서는 안 된다고 머리로는 생각하는데, 감정은 계속 괘씸한 마음을 떨쳐낼 수가 없었다. 그 감정이 내 마음을 지속해서 지배하고 억압해왔다.

'아! 내 신앙이 이 정도 수준밖에 안 되는 사람이었나? 나는 사랑이 전혀 없는 사람이었나? 하나님의 뜻을 행하는 사람 되기에는 까마득하게 모자라는 사람인가 봐! 나는 하나님 앞에 부끄러운 사람이야! 나는 왜 그 C 집사의 행위가 용서가 안 되지? 원망스럽고, 밉기까지 하고.'

나는 나의 신앙 없음을 자책하면서 주님 앞에서 통곡도 해보았다. 그러나 내 감정은 아직 죽지 않는다. 심한 갈등과 괴로움이 결국은 금식을 결심하게 되었다. 아니 나를 금식까지 하도록 어떤 강제성에 몰리고 있었다.

'그래! 금식이야! 금식이 나를 이 마음의 갈등과 억압에서 해방시켜 줄 유일의 길이야! 금식이 나를 복종시키는 힘이 될 거야! 내가 죽고 영이 사는 길이야!'

나의 결심은 곧 실천으로 옮겨졌다. 매일 철야기도를 하면서, 금식하면서 용서 못 하는 감정을 쳐서 복종시켜 보려고 몸부림쳤다. 그렇다고 나의 피나는 노력으로 용서가 되는 것은 아니었다. 나의 힘겨운 노력과 눈물과 고달픔은 한계에 도달했다. 나는 어떤 함정의 올무에 단단히 걸린 것 같았다. 함정의 늪에서 헤어날 수가 없었다. 기도를 시작한 지 벌써 며칠이 지났으나 아직 한 발자국도 앞으로 나가지 못했다. 그 어떤 진전도 없었다. 나는 성경 말씀을 펴들었다.

'네 이웃을 네 몸과 같이 사랑하라, 너희 원수를 사랑하며 너희를 핍박하는 자를 위하여 기도하라.' 하는 성경 말씀을 펼쳐 놓고 수없이 읽으면서 기도하고 있었다.

"하나님 제가 나쁜 사람이라는 거 압니다. 믿음도 없다는 거 압니다. 인간의 힘으로는 이 성경 말씀이 이루어지지 않습니다. 이웃을 내 몸과 같이 사랑하라 했지만, 나는 아직도 나를 보호하고, 나를 변명하고 나를 더 사랑하는 것 같습니다. 나를 핍박하는 자를 사랑할 수 없는 것을 보니, 이 말씀이 내게 이루어지는 것은 불가능한 말씀인 것 같습니다.

나는 아직도 나를 사랑하는 사람을 사랑하고, 나를 미워하는 사람을 미워하는 차원 낮은 수준에 머물러 있지 않습니까? 해를 악인과 선인에게 고루 비춰게 하시고, 비를 의로운 자와 불의한 자에게 내리우시는 차원 높으신 하나님 수준의 사랑을 알게 하여 주옵소서. 인간이 실천할 수 없는 말씀이라면 성경에 기록이 됐겠습니까? 그런 수준 높은 사랑을 제게도 주옵소서. 입으로 사랑하는 것 누가 못합니까? 몸으로, 감정으로, 행동으로 말씀을 주석할 수 있도록 도와주옵소서."

기도 기간 내내 마태복음 5장 44절만 붙들고 씨름하고 있었다. 엿새째 되던 토요일 밤은 너무 힘든 기도의 밤이었다. 금식은 끝내야 하고 내일, 주일은 지켜야 하는데…. 아무런 응답은 없고, 앞을 힘도 없고, 나의 기력은 모두 쇠진한 상태가 되었다. 이제는 글씨가 눈에 보이지도 않는다. 성경을 읽을 기력도 없다. 성경을 펼쳐진 상태에서 그 밑줄 쳐진 성경 구절 위에 손가락을 얹고, 손가락으로 짚으면서 "이렇게, 이렇게 되기를 원합니다. 이렇게 되게 해 주옵소서. 나를 미워하고 배신하고 중상모략하는 사람을 사랑할 방법을 알려 주옵소서. 주님의 사랑 방식을, 하나님의 방법을 저에게도 주옵소서"

온몸은 이제 축 늘어졌다. 힘이 없어 엎드러지니 바닥이 나를 받쳐 지탱해 준다. 손가락을 성경 구절 위에 얹은 채 나는 그렇게 잠이 들었던 것 같다.

갑자기 눈부시게 환한 빛이 하늘로부터 원통형으로 나의 온몸을 감싸고 있었다. 나는 그 빛의 캡슐 안에 있었다. 한참 동안 그 강렬한 빛은 내 몸을 감싼 채 떠나지 않고 머물러 있었다. 그리고 얼마나 지났을까? 커다란 검은 뭉치가 내 속에서 쑥 빠져나갔다. 그와 동시에 천근만근 무쇠 덩어리 같이 무거웠던 내 몸이 새털같이 가벼워졌다. 그 자리에서 벌떡 일어섰다. 날아갈 것 같은 가벼움과 터질 듯한 기쁨 이 온통 나의 몸과 마음을 점령해 버렸다. 속에 가득 했던 미움과 원망도 순식간에 사라져 버렸다.

동이 서에서 먼 것 같이 미움과 원망을 다시 찾지 못하는 곳으로 옮겨 주신 것이다. 참으로 자유로워졌다. 주일 새벽이다. 새벽 예배를 마치고 사슴의 발과 같이 가볍게 집으로 돌아왔다. 내가 봐도 일주일간 금식한 사람 같지 않았다.

그러나 나는 한 가지 질문이 또 생겼다. 내 마음의 문제가 다 해결되어 그저 사랑만 남았는데 그 C 집사님은 아직도 중상모략 하고 싶은 마음이 가득하다면 어찌 화목이 이루어질 수 있다는 말인가? 또 다른 고민을 하면서 서둘러 교회로 갔다. 그런데 나의 마음을 준비시키신 하나님께서 C 집사님의 마음도 그동안 부드럽게 만져 놓으셨다. 교회에 들어서다가 서로 눈이 마주쳤다. 누가 먼저인지 모르게 손을 맞잡았고 서로가 꼭 껴안았다. 말이 필요 없었다. 감동의 눈물이 주르르 흘러내렸다.

진정한 용서는 하나님 주신 사랑으로만이 이루어질 수 있다는 것을 이제야 알게 되었다. 내 사랑이라는 것은 극히 순수하지 못한 이기심이 포함된, 작은 것에 지나지 않는다. 그러나 하나님의 사랑은 그 모든 허물을 덮을 만큼 크고, 넓고, 완벽했다. 말씀을 몸으로 주석할 수 있도록 하나님께서 도와주셨다.

　진정한 영혼 사랑은 지금부터이다. 원수를 사랑하는 수준의 사랑은 차원 높은 사랑이다. 이것은 하나님 수준의 사랑이다. 사랑하지 못할 사람을 사랑하는 것, 용서할 수 없는 사람을 용서하는 것, 이것은 하나님이 주신 힘이 아니고는 진정한 사랑, 진정한 용서가 이루어질 수가 없다. 우리 주님께서 나를 그렇게 용서하셨고, 그렇게 사랑하셨다. 아! 그 사랑으로 나를 사랑하셨음을 생각하니 감사의 눈물을 주체할 수가 없었다.

기도 안 하면
입에서 헛소리가 나온다

"청년이 무엇으로 그 행실을 깨끗케 하리이까 주의 말씀을 따라 삼갈 것이니 이다." [시119:9]

"고난당하기 전에는 내가 그릇 행하였더니 이제는 주의 말씀을 지키나이다." [시 119:67]

"고난당한 것이 내게 유익이라 이로 말미암아 내가 주의 율례들을 배우게 되었나이다. 주의 입의 법이 내게는 천천 금은보다 좋으니이다." [시119:71~72]

어느 날 조금 먼 구서동 쪽으로 우리 목사님과 같이 심방을 갔다. 심방을 끝내고 나오는데 뒤에서 집사님이 따라 나오면서 나를 살짝 붙든다. 조금 뒤에 떨어져 걸으라는 시늉을 해서 좀 뒤로 처졌다. 집사님은 내 귀에 대고

"목사님이 계셔서……." 무슨 할 말이 있다는 눈치다. 한 발자국 뒤로 떨어져서 천천히 걸었다. 버스정류장까지는 한참 걸리는 거리였다.

귀에 대고 작은 목소리로 어떤 젊은 여집사가 나를 심하게 헐뜯고 다닌다는 것이다. 아닌(헛) 소릴 한다는 것은 삼척동자도 아는 일인데 정작 말하고 다니는 본인은 모르는 것 같다고 내게 귀띔해 준다. 어떻게 좀 해보라고. 그런 말을 계속하고 다니면, 많은 사람이 듣고 시험에 들겠다며.

나도 여러 사람에게서 들은 말은 있었다. 다 배울 만큼 배운 지성인들이고 직분자들이기 때문에 깊은 고민에 빠지기 시작했다. 불러서 타이를 수도 없고, 호되게 나무랄 수도 없고, 해서 상처받지 않고, 자존심 상하지 않고, 시험에 들지 않는 좋은 방법을 찾고 있었다. 스스로 잘못을 인정하고 그 헛소리를 하러 여기저기, 부산하게 다니는 발걸음을 중단할 좋은 방법, 그 최선의 방법은 역시 하나님께서 주시는 지혜일 수밖에 없다는 결론을 내렸다.

기도하면서 하나님의 지혜와 하나님의 때를 기다렸다. 날마다 칼(준비 기도하면서 성령의 도우심을 기다리는 영적인 칼)을 갈고 있었다. 언젠가 그 칼을 사용할 날을 하나님께서 허락하시겠지 기대하면서. 악성루머는 교회가 성장하는 데 심한 걸림돌이 된다. 전도하는 일에도 심히 방해된다. 손톱 밑의 가시같이 묵인하려고 하면 쑤시고 그렇다고 병원에 가서 수술할 만큼의 병도 아니고 빼지 않으면 곪아 터지게 되는, 성가시고, 불편하고, 아픈 존재임은 틀림없다. 고심하면서 기도하면서 며칠이 지났다.

원수는 외나무다리에서 만난다더니 피할 수 없는 좁은 길에서 그 젊은 여 집사와 딱 마주쳤다. 만나자마자 나의 입에서 그를 향해 마치 준비라도 한 듯 총알 같은 말 한마디가 튀어나왔다.

"기도 안 하면 입에서 헛소리가 나오지요?"

그는 당황해서 어쩔 줄 모른다. 심장의 박동 소리가 내 귀에까지 들리는 것 같았다. 창피를 주려는 의도는 없었다. 단지 시기 질투의 올무에서 해방되기를 원했고, 남편과 화목하고 온 가족이 믿음 안에서 신앙생활 잘 하는 것이 나의 간절한 기도 제목이기도 했다. 한마디로 승산 없는 일에 분주하여 시간을 허비하면서, 정작 자신의 할 일을 망각하고, 가정과 교회를 마귀들의 놀이터로 만들고 다니지 말라는 뜻이었다.

그렇게 헤어지고 나니 소심한 내 마음이 아프고 저린다. 나는 그 말에 대한 책임감 때문에 그 가정과 젊은 집사님을 위한 기도를 밤새도록 하면서 울었다.

그다음 날 아침에 Y 집사의 남편이 교회에 들러서 자기 부인이 밤에 몹시 아팠다고 심방 와서 기도해달라는 부탁을 목사님에게 하고 출근했다는 것이다. Y 집사의 남편은 어제의 일과 그 부인의 일들을 알 리가 없다.

남편의 부탁으로 심방을 가야 한다기에 따라나서긴 했지만 영 마음이 내키지 않는다. 무거운 마음으로 천천히 발걸음을 옮겼지만 집이 교회 근처라 일찍 도착하고 말았다. 그러나 문 앞에서 선뜻 벨을 누르지 못했다. 내가 벨을 못 누르니까 독촉을 하다가 자기가 벨을 누르려 한다. 나는 우리 목사님의 손을 붙잡고 "다음에 다른 집 한 집만 심방한 후에……."하면서 다른 집엘 먼저 심방 가자고 졸랐다. 나는 아직 Y 집사님을 만날 마음의 준비가 덜 된 상태였다.

돌아 나와서 몇 집을 더 심방 하고, 망설이다가 하는 수 없이 다시 가서 벨을 눌렀다. 문 앞에서 나는 또 우리 목사님에게 부탁했다. 절대로 나에게 기도시키지 말아 달라고. 안에서는 누군지 묻지도 않고, 문을 열어주고는 확인도 하지 않고, 인사도 하지 않고 허둥지둥 안으로 사라진다. 안방으로 따라 들어가서 우리도 앉았다.

그리고 조용한 가운데 예배를 드렸다. Y 집사님은 예배 중에 한 번도 고개를 들지 못했다. 그는 후회와 부끄러운 기색이 역력했다. 우리가 나올 때 따라 나오면서 미안하다고, 죄송하다고 몇 번이고 사죄했다.

"기도 많이 하라는 하나님의 메시지인 줄 알고, 쓸데없는 일에 시간 낭비하지 마세요." 손을 잡고 당부하고 나왔다. 그의 눈에는 눈물이 그렁그렁 달려있었다. 그럴 수밖에 없는 그의 고달픈 가정사를 알기에 더 없이 측은 했다.

그들의 가정은 늘 불화가 끊이지 않는 가정이었다. 그는 불행한 삶을 근근이 지탱하고 있었다. 평탄치 못한 젊은 부부이다. 많은 고난과 환란이 그들을 괴롭게 했다. 그의 남편은 직장에서 회계사 보직으로 돈을 많이 관리하는 업무를 맡아 있다고 한다. 유혹의 손길을 뿌리치지 못하고 쉽게 만든 목돈을 유흥비로 낭비하는 방탕한 생활로 세월을 보내고 있었다.

결혼할 때는 신앙생활 잘하기로 굳게 약속을 했지만 술과 도박 파친코에 푹 빠져 세상 사람보다 더 타락된 생활을 하니, 가정불화가 끊이지 않는 것은 당연한 일이다. 급기야는 장로 딸인 부인을 교회 나간다고 핍박하기 시작했다. 집사 직분도, 주일학교 교사도, 구역장 일도 못 하게 방해했다. 그러니 부인은 수심이 가득 찬 얼굴이었고 살고자 하는 의욕이 전혀 없어 보였다.

나이 차이도 커 남편은 30대 중반이었으나 부인은 아직 젊은 20대 후반이었다. 상습적인 늦은 귀가와 취한 모습에 안타까운 부인의 잔소리는 남편의 폭행으로 이어졌다. 부인의 얼굴에는 늘 퍼런 멍 자국이 가실 날이 없었다. 처음에는 왜? 그런가 하고 물어봤더니 계단에서 넘어졌다고만 간단하게 대답했다. 더 묻지 않았다. 그러나 나는 속으로 '날마다 넘어지나?' 하고 혼자 중얼거렸다.

어느 날인가 심방을 갔더니 손님이 와 있었다. 그 남편의 누님, 그러니까 Y 집사님의 손위 시누이 되시는 분이 멀리서 동생 집에 다니러 왔다고 하면서 처음

보는 나를 보고 살짝 귀띔해 준다. 자기 동생이 술버릇이 나쁘며, 폭행이 심하다는 것이다. 가족들은 불안에 떨고 있다는 것이다. 남동생의 방탕한 생활을 어떻게 해결할 방법이 없겠느냐고 내 손을 꼭 붙잡고 애원을 하다시피 한다. 그래서 동생을 위한 기도를 같이하자고 약속했다. Y 집사님에게도 남편을 위한 기도를 같이하자고 약속했다. 애들은 아직 어리고 남편의 핍박은 불같으니 같이 철야기도는 못하겠지만 집에서라도 시간을 정하고 합심 기도를 하자고 제안했다.

남편 모르게 기도를 시작한 지 몇 달이 지난 어느 수요일 밤 예배시간이었다. 떠들썩한 소리와 함께 교회 문을 와장창 급하게 밀어붙이는 소리가 났다.

"○○○ 나와!"

이어서 술 취한 남자가 갈지자걸음으로 예배시간이라는 것은 아랑곳하지 않고 소리소리 지르며 들어선다. 지독한 술 냄새와 함께 헐레벌떡 교회로 들어선 낯선 남자는 맨발에 한쪽에 샌들을 끌고 비틀거리는 모습이 정말로 망가질 대로 망가진 술주정뱅이였다. 이 봉두난발을 한 예배의 침입자는 바로 Y 집사의 남편이었다.

그 부인은 늘 당하던 터라 남편의 목소리인 줄 재빨리 알아차리고 가방과 아이를 버려두고 어디론가 숨어버렸다. 정신도 가누지 못하는 술주정뱅이인 줄 알았는데 그래도 자기 자식은 알아보고 교회 의자에서 잠든 아들을 안고 나간다. 나는 얼른 부인의 가방을 챙겨 들고 그 남편의 뒤를 바짝 따라붙었다. 잰걸음으로 따라가면서 하나님께 확인차 묻는 기도를 하고 있었다.

"하나님 오늘이 그날입니까? 술주정뱅이 혼내줄 날이 오늘입니까?"

그리고 생각했다. 처음 보는 그의 남편이지만 내가 영적인 칼을 얼마나 갈아왔는데, 지금이 그 칼을 사용할 때라면 현관문을 닫아걸기 전에 나도 들어가야 한다. 때와 기회를 놓치면 다시 기회를 얻기가 힘들 것 아닌가? 기회는 지금인데, 그 남편을 만날 기회, 혼내 줄 절호의 기회! 열심히 생각하면서 나는 뛰듯이 걸었다. 남자의 걸음이라 취했지만 빨랐다. 벌써 집 앞에 도착했다. 그 남편이 아이를 안고 현관에 막 들어설 때 나도 재빨리 현관으로 쏙 들어갔다. 그리고 내가 현관문을 닫았다. 남편은 아이를 안고 소파에 털썩 주저앉는다.

불청객인 나는 이 상황이 어색하기 그지없다. 그러나 그 남편은 조금 전과는 달리 들어오라고 인사까지 챙긴다. 부인의 기척은 없다. 나는 그 곁에 서서 잠깐 기도하면서 머리 정리를 했다. 난동을 부리는 현장 목격자이기 때문에 크게 혼내 줄 아주 좋은 기회를 놓칠 순 없었다. 장인(장로님), 장모(권사님)가 평소에 얼마나 속상했을까? 생각하면서 부모의 마음을 헤아려 보니, 마음이 심히 민망하여 크게 혼내주기로 결심했다.

"예수 믿는 줄 모르고 결혼했습니까? 옛날에는 집사였다면서요? 날마다 술타령에다 노름까지 하고, 핍박까지 하고, 나이 어린(당시 28세) 부인이 살맛이 나겠습니까? 힘이 약한 부인은 때리라고 있는 것입니까? 장인, 장모의 속은 얼마나 썩었겠습니까? 왜 집을 지옥으로 만듭니까? 이렇게 만든 책임이 누구에게 있습니까?"

나는 다시 이 남자를 볼 일은 없겠다고 생각했기 때문에 그 장인, 장모가 어쩌지 못했던 부분들을 다 퍼부어 버렸다. 나는 녹음테이프를 돌리는 것 같이 청산유수 같이 유창한 말을 입 밖으로 막 쏟아내고 있었다. 그렇게 큰 소리로 야단을 치고 있는데, 그 남편은 한마디의 변명도 없이 그저 듣고만 있는 것이다. 내가 너무 흥분했나? 이제야 내가 정신이 든 것 같다. 한바탕 소동이 벌어질 줄 알았는데 잠자코 있으니 어서 말을 마무리하고 가야 하겠다는 생각이 들었다.

"그래 교회까지 와서 예배시간에 난동을 부릴 만큼 부인의 잘못이 무엇이었습니까?" 하고 오늘 일으킨 난동의 동기를 물었다. 그랬더니

"아무도 없는데 곰국만 끓고 있었습니다."

"그것은 시간을 두고 오래 끓여야 하는 것 아닙니까? 불 조절해 놓고 교회 왔겠지요? 탔습니까? 넘치기라도 했습니까?"

"아니요! 순간적으로 성이 나서 그만……."

"아무 잘못도 없는데 이성을 잃을 정도로 가족을 잡아요? 사랑하고 돌보라고 있는 것이 가족이지 그렇게 주먹이나 휘두르고 술주정이나 하고, 도박이나 하는 자기의 잘못은 인정 안 합니까? 교회 집사였다면서요? 왜 예배드리는 것도 못하게 핍박합니까? 어찌 예배시간에 와서 횡포를 부립니까? 불신자 남편들도 그렇게는 못 합니다. 하나님 두렵지 않으세요? 지금 이후로 싸우는 소리를 내려면 교회 교패를 떼고 싸우세요. 내가 밖에서 들을 것입니다." 큰소리치고 다짐을 했다. 그런

데 그는 나에게 화내고 달려들지 않았다. 낮은 목소리로 또박또박하게

"다시는 그런 일 없을 것이니 안심하고 돌아가세요."

차분하면서 맨정신 같은 그 남편의 한 마디였다. 조금 전의 흐트러지고 망가진 술주정뱅이가 아니었다.

"주님 부탁합니다." 속으로 기도하면서 그 집에서 나왔다. 한참이나 밖에서 서 있었으나 조용하기에 교회로 돌아왔다. 이미 예배는 다 끝났고 교회는 텅 비어 있었다. 내 성경책과 가방만 덩그러니 남아 있었다. 가방을 챙겨서 터덜터덜 집으로 올라왔다. 집에서 기다리는 목사님에게 있었던 모든 일을 보고했다. 우리 목사님은 걱정이 앞선다.

"자존심을 너무 많이 상하게 했으니, 이제 교인 한 가정을 잃었다"라면서 탄식한다. 나도 걱정되고 가슴 떨린다. 또 매일 하나님 앞에서 울 일만 만든 셈이다. 그 가정이 하나님 잘 믿는 행복한 가정되기를, 그 남편이 교회에 큰 일꾼이 되기를 소원하며, 그리고 칼(영적인)을 휘두른 보람을 볼 수 있기를, 모든 것은 하나님께서 하나님의 방법으로 처리해 주실 것을 기도드렸다. 그 며칠은 참으로 길었다. 걱정하면서도 결과가 두려워서 심방도 못 갔다.

주일이 돌아왔다. 그 가정의 상황에 신경을 곤두세우고 있었다. 오늘 Y 집사님이 무사히 교회에 출석할 수 있을 것인가? 그 집 쪽으로 자꾸 눈이 간다. 주보를 나누면서 서 있던 내 눈을 의심할 정도로 놀라운 모습들이 가까이 오고 있었다. 바로 그 남편이 말끔한 정장 차림으로 양손에 아들, 딸 손을 잡고 부인을 앞세우고 교회로 오고 있는 것이 아닌가! 가까이 와서는 교회 앞에 서 있는 내게 90도 각도로 인사를 하면서,

"이제는 걱정 끼치는 일은 없을 것입니다. 감사합니다."

얼마나 가슴 졸이면서 애타게 기도했던 요 며칠이었던가? 하나님께서 이렇게 빨리, 당당하고 의젓한 하나님 자녀의 자리로, 믿음의 가정으로 돌려놓으신 것이다. 안도의 한숨과 함께 가슴 벅찬 기쁨이 얼른 가라앉질 않는다.

예배를 드리는 내내 왜 그리 눈물이 쏟아지던지. 응답해주신 하나님께 감사해서, 본인들이 이제 정신 차리고 신앙생활 잘할 것을 결심한 것이 감사해서, 이제 그

가정이 복 받을 일만 생각하니 감사해서. 거의 울다 보니 축도 시간이 되었다.

오늘이 있기까지 우리를 그렇게 울게 하시고, 또 그 장인 장모의 애타는 눈물의 기도가 거름이 되어 귀한 생명을 재탄생시킨 것이리라. 결국은 누군가의 희생을 먹어야 태어날 수 있는 것이 생명의 소리인 것 같다. 눈물의 기도를 먹고 무럭무럭 신앙이 자라나며, 흔들리지 않는 뿌리 깊은 신앙의 가족이 되기를, 하나님교회에 큰 일꾼이 되기를 기도한다. 앞으로는 그들이 눈물을 필요로 하는 또 다른 사람에게 생명의 거름으로 눈물을 쏟을 것을 기대해 본다.

그의 몇 년여 동안의 신앙생활은 진지했다. 교회의 전반적인 많은 봉사와 섬김을 앞장서서 했다. 그러나 우리들의 감동적인 기쁨도 여기까지인가? 그 앞에 저질러 놓은 일들이 있으니 그의 인생엔 당연한 태풍이 휘몰아칠 수밖에 없었다. 죄에 대한 대가를 지급할 날이 온 것이다. 그 남편이 갑자기 헌병대에 끌려갔다는 연락을 부인으로부터 받았다. 헌병대에서 재판받는 날 우리도 참석했다. 밧줄에 두 손이 묶인 채 다 떨어진 죄수복을 입은 모습을 보는 순간 짠하게 가슴이 저며 온다.

몇 번의 재판이 있었고 결과로 몇 년의 수감생활이 시작되었다. 오히려 하나님의 사랑의 방식이라고 생각했다. 국가의 돈을 횡령했으니 벌을 받아야 하는 것은 당연한 일이지만, 하나님께서 특별하신 뜻이 있어 하나님의 계획 속에 그를 몰아넣으신 것이리라. 그를 세상과 격리하시고 죗값을 몸으로 치르게 하시는 하나님의 섭리를 깊이 깨닫게 하셨다.

남의 것으로 술 먹고, 낭비하고, 도박하고 세속에 푹 빠져 살 때는 하나님께서 안 계신 것 같았지만, 이제 인생 밑바닥까지 내려가서 더 이상 내려갈 곳이 없을 때, 아무것도 잡은 것 없이 다 내려놓았을 그때 하나님께서 그를 만나주셨다. 부인은 자녀들을 데리고 친정으로 가서 생계유지를 했다.

그는 오히려 그곳(교도소)이 가시 떨기나무가 타는 곳이었고, 신발을 벗을 수 있는 장소였다. 주님과의 일대일의 만남과 깊은 교제의 시간은, 그가 낙심하지 않고 수감생활을 잘 할 수 있었던 힘이 되었는지도 모른다.

나는 때때로 용기를 잃지 않도록 위로의 편지와 주보와 약간의 영치금과 성경책을 보냈다. 이것이 큰 힘이 되어 수감생활이 훨씬 수월해졌다고 한다. 교도소 안에서도 잘 믿는 모범수로 발탁되어 반장을 맡겨서 자유 시간을 많이 활용할 수 있게 해주었다고 늘 감사한 소식을 전해 주었다. 교도관들은 "얼마나 신앙생활을 잘했으면 교회 목사 사모님이 이렇게 늘 편지를 보내고, 주보를 보내고, 영치금을 보내느냐"고 하면서 그를 모범수로 인정해줄 뿐 아니라 감방에서 특혜를 베풀어 자유 시간을 많이 주었고, 그 자유 시간을 이용해서 성경을 열심히 읽는다고 했다.

그의 몇 년간의 수감생활은 광야 기도학교였다. 이스라엘 백성들의 광야 생활과 같았다. 날마다 만나와 메추라기를 공급하셨고, 불기둥과 구름 기둥으로 인도하셨다. 그를 보호하셨고, 목마를 때 생수를 공급하셨다. 그 몇 년 동안의 광야 기도학교 생활은 세상 욕심과 사치와 도박과 도둑질과 술 취하는 것과 방탕한 것과 폭행하는 모든 것들을 다 종식 시켰고 세속적인 욕심을 내려놓는 데 충분했다.

성경 읽는 일에만 전념하다 보니 출소할 때쯤에는 거의 100독에 가까운 성경통독을 하게 되었다고 한다. 날마다 성경통독을 통해서 하나님의 음성도 듣게 되었고, 자신에 대한 하나님의 뜻을 깨닫게도 하셨다. 자신을 세상으로 보내신 하나님의 뜻을 알게 되었고, 드디어 그곳에서 신학을 하기로 결심도 하게 되었다. 그는 실로 상상도 못 할 위대한 하나님의 섭리하심과 깨달음을, 가장 낮은 자리에서 선물로 받게 되었다. 하나님의 사람으로 거듭날 수 있게 만드셨다. 하나님만 바라볼 수밖에 없는 그 낮은 자리는 은혜의 자리였다. 하나님 사랑의 자리였고, 하나님의 긍휼하심의 자리였고, 하나님의 특별하신 계획을 이루시는 자리였다.

수감생활을 마치고 출소하는 날 가족이 있는 장인 집으로 가지 않고, 부산 우리 집으로 먼저 왔다. 수감생활을 잘 마무리할 수 있었던 것은 편지와 기도 덕분이라고 진심 어린 감사를 표했다. 그리고 이제 집으로 가는 대로 열심히 일해서 신학교에 가서 공부하고 목사가 되겠다고 결심을 밝혔다.

몇 년 후에는 열심히 번 돈으로 신학교 입학했다는 소식이 왔다. 그 후에는 부교역자로 교회를 잘 섬기고 있다는 소식을 전해왔다. 그 후에는 졸업하고 경기도 쪽에서 개척교회를 한다고 주보와 함께 소식을 전해왔다. 목회 생활이 그리 순탄하지는 않다고 한다. 그러나 그는 '나 같은 죄인'은 순탄할 것은 기대하지도 않는다며 하나님께서 꼭 자기 같은 사람들을 붙여 주셔서 그들을 잘 섬기고 있노라고 한다.

일부러 죄를 지을 필요는 없지만 실패와 역경과 고난이 반드시 나쁜 것만은 아닌 것 같았다. 사람은 미련해서 탕자와 같이 눈물의 쥐엄 열매를 먹어보지 않고는 아버지 집을 그리워하지 않는다. 고난의 쓴잔을 마셔보고서야 비로소 자신의 비천함을 알게 되고 또 하나님의 그 크신 사랑을 깨닫게 되고, 하나님의 사람으로 다시 태어나는 것이다. 나는 늘 교인들에게 하는 말이 있다.

"눈물에 젖은 빵을 먹어보지 않은 사람은 인생을 논할 자격이 없다는 명언이 있습니다마는 저는 '밤새도록 하나님 앞에서 다른 사람(미워하고 핍박하는 원수까지 포함)의 영혼을 위해 울어 보지 않은 사람은 신앙을 논할 자격이 없다.'라고 말하고 싶습니다."

세상에는 많은 말들이 산재해 있지만 영혼을 살리는 말, 소망을 주는 말들은 하나님 앞에서 귀중히 쓰임 받는 말들일 것이다. 실망과 좌절을 안겨 주는 말이나, 상처를 주거나 실족케 하는 모든 말들은 쓸모없는 헛소리라고 생각한다. 그리고 성령이 충만하지 못한 상태에서 말하거나 무슨 일을 결정하면 실수가 잦다고 생각한다. 실패가 많으니 헛된 일을 도모하는 데 협조를 한 격이 된다. 엄밀히 말하면 마귀의 소용대로 쓰임 받은 악한 도구가 된다. 지혜로운 삶이란 늘 신앙생활 잘한다는 말로 강조된다.

하나님께서는 주의 자녀로 혹은 주의 종으로 거듭나기까지의 모든 훈련과정을 결단코 포기하지 않으신다.

꼬리표(Tag)

"하나님께서 각 사람에게 그 행한 대로 보응하시되" [롬2:6]
"악을 행하는 사람의 영에게는 환난과 곤고가 있으리니" [9절]
"선을 행하는 각 사람에게는 영광과 존귀와 평강이 있으리니" [10절]

만물 중에서 사람만 유일하게 말을 하고 산다. 말을 하는 동물이기 때문에 사람이다. 하나님의 형상을 닮은 인격체이다. 사람에게만 말을 주셨다는 것은 하나님의 창조물 중에서 가장 존귀한 존재로 만드셨다는 증거이다. 그러나 사람들은 말을 너무 남용해서 오히려 창조주 하나님께 근심거리가 되고 말았다. 창조하실 때는 '하나님이 보시기에 좋았더라.' 하셨지만 그러나 얼마 못 가서

"여호와께서 사람의 죄악이 세상에 가득함과 그의 마음으로 생각하는 모든 계획이 항상 악할 뿐임을 보시고 땅 위에 사람 지으셨음을 한탄하사 마음에 근심하시고" [창6:5-6]

사람은 동물들이나 새들이나 물고기들이 감히 상상도 못 할 악한 죄를 저지른다. 사람에게만 주신 말 때문이 아닌가 하는 생각을 해본다. 그래서 성경 말씀에도

"우리가 다 실수가 많으니 만일 말에 실수가 없는 자면 곧 온전한 사람이라 능히 온몸도 굴레 씌우리라" [약3:2]

성경에는 혀는 악의 불씨라고 했다. 작은 불이 많은 나무를 태우며 작은 지체나 온몸을 더럽히고 생의 바퀴를 불사르는 것은 지옥 불에서 난다고 했다.(약3:6) 이 혀는 능히 길들일 사람이 없으며 쉬지 않는 악이요 죽이는 독이라고 했다.[약3:8] 그러나 혀에 재갈을 먹여 어거하면 작은 키로 사공의 뜻대로 운전을 한다(약3:4)고 했다. 결론적으로, 말씀으로 다스리면 하나님의 뜻을 이룰 수 있고, 다스리지 못하면 악의 불씨로 남아서 불순종할 수밖에 없고 악한 길로 갈 수밖에 없다는 것이다.

말은 그 사람의 인격이다. 향수병을 열면 향기로운 냄새가 밖으로 확 풍겨 나온다. 거름 밭에 가면 거름 냄새가 코를 찌른다. 그래서 사람들은 코를 막고 지나간다. 사람은 무엇이 그 속에 들어있든지 그 마음속에 있는 것의 냄새를 피우면서 살아간다. 특히 입을 열면 인격의 냄새가 풍겨 나오기 마련이다.

오늘은 말에 대한 훈련이 전혀 되어있지 않은 50대 초반으로 보이는 여전도인을 소개하려고 한다. 길들어지지 않은 야생마, 코를 꿰지 않은 송아지를 생각나게 하는 이 분이 우리 교회 전도인으로 부임했다.

첫날 담임 목사님께서 일과를 지시해서 내보냈다. 교회 주변 환경파악, 길 파악 그리고 전도 계획을 짜 보라고. 그리고 이삼일이 지났다. 불과 이삼일 만에 온 교회가 시끌시끌하다. 새로 부임한 전도인이 전도에는 관심이 없고, 말만 많이 뿌리고 다닌다는 교인들 사이의 소문이었다. 쉴 곳, 먹을 곳, 낮에 낮잠 잘 곳, 그리고 장사할 곳을 찾아다닌다는 소문이었다. 그것도 우리 교회 교패 붙은 집만 골라 다니면서.

참다못해 전도사님에게, 어느 교회 부흥회에서 강사 목사님에게 들은 간증을 이야기해주었다.

그 부흥사 목사님의 고민은 입만 열었다 하면 거짓말이 튀어나오고, 헛소리가 나와서 견딜 수가 없었다고 한다. 목사님은 고민 끝에 입에 자갈돌을 하나 물고 다녔는데 너무 부담스럽고 덜그럭거리는 소리가 나서 다음에는 도장나무를 칼로 얇게 삐져서 그 조각을 이 사이에 끼고 다녔다고 한다. 말을 하려고 입을 열면 쓴 물이 올라오고 쓴 물이 올라오면 '아! 말을 삼가라는 신호'인 줄 알아, 말을 가려서 했다는 간증이었다. 쉽지는 않았지만 그 목사님 진심으로 고치려고 결심하고 피나는 노력으로 고쳤다는 것이다.

나도 전도사님에게

"자갈돌을 물고 다니든지, 도장나무 조각을 이 사이에 끼우고 다니세요. 그리고 말을 하려면 세 번 침을 삼키고 나서 걸러서 하세요.

첫째는 이 말을 하고 나서 내가 밤에 잠잘 때 후회 할 일은 없겠는가? 둘째는 당사자(흉보고 욕할 대상자)가 이 자리에 있어도 자신 있게 그 말을 그대로 할 수 있는가?

셋째 하나님 앞에 회개 거리 만드는 일 아닌가? 하는 것을 꼼꼼히 점검하고, 생각하면서 말을 하세요."라고 충고했다.

그 충고가 영 못마땅해서인지 얼굴이 벌레 씹은 표정이다. 얼굴빛이 붉으락푸르락하더니 그만 아프다고, 출근하지 않는다. 며칠 소식이 없더니 우리 집(사택)으로 찾아 왔다. 충고 때문에 분하고, 억울해서 원망하다가 설상가상으로 넘어지기까지 해서 허리를 다쳤다는 것이다.

"제까짓 게 뭔데, 나이도 어린 게 나를 충고해?" 하면서 밤새도록 엎치락뒤치락, 한숨도 잠을 잘 수가 없었다는 것이다. 정말 내 얼굴은 죽어도 보기 싫었지만, 하나님께서 가라고 강권해서 이렇게 찾아 왔다는 것이다. 그 전도사님은 이렇게 고백했다.

천방지축 입을 통해서 나오는 말을 걸러내지 않고 해온 햇수가 50년 이상 되어 길들어질 대로 길들어졌는데 어떻게 하루아침에 고치냐는 것이다. 그리고 사람들은 뒤돌아서 욕을 할망정 이렇게 정면에서 아프게 충고하는 사람은 지금까지 한 사람도 없었다는 것이다. 그것이 그렇게 잘못된 일인 줄 몰랐다는 것이다.

사실 정면에 대고 하는 충고는 아무나 하는 것은 아니다. 대부분 안 한다. 아니 못한다. 뒤에서 흉보고 수군거릴망정 앞에서는 못하는 것이 우리들의 오랜 전통이며, 우리 삶의 테두리 안의 인심이다.

충고는 그를 위해 기도를 많이 한 사람만이 할 수 있다. 그리고 기도하는 사람은 하나님의 때와 기회를 기다린다. 하나님께서 기회를 주셨을 때 하는 것이다. 몸에 좋은 약이 입에는 쓴 것 같이, 정면 충고는 그에게는 인생 일대의 큰 충격이고 아픔이고 자존심 상하는 일이다. 또한 큰 변화의 기회이기도 하다. 고칠 수 있는 절호의 기회를 하나님께서 주시는 때이기도 하다. 그때를 놓치지 말고 힘써 고치려고 노력을 해야 한다.

전도인은 몇 달 일하고 조금 큰 교회로 옮겨갔다. 사례비 몇만 원 더 준다고 하니 그 교회로 가겠다고 해서 그렇게 한 것이었다. 그러나 사실은 자신이 말만 뿌리고 전도지는 뿌리지 않고 전도에 대한 사명을 감당하지 못했기 때문이었다. 그 몇 달 동안도 씨를 뿌리지도 않았고 물을 주지도 않았다. 영광만 거두려 했다.

그렇게라도 길이 열려서 오히려 감사했다. 그 전도인을 필요로 하는 교회가 있었구나 하고 편하게 생각했다. 그 후에도 여러 번 교회를 옮겨 다녔다는 소문을 들었다.

몇 년이 흘렀다. 아무 소식도 없던 어느 날 갑자기 30구짜리 달걀 한판을 사 들고 우리 집엘 찾아 왔다. 그의 하소연은 이러했다. 그 동안 교회를 여러 번 옮겨 다녔는데 교회를 옮겨 다닐 때마다 각각의 "꼬리표"가 자기의 등에 길게, 길게 덧붙더라는 것이다. 좋지 않은 자신의 행동에 대한 설명서가 물품의 설명서 같이 길게 붙어 다닌다는 것이 그의 고백이었다.

이곳에 있을 때 사모님이 협조해서 전도한 것인 줄 알지 못하고 다 자기가 잘나서 혼자 했다고 착각하면서 말하고 다녔지만 정작 다른 교회에 가서 일해 보니 사모님들이 협력해 주지는 않고 오히려 대적 관계가 되었고, 전도는커녕 나쁜 소문의 꼬리표가 더덕더덕 붙여졌다는 것이다.

"이곳에서 일할 때 잘한 것은 사모님이 적극적으로 협조했기 때문이었다는 것을 이제야 깨닫습니다. 잘못되었던 것을 회개합니다. 용서를 구하러 왔습니다. 이제 저는 내 등 뒤에 길게 붙은 꼬리표 때문에 교회 사역을 못 할 것 같습니다. 어느 교회에서도 받아 주지 않습니다. 형님께서 사놓았던 땅을 제게 주었습니다. 기도원 짓고 깊은 산속에서 회개하면서 자신을 돌아보겠습니다. 그리고 나 같이 말 가지고 실수 많이 하는 사람들이 올라오면 잘 권면해서 변화시키는 일을 감당해 보겠습니다." 이렇게 진심 어린 고백을 하고 헤어졌다.

찰스 핫지는 "양심은 편파적이며 이따금 그릇된 판단을 내린다"라고 했다. 박윤선 박사는 "주님의 판단 앞에서만 자기를 안다"라고 했다. 심지어 "자기 자신의 판단도 표준삼지 않는다"라고 했다. 바울은 주님의 판단만 믿으며 두려워하였다. 아첨하는 자의 칭찬하는 말이 나를 더 좋은 사람으로 만들지 못하며, 원수들의 까닭 없는 훼방이 나를 더 나쁜 사람으로 만들지 못한다고 했다. 그리고 다른 주석에는 남이 나를 향하여 비아냥거리며 마구 욕설을 퍼붓는 말속에 나의 가장 적나라한 모습이 담겨 있다고 말한다. 어찌 보면 그건 도저히 아니야 용납할 수 없는 심한 말이라고 생각하는 그 말속에 자신의 벌거벗겨진 모습을 발견할 수도 있다는 것이다.

꼬리표란 바로 다른 사람들의 눈을 통해 붙여지는 순수한 자신의 모습일 것이다. 자신이 저질렀던 모든 일이 상품의 설명서(라벨)처럼 등 뒤에 줄줄 붙어 다니면서 자신의 역사를 설명하고 있다. 실수가 잦을수록 더 긴 꼬리표가 달릴 것이다.

이제 자신의 인생행로에는 어떤 꼬리표가 달려있는가를 한번은 뒤돌아보아야 하겠다. 명품인지, 짝퉁인지, 보석인지, 모조품인지는 하나님께서 분간하실 것이다.

참선은
하나님의 뜻을 행하는 것

"하나님이 죄인의 말을 듣지 아니하시고 경건하여 그의 뜻대로 행하는 자의 말은 들으시는 줄을 우리가 아나이다" [요9:31]

"그 후에 말씀하시기를 보시옵소서 내가 하나님의 뜻을 행하러 왔나이다 하셨으니 그 첫째 것을 폐하심은 둘째 것을 세우려 하심이라. 이 뜻을 따라 예수 그리스도의 몸을 단번에 드리심으로 말미암아 우리가 거룩함을 얻었노라." [히10:9-10]

주일 예배를 마치고 나오는데 남집사님 한 분이 앞을 가로막아 선다. 앞에는 목사님과 장로님들이 인사를 하고 있고 뒤에는 교인들이 계속 나오고 있는데 집사님은 나를 붙들고 놓아 주지를 않는다. 뒤에 서 있는 교인들의 행렬을 의식하면서 조금 비켜섰다. 집사님은 대뜸

"질문 있습니다. 참 선(진짜 선행)이 무엇입니까?"

떼를 쓰듯 지금 이 자리에서 자기의 질문에 대해 답변을 해달라고 막무가내로 고집을 부리고 있다.

"글쎄요, 집사님이 원하는 대답을 말해볼까요? 마태복음 5장(39-41절)에 있는 말씀대로 '네 오른편 뺨을 치거든 왼편도 돌려대며 또 너를 송사하여 속옷을 가지고자 하는 자에게 겉옷까지도 가지게 하며 또 누구든지 너를 억지로 오 리를 가게 하거든 그 사람과 십 리를 동행하고'라는 대답을 요구하는 것이지요?"

하고 속내가 보이는 질문에 대해 대답을 했다.

"예! 어떻게 알았습니까?"

"원하는 답을 해 드리지 못해서 죄송합니다. 성경적인 참 선은 '하나님의 뜻을 행하는 것'입니다."라고 대답해 주었다.

그 남 집사님은 몇 년 동안 기도해서 얻은 전도 열매이다. 교회의 좋은 일꾼이 되겠다고 생각한 신자이다. 그래서 나에게 감사하는 마음도 있고, 친근하기도 하고, 만만하기도 하고, 한 번쯤은 골탕도 먹여볼까 하는 장난기 어린 마음도 있을 것으로 생각되는 분이기도 하다. 익히 들어 알고 있는 일이지만 그 집사님은 사람들 앞에서는 "사모님하고 말해서 이긴 사람 있으면 나와 보라 해!" 하고 큰소리를 치면서도 정작 자신은 성경 내용을 가지고 꼬투리를 잡고 늘어지기 일쑤였다.

그것으로 끝난 것은 아니다. 저녁 예배 후 집으로 돌아가서는 다시 우리 집으로 전화해서, 성경에 관한 질문을 또 하곤 했다. 우리 집에는 전화기 옆에 항상 성경이 비치되어 있다. 종종 성경 구절을 찾아 달라는 전화가 오기도 하고 가끔 성경 구절로 논쟁을 벌이기도 하기 때문이었다. 최선을 다해서 찾아 주고 풀어 주기도 한다.

세상에는 많은 참과 거짓이 존재한다. 그래서 우리나라에는 꽃도 참꽃이 있고 개꽃이 있다. 참꽃은 진달래를 말하는 것이고 개꽃은 철쭉을 말한다. 그러면 참과 개의 차이는 무엇인가? 어릴 때 산에서 먹어본 적이 있는 음식 대용의 진달래는 참꽃이고 조금 후에 피는 철쭉은 못 먹는 꽃으로 알려져 있다. 특징은 진달래 꽃잎은 맑고 투명하고, 부드럽고 깨끗하지만, 철쭉은 색이 칙칙하고 끈적끈적한 것이 있고 검붉은 색깔의 점이 있어 보기에도 독이 있어 보인다. 이처럼 사람에게 유익하게 하는 것은 참이라 하고 유익을 줄 수 없는 것은 개를 붙여 저급함을 구분하여 사용했던 것 같다.

우리의 신앙도 구속사적인 시각으로 성경을 읽고 하나님의 뜻에 눈높이를 맞춘다면, 아니 하나님께서 끼워주시는 하나님 수준의 은혜라는 안경을 끼고 세상을 볼 수 있다면 성경적인 참 선한 일에 자신이 푹 빠졌을 것이다.

말하자면 흉년에 밥 대신 배고픔을 채울 수 있는 구황식물이 항상 중요한 식탁은 될 수 없는 것같이 먼저 하나님의 은혜를 무시한 채 윤리와 도덕성만을 부르짖는다면 항상 배고프고, 갈급해서 영적 영양실조에 걸릴 것이라는 말이다. 예수 그리스도께서 이루어 놓으신 구원 사역은 헛된 일이 되고 말 것이다. 그것이야말로 사탄이 가장 바라는 함정일 것이다.

미국사람들은 하나님 앞에 예배를 참석하지 않는다든가 십일조를 떼먹는다든가 거짓말을 하는 사람이라면 사업도 같이 안 할 정도로 끊어버린다고 한다. 신앙생활에 큰 비중을 차지하는 절대적인 부분이기 때문이리라 여겨진다. 그러나 한국교인들은 조금 인식이 다르다. 예배시간에 자리를 지키지 못해도, 십일조를 생활화하지 않아도, 거짓말을 습관적으로 한다 해도 너그럽고 관대하다.

그러면서 도덕성과 윤리성을 삶의 최우선으로 생각하는 것이 우리네 신앙생활 저변에 깔린 신앙문화이다. 아마도 불교적, 유교적 사고방식이 깔려있기 때문이 아닌가? 공자 맹자의 도덕적 윤리적 사고방식이 구원과 비교되고 있는 실정이다. 착한 일을 해야 구원받는다는 불교식 사고방식이 착각과 혼탁을 불러일으키고 있다. 오랫동안 믿음 생활을 해온 중직자도 구원받기 위해 출석한다고 말할 때 너무 안타깝다.

그러나 믿음으로 구원받은 하나님의 자녀들은 하나님의 뜻을 행하는 것이 개개인의 삶에 최우선이 되어야 한다는 것이 나의 지론이다. 윤리 도덕적 문제는 지엽적인, 아니 하나님의 뜻을 최우선으로 행하는 사람에게 저절로 따라오는 당연한 삶의 방식이다.

하나님의 교회가 하나님의 뜻을 외면한 채 사람 일에 급급하다면, 세상 방식이 우선이 된다면, 교회가 교회로서의 사명을 감당하지 못할 것이며, 영적인 권위를 상실할 것이다. 하나님의 뜻을 저버린다면 가장 큰 중죄로 다스려야 되는 것 아닌가? 요즈음 교회들이 예수님 없는 교회가 많다고들 걱정이다. 세상 풍속과 세상 권세가, 물질만능주의가, 예수님 자리를 대신한다고 하니 통탄할 일이 아닐 수 없다.

예수님께서는 아버지의 뜻을 이루시기 위해 하나님의 심부름으로 이 땅에 오셨다. 아버지의 뜻을 전하는 것이 오신 이유이셨고, 아버지의 뜻을 행하는 것이 오신 이유셨다. 아버지의 뜻이라면 십자가 사형 틀도 사양치 않으셨다. 한 번밖에 없는 인생인데 누구든지 폼나게, 편안하게, 부유하게, 권세 누리며 살다가 품위 있게 죽기를 원치 않는 사람이 어디 있겠는가?

그러나 우리는 개개인에게 사명을 지워서 이 땅에 보내셨다. 그렇다면 그 사명을 감당해야만 하지 않는가? 이른 봄 밭둑을 자세히 살펴보면 마른 잔디 속을 비집고 작은 앉은뱅이 꽃이 예쁘게 피어있는 것을 볼 수 있다. 1센티도 안 되는 꽃을 피우기 위해서 아직도 쌀쌀한데 자기의 자리에서, 자기의 사명을 다하는 모습을 바라보노라면 하나님의 섭리에 새삼 감탄하게 된다.

참지식은 하나님의 뜻을 아는 것이고, 참 선은 하나님의 뜻을 행하는 것이다.

"이로써 우리도 듣던 날부터 너희를 위하여 기도하기를 그치지 아니하고 구하노니 너희로 하여금 모든 신령한 지혜와 총명에 하나님의 뜻을 아는 것으로 채우게 하시고" [골1:9]

"내 아버지의 뜻은 아들을 보고 믿는 자마다 영생을 얻는 이것이니 마지막 날에 내가 이를 다시 살리리라 하시니라" [요6:40]

전도를 위한 기도 모임

삼익 아파트는 재송동에 제1호로 지어진 아파트였다. 아파트를 짓는다는 소문만으로도 가슴이 떨렸었지만, 막상 아파트 전도를 해보니 호락호락한 곳이 아니었다. 전쟁터나 마찬가지였다. 많은 기도가 필요한 곳이 아파트 전도라는 것을 새삼 느끼게 하는 곳이기도 하다.

아파트 사람들은 일반 주택과는 인심이 판이하다. 거절과 냉대 이것은 사람 사는 동네가 아니다. 벨만 누르면 벌써 경비실에 연락해서 보호를 요청하고, 바로 경비원들의 단속으로 들어간다. 그들은 잡상인, 아니면 구걸하러 온 거지를 문전박대하듯 쫓아 버린다. 치한이라도 만난 듯, 기세가 등등하다. 전도도 못 하고 경비원들에게 등 밀려 쫓겨나기 일쑤다. '야! 강적이네! 발붙일 곳도 없네! 우리도 강적을 제압할 계획을 세워야 하겠네!' 속으로 다짐하면서 돌아오곤 했다.

며칠 동안 기도하면서 하나님께서 주시는 지혜와 계획을 차근히 준비해야 했다. 그 첫 번째 계획은 경비원 아저씨들을 공략하는 것이었다. 모든 경비원의 숫자를 파악해서 그들에게 양말이나 여름 티셔츠나 음료수 같은 것을 준비해서 제공하는 것이었다. 그러나 저들도 만만치는 않았다. 뇌물성 같은 선물은 받지 않겠다고 거절한다. 잘 봐 달라는 의도가 있다는 것이 거절하는 이유였다.

할 수 없이 성탄절 선물, 감사절 선물이란 명목을 붙여서 전달했다. 처음에는 완강하게 거절했지만 여러 번 부탁하니까 선물은 받아 주었다. 선물은 받는 사람이 감사하다고 해야 하지만 상황이 상황이니만큼 선물을 주는 사람이 받아 주어서 감사하다고 몇 번이고 머리를 숙였다. 전도하러 아파트에 들어가는 것을 눈감아 주는 조건이었기 때문이다.

그러나 경비실에서 눈감아 준다고 해서 조용한 것은 아니다. 주민들의 항의는 계속 이어졌다. 그래도 재송동 지역에 아파트가 한 개밖에 없으니 아파트 전도를 포기할 수는 없는 일이었다. 아파트 300여 호를 날마다 뒤지면서 전도했다. 싸우다 정든다더니 여러 번 몸싸움 끝에 이제는 웃고 인사하는 이웃이 되어버렸다.

물질 공세와 날마다 전도하러 오는 노력 덕분인지 나 혼자만 자유롭게 드나들수 있는 특권을 얻기까지 되었다. 입주민들도 여러 번 만나게 되니 이제는 얼굴 아는 이웃이 돼 버렸고, 새로 이사 온 사람들의 호수를 알려 주면서 가보라고 돕는 사람까지도 생겨났다. 예수 믿는 사람 같더라고 귀띔해 주는 사람도 있었고, 어느 집에 아이가 아프다고 가보라고 일러 주는 사람도 있었다.

아파트에 이사해온 다른 교회 교인들도 나를 협조해서 전도 대상자들에 대한 정보를 알려 주기도 했다. 자기 교회에 알려주는 것이 아니라 내게 알려주고 있다. 왜냐면 확실하게 전도하기 때문이라고 한다. 전도에 관심이 없는 자신들의 교회에 알리면 반응이 별로 없었기 때문이라고 한다.

경비실에서도 선물값을 톡톡히 해 주었다. 새로 이사 온 사람의 호수를 적어두었다가 내가 가면 명단을 넘겨주었다. 그러자 이웃 교회 목사님들이 이 소문을 듣고 전도 계획을 세우기 시작했다. 나는 이제 여러 주변 교회들에도 전도 경쟁의 대상이 된 셈이었다.

그 날도 힘들게 전도하다가 다른 교회 교패가 붙은 집을 발견했다. 수백 집 벨을 눌러도 교인이라는 사람이 별로 없던 터라 너무 반가워서 벨을 눌렀다. 가까운 교회에서 전도 나왔다고 했더니 반갑게 맞아 주었다.

"모처럼 교패를 보니 반가워서 벨을 눌렀습니다. 우리 동네로 이사 오셔서 반갑습니다."

다른 사람들은 문을 열지도 않고 "본교회 있어요."하고 냉정한데 이 분은 수고한다며 커피를 대접하겠다고 들어오라고까지 한다.

교회 집사이고, 여전도회 회장이라고 자기를 소개하면서, 남편은 아직 기도하고 있지만 전도는 못 했다고 말해주었다. 커피 끓이는 동안에 결혼사진을 보고 있다가 수첩에 남편 이름과 집사님 이름을 기록했다. 그리고 아이들의 이름을 부르기에 그것도 얼른 기록 했다. 대접받은 감사로 그 남편을 위해서 간절히 기도하고 나왔다.

일주일 후 다시 전도하러 갔다가 복도에서 S 집사님과 또 마주쳤다. S 집사님은 반갑게 인사를 하면서 자기 집으로 나를 안내했다. 커피와 다과를 준비했기에 가족들의 이름을 한 명, 한 명 부르면서 간절한 마음으로 감사기도를 드렸다. S 집사님은 감동 어린 목소리로

"어떻게 우리 식구들 이름을 다 기억하셨습니까?" 하면서 놀라움을 금치 못하는 표정이었다.

"기도하려고 살짝 적어갔지요. 이름 부르면서 일주일 동안 이 가정을 위해서 기도했습니다."라고 대답했더니 자기는 자기 교회 목사님에게도 이런 사랑을 못 받았다면서 너무 고마워하는 것이다. 이 정도의 열정이라면 평생 숙제인 남편을 반드시 전도할 수 있을 것이라며 기뻐하는 것이었다.

그러면서 자기도 나를 돕겠다고 나선다. 전도해서 먼 교회까지 데리고 가는 것이 힘들어 출석을 거부하는 사람이 있으니 만나보겠느냐고 한다. 그리고 다시 자기가 전도해서 사람들을 모아 줄 것이니 자기 집에 와서 성경공부와 기도회를 인도해 주고, 능력껏 데리고 가라고 한다.

천군만마를 얻은 것 같이 갑자기 힘이 솟아난다. 전도의 길이 환하게 보이는 듯했다. 역시 언약궤를 메고 요단 물에 들어서야 물이 끊어지고 길이 열리는[수3:] 것이구나 하며 속으로 감탄사가 저절로 터져 나온다. 약속하고 집에 와서 저녁을 준비하는 내내 감사의 눈물이 흘러내린다. 철야기도를 하면서도 감사해서 많이 울었다. 하나님의 도우심의 손길이 이런 것이구나.

"구하는 이마다 얻을 것이요 찾는 이가 찾을 것이요 두드리는 이에게 열릴 것이니라" [마7:8]

말씀을 입속으로 되뇌면서 왠지 흥겹게, 발걸음도 가볍다. 며칠 후 약속 날짜에 말씀을 준비해서 그 집사님 집으로 갔다. 자신의 집을 오픈하고 많은 사람을 전도해서 방에 가득하게 모아놓았다.

이웃에 입주한 다른 교회 집사님 한 분과 둘이서 일주일 동안 전도한 사람들이었다. 거기에는 장애가 있는 분도 있었고, 사업하다가 망해서 작은 집으로 줄여서

이사 온 집도 있었다. 너무 가난해서 한 주일 동안 양파를 소금에 찍어 먹었다는 사람도 있었고, 몸이 몹시 아픈 사람도 있었고, 남편의 술주정 때문에 못 살겠다는 여자분도 있었다. 가지가지의 문제들을 가진 사람들이 다 모였다.

찬송을 부르고 성경을 읽고 예배를 드렸다. 이들은 눈물을 흘리면서 하나님의 말씀을 진지하게 청종하고 있었다. 저들의 마음속에 다양한 배고픔을 채우려는, 영적 갈급함을 가지고 온 사람들이었다. 예배 후 그들의 이름을 기록하고, 기도 제목들도 기록했다. 그리고 그들의 문제를 놓고 한 명씩 간절히 하나님께 기도를 드렸다.

그들은 대부분이 교회 출석을 약속했다. 절대로 출석 못 할 형편에 있는 사람들은 따로 방문해서 기도하면서 방법을 찾았다. 전도를 위한 기도회는 날이 갈수록 수가 늘어났다. 시내 교회에 적을 둔 집사님들도 한 명씩 모여들어 기도회는 점점 뜨거워졌다. 누구든지 이곳에 참석하는 자들은 기대하며 참석했고 기쁨이 충만했다.

질병들이 고쳐지고, 문제들이 해결되는 역사가 일어났다. 마치 50~60년대 시골 교회 사경회 같은 집회가 이루어졌다. 전도는 더욱 활발하게 이루어졌다. 드디어 아파트 구역이 생겨났다. 구역원들도 점점 늘어나서 30여 명씩 참석하게 되어 거실이 좁아서 방문을 다 열고 방에도 들어가 앉아야 했다. 몇 달이 못 되어서 아파트 구역은 3구역으로 나누어야만 했다.

그러는 중에 집을 오픈해서 기도회를 열었던 S 집사님 집에 하나님께서 큰 축복을 해주셨다. 그 남편이 교회에 출석하겠다고 결심을 한 것이다. S 집사님은 남편을 혼자 우리 교회에 보낼 수 없다며 같이 우리 교회에 출석하게 되었다. 출석하던 교회에는 남편을 전도해서 가까운 교회에 출석하겠다는 결심과 함께 교회의 모든 직책을 내려놓았다.

그러나 그 교회 담임 목사님은 허락하지 않았다. 일주일에 몇 번이고 심방을 오셨고, 주일날은 아예 집 문 앞에서 기다리고 계신다는 것이다. 심히 괴롭고, 민망하다면서 자기의 고민을 털어놓았다. 그 목사님은 의사 출신이시며 미국 유학파 신학 박사학위를 받으신 그야말로 인격과 학식을 고루 갖추신 보기 드문 엘리트 목사님이셨다.

　　결국 10년 이상 다닌 자신의 교회 여전도회 회장 남편을 전도하지 못한 죄로 그 가정을 포기할 수밖에 없었다고 탄식하더라는 것이다. 그 목사님은 마지막으로

　　"그 사모님은 집사님 남편을 어떻게 전도했습니까?"

　　"아무것도 안 했습니다. 다만 남편 이름을 부르면서 날마다 기도했을 뿐입니다."

　　"특별한 능력을 갖춘 분이군요. 한 번 만나게 해 주시겠습니까?"

　　그러나 그 목사님을 만나는 일은 일어나지 않았다. 집사님은 남편과 열심히 신앙생활을 했다. 교회 섬기는 일에는 누구 보다 앞장서서 했다. 건축헌금도, 십일조도 감사헌금도 초신자들에게 모범적인 모습을 보여 주었다. 청소봉사며, 전도며, 철야기도회, 새벽기도회도 빠지지 않았다. 그의 남편은 이제 믿는 초신자이면서도 외조를 잘 하시는 분이셨다. 아이가 아플 때도 남편이 아이를 돌볼 터이니 걱정하지 말고, 기도 많이 하고 오라고 등 떠밀어 철야기도회에 보낸다고 한다. 나는 그 남편에게

　　"정말 감사합니다. 외조의 왕이십니다." 그랬더니 그 남편의 대답이 명품이다.

　　"내가 10년 동안 못한 교육을 교회에서 대신해줬으니 내가 감사하지요. 아내의 인격이 완전히 변했습니다. 그러니 교회를 보낼 수밖에요"

　　자기 아내의 변화된 모습을 보고 믿기로 결심했다는 것이다.

　　어느 목사님의 설교가 생각난다. 사람의 만남에는 생선 같은 만남과 꽃과 같은 만남과 손수건 같은 만남 이렇게 3가지 종류의 만남이 있다고 한다.

　　생선 같은 만남은 만지기만 하면 비린내가 나는 만남 즉 만나기만 하면 서로에게 좋지 않은 영향을 주는 만남이다. 시기 질투하게 하고, 싸우고 원한을 남기게 하는 만남이다. 이런 만남은 오래 갈수록 더욱 부패한 냄새를 풍길 뿐이다. 꽃과 같은 만남은 만나면 향기가 나고 어쩔 줄 모르지만 금방 시드는 만남을 말한다. 모든 육체는 풀의 꽃과 같은 존재이다. 손수건 같은 만남은 상대가 슬플 때 눈물 닦아주고 그의 기쁨이 내 기쁨인 양 같이 기뻐해 주고 힘들 때는 땀도 닦아 주고 언제나 마음을 함께하는 만남을 말한다. 부부의 만남도, 목사와 성도의 만남도 손수건 같은 만남이 되어야 한다고 강조한다. 새 하늘과 새 땅이 도래하는 날 주님께서도 손수건으로 우리 눈물을 닦아주신다고 하셨다.

친정 교회는 진짜

신앙생활 잘하던 아가씨가 혼기가 되어 시골로 시집을 갔다. 전도 받아 처음으로 신앙생활을 한 곳이 우리 교회였다. 그래서 아가씨는 우리 교회를 친정같이 그리워하며 친정 교회라고 불렀다.

신혼인 아가씨에게는 낯선 곳에서의 시집살이, 그 자체가 견딜 수 없는 분노와 억압으로 멍들어 가고 있었던 같다. 남자들은 이해 못 할지 모르지만, 여자들의 시집살이란 혈혈단신 적진 속으로 뛰어드는 격이라 해도 과언은 아니다. 시집 식구들과 적응하면서 살기란 매사에 힘든 부분들이 산재해 있다. 시댁의 생활방식에 적응하는 기간은 모든 식구가 서로 사랑으로 양보하면서 협력해도 시간이 걸리는 문제이다. 삶의 방식과 생활 습관, 식습관과 언어 행동, 어느 것 하나 낯설지 않은 것이 없으며 어설프지 않은 것이 없다. 처음부터 적대감을 가지고 무시하고, 나무라고 한다면, 무서운 충격과 부담감으로 힘겨운 나날들을 슬프게 보낼 수밖에 없을 것이다. 더구나 중매로 만난 남편이어서인지 별 힘이 되어 주는 것도 아니어서, 더욱 갈등의 골이 깊어질 수밖에 없는 형편이 됐다.

문제는 시댁 식구들이 너무 똑똑하고 잘났다는 것이다. 별다른 흠도 없고, 모두 다 인격적으로 온전하고 정상인들이며 번듯한 직장이 있었고, 기본 재산도 있는 비교적 잘 사는 집이라고 한다.

그런데 이 아가씨의 남편은 육신의 장애가 있는 생활 약자였다. 연애로 만난 사이는 아니지만 결혼을 결심할 때는 그래도 든든한 가족들의 도움이 있을 것이라는 기대감이 있었던 모양이었다. 그 기대감마저 무너지면서부터 이 아가씨는 병들어 가고 있었던 것으로 추정된다.

남편이 온전하지도 못하고, 똑바른 직장이 있는 것도 아니고, 전문적인 기술이 있는 것도 아닌데 부모가 먹고살 수 있도록 재산을 물려준 것도 아니고 보니 더욱 마음이 무거웠던 모양이다. 더구나 남편의 부족함이 어떻게 새 며느리 탓이겠는가? 매사가 그런 식으로 몰아가니 견딜 수 없어 병이 난 것 같다. 게다가 시댁 식구들은 뼈대 있는 가문, 뿌리 깊은 신앙을 운운하면서. 가난한 집 딸이라고 많은 멸시를 받았던 모양이다.

'네가 잘해야' 집안이 편안하다면서 착한 며느리, 좋은 아내 되기를 강요당하고 보니, 착한 며느리 콤플렉스, 좋은 아내 콤플렉스, 좋은 믿음 콤플렉스에 걸리게 마련이다.

가슴 깊숙이 감추었든 아픔들이 용광로처럼 부글거리다가 드디어 폭발하고야 만 것이다. 걷잡을 수 없이 한 인격체는 파산 선고를 하고 말았다. 더 이상 숨길 수가 없어서 활화산이 된 것처럼, 마음속의 진실한 소리가 밖을 향해 세차게 뿜어내니 걷잡을 도리가 없었던 것이다.

"이게 나야!" 이렇게 화가 나고 소리 지르는 게 내 본심이라고 난 억울하다고 소리치는 것이다. 시댁 식구들의 말은 진실이 없고, 그들의 신앙도 가짜라고 여기게 되었다. 그렇게 되고 보니 시댁에서는 교회에서나 문중에나 부끄러운 일이라고 더욱 쉬쉬하고 단속하니 새 며느리의 병세는 더욱 악화하여 제어할 방법이 없어져 버렸다.

새댁은 더욱 날뛴다. 시댁 교회에서 오는 모든 목사님과 권사님과 장로님과 집사님들의 기도도 가짜라고, 예배도 가짜라고, 찬송 부르는 것도 가짜라고, 모두 모두 가짜라고 소리소리 지른다. 다 터트리고 터져서 본심이 드러나니 차라리 부끄러운 것도 없고, 자기가 미워하는 그 누구에게도 예절을 지킬 필요도 없다고 생각한 모양이다.

무거웠던 짐을 홀홀 벗어 던지고 이제는 고삐 뗀 망아지같이 날뛴다는 것이다. 새댁 친정 언니에게서 연락이 왔다. 시집간 동생이 그렇게 됐다면서, 친정 교회만 찾는다는 것이다.

나는 그의 언니와 같이 버스를 타고 시골에 있는 동생 시댁으로 갔다. 대문을 막

넘어서려는데 정말로 눈앞이 아찔할 정도의 상황이 영화의 한 장면 같이 눈앞에 펼쳐졌다.

마당 건너편 방안에는 목사님과 여러 교인이 앉아서 찬송을 부르며 예배를 드리고 있고, 새댁은 맨발로 마당에서 종횡무진 이리저리 날뛰고 있었다. 우리 일행을 발견하고 뛰어나와 눈물로 맞으면서

"사모님 내가 아픈 것 몰랐습니까? 왜 이제야 오십니까? 당장 예배드려주세요. 진짜 예배를 드려 주세요. 저기 저것들 다 가깝니다."

하면서 손을 잡는다. 그리고 그 자리에서 무릎을 꿇는다. 새댁의 몰골을 보니 측은하기 그지없다. 얼굴은 야위어서 뼈와 가죽밖에 없고, 맨발에 옷고름을 풀어헤친 매무새는 영락없는 미친 사람이었다.

발을 닦아 새댁의 방으로 들어가자고 했다. 그렇게도 간절히 원하는 예배를 드렸다. 눈물로 예배를 드렸다. 언니도 울고 나도 울고 새댁도 울었다. 예배를 드리고 나니 한숨을 푹 내쉬면서 이제야 숨통이 트여 살 만하다고 한다. 그러는 동안에 안방의 모든 교인은 돌아가고 밖은 조용해졌다. 시어머니 권사님은 우리가 앉아 있는 방문을 열고

"친정 교회 사모님 말은 잘 듣네." 하면서 환자를 데리고 부산으로 가라고 한다. 친정 교회에서 해결하라고, 뭘 해결하라는 말인지는 잘 모르겠지만 데리고 가라는 말에 새댁은 얼굴빛이 확 달라진다.

환하고 즐거운 표정으로 서둘러 옷을 갈아입고 머리를 빗고, 앨범(결혼식 때 찍은 사진 사모님 못 보여 주었다면서) 한 개를 싸들고 따라나선다. 도착할 때까지 거의 4시간을 버스 안에서 그동안 겪었던 일들을 눈물로 하소연했다. 그리고는 이제 마음이 후련해졌다고 하면서 가슴을 쓸어내린다. 나는 눈물 어린 하소연을 듣는 내내 이런 생각을 했다.

'피접 오는 딸을 맞는 친정 어미의 마음'이 이런 걸까? 우선 새댁은 푹 쉬어야 했고 먹고 기운을 차려야 했다. 편히 쉴 수 있도록 새댁의 언니 집으로 데리고 갔다. 언니에게 이런저런 당부를 하고 집으로 돌아왔다. 오늘은 온종일 너무 피곤했다. 가족들의 저녁밥을 챙기고 교회로 갔다. 교회에는 그들 자매와 늘 철야기도하는

멤버들이 와 있었다.

새댁은 낮에는 병세가 조금 호전적이었던 같았다. 그러나 밤이 되니 병세가 점점 악화가 되어갔다. 밤중쯤 되어가니 더욱 속도를 내고 있었다. 어찌나 날뛰는지 제어할 힘이 없게 되었다. 우리는 모두 함께 붙들고 기도할 수밖에 없었다. 새벽녘 되니까 더욱 거세게 날뛴다. 시내 교회 출석하는 교인 몇 명이 새벽 기도회에 참석하려고 들어왔다.

우리는 밤사이 너무 지친 상태라 그들에게 이 환자를 맡기고 잠시 숨을 돌리려 했다. 그들은 순순히 그렇게 하겠다고 했다. 그러나 그들이 기도하려고 손을 대는 순간 새댁은 큰 소리로

"치아라 니(당신) 기도 까(가지고) 안 된다." 하면서 호통을 친다. 우리는 숨 돌릴 여유도 없이 다시 환자를 붙들고 기도하기 시작했다. 잠시의 쉴 시간도 용납되지 않는 숨 가쁜 시간이었다.

새벽예배를 시작할 때쯤 되니까 새댁은 눈을 두리번거리면서
"어디로 갈까요?"하고 갈 곳을 묻는다.
나는 당황했다. 처음 듣는 질문이라서 멈칫했다. 순간 성경 구절이 생각나서, 가장 멀리 있는 지역으로 가라는 명령을 해야겠다고 결심했다.
"멀리 시베리아로 가라"고 대답했다.
그런데 정말 밖으로 뛰어나가는 것이다. 잡고 있던 여러 명의 손을 우수수 떨치고. 우리도 따라 밖으로 나갔다. 하늘의 하얀 달빛이 무척 차갑게 느껴지는 밤이었다. 저만큼 달려가던 새댁은 기진맥진한 채 땅에 풀썩 주저앉는다.

역사하던 어떤 힘은 빠져나가고 연약한 몸은 삶은 파같이 길바닥에 축 늘어졌다. 그토록 강하고 왕성하여 우리 여섯 명이 붙잡아도 확 뿌리치던 힘에 근원이 없어진 것이다. 환자를 업고 들어와서 교회 의자에 누이고 새벽예배를 드렸다. 그리고 날이 밝기를 기다렸다.

그날로 그들 자매는 먼 시골 친정집으로 요양차 떠났다. 친정집에서의 마음 편한 몸조리와 보양식으로 차츰 기력이 회복하기 시작하였다. 피접간 지 한 달 만에

건강을 완전히 회복해서 언니 집으로 다시 돌아왔다. 새댁이 돌아왔다는 소식을 듣고 언니 집으로 달려갔더니 온전한 정신으로 뛰어나와 감사 인사까지 챙긴다. 몸도 예전처럼 회복되었다. 방에 자리를 잡고 앉으니 새댁은 내게 물어볼 말이 있다고 한다.

"그때 새벽 기도회에 참석한 늦게 들어온 사람들은 누구지요?"

"우리 교회 교인은 아니고 시내 교회 교인들입니다. 우리 교회 새벽기도회에 늘 참석하는 집사님들입니다. 나도 물어볼 말이 있습니다. 그 때 '치아라 니 기도 까 안 된다' 했지요? 그 사람들 얼굴도 모르는 사람들인데 어떻게 그렇게 무시할 수 있어요?" 했더니 그 새댁은

"사모님 그 사람들 신앙 없는 사람들입디다." 하면서 그 사람들의 영적인 모습이 그냥 보이더라는 것이다.

사람은 사람을 잘 알지 못하지만 귀신은 그 사람의 능력을 알고 있다. 예수님 당시에도 귀신들이 예수님을 먼저 알아보고 벌벌 떨면서"나는 당신이 누구인 줄 아노니 하나님의 거룩한 자니이다."[막1:24] 한 것같이 새댁도 그 속에서 역사하는 귀신이 사람의 심리나 실력을 다 파악하고 덤비는 것이었다. 그러나 우리가 한 가지 알 것은 담대함이다. 하나님께서 우리에게 이미 귀신들을 제어할 권세를 주셨다는 것이다.

내가 너희에게 뱀과 전갈을 밟으며 원수의 모든 능력을 제어할 권세를 주었으니 너희를 해할 자가 결단코 없으리라." [눅10:19]

새댁은 언니 집에서 조금 더 머물면서 요양을 하고, 달포 정도의 피접을 마치고 시집으로 돌아갔다. 새 힘을 얻어서 다시 잘 해볼 것을 다짐하면서.

오처럼 살맛나는 신앙생활

나는 주로 집이 먼 거리에 있는 가정들을 중심으로 구역을 돌보고 있었다. 시내 구역은 집들이 띄엄띄엄 떨어져 있고, 또 가정 수가 별로 많지 않아서 쉽게 맡길 사람이 없기 때문이다. 시내 구역에 다섯 가정을 배정받았다. 젊은 층의 여 집사님들이 열심히 협조해 준다면, 지역적인 특성을 살려서 말씀과 기도에 풍성한 은혜를 확신하면서 간절히 준비 기도를 하였다.

"너희 중에 누구든지 지혜가 부족하거든 모든 사람에게 후히 주시고 꾸짖지 아니하시는 하나님께 구하라 그리하면 주시리라." [약1:5]

거리가 먼 관계로 수요예배나 새벽예배, 그리고 금요 철야기도를 참석하기란 쉽지 않은 구역이다. 신앙 성장에 부족함을, 구역예배를 통해서 다 채워줘야 하는 영적 부담감을 가지고 첫발을 들여놓았다.

하나님의 지혜와 선하신 인도하심을 소원하면서 첫 번째 구역예배를 드리기 위해 출발했다. 버스를 타고 한 시간은 족히 걸리는 거리이다. 구역원들의 사정과 상황들은 각각 다르고 성격도 아주 달랐지만 거의 비슷한 또래의 집사님들이었다. 어떻게 해야 한 마음으로 신앙생활에 증진할 수 있으며, 합심해서 기도하는 기도의 동역자가 될 것인가? 하나님의 뜻을 이루어가는 신실한 신앙으로 성장할 것인가에 대해 고민을 하지 않을 수 없었다. 구역예배를 마치고 나는

"숙제 있습니다." 했더니 이구동성으로

"구역예배도 숙제가 있습니까?"

"구역 특성상 스파르타식 훈련이 필요할 것 같네요."

전 구역원들이 내 입만 쳐다보면서 매우 당혹스러운 표정들이다.

"숙제는요, 마태복음을 하루에 한 번씩 일곱 번 읽고, 몇 장 읽었는지를 기록해서 다음 구역예배 때 보고하는 것입니다. 아주 쉽지요? 그리고 읽으면서 장마다, 절마다 나타나는 하나님의 속성에 대해서 적어 보십시오. 그리고 내 마음에 와닿는 감동적인 성경 구절, 아니면 제일 많이 나오는 단어, 내가 잡을 약속의 말씀, 아니면 하나님께서 나에게 하신 말씀이 무엇인가를 적으면 더욱 좋구요."

일주일이 지났다. 구역예배를 기대감으로 마쳤다. 예배 후

"한 사람씩 보고하세요."

지난주에 내주었던 숙제에 대한 경과보고를 해보라고 했다. 어떤 사람은 하루에 한 번씩 일곱 번 읽어서 196장을 보고했다. 어떤 사람은 일주일에 한 번인 줄 알았다면서 28장을 보고했다. 어떤 사람은 남편에게 "고시 공부 시작했느냐"는 말까지 들으면서 열심히 읽었지만 세 번밖에 못 읽었다고 84장을 보고했다. 전 구역원의 보고를 다 합하니까 삼백 장이 훨씬 넘었다.

그 후에도 이 숙제는 계속되었다. 다음 주까지는 요한복음, 또 그다음에는 로마서 이렇게 적응이 되면서 처음에는 엄청나다고 놀란 사람들이 날이 갈수록 재미있다고 신앙생활 할만하다고 야단들이다. 모처럼의 성취감 때문에 흥분했고, 자신감 때문에 모이는 것이 기다려진다고 했다. 구역원 중에 장로님 딸이 한 명 있었다. D대학에서 학생회 회장을 했다는 활발한 성격의 집사님이 있었다. 그는 친정에 전화해서

"아빠 나 요즈음 신나게 살고 있어요. 모처럼 살맛 나는 신앙생활 하고 있어요."

딸의 흥분된 목소리를 들은 부모님들은

"우리 딸을 이렇게 신나게, 살맛 나게 만든 사람이 누구인지 보고 싶다"

라고 하시면서 대구에서 부산을 오시겠다고 한다는 것이다.

며칠 후 연락이 왔다. 친정에서 부모님들이 오셨다고 만나기를 원한다고. 그 부모님들은 정말로 얼굴만 보아도 예수님의 향기가 느껴지는 분들이셨다. 이야기를 듣다 보니 인자함이 인격에 배여 있었고 교회에서 충성 많이 하시는 모범적인 신앙의 가정인 것이 보였다. 이런 독실한 신앙 인격을 갖추신 훌륭한 부모님 밑에서 자란 그 집사님이 부럽기까지 했다.

그의 남편은 외항선의 선장으로 1년에 가정에 있는 날은 두 달밖에 안 된다고 한다. 혼자 아이들 데리고 사는 것이 힘들고, 외롭고, 삶의 의욕을 상실한 상태로 축 늘어져 있었던 터라 가족들 간에는 대구에서 부산까지 달려올 수밖에 없는 희소식이었던 것이다.

우리 구역원들의 자부심은 남달랐다. 성취감 때문인지 매사에 적극적이었다. 하루는 주보를 들고 나에게 항의를 하듯이 물었다.

"우리 구역에 성경 읽은 보고가 왜 이렇게 엉터리입니까?"

자기들은 심혈을 기울여 노력한 결과를 교회에서 이렇게 무시할 수 있느냐? 정당한 보고를 볼 권리가 있다는 것이다. 알고 봤더니 주보 담당하시는 부교역자님들이 숫자가 잘못된 것인 줄 알고 그렇게 했다는 것이다. 계속 오백 장씩 넘으니까 다른 구역은 기껏해야 몇십 장씩인데, 이럴 리가 없다면서 앞의 숫자 즉 596장이면 앞의 오백을 빼고 96장만을 보고했다는 것이다. 우리는 그냥 재미있는 에피소드 정도로 웃고 넘겼다.

후로도 우리 구역은 많은 사람의 눈총을 받았다.

"그 구역에 무슨 일 일어났습니까?" 무슨 사건이라도 생긴 줄 알고 묻는 사람들이 많다.

"별일은 없구요. 다만 숙제를 많이 내어 줄 뿐입니다. 숙제를 잘 내주는 교수는 훌륭한 교수랍니다."

사실은 구역에서 힘에 겨운 많은 성경 읽기 숙제가 도화선이 된 것이다. 성경을 읽다 보니 하나님을 가까이서 뵙게 되었다는 것이다. 말씀 속의 하나님께서는 나의 모든 문제에 관심을 가지고 계시며, 언제 어느 때든지 우리가 부르짖으면 곧 응답하실 분이심을 알게 된 것이다. 그래서 구역예배는 즐거움이었고, 생활의 활력소였고, 기다려지는 예배가 되었다는 것이, 그들이 구역예배에 그토록 열심히 참석하게 된 이유였다.

이제는 구역예배 설교보다 저들의 한 주일간의 체험보고시간이 훨씬 길어졌다. 지금까지 숨겨두었던 혼자만의 고민과 무거운 짐들을 구역에 들고 오게 되었고,

풀어 놓고 한 가지씩 하나님께 아뢰기 시작한 것이다. 자신의 변화에 대해서 보고 했고, 기도 응답을 받은 것에 대해 보고했다. 그리고 매주 기도 제목 받는 것과 성 경숙제를 기대했다.

가정에서의 역사가 일어나니 이제는 거기에 머물지 않고 멀리서 새벽 예배까지, 철야 예배까지 교회로 뛰어와서 참석할 정도로 은혜를 갈망하게 되었다. 그들의 신앙 성숙도는 달음질치고 있었다.

"기도 없는 사람은 사람을 사랑한다고 말할 수 없으며, 만일 사랑한다고 하면 그 사람을 위해 서 기도하지 않을 수 없다. 기도를 배우면 삶의 여유보다 마음의 여유가 생긴다."[폴. 밀러]

우리의 몸이 아프거나 다치게 되면 더 이상 정상적인 생활을 지속할 수 없는 것 과 같이 우리의 마음도 문제에 눌리고 피곤하면 더 이상의 정상적인 생활을 지속 할 수가 없는 그로기 상태가 된다. 그러면서도 무리하게 살아가고 있는 것이 현실 이다. 그래서 교회 오는 것을 무거운 짐으로 여기고 피하게 된다. 그렇다고 방에서 뒹굴어 보지만 더욱 딱함만 남고, 억지로 기운을 차리고 예배에 참석은 했어도 자 신과는 아무 관계없는 신앙생활이 되고 만다. '그냥 좋은 말씀이야! 다 옳은 말씀 이야!' 하면서 떠나버리는 사람들도 있다.

그러나 성경 말씀을 깊이 읽게 되면 하나님의 섭리하심을 깨닫게 된다. 저주받 을, 지옥 형벌 받을, 더럽고 추한 나를 건져주시고, 구원하신 하나님의 그 크신 사 랑을 알게 하신다. 주님의 십자가 형벌은 나 때문인 것을 알고 눈물 흘리게 된다.

읽으면 읽을수록 나를 사랑하심에 감동하게 된다. 그 말씀으로 인하여 위로를 받게 된다. 그 약속을 붙들고 기도하게 된다. 그리고 내가 얼마나 소중한 사람으로 하나님께서 창조하셨는지를 다시 확신케 하신다.

이제부터는 하나님의 목적대로 살아야 한다는 결심을 하게 된다. 내 마음의 주 인은 하나님이심을 고백한다. 이 신앙의 확신이 바로 삶을 지탱해 나가는 힘이자 능력이다. 삶의 목적이 되는 것이다. 자존감을 높이 끌어 올려 주는 것이다. 삶의 질이 달라진다. 내 삶의 왕좌에 하나님을 모시니, 마음이 가득하고 은혜가 충만해 져서 주체 못 할 기쁨이 넘치게 되는 것이다. 신앙생활이 즐거워지므로 살맛이 나 는 것이다.

[찬송] "주 예수 내 맘에 들어와 계신 후 변하여 새사람 되고/ 내가 늘 바라던 참 빛을 찾음도 주 예수 내 맘에 오심/ 주 예수 내 맘에 오심 주 예수 내 맘에 오심/ 물밀 듯 내 맘에 기쁨이 넘침은 주 예수 내 맘에 오심"

스스로 전과자라는 상습범

여전히 온종일 사람들 속에서 떠밀려 살아가고 있었다. 하루에 열 시간 이상씩 걸어야 했고, 심방 설교를 수십 번씩 해야 했다. 이것이 전도와 심방을 병행해 나가는 나의 하루의 활동량이기도 하다. 저녁이 되면 더 이상 말할 기력이 없어진다. 입속은 타들어 가는 듯 침도 삼킬 수 없을 만큼 메말랐고, 몸은 온통 기진맥진해서 그로기 상태가 되어버린다. 그러나 가족들을 위해서 해야 할 일들은 산더미 같이 쌓여 있는 것이 나의 현실이다.

서둘러 저녁 식사 준비를 해야 하는데, 그런 와중에 사택으로 한 통의 전화가 걸려온다. 낯선 젊은 남자의 목소리가 나를 찾는다.

"누구신지요?" 했더니 자기는 어제 교도소에서 나온 전과자라고 한다. 집이 전라도인데 집에 갈 자비가 없어서 차비를 달라고 한다. 그의 말투는 도움을 요청하는 말투는 아니었다. 마치 빚 독촉을 하듯, 맡겨 놓은 돈을 내놓으라고 하듯, 당당하게 명령하는 말투였다. 아니 협박 비슷한 상투적인 말투였다. 똑같은 수법으로 협박하는 사람들을 우리는 수없이 만난 터였다. 어디 협박뿐이겠는가, 횡포 부리는 일도 다반사로 겪은 터였다. 목소리로 보아서는 20대 초반의 연령대인 것 같았다.

"우리 집 전화번호는 어떻게 아셨어요?"

"교회 가니까 천 원짜리 몇 장 줍디다. 그까짓 것 가지고 안 돼서, 나올 때 주보를 한 장 챙겨가지고 나왔지요! 여러 번 전화했는데 전화 안 받던데요."

개척교회에 하루에 몇 천 원씩 오는 사람마다 주는 것도 큰 부담이 되는 때였다. 그런 상습범들은 하루에도 수십 명씩 줄 서서 들어온다. 정해놓고 주어지는 몇천

원에 만족하지 않고 늘 사택에 대고 횡포를 일삼는다. 낮에 집이 비어 있으니 저녁 무렵에는 사람이 들어오겠지 라고 계산해서 전화한 것이 틀림없다. 지금 삼만 원을 들고 교회 앞으로 뛰어나오지 않으면 작살을 내겠다고 호통을 친다. 70년대 삼만 원이면 엄청 큰돈이었다.

그리고 한술 더 떠서

"J 교회 목사님 사모님은 돈 봉투 들고 버선발로 뛰어나오더라!"라는 말까지 덧붙여 일러 준다. 나도 그렇게 돈 봉투 들고 버선발로 뛰어나오라는 것이다.

"대한민국 사모님들이 다 버선발로 뛰어나가도 난 그렇게 못합니다. 버선발로 뛰어나온 사모님들에게서 몇만 원씩 받은 거로 차비 해서 집에 가면 되겠네요." 이제는 반말로 시비를 건다.

"누가 그걸 모르나 모자라니까 그러지!"

"교도소에서 나올 때 집에 갈 차비 정도는 주는 거로 알고 있습니다만, 전과자가 자랑입니까? 뭐가 그렇게 당당합니까? 내가 볼 때 어제 교도소에서 나온 전과자가 아닙니다. 사기꾼입니다. 사지가 멀쩡하고 젊은 나이에 그렇게 교회마다, 사모님마다 속여 먹으니까 재미있습니까? 속아 주는 사모님들에게 수십만 원은 챙겼겠네요. 이제 부모가 기다리는 집으로 돌아가세요. 그런 사기행각 오늘로 끝내세요. 땀 흘리고 일해서 먹고 살아야지요. 자신이 자기 몸을 천하게 굴리면 천한 사람이 되고 자신이 귀하게 살면 귀한 사람이 되는 것입니다. 왜 자신을 하찮은 사기꾼으로 전락을 시킵니까?

앞으로는 거짓말하러 오는 교회가 아니라, 돈 뜯어내려고 오는 교회가 아니라, 내 영혼이 구원받고, 하나님 섬기기 위해서 믿음으로, 감사함으로 예배드리러 오는 교회가 되기 바랍니다. 주보 꼭 챙겨서 가시구요. 고향 가서 교회 잘 다닌다는 소식 전해 주세요. 기다릴게요."

한참 퍼부었는데 소리 없이 듣고 있던 그 '스스로 전과자'라는 청년은 한참 후에야 무거운 말투로

"사실은 우리 엄마도 교회 집사입니다." 울먹이면서 다시 말을 잇는다.

"아무도 아프게 말해주는 사람이 없었습니다. 이 길로 집으로 갈 것입니다."

"잘 생각했습니다. 집에 갈 차비는 있습니까?"

"예 있습니다. 염려하지 마세요."

그렇게 해서 통화는 끝났다. 그날로부터 '스스로 전과자'를 위한 기도를 시작했다. 틀림없이 고향으로 가서 신앙생활 잘할 수 있도록 그리고 좋은 일자리도 허락해 달라는 간절한 기도를 날마다 드렸다.

두어 달 후 전화가 걸려왔다. '스스로 전과자'였다. 고향에 돌아가 엄마 모시고 열심히 노동해서 돈도 벌고, 교회도 빠지지 않고 잘 다니고 있다는 반가운 소식이었다. 잘했다고 칭찬해 주었다. 그리고 예수 잘 믿고 신실하게 살면 반드시 성공할 것이라고 좋은 날을 보게 될 것이라고 격려해 주었다.

미국의 신학자이며 사회학자인 토니 캄폴로 박사가 95세 이상 된 사람 50명에게 만약 다시 한번 삶의 기회가 주어진다면 어떻게 살기를 원하는지 물었다. 그들이 첫 번째로 꼽은 것은 '날마다 반성하는 삶'이었다. 아무런 되새김 없이 무심코 흘려보낸 자신의 시간을 후회하는 것이다. 지나온 하루를 돌아보며 자신을 반성하고 더 나은 내일을 계획하는 삶은 하루하루를 아름답고 가치 있게 만든다.

둘째는 '용기 있는 삶'이었다. 눈앞의 이익을 좇아 양심을 버리고 불의와 타협했던 자신이 얼마나 어리석은 선택을 한 것인지 깨닫게 된 것이다. 진실을 말할 용기가 없어 외면하며 산 날들이 이제 뼈아픈 상처가 되어 돌아온 것이다.

셋째는 "죽은 후에도 무언가 남는 삶"이었다. 자신들의 삶이 아무것도 남기지 못하고 지금까지 목표를 세우고 꿈을 꾸며 힘들게 달려왔지만 그게 다 물거품처럼 없어지고 마는 허망한 것들이었음을 깨닫게 된 것이다. 다시 한 번 기회가 주어진다면 없어지지 않을 것들, 참된 가치들을 추구하며 살겠다는 대답에서 인간에게 정말 중요한 것이 무엇인지 짐작할 수 있었다고 한다. 인간은 누구나 후회 없는 삶을 원한다.

베드로는 예수님의 수제자였다. 그는 수제자답게 예수님 앞에서

"내가 주와 함께 죽을지언정 주를 부인하지 않겠나이다." 하고 호언장담했지만 닭 울기 전에 3번씩이나 예수님을 부인하고 말았다. 선생님도 잃고, 자기 자신에

대한 신의도 잃고 낙심하여 옛날에 하던 일 곧 "나는 물고기 잡으러 가노라"하고 옛날 어부들이었던 제자들이 함께 배에 올랐지만 고기 잡는 것마저 실패했다. 절망 가운데 부활하신 예수님을 만났으나 알아보지 못했다. "그물을 배 오른편에 던지라" 하시는 말씀에 놀라 예수님이신 줄 알았으나, 이제는 선뜻 나서지도 못한다. 자신의 연약함을 알기 때문이다. 그런 베드로에게 주님은 나를 위하여 일하라고 당부하신다.

철야기도 개회 예배

주님의 심부름을 하다 보면, 뜻하지 않은 적병을 만나기도 한다. 터무니없는 오해를 받는 경우도 있다. 제주도에서 젊은 여 집사님이 우리 교회로 찾아왔다. 병명은 알 수 없었지만 여하튼 온몸에 쥐가 나는 특이한 병이라고 한다. 죽을 만큼 고통스러운 병이라고 한다.

하기야 우리도 가끔 종아리에 쥐가 난다. 특히 임신했을 때 잠자다가 다리를 어쩌다 무심코 쭉 펴면 종아리나 허리 부분에 쥐가 나서 뒤틀리면 눈물이 날 정도로 심한 통증을 느낀다. 그리고 빨리 풀리지도 않는다.

그런데 전신에 그런 쥐가 내려 종종 병원으로 실려 간다면 얼마나 고통스러운 일이겠는가? 병원에서도 약으로도 해결할 방법이 없다는 것이다. 그래서 자기 집에 와서 기도를 좀 해달라는 부탁을 하고 집으로 돌아갔다.

시아버지께서 장로님이시고 남편도 피택 장로라고 한다. 그러나 내가 자기 집에 가서 기도하는 것을 아직 남편에게 허락을 받지 못하고 있다는 연락을 받았다. 기다리더라도 허락을 받고 기도를 시작하고 싶었다. 서로 불편함이 없는 합법적인 방법에 따라 기도를 하고 싶었다.

한 달여 만에 제주도에서 전화가 걸려왔다. 비행기를 타고 빨리 와달라는 독촉 전화였다. 응당 남편의 허락이 떨어진 줄 알고 내일 출발하겠다는 약속을 했다. 그쪽에서도 그럼 내일 제주도 비행장에서 만나자는 약속을 하고서 전화를 끊었다.

나는 약속대로 제시간에 도착했고, 공항에서 우리는 다시 만났다. 집사님은 나를 자기 집으로 안내했다. 차창 밖의 제주도는 국내지만 외국 같은 분위기였다. 열대 나무들의 가로수들, 그리고 아름다운 섬나라, 따뜻한 기후. 특히 젊고 예쁜 J 집사님의 집은 온통 열대 나무들과 꽃들로 장식된 아름다운 곳이었다. 마당과 현관과 거실이 그냥 꽃길로 이어져서 있었다. 화려한 꽃들이 나를 반겨 손을 흔들어 주는 것 같아 기분이 무척 상쾌해졌다.

신발을 벗고 막 마루로 올라서려는데 뒤에서 남자들 발소리가 들린다. 순간 무겁고 어두운 그림자가 드리워지는 것 같은 묘한 분위기를 느끼면서 뒤돌아봤다. J 집사님은 당황하는 기색이 역력했다. 잠시 숨을 몰아쉬고 나에게 자기 남편이라고 소개를 한다. 그리고 동행한 다른 한 분을 자기 교회 목사님이라고 소개를 한다. 방으로 들어가 빙 둘러앉았다. 영 어색한 분위기였다.

본인이 안절부절못하는 것으로 보아 사태는 짐작으로 파악되지만 어쩌겠는가? 나는 애써 태연하게 앉아 있었다. 누군가가 먼저 말을 해 오기를 기다렸다. 잠시의 무거운 침묵을 깨고 목사님이 입을 열었다. 내가 누구인가에 대한 간 보기 질문 공세가 퍼부어졌다.

어느 교단이냐? 어느 신학교를 나왔느냐? J 집사님 하고는 어떤 관계냐? 누구의 소개로 왔느냐? 남편은 뭐 하는 사람이냐? 남편은 또 어느 신학교를 했느냐? 등등 질문을 퍼붓는다. 나는 차분하게 요구하는 대로 다 대답을 해드렸다. 그리고

"저도 질문 좀 해도 되겠습니까?" 했더니 그러라는 허락을 받았다.

"담임 목사님께서 이렇게 관심을 가지고 집사님 댁에 방문해 주셔서 감사합니다. 잘 오셨습니다. 자기 교회 성도의 일인데 어느 정도 아픈 상태인지는 알고 계시겠지요? 때때로 병원에 실려 가는 것도 아시겠지요?."

"예! 알고 있습니다."

"그렇다면 이 환자를 위해 기도도 많이 하셨겠습니다. 저는 J 집사님 사정이 돈으로 해결될 문제가 아닌 것 같아서 이렇게 무례함을 무릅쓰고 왔습니다만, 용서해 주시기 바랍니다. J 집사님 너무 고통스러워하니까 집사님을 위해서 1주일간 철야기도하면서 하나님께 간청해 보려고 합니다만."

당당하던 목사님께서 목소리가 낮아지셨다.

"죄송합니다. 저는 내 교인인데도 불구하고 철야기도 한 번 못 해봤습니다."

"그럼 목사님께서 이렇게 마중 오셨으니 괜찮으시면 철야기도 개회 예배를 드려

주시면 어떻겠습니까?"

"아! 예!"

그렇게 얼떨결에 목사님에게서 약속을 받아냈다. 남편과 같이 우리의 기도를 방해하려고 오셨지만 꼼짝없이 개회 예배를 드릴 수밖에 없는 처지가 되고 말았다.

담임목사님의 인도로 남편과 함께 철야기도 개회 예배를 드렸다. 그리고 남편도 많이 협력해 주겠다는 약속을 해주었다. 그러나 철야예배에는 한 번도 참석하지 않았다. 그 협조라는 것이 방해를 안 하겠다는 말이었는지도 모른다. 그리고 그 남편은 엉뚱하게도 낮에는 제주도를 구경할 수 있는 모든 코스를 예약해놓았다고 일방적인 통보해 왔다.

처음에는 이 상황이 낯설어서 펄쩍 뛰었다. "그럴 계획은 전혀 없었습니다만" 하면서 거절했지만, 끝까지 이미 예약한 상태라 그냥 그렇게 대접을 받기로 했다.

그 일주일 동안의 철야기도는 너무나 힘들었던 시간이었다. 짓누르는 악의 세력들과 영적인 싸움을 날마다 해야 했다. 더구나 환자 자신이 자기의 힘으로는 헤어날 수 없는 그로기 상태로 빠져들곤 했다. 둘이서 힘들게 그날그날을 버틸 수밖에 없었다.

그리고 낮에 많이 쉬고 싶었지만 어쩔 수 없이 관광하게 되어 강행군해야만 했다. 환자의 상태는 아주 조금씩 잠에서 깨어나는 것같이 깨어나고 있었다. 그 무겁게 내리누르던 눈꺼풀이 이제 겨우 올라가 열리는 것을 보고 철야기도는 마무리를 해야 했다. 토요일이기 때문에 서둘러 부산으로 와야 했다. 그 후로는 J 집사님은 건강해졌다는 소식을 전해 주었다.

몇 년 후에는 권사의 직임도 받았다는 소식 전해 주었다. 늦은 나이에 대학에 들어가 평소 하고 싶었던 도자기과를 열심히 다녀 졸업했다고 한다. 소일거리를 많이 만들어서 하고 있으며 특히 교회에 봉사를 많이 하고 있다는 종종 기분 좋은 소식들을 전해 주었다. 남편도 장로가 되었다고 한다. 다시 한 번 놀러 오신다면 그때는 제대로 대접을 하겠다고 했지만 다시 갈 기회는 지금까지 주어지지 않았다.

마치면서

"엘리사가 죽으니 그를 장사하였고 해가 바뀌매 모압 도적떼들이 그 땅에 온지라 마침 사람을 장사하는 자들이 그 도적떼를 보고 그의 시체를 엘리사의 묘실에 들이 던지매 시체가 엘리사의 뼈에 닿자 곧 회생하여 일어섰더라" [왕하13:20~21]

이 책을 읽는 독자 중의 단 한사람이라도 하나님과 만날 수 있는 계기가 된다면 그 어떤 수고도 기쁨으로 감당하려 합니다. 엘리사의 뼈에 닿은 시체가 살아 난 것처럼, 하나님의 말씀을 갈망하는 도전자이기를 기도하며 구원의 하나님을 찬양합니다.

"너희 중에 누구든지 지혜가 부족하거든 모든 사람에게 후히 주시고 꾸짖지 아니하시는 하나님께 구하라 그리하면 주시리라" [약1:5]

어느덧 54년의 세월을 목사 가족으로서의 삶을 살았습니다. 확실하게 말씀드릴 수 있는 것은 괴로울 때나 즐거울 때나 병들었을 때나 절망의 늪에 빠졌을 때에도 늘 하나님께서 외면하지 않으셨고, 동행해 주셨고, 사랑해 주셨고, 꾸짖지 아니하시고 긍휼을 베풀어 주셨습니다. 흔들어 넘치도록 채워주셨습니다.

저는 당나귀처럼 곤경의 우물에 빠질 때가 많이 있었습니다. 때로는 사람들이 때로는 환경의 흙더미로 나를 덮어 왔지만 오히려 하나님께서 주시는 보이지 않는 힘이 인내로 이끄셨고, 고난의 흙더미를 밟고 하나님께 더 가까이 나가는 디딤돌이 되게 하셨습니다.

이제 사랑스러운 싹들이 흙더미를 헤집고 비로소 싹을 틔우려 봄 앓이를 하고 있습니다.

물 떠온 하인들은 알더라

"강하고 담대하라 너는 내가 그들의 조상에게 맹세하여 그들에게 주리라 한 땅을 이 백성에게 차지하게 하리라" [수1:6]

여호수아가 들어가서 정복할 땅은 비어 있는 땅이 아니었습니다. 더 많은 원주민들이 살고 있는 땅이었습니다. 막강한 무기들을 갖춘 훈련된 군인들이 버티고 있는 곳이었습니다. 이처럼 탈환 할 영적 고지는 높고 험난했습니다.

그러나 여호수아는 늘 하나님의 방법, 즉 하나님의 전략을 듣는 데서부터 승리를 거두었습니다. 하나님의 자녀가 천국에 본향을 두고 살지만 나그네의 생활 장소는 이 땅입니다. 이 땅은 여전히 영적 전쟁터이며 탈환해야 할 영적 고지들입니다. 하나님의 방법을 찾는 것과 듣는 것은 승리의 지름길입니다.

운동선수들은 이길 수도 있고 질 수도 있습니다. 상금과 명예의 차이입니다. 나라가 전쟁에서 진다면, 그 나라의 속국이 되고 노예가 되는 것처럼 천국 백성들은 이 땅에서 반드시 승리해야만 합니다. 이 전쟁은 영원한 생명과 관계가 있으며 천국과 지옥의 문제가 있기 때문입니다.

내 생각이 앞서 포기하기를 몇 번 망설이기를 수 없이 했었습니다. 그러나 이 책을 접하는 모든 분들이 지름길로 갈 수만 있고 신앙을 앞당길 수만 있다면 그 골목길을 안내하는 길표를 세워 보겠다는 마음으로 용기를 내어 썼습니다.

"탕자가 조금 배고플 때는 쥐엄나무 열매를 찾았지만 진짜 배고플 때는 아버지를 찾았던 것입니다."

연약하고 허물 많은 필자인 나도 많이 배고파서, 많이 아파서, 많은 고통 중에서 비로소 하나님의 부르심에 응답했고 그 앞에 무릎을 꿇었습니다. 많이 배고프지 않았으면, 많이 아프지 않았으면 드리지 못할 기도를 제게 주셨습니다.

낙심과 절망의 막바지에서 부르짖는 눈물의 기도를 주신 하나님을 경외합니다! 또한 그동안 부족한 나를, 물 떠온 하인으로 써 주신 주님을 자랑할 수 있게 되어 감사합니다!

이 책이 나오기까지 도와주신 나의 사랑하는 남편 김규승 목사님, 부족한 저의 글을 받아 출간하여 주신 출판사(가나북스) 대표님께 감사를 드립니다. 그리고 감사한 분들이 많이 있지만 기도로 갚겠습니다.

주님께 이 책을 이 땅에서의 삶의 보고서로 바쳐드립니다.
끝까지 읽어 주셔서 감사합니다.

모든 것 주님께서 하셨습니다!!

물 떠온 하인들은 알더라